清代通史

萧一山 著

一

商务印书馆
创于1897 The Commercial Press
2019年·北京

图书在版编目(CIP)数据

清代通史:全十册 /萧一山著. —北京:商务印书馆,
2019
ISBN 978-7-100-14074-4

Ⅰ.①清… Ⅱ.①萧… Ⅲ.①中国历史—清代
Ⅳ.①K249

中国版本图书馆 CIP 数据核字(2017)第 132708 号

本书中文简体字版权由台湾商务印书馆授权出版发行
策划:启蒙编译所

清代通史
(全十册)
萧一山 著

商 务 印 书 馆 出 版
(北京王府井大街 36 号 邮政编码 100710)
商 务 印 书 馆 发 行
山东鸿君杰文化发展有限公司印刷
ISBN 978-7-100-14074-4

2019 年 9 月第 1 版 开本 880×1230 1/32
2019 年 9 月第 1 次印刷 印张 139⅜
定价:1200.00 元

銅山蕭一山編

清代通史

孫文署

萧一山编

清代通史

蔡元培题

清代通史

銅山蕭一山著

梁啓超署

銅山蕭一山著

清代通史

張伯英題耑

序

梁启超

昔读《亭林集·书潘吴二子事》之篇，窃叹力田、赤溟两先生，弱龄树志，抗迹迁、固，奋然以私家之力，负荷国史；虽横撄文网，业弗克竟，然其所草创，能使一代大师如顾宁人者，推挹咏叹，何其卓跞而闳远也！清社之屋，忽十二年，官修《清史》，汗青无日；即成，亦决不足以餍天下之望。吾侪生今日，公私纪录，未尽散佚，十口相传，可征者滋复不少。不以此时网罗放失，整齐其志传，日月逾迈，乃以守缺钩沉盘错之业贻后人，谁之咎也？亦既数数发愤，思以自任，而学殖谫浅，又多所骛，而志虑不专一，荏苒鲜就，弥用增怍。顾尝端居私祝，谓后起俊彦中，如力田、赤溟其人者，何遽绝于天壤？盖有之也，我未之见耳。吾友蒋百里手一编见视，则萧子一山之《清代通史》：为卷三，为篇十六，已写定者，仅上卷三分之二，为篇四，为文三十余万言。余穷一日夜力读卒业，作而叹曰：萧子之于史，非直识力精越，乃其技术，亦罕见也！近世史学，日益光大，若何而始谓之史？若何致力，而可以得良史？世不乏能言之者。虽其原史之言，各有流别，或且相非；其所欲操之术，亦不一致；其孰为最餍心而切理者，且勿论。然而实行其所信，以之泐定一史，使吾之理想，得有所丽，以商榷于世者，何其寥寥也？岂非阐理则易为言，责事则难为力！夫史之为物，兼天下之至赜，与天下之至动：所取材者，既患其寡，复患其多；既不容骋丝毫理想于事实以外，又非可平胪事实于纸上，如钞胥云尔。于其至赜者，勤而搜之，勿使漏；精而核之，勿使舛；无漏无舛矣，更求所以入吾范，勿使乱。于其至动者，观其相生，观其相消，观其相荡；揽其主，絜其从，摘其伏，究其极：凡此举非冥索所能有功也。日日与此至赜至动之事实作缘，心力常注于其中，而眼光常超于其外。嘻！非志毅而力勤，心果而才敏者，其孰能与于斯？萧子之学，未见其止；但以所睹本书四篇论，其所述者，为明清嬗代之枢机，为欧亚接触之端绪，为迹至棼，而不易理；为几至微，而不易析。读兹书，何其乙乙而抽，渊渊而入，若视庵摩罗于掌上，而嚼谏果于回甘也！遵斯志也，岂惟清史？渔仲、实斋所怀抱而未就之通史，吾将于萧子焉有望也！夫力田、赤溟在今日，未知其视萧子何如？世有亭林，其必能衡而鉴之！民国十二年十二月一日，梁启超序于京师北海之松坡图书馆。

清代通史叙

朱希祖

萧君一山拟作《清代通史》三卷，十六篇；先成上卷四篇，并《大事表》、《世系表》二篇，将出版矣，来征叙于余。惟吾国通史之作，创于司马迁；断代之史，起于班固；今萧君作清代史则断代史也；而又名通史，于义似不安。既又思之：郑樵作《通志》，而清又敕撰《续通志》及《皇朝通志》；司马光作《通鉴》，而薛应旂、王宗沐作《宋元通鉴》，夏燮又作《明通鉴》，既有先例，似可置而不论。况萧君区分《中国通史》为五期；清代为近世期，故又名《中国近世史》，则清代史，固为通史之一部耳。清史之作，视前代史为尤难；而学者所需，则视前代史为尤要。当明之未亡也，明人之作明史者，代不乏人，一披览《明史·艺文志》，即可知之。清廷忌汉人之记述其事，屡兴史狱，毁史籍；于是野史绝迹，而讳饰之官史、贡谀之家史，为惟一之史材。清史馆之设，十年于兹，史稿之成，邈不可期。加之道光以后，东西交通，事迹繁赜，迥异前代；外人记载清代史事，国有其书，渊博翔实，殆反胜于吾国。不通各国文字，实难胜作史之任，故清史之作，其难尤甚于前代也。吾国各中学校教授中国通史，往往详于古而略于今；甚者清代之史，或不及授而即毕业。北京大学同人有鉴于此，故预科二年，专授中外最近世史，以矫其弊。往者司马迁作《史记》，自黄帝以讫汉武，时代悠长，而汉史占其半；良以历史之目的，不在乎记忆过去，而在乎观察未来；尤不在乎摹仿过去，而在乎创造未来；而其枢纽，则全在乎现在。盖欲创造未来，必先认识现代之社会。现代之社会，由近世所造成者居其半，由近世以前所造成者亦居其半，而近世尤有直接之关系。故读其史，尤亲切而有味；且于认识，较古代为尤易，故学者所需，较前代史为尤要也。萧君不畏难而识其要，可谓豪杰之士！且于史例，尤能斟酌科学，发挥所长。萧君之《叙例》曰:普通史内容之评价,为文化政治生计三者:文化在社会上占最高地位,故能指导一切;政治握社会上最大权力,故能支配一切;而个人之生存,社会之维持,又端赖生计,其感受性最敏速最普遍,故三者亦均衡铨叙。本此例以作史,可谓洞中机要!今萧君所成之四篇,虽暂未将清代文化政治生计三者因果之关系,曲折详叙,以饷承学之士;吾人固速盼其成,得先睹之为快。而时贤对此问题,亦尝发为伟论,登之报章;即鄙人亦尝略抒狂论,以为:清代学术,以考据之学为最长,直超出乎汉唐以上;而斯学发达之原因,有正因,有旁因。每观世人泛举旁因,而不能抉发正因,诚为治史者一大憾事!窃谓清代考据之学,其渊源实在乎明弘治嘉靖间前后七子文章之复古:当李梦阳、何景明辈之昌言复古也,规摹秦汉,使学者无读唐以后书;非是,则诋为宋学。李攀龙、王世贞辈继之,其风弥甚。然欲作秦汉之文,必先能读古书;欲读古书,必先能识古字;于是《说文》之学兴焉。赵抝著《六书本义》,赵宧光著《六书长笺》、《说文长笺》,其最著者。当此之时,承学之士,类能审别字形,至刻书亦多作篆楷,以《说文》篆字之笔画,造为楷书。如许宗鲁所刻之《尔雅》、《国语》、《六子》,赵宧光所刻之《说文长笺》、《六书长笺》等皆是。清代陈启源之《毛诗稽古编》,吾友钱玄同之《书小学答问》,其字体亦渊源于此。然古书之难读,不仅在字形,而尤在字音;于是音韵之学兴焉。杨慎著《古音丛目》、《古音猎要》、《古音余》、《古音略例》,陈第又为《毛诗古音考》、《屈宋古音考》,列举证据,以明古音;于是顾炎武继之,成《音学五书》。其书刻于明崇祯时,则其学实成于明代也。清兴,顾炎武乃以实事求是之学,提倡一世,于是音韵明而训诂明,训诂明而古书不难尽解。加以万历以后,欧洲算数舆地之学,输入中夏,通经之士,类能综贯中西,算学天文地理亦赖以明;于是古经疑牾,豁然贯通,经学昌明,旁通子史:此考据之学,发达之正因也。清初文史理学,尚承明代遗风,颇有作者;然清主疑忌汉人,无所不至,史案诛夷,而野史绝;文字狱兴,而文士诗文,不敢论时事。清主讲理学,于是趋时者即以理学为仕宦捷径,故康熙、雍正以后,文史理学皆窳。一世聪明才智之士,皆迫而纳之于治古学,上不为巧宦,下不触刑网;此清代学术受政治之影响,而使考据之学独盛之原因也。乾隆、嘉庆之际,考据之学为极盛时期,一世聪明才智之士,既多专治古学,不问时事;于是政治经济,无正直指道之人,贪庸当道,乱端由是酝酿。迨道光、咸丰,遂一败而不可收拾!其时学者,以考古为本分,而鄙夷时事,忘其祖宗不得已之苦心;于是内讧外患,相逼而来。既无审察世界大势之人,又乏深悉国计民生之士;虽曾、胡、左、李诸人,勉强勘定内乱,而其好古自是,不明欧美学术之本原;故对外既失肆应之方,对内又无根本之计。全国人才,不足应付变局;而又鬻官爵,税鸦片,政以贿成,国计民生,同归凋敝,驯至丧师失地,终遂覆亡:此皆专治古学,不问时事者阶之厉也。清代政治经济文化相互之关系,大略如此。虽善言饰说,以为科学之兴,政治之改革,皆由治古学者所提倡;吾窃以为皆由东西各强国一而再,再而三,枪炮所迫而成。吾侪自忏自悔之不暇,而又欲窃居其功,是诚何心哉?虽有一二治古学者,导扬新学,既已步武他国而起,已无先觉之明;况又不识根本,无以远过曾、李新知。保皇排满两派,虽大都出于经学之士,其实徒种今日全国分裂之因,不敌曾、李遗毒之军阀。数十年来,溃败灭裂,皆因缺乏通时达变之人才,为之中流柱石,有以致是。今萧君成此近代史,即可以明此公案,又可以使承学之士,因观近代史,而上以探原古史,下以审察时事,创造将来。此作史者之目的也。萧君年富力强,既以通史自任,则俟《清史》成后,尤深望其再作《民国史》,即所谓现代史;推而上之,继成上古、中古、近古诸史,以定成中国全部通史,其功德尤为无量!此余所以乐为之叙,而馨香以祷祝者也!

中华民国十二年十二月十日,海盐朱希祖作于北京

序

蒋百里

余尝以近人译《清朝全史》于日文为耻。而萧君一山近乃见示以《清代通史》稿。初观其目,而知其部署之法;继观其表,而知其钩提之勤;终乃读其内容,则知其搜讨博而不杂,断制简而不偏。盛矣!绝后吾弗敢知,空前则可决也!惟鄙意则有二事,足以为萧君之参考者,因附著之:

一、通史之要,莫重于图表。而图表之术,今胜于古。记载一事,往往有历数千百言而不能明者,划一线而大势可了然于掌。且可使读者于瞬时间得全体综合之观念。此新工具为吾人所不能不利用者也。虽然,造图表固难,而印图表尤不易。一图之费,往往较百页之书为贵。而吾侪穷措大,虽殚极其精力以制一图,而不得孔方之许可,则其精神为白费。此吾属望于萧君,而又不能专责萧君者一也。

一、第三篇标题为《一统期之政略与中国社会之组织》;惟观其内容,则所谓社会组织者,仅及一部之政治组织,而未及于社会全体,此名实之间,所当审慎者也。清以异族入主中夏。挟其政治之力,以改变社会之风尚,而组织亦有因之以变者;是亦极有价值之研究也。惟搜讨极不易耳。此吾属望于萧君之将来者二也。

民国十二年冬十二月十日蒋方震

序

今西龙

清代史ヲ通観スルニ、新興強健ナル満洲民族ヲ骨トシ、数千年ノ教養ト文化トヲ有スル漢民族ヲ肉トシ、以テ一體ヲ成シ、外ニハ歴代中他ニ比類ナキ大版圖ヲ拓シ、諸民族ニ平和ヲ與ヘ、内ニハ人類ノ至實タル文物ノ整理ヲ致セリ。此帝國ノ建設ナカリシナランニハ、西力ノ東進ニ對シテ、我ガ亜細亜今日ノ有様ハ果シテ如何ナルモノナリシナランカ。清代ノ文勲武功ハ、歴史上ノ一偉観ナラズヤ。然リ而シテ、清代史ハ宏大ニシテ複雑ナリ、加ウルニ先人ノ研究著述少ナキノ故ヲ以テ、其通史ノ著述ハ、一般通史ノ著述ノ困難ナルニ比シテ、更ニ困難ナリ。其通史ノ必要ノ特ニ切ナルモノアルニモ關ラズ、從來世ニ公ニセラレタルモノ、其何國人ノ著作タルヲ問ハズ、見ルニ足ルモノ少ナキノ故ナキニアラザルナリ。此頃、蕭先生、此ノ困難ナル著述ニ志シ《清代通史》ヲ著シ、偶々余北京ニ客寓スルノ故ヲ以テ、其稿本ヲ示サル、余拜受之ヲ讀ムニ、浩繁ナル舊史料ヲ自家ニ融和シ、幾多ノ新史料ヲ加ヘ、記述ノ按配宜シキヲ得、詳ニシテ正ナリ。實ニ従来見ザルノ好著ニシテ之ヲ公刊セラレンニハ、世ヲ禆益スル所多大ナル可シ。但シ帝諱ヲ直書セシガ如キハ東洋ノ文化的精神ノ上ニ於テ、余ノ従フ能ハザル所ナレドモ、今敢テ論セズ。此書諸大家ガ多大ノ歳月ヲ費シテ著述センモノニ優リ、現時第一ノ好良ナルモノニ當リ、驚クベシ、著者蕭先生ハ、年齢僅カ二十二歳ヲ出デザル青年學者ナル。天賦ノ聰敏ヲ有シテ春秋ニ富ム、勉學止マザレバ、其造詣スベキ所實ニ測ルベカラズ、必ズ世界的大史家トシテ立ツノ日アルベシ。余ハ蕭先生ニ敬服シ、更ニ驚嘆ニ堪エズ。此書ヲ内外人ニ推奬シ、併セテ先生ノ前途ヲ祝福ス。

北京に於て日本大正十二年十二月　今西龍

今西龙博士清代通史序译文

我们通观清代史,觉得他以新兴的强健的满洲民族为骨子,以有数千年来的教养和文化的汉民族为肌肉,合成一体,对外则拓展了历代以来广大无比的版图,把平和给了诸民族;对内则整理了人类的至宝的文化。假使没有这个清代的建设,那末,亚细亚因西力的东渐,现在果该成了个什么样子?清代的文勋武功,岂只是历史上的一个伟观?然而正因为清代史宏大而复杂,加之先人的著述不多,所以著他的通史,比著一般的通史,更加为困难。清代通史虽然是非常切要,但从来公诸于世的作品,无论是哪一国人的著作,都很少可观的,也就是因为这个缘故。近来萧先生立志从事于这个困难的工作,著成《清代通史》一书,刚好我作客于北京,他把稿本示我。我拜读之后,觉得他能够将浩瀚的旧材料,融化成自己的东西,又加上许多新史料,并且记述也安排得宜,详而且确,实是从来得未曾睹的佳著!他的公刊,必定裨益于世不浅!不过把帝讳改成直书,在东洋文化的精神上,是我所不敢苟同,今且不论。可惊的,是这书比起诸大家费掉多少岁月所著述的都好,可算现时第一的佳著!而著者萧先生乃是一个年纪还不到二十二岁的青年学者。他既有天赋的聪明,又富于春秋,只须好学不倦,将来造诣,实未可限量,必有成为世界的大史家之一日。我敬服萧先生之为人,更惊叹他的学力,敢将这书推奖于内外之人,并为先生的前途祝福!

日本大正十二年十二月在北京　今西龙

(此序系日本京都帝国大学教授文学博士今西龙先生所撰,原文复由张凤举教授译出。谨此志谢。)

清代通史序

李大钊

愚尝谓一切历史的纪录，皆不过为研究史学之资料已耳！此等编册档案以外，吾人固俨然有一延续永存之活历史在。历史学即以此活历史为所研究之对象者也。一切史书，皆为记述解释此活历史而作；故皆为此活历史所据之领域。综而别之，史学可分为普通史、特殊史二大类，而普通史与特殊史，又各有其记述之部与理论之部。记述的普通史，为个人史（传记）、氏族史、社团史、民族史、国民史、人类史等是；记述的特殊史，如经济史、伦理史、艺术史、文明史等是。夫历史既为延续永存生动无已者，则其迁流于健行不息之时间，新陈代嬗，兴衰迭现，绝无一瞬间停歇；则吾人关于史实之搜求、纪录、解喻、说明之业，亦当精勤弗怠，追从此滚滚不尽之史潮以进，而无一瞬间停歇；俾史料少所散佚，史观益趋正确；此真史学者之盛业，而亦不容旁贷之大任也。盖历尽万劫，史乘之作陈于人间者，悉无完成，悉无终结；时间之推演愈深，即史料之产生愈益繁富，史实之解喻愈益正确；所以一切史书，皆不惟重作，且必须重作。故史家之责任，一方宜勤求关于现在发生之史实，载之纪录，勿使散佚，为后世存留较为详确之史料；一方宜就过去之史实，依新史料、新史观，以为改正修补，匡其谬而足其阙。史演无已时，即史业无已时。积累代学者之绩业，必能发见足以解释一切史象之法则，而与人生进路以豫见之导星，此史学之所以有大效用于人生也。萧子一山，以绩学之余，著《清代通史》一书。书成，执以示愚，愚受而读之；知其书之性质，为有清一代之中国国民史；置之史学系统中,当为普通史中之记述的国民史;取材既极宏富,而于文明与政治诸象,统摄贯通,以为叙述,且合于社会诸象悉相结附、不能分离之史理。愚故乐为之序,冀著者之益精厥业,以此著为重作中国各史之先声也。

民国十二年十二月十一日李大钊

序

杨栋林

大学同学萧君一山，汇集有清一代故实，编为一书，颜曰《清代通史》（本书命名吾与萧君之见稍有出入），先成一卷，索序于余。愚以为清主中夏几三百年。就民族论，则乾嘉以前，乃汉族衰弱之病史，乾嘉以后，则汉族复兴之酝酿史也。就政治言，则有清一代，乃专制政治之发达史也，又专制政体之结束史也。就文化言，则海通以前之清代学术，乃由明逆溯而上以迄周秦之缩演史也；海通以后，则东西洋文化将发生接触机会之过渡史也。又就社会言，则百年前为东亚民族同化于汉人之历史。近今百年，则东西人类交通之发达史也。其关系綦重，内容复杂，有如此者。吾尝有志于此，拟编近世中国史一书问世。久未脱稿。今见萧君之作，聊书数语于下。

夫编史与他种著作异。盖不以陈言务去为高，而以字字有来历为贵。萧君云，其书不炫新奇，不矜创获，有所征引，必著来源。则其书取材之精审可知。又吾观其列目，颇具著书手法。盖著书与编讲义异趣。讲义因时间、篇幅、体裁之限制，故所重在纲举目张，简而有要。其未笔之于书者，可以口述补充之。倘著书如讲义，则读者将不免有干枯乏味之感矣。萧君之作，取材既丰，配置亦宜。其能得读书社会之欢迎可预卜也。此真为吾校同学增光不少。今将再就鄙见所及者，以商之萧君。

明清之际，非仅一家一姓之兴亡，抑且关系东亚诸民族之盛衰。即清末汉人之光复运动，亦以此为渊源，实为彰明较著之事。故本书命名虽标《清史》，而当时各民族间之关系，似不妨多所著录，一也。复次则三百年来，世界关系，日趋密切。中国乃在在仍居于被动地位。倘不从世界大势上为之说明，则虽万语千言，仍不足以明中国所以孤立而被动之真像，二也。又就政治上论之。清代政权兵柄之转移,无不以民族关系为之机枢。汉、满、蒙、回、藏之盛衰,固不必于靖三藩,平漠北,定回疆,征西藏,以及湖广革命,蒙藏外叛之顷,乃能见之。须知潜移默化之者功效,不必减于耀武扬威之者举动也。此其三。最后则所谓社会者,亦与世俗常用之义稍异其趣。愚以为中国史上社会变迁之故实,当在省藩州县中求之。如人民之移植,文化之隆替,生计之盈亏,无不皆然。夫仅云着眼社会,固属无当之空谈。而毛举细故,亦未必能代表社会之真像。求其方法,惟在从各地方着手耳。此其四。凡此诸端。萧君之见,与鄙意有其相合者,亦有其不相合者。今因为序,故尔连类及之。谨序。

十二年十二月十二日

序

李泰棻

革新以还，学术大通，西爪东鳞，文艺渐广。然率猎彼怪丽，袭人糟粕。今兹数稔，间有反本求源，研几国学者；顾多寖馈九流，或专墨学。乙部书籍，浩若烟海，研治匪易，浸淫亡人；甚至清社久屋，史无一书。日人《清朝全史》，谬衍累竹，而逡译以还，风行海内。吾邦史界消沉，深可慨焉！萧君一山，博览史籍，清代掌故，弥多搜讨，鸡鸣风雨，无间编述。乃者所著《清代通史》付梓问序。观其取资之勤，叙事之清，已叹为鸿裁巨业，弗可骤几！综厥内容，有数长焉：史公作记，功在十表，诸家绍之，厥用弥宏。有清制度较繁，往代《会典》、《通典》，虽载其详，顾卷帙纷多，览之匪易。一山于其官爵、禄位、兵刑、选举、学校之制，多纳于表；卷首并详列大事，俾读者一目了然，兹其一。北京大学整理档案，一山躬与厥业，故所取材，如天聪四年正月诏书之类，虽《开国方略》诸书，亦未曾载，兹其二。章学诚云"六经皆史"。愚谓治史当以甲乙部为主，丙丁部辅之。清史之作，尤重丁类。一山于福临为僧事，以梅村《清凉山赞佛诗》为旁证，诸若此类，累见编中。愚于兹事，意虽不同，要其方法，允为至当，兹其三。陈启源《毛诗稽古篇·叙例》云："引据之书，必明著于编，俾可展卷取验，示传信也。"钱大昕《廿二史考异》云："或得于同学启示，亦必标其名姓。"凡有作者，允宜若此。兹编于《东华录》、《会典》、《通典》、《耆献类征》、《碑传集》之类，虽注不胜注；其征引他作，必标书名。专门之精，与剽窃之陋，在兹几希；而一山得之，兹其四。抑愚有言：通史稗乘，例宜有别，清太后下嫁多尔衮，虽屡见稗书，未得确证；且当时太后有孝端、孝庄之分，下嫁者谁？尤难征定。兹类史料，似宜审慎。愚与一山同学晋阳，共校燕市，勉为数语，以介国人。叙兹书者，率皆硕彦，愚之一言，罔关轻重也。民国十二年冬，阳原李泰棻序于京寓。

清代通史序

蒋梦麟

同学萧一山君，以所著《清代通史》将出版，嘱余为之序，并出其上卷见示。余披览一过，觉其取材宏富，叙述详确，颇可供研究清代史之参考。夫史乘之作，在于敷陈事实，探讨其背景，疏抉其演进，使一代政治文化之实际，及其因果来去之迹，了然于纸上，以资当世及来人之鉴借。有清一代乾嘉之际，一隆盛之时代也，故持庶遇外，一执矜张之象；及雅片一役而后，外力日逼，国势陵夷，凡百举进，莫不受制于外力。清代史上如此线索，读萧君此著者，当不难循搜之也。萧君于其首卷，既详述清开国之隆绩矣，其于道光以降之部分，当亦必指出此期史中外力侵入之影响，使读之者知今日国势之由来，而有所以惩惕焉。

叙　例

一、鼎革至今，倏逾十年，清史之作，阒焉无人。史馆虽开，而国运飘摇，几等虚设；讲述虽夥，而事实简陋，每病枯塞。余以研究所得，著为斯编；菅蒯之作，抑何敢滥附史乘？锓之，聊备学者之参考云尔。

一、近世"唯物史观"（Economic Interpretation of History）之学说兴起，谓经济之趋势，当求诸历史；历史之变迁，亦根据于经济：二者有相互之关系，而历史之因革，尤以经济为转枢。此盖社会主义（Socialism）之大旨，而以目前的实际的生计问题为中心者也。吾人既不能不认生计为历史上最重要之问题，亦不能认文化政治纯受经济之支配。盖普通史之内容的评价，为文化、政治、生计三者：文化在社会上占最高地位，故能指导一切；政治握社会上最大权力，故能支配一切；而个人之生存，社会之维持，又端赖生计，其感受性最敏速最普遍者也。本书取普通史例，故三者亦均衡诠叙之。

一、今之治普通史者，多以文明史附丽于每期之后；是不啻以一史划割为两部，而为政治史文明史之混合物也。故读者于前半，治乱之现象，固明悉矣，而不知当时之文明若何；于后半，则徒知某人之学艺如何，某制之因革如何，而于其身世年代，固多盲然者；是非读书之不能融会贯通，作者之例，有以致之也。今拟力矫此弊，统摄诸种现象于一小时期中而并述之，以政治为纲领。盖政治为国家活动之表现，为文明之一大枢纽也。

一、班固艺文之志，陈寿辅臣之赞，皆有小注，其后萧大圜《淮海乱离志》，杨衒之《洛阳伽蓝记》，宋孝王《关东风俗传》，扩充其体，子注愈繁。盖除繁则意有所怯，毕载则言有所妨，为斯变体，不得不然者也。黄遵宪《日本国志》仿其体例，附以分注，兹因其义，凡有事可相证，或需连类并及者，辞碎则縢于行间，文整则附之节后。至于纪载之外，间论得失，则亦裴氏注《三国志》,刘昭续《后汉书》之意耳。

一、清代史料,备极繁赜,披沙拣金,掇摭甚难。本书取裁,自必力求详确,凡讪谤失实,粉饰已甚者,当推求其真象之所在,而辨正之,书必可征,未敢轻道也。

一、清代内阁档案自拨归国立北京大学整理后,余亦躬与斯役,披阅所及,取证滋多。此虽案牍之言,实难尽信,然较之官书,胜万万矣!

一、本书凡三卷,每卷篇章,例皆标明,惟章中各节,以黑字书之(如**一**、**二**等);节内分目,概题小字,并加括弧。除诸目自为系统外,篇章节皆全卷一贯,以清眉目。

一、本书第一篇,原述后金建国以前之史略,既以思想变迁,毅然删去。盖本书所述,为清代社会之事变,而非爱新一朝之兴亡。换言之,即所述为清国史,亦即清代之中国史;而非清朝史,或清室史也。故本书又名曰《中国近世史》。

一、第七篇之材料,系请赵振之先生(凭铎)代为搜集,即大体之组织,亦多出振之手笔,余惟就其稿而加以去取修正而已。爰志其事,深表谢忱。

一、昔邵阳魏源著《圣武记》,付梓二载,颇觉舛疏,改订重刊,慨然曰:"学问之境无穷,未审将来心目,又复奚似!灾梨之悔,岂有既哉?"旨哉斯言!今余此书,难免疏漏,雅材通学,幸教正之!

民国十二年十一月十八日,萧一山识于北京银闸

一、本书原采一名之例,于历代帝王略庙谥而改直书,如明之思宗、桂王,则称由检、由榔,清之世祖、圣祖,则称福临、玄烨,原欲省记忆之烦,并非有褒贬之见。日人今西龙序中曾以东洋文化之精神为言,两国国体不同,持论不妨互异也。

一、本书名称原涵两义:一即中国通史之清代部分,一即西人所谓普通史(General History)也。前者虽系时间之连贯,后者则示综合的组织,如薛应旂《宋元通鉴》、夏燮《明通鉴》以及《迈尔通史》等,均不乏先例。

或有以断代称通为不典者，特书此以代释名。

一、本书出版已近四十年，国难重重，迄未修订。于此期间，新史料发现甚多，如军机处及内阁大库档案之整理，《夷务始末》及外交史料之印行，太平天国遗书文物之研究，各国秘档私藏之公开展览，凡足以证往谍传说之谬误者，皆一一加以删正。原缺篇章，亦为补充，又增数十万言。此一末朝新史之完成，实由亲友读者督促鼓励之力。妻女分任抄缮，均应志感。

一九六一年一月，萧一山补记于台北板桥

第一册目录

上卷

第一篇　后金汗国之成立与发展

上 卷

导　言

历史者，"宇宙现象之叙述录也"[①]。宇宙不灭，则现象无穷；现象无穷，则史实靡尽。遂古迄今，不知几千万年矣；亘宇呈相，亦不知若干天地也！以吾人一身之位置，与百年之寿命，较之宇宙，其微渺有不堪形容者；故就人类而言史，既已囿隅而不全；更以记述而言史，则尤缺略以难备。虽然，人智之沦，察及其近；结绳而纪，未足示远；洪荒草昧之世，人迹未达之乡，虽有史实，而难言史。《列子·杨朱》曰："太古之事灭矣，孰志之哉？"《楚辞·天问》曰："遂古之初，谁传道之？上下未形，何由考之？"苏东坡诗曰："洪荒无传记，想象在羲娲。"亦可见史实之难稽矣，要之史形之立，将必自有纪述始矣。

夫史实既准乎现象，而历史复昉于纪述，则天地之变迁，事物之源委，政教大纲，里巷琐谈，无论巨细，有纪述而昭示者，皆可为史；故官书、传记、稗史、口碑，皆史也。至其虚饰增华，妄意捏造，托辞讽谕，或不足传信来叶者，辨而正之，亦史家之职志耳。吾国自书契以来，至于今日，历史之著述，自官定史鉴，下及私家志乘，汗牛充栋，毕世不能举其业。然纪传之属，详于状个人，而疏于谈群治；编年之作，便于检日月，而难于寻终始。其间虽纪事本末一体，略有合于新史学之义，然其体创始于袁枢，特以便读《通鉴》者之寻览。即后之继此而作者，亦不能有深识别裁，以斟酌乎其中。故皆史实散漫，略无系统，可以为史料，

① 历史之定义，学者主张不一；惟综其所取之对象，则大概不外二端：（一）人类，（二）进化现象。此二对象，前者取义太狭，后者又参以主观之见，故以为史之界说，殊难得当（拙著《史学之研究》载十二年八月《学汇》，论之颇详，可参阅）。余于历史之定义，以为有三要件：曰宇宙，曰现象，曰叙述。"上下四方"之谓宇，"往古来今"之谓宙；事物变动之迹，谓之现象；而能表示现象以传达于他人，且有存在之性质者，则为叙述。合三者以为史，则有类于通常之所谓史料也。至于有系统之史，名曰史学；其意义于本文中述之。

不足以为史学。史学者,“钩稽史实之真象,为有统系有组织之研究,以阐明其事变演进之迹,并推求其因果相互之关系者也”。呜呼!外人恒言:“中国无史。”岂真无史哉?无史学而已矣。乙库之书,浩如烟海,类多铺叙事实,因袭成例。读之者不惟徒耗脑力,且足使思想智慧,错综无绪。中国学术之不进步,史学不良,未始非一要端也!而今文化革新,国运衰替,士子多瞩目痒心于世变之哲理,与夫实用之科学;于史学之綦要,乃鲜有注意及之者。不知增进文明,浚疏人智,史学之在今日,较他学科为尤要焉。

史学之意义,既述如上矣。历史断(断代)分(分期)之当否,亦为吾人所当研究之问题也。断代为史,始于班固,郑樵《通志》,曾力诋之;谓其昧于相因之义。夫历史事变,具有因果,首尾相承,累代一贯;吾人既不能于其间有所绠断,则历史亦不当于彼此有所分割。且社会演进之象,又属“有渐无顿”;而人类旧习之保存,亦为人性自然之倾向,其结果即成历史上所谓“历史之继续”(Unity or Continuity of History)。盖以人类习惯无骤变之迹,亦无骤变之理;此语殆成史学上最重要之原理。故以历史连续之事实,划而为二者,其不当也明矣。虽然,历史上每因一事变起,足使当代大势,面目一新者,史家为便编述计,特据此而区分时代焉。顾时代之区分,乃出于史家之见解,常因其观察不同,而有互异之离合。惟其所取之标准,则不外乎(一)种族盛衰,(二)文化变迁,(三)政治因革,(四)经济趋势而已。今姑以第一种为标准,而区分中国史为五期:

一、上古期　汉族成育时代。自太古至秦一统之间是也。

二、中古期　汉族全盛时代。自秦一统至唐之亡,凡千一百三十七年间是也。

三、近古期　蒙古族盛势时代。自五代至于有明,凡七百三十七年间是也。

四、近世期　满族主政时代,亦即西力东渐时代。自清初至于灭亡,约二百七十年间是也。

五、现代期　五族团结时代,亦即东西融冶时代,自民国告成以后是也。①

学者欲知社会变迁之大势，与中国今日事变之由来乎？则研究近世史为尤要焉。昔龙门作史，罗及汉武，千古史识，首推子长。陈栎著论（栎，元人，著《历朝通略》，据《四库全书简明目录》。按《总目提要》据旧本题《增广通略》及栎跋，有“金事廷方虽略述”之言，因疑廷方为原撰是书者之名字。但陈氏有增广之功，故《总目》亦以撰者归之。胡适先生谓非栎作，系根据《陈文定集》），独多两宋，详近略远，为史正职。（《荀子·非相篇》曰：“传者久则论略，近则论详，略则举大，详则举小。”故刘子玄《史通·烦省篇》，谓史之不均，为辨已久。）迩来东西史家，常有倒叙之法，即由近世次第上溯，以至太古；此虽史篇之变体，然其用意，欲使学者先今而后古，以养成其应变致用之识。今大学列科，亦以近世为讲述之始事，谓时代不远，关系较密，见闻所及，输饷易为功也。语曰：“知古而不知今，谓之陆沉。”近世事变，不岂要欤？夫我国自革新以来，未尝一日得承平，推源追本，谁厉之阶？瀛寰大通，视线群集于华夏，禹域奥土，何由宰割？此不得不求之近世史矣。清自创业，以迄于今，历时约三百年，史事虽要，无书可凭；非官牍铺张之言，则口碑疑似之说。借资考镜，宁为信史？且史学既兴，当注意于社会现象之真谛，以明变迁之由；东西文化之融治，以促交流之会。征上诸端，此《清史》之所为作也。

清史既属于近世，亦可称为中国近代史。今人常有以近百年史名近代史者，意谓吾国自鸦片战争以后，始受帝国主义者之压迫，自强维新革命诸运动，不过欲救亡图存，建设一近代国家；正如李鸿章所云“二千年未有之一大变局”，故应划为一时代也。殊不知就世界大势与中国历史观之，三百年以前，方为此“大变局”之开端。姑无论西洋之近代文明，乃始于十六七世纪，即就欧亚通航，与西力东渐而言，岂非由于明清之际乎？

---

① 就第一种标准而分期，其方法已嫌腐旧。但清代史迹，往往带有种族之色彩，故依此区分，似仍适当。（关于中国历史分期之方法，拙著《中国通史讲义大纲》，已详论之，可参考。）

丰臣秀吉之遣将西侵，哥萨克骑兵之东下远征，与夫葡萄牙人之租占澳门，已为后来日俄及西洋诸国之侵略，启其序幕。吾国受异族最大之蹂躏，积专制无上之权威，皆在于清代，社会文化之回照与没落，亦适当其时。民国以后，仅属余波而已。扰攘数十年，海波鲸山，冰窖魔掌，孰使吾炎黄华胄，受彼荼毒，罹此浩劫？治史者固当溯其源而汲其流，以传信于天下后世，宁可舍本逐末，妄以五千年之历史，遽指道光以前，即为近古乎？此不得不首加辩解者也。夫清人以女真入主，其所取代之大国，恰为提倡民族主义者朱元璋所建之明朝，于是“中国者，中国人之中国也，胡人焉得而治理之？”（见《讨元檄文》）之思想，充沛发挥，而民族革命运动，遂成为中国近代史之骨干与中心。易言之，即三百年来之中国近代社会，整个受民族革命之支配，一切皆依其为枢纽而变动，迄于今日，仍处此“大变局”中而未能已。吾人何为乐此革命而不疲耶？乃因帝国主义者之侵略压迫，使我不得自由与平等耳。抵抗为人类之天性，岂可不努力自救哉？至帝国主义者以其政治文化经济之压力，侵凌中国，方面虽多，对象虽繁，若撷其大体，则可分三个阶段，而吾民族革命之目的与行动，数百年来，始终一贯。惟领导人物与口号，随时代而不同。兹先表之如下：

阶　段	对　象	领 导 者	口　号
（一）反清运动	满清	天地会、太平军	反清复明、天国大同
（二）革新运动	帝国主义	维新人物、革命党	振兴中华、建立民国
（三）国民革命	帝国主义	国民党	三民主义
① 民初至北伐	——甲列强	国父	自由平等
② 统一至抗战	——乙日本	蒋总裁	抗战建国

在第一阶段中，我民族革命之对象为满清，目的是“反清复明”。因满清宰制中国，在当时视为异族，本于民族主义之观念，应加以抵抗驱除者也。明太祖驱逐胡元，以“中国人之中国”作号召，已为民族主义播下种子，恢复明朝之正统，即振兴华夏之宗国。是以郑成功开辟台湾，保持

明朝正朔,其部下乃创立天地会以从事于革命运动矣。彼等全凭小说拜盟之方式,组织秘密革命集团,以下层社会为基础,用隐语诗句来传达“暗藏三点革命,誓灭清朝,扶回大明江山,共享荣华,同乐太平天下”之意义,此非最初之革命党乎?杨起隆举事于北京,吴三桂反正于云南,皆诈称朱三太子,似与此革命集团,不无关系。但直接由天地会发难者,自张念一拥朱三太子起义于大岚山,历康、雍、乾、嘉四朝,朱一贵、张玉、林爽文、胡秉耀、钟体刚等,前赴后继,代有兴者。至洪大全、洪秀全始大张其军。由伏流而汇为狂澜,奇葩茁生,党势显著。第一阶段之民族革命,可谓功成近半矣。盖反清之目的,虽未全达,而政权转移于汉人之手,爱新觉罗氏之皇位,不过“尸居余气”而已。

第二阶段中,我民族革命之对象,已非满清之帝国主义,而为列强之帝国主义。以“海禁既开,列强之帝国主义如怒涛骤至,武力的掠夺,与经济的压迫,使中国丧失独立,陷于半殖民地之地位”(见国民党《第一次全国代表大会宣言》)。吾国忧时之士,无间朝野,均孜孜以救亡图存为事,提倡自强运动、维新运动,但此种运动,皆未能收预期之效果。因“满洲政府既无力以御外侮,而钤制家奴之政策,且行之益厉,适足以侧媚列强”。于是国父孙先生知非颠覆清廷,无由改造中国,“乃奋然而起”,组织兴中会、同盟会,为国民前驱。从光绪乙未广州起义,激进不已,以至于辛亥革命,始推翻清廷,建立民国。此举不但完成前期之民族革命,“荡涤二百六十余年之耻辱,使国内诸民族一切平等,无复轧铄凌制之象”,而且铲除“四千余年君王专制之迹,使民主政治,于以开始”(见《中国革命史》)。虽列强之帝国主义尚未摧毁,而建设“革命政府”之目的,却已达到。“中国民族独立之性质与能力,屹然于世界不可动摇。”此则二百余年来民族革命之硕果也。

在第三阶段中,又可分以下诸时期:第一时期之革命对象,仍为列强帝国主义,第二时期之对象,则是日本帝国主义。列强压迫中国,由瓜分而变为共管,日本侵略中国,由蚕食而变为鲸吞。前者注重经济榨朘,后者悍然武力掠夺。但均以专制余孽之军阀作虎伥,所以革命党欲抵抗外力,打倒帝国主义,必先打倒军阀,克服民贼,建设真正之革命政府。自讨袁之役,护法之役,以至组党建军,完成北伐,均系肃清反革命势力,取得政权,以为实行三民主义之张本。列强之帝国主义,凛于世界民族独立之潮流,逐渐放松,而日本帝国主义反暴露狰狞面目,不恤变本加厉,于是有济南五三惨案,沈阳九一八事变,及芦沟桥七七抗战之发生。八载奋斗,万民牺牲,终获最后胜利,不平等条约完全取消,我国列为世界四强之一。民族革命运动,至此应告厥成矣……

民族革命之三阶段,始终有其一贯性与连环性。天地会之革命集团,发于闽台,遍及禹域,且横渡重洋,浸淫海外,长江以南尤昌大焉。虽以洪大全之被俘而一蹶不振,然洪秀全承其余绪,益以基督教义,建立太平天国,使清室命运,不绝如缕。惜乎秀全数典忘祖,以致引起湘淮军之反对而遭失败,其余党重回天地会之怀抱。湘军自陷同族,有功不赏,裁撤以后,愤郁惨沮,亦多半加入秘密会党,因而天地会之势力复大盛。海外洪门,两广三合,长江哥老,四川汉留,均为辛亥革命重要之力量,另一主要力量则为新军。新军系由湘淮军演变而来,一方面是反革命势力之源,一方面又为汉人政权所寄,所以能因会党之联络而协同起义,推翻满清。但终因来路不同,变成民国以后之军阀。国父深知革命事业,必须逐步完成,不能一蹴而就;革命集团,亦须随时改进,不能始终不变。天地会之进为太平天国,太平天国之进为国民革命,皆时代然也。辛亥革命之成功,系由同盟会所领导,而《同盟会宣言》,却溯源于延平、金田,可见我民族革命之一贯性。历史乃积渐而成,因果常倚伏难测,是以同盟会能收辛亥革命之功,而不能实行三民主义之革命方略,致民国以后,迭遭顿挫,非无由矣。国父欲完成其大责重任,故不得不改组国民党,训练军事干部,著书立说,昭示来兹,而北伐抗战两役,遂告成功。自国民革命史观之:兴中会、同盟会为一时期,北伐、抗战又为一时期,前者推翻满清,缔造共和,后者打倒军阀,攘除暴日,然而离革命建国之目的尚远。国父中道崩殂,虽不及亲见厥成,但潜力犹在,景命方新,端视继之者何如耳。若自民族革命史观之:国父仍系受太平天国之影响,而太平天国又由天地会而来。革命运动,原属一贯,革命思想,亦有所本。民族主义"实先民所遗留,初无待于外铄",可不具论。民权主义,国父溯自唐虞之揖让,汤武之革命,实则孟子民为邦本之义,清儒天下为公之说,以及天地会之平等观念,太平军之乡治设施,似均不无影响。至民生主义,则洪秀全固尝实行"有饭同吃,有衣同穿,有钱同使"之共产制矣。中山先生依我国固有之思想,参以欧美之学说制度,创造主义,厘定方略,加以系统化、具体化,如嘘星星之火,发为日月之光,其克奏民族革命之肤功,固为世人所艳称;然能就孔子中庸之道统,集中西文化之大成,执两用中,并行不悖,"将一举而成政治革命之功,兼以塞经济革命之源"。此非救国最后之方案,建国最佳之准绳乎?综而言之,我国近三百年来民族革命之事业,如剥春笋,层层进里,如行百里,步步成功,不论在中国历史上,即令在世界历史上,亦可谓唯一无二之奇迹也。

何以谓民族革命有连环性乎?此不得不就中国近代史加以剖析矣。清人入关,内满外汉,军政大权,操于宗室八旗之手,视汉人若奴隶;然大多数之民众,全为汉人。其统治之方法愈严,则反抗之思想愈烈,而畛域之见亦愈深。汉奸降人,为避嫌远祸计,不惜降志辱身,以媚兹一人,丧失臣僚之体态,助长君主之权威,生杀予夺,惟意所欲,祖宗历史,随便捏造。一人犯顺,株连九族,只字不敬,殃及枯骨。人民蜷伏于积威之下,不特无言论、集会、结社之自由,亦且无思想、治学、谋生之自由,于是士子相率钻研于故纸堆中,而考据训诂之小学,遂风靡于一世,置明道救世(顾亭林曰:"君子之为学,以明道也,以救世也。")之大学而不敢讲,买椟还珠,载车遗人,号称汉学复兴,实则瞀世之俗学耳。清帝又以稽古右文自命,借利禄以收买人心,表章尊君大一统之说,使读书人尽成八股闱墨之禄蠹,三家村塾之学究,人不能尽其才,学不能致其用,于是"政治经济无正直指导之人,贪庸当道,政以贿成,国计民生,同归凋敝,驯至丧师失地,终遂覆亡,此皆专治古学,不问实事者厉之阶也"(朱希祖先生序《清代通史》语)。此为政治与文化两方面交互之影响。清以半耕半牧之民族,统治农业经济之大国,官庄旗田,全赖佃奴,口粮赏赐,多饮游手;食众生寡,渐感不支。旗人既不准经营商业,又需度优裕生活,其道奚由哉?只有凭借宗室(黄带子)、觉罗(红带子)或亲属之关系,以钻迎于仕宦之途,谋其衣食享受。政治视贪污为固常,焉得而不民穷财尽!因之水旱交祲,萑苻遍野，人民日处于水火之中，而白莲教、天地会以及太平天国都获得绝好之机会。再加帝国主义者以鸦片与洋货输入中国，人民习染日深，身体斫丧，劳力锐减，生产渐蹙，手工业为价廉物美之机制货品所破坏，于是“国日贫，民日弱”。清廷既无抵制之方略，反变本加厉，税鸦片，开捐例，贿赂公行，民不聊生。在此双重帝国主义枷锁之下，舍革命外，尚有何途可循耶？此为政治、经济两方面之交互影响。文化原为指导人生之南针，吾国自宋明以来受佛道影响，专究性命之学，走入静寂琐碎、无为无用之境域，文化丧失活力，社会何殊死水，学而不能利济苍生，使匹夫匹妇受其泽，徒以为士大夫吟风弄月之娱乐品，升官发财之敲门砖，百姓细民，日处苦难之中，谋生救死不暇，“奚暇治礼义哉”？文盲遍于全国，愚昧乃属必然。智识既低，而生活益苦，生活既苦，而文化愈低。列强以科学机械之优势，侵入中国，钳制吾政治，摧残吾经济，沦我为次殖民地，颐指气使，拟于太上。于是国人顿失自尊之信心，一变排牴而为谄媚，竞事摹仿，盲目崇拜，固有文化之价值，泯然殆尽。洋奴买办，因缘时会，操纵政治，剥削人民，为帝国主义者作侵略之工具，使吾国之税关，不能自主，产业无由发达，而浅闻浮慕之士，又骛奇趋新，竞事奢靡，思想庞杂，国本动摇，此又文化与经济之交互影响也。夫人类历史之内容，不外乎文化、政治、经济三者，此三者之所以能互为影响，则又以异民族之统治压迫造其因，吾民族之革命抵抗结其果，因果叠乘，而变生焉。所谓“一大变局”也者，确属近代史之特色：法律、政治、经济、社会、文化，无一不变，而且要变更革命之性质，如《同盟会宣言》有云：“我等今日与前代殊，于驱除鞑虏，恢复中华之外，国体民生，尚当变更。虽经纬万端，要其一贯之精神，则为自由、平等、博爱。故前代为英雄革命，今日为国民革命。一国之人皆有自由、平等、博爱之精神，即皆负革命之责任。”此即民族革命变为国民革命之主要理由也。因民族革命只注重民族主义，争民族之独立自由而已，对满清之帝国主义已足矣，以满清仅有政治侵略，文化经济，反落我后。而列强之帝国主义则不然，在政治侵略以外，尚有文化侵略、经济侵略。因西洋自十八世纪中叶起，利用机械生产作战，至十九世纪科学发达，大量生产之结果，不得不争市场、求原料。我国地大物博，科学落后，实为西洋人心目中最佳之侵略对象。况西洋人在列强争雄之环境中,养成爱国心与民族意识,团结异常强固,政治趋向民主。我国则社会缺乏组织,人口虽多,类如散沙一盘。所以非“改良社会经济组织,无一夫不获其所”,即不足以言抵抗经济侵略。非“恢复固有道德,迎头赶上科学”,使“一国之内,人人平等,行民主之制,合五权宪法”,则不足以言抵抗文化侵略与政治侵略。中山先生盱衡中外,因时制宜,欲造成独立自由、富强康乐之近代国家,乃发明三民主义。三民主义不仅为抵抗帝国主义者所必需,抑且配合历史背景,适应世界潮流,具有一贯之哲学根据。兹先列一简表:

主义	精神	解喻	重点	近代国家	世界思潮	哲学背景	历史背景
民族	自由	民有	文化	国防民族化	民族自决	内诸夏而外夷狄	天地会的反清运动
民权	平等	民治	政治	政治民主化	宪政运动	民为邦本君为轻	明遗民的经世学说
民生	博爱	民享	经济	产业民生化	社会主义	不患寡而患不均	太平军的公有制度

何为而解释三民主义?因三民主义为吾国民族革命之产品,亦世界文化之结晶物也。如不了解其由来,即不能知有清一代所造成之史心。国父尝言:“中国之所以革命,与革命之所以成功,原因虽繁,约而言之,不外历史之留遗,与时代之进化而已。”此二语含义甚深,非一般人所能明了,一部中国近代史,即应为此二语作注释耳。夫所谓近代国家者何?民族化之国防,民主化之政治,科学化之产业,如斯而已,三民主义岂非针对此三者而致力乎?夫所谓民族革命者何?争取民族之自由与平等而已,三民主义岂非欲促进中国之国际地位平等,政治地位平等,经济地位平等,以使中国永久适存于世界耶?(见《三民主义讲演》)夫所谓世界潮流者何?十八世纪之民族主义,十九世纪之民权主义,与二十世纪之社会主义而已,(民国十二年中国国民党《宣言》云:“近世以来,革命思潮,磅礴于欧,渐渍于美,波荡于东亚,所谓民族主义、民权主义、民生主义,由磨砻而愈进于光明,由增益而愈趋于完美。此世界所同,而非一隅所能外者。我国当此,亦不能不激励奋发,于革命史上开一新纪元矣。”)三民主义岂非适应世界潮流,欲举政治革命、社会革命,毕其功于一役乎?(见

光绪三十一年国父《民报·发刊词》)上述三事,皆为吾国近代史之特色,而三民主义乃以“缮群之道,与群俱进,择别取舍,惟其最宜”,依中庸辩证之法则,合时代进化之原理,不追逐于已然之末轨,作一劳而永逸之设计,“以建民国,以进大同”。其作用盖不仅为中国之复兴,而实以世界和平为鹄的者也。惜国人视之为口头禅,不求甚解,徒以政治革命之主张,忘却文化改造之精义,倡新诋旧,倒孔溃堤,社会失其重心,邪说因而盛行。以致九仞亏一篑之功,皇汉陷倒悬之厄,此真可为太息痛恨者也。

近代既为中国历史上之“一大变局”,吾人治史,固不应只观其变,而不知其所以变,与如何变。宜推求其变之因果,变之法则,鉴往知来,考实运虚,方能见研究历史之功用。以民族革命而论,天地会肇其端,太平军扬其波,革命党竟其功。然洪秀全起义后,即不再假借天地会,革命党却利用反革命之新军,其故安在哉?乃以革命党本身随时代而演进,所谓反革命势力也者,仍属民族革命之产物而已。天地会之“反清复明”口号,在清初实合乎时宜,至太平天国时,即不能行矣,所以洪秀全只反清而不复明。太平天国之驱除光复运动,在当时实为一有力之号召,至清末则又不可行矣,因满清仍属中华民族之一支,而压迫中国之列强帝国主义转成民族革命之新对象。其初抵抗满清,意义简单,着手甚易,若抵抗列强,抵抗日本,抵抗苏俄,却极复杂艰巨。仅用某一种主义,解决某一部分问题,殊不足以获得预期之效果。必须“集合古今中外的学说,顺应世界的潮流”,使革命内容,益加充实,各种问题,同时解决,方能符合人类进化之原理,中庸辩证之法则。盖历史之演进,原属有渐无顿,其变也,当亦愈后愈速,愈趋愈佳。所谓“种瓜得瓜,种豆得豆”,此一因果也;“前人栽树,后人乘凉”,此又一因果也。因果叠乘,而变生焉。如前述政治、文化、经济三方面之交互影响,虽错综复杂,抑岂能逃出历史因果之公例?再如,二百年之民族革命,造出一个太平天国;六十年之汉人政权,造出一个中华民国;四十年之党治运动,建立一个国民政府。但汉人政权,却种因于太平天国,方能培植新军之武力;党治运动,却种因于汉人政权,方能弥漫革新之思想。在前一时期中,二者互相影响而助成,在后一时期中,二者又互相牴牾而消长。革命党之所以利用新军助力,完成辛亥革命,绝非偶然,因新军仍为前期革命所造成之汉人武力,所以袁世凯以新军领袖,能取得二百余年来民族革命之硕果,为中华民国之首任总统。但终以来路不同,袁世凯压迫革命党,革命党又将北洋余孽之军阀打倒。其中机括,甚为微妙,倘能知历史渐变之法则,即不应诧为奇事。吾国之社会政治文化经济在变,而民族革命之动力亦在变;民族革命之对象在变,而革命之口号亦在变。第一阶段,满清和列强,交侵中国,至第二阶段,满清与我"和平共处于中国之内",仅余列强矣。第二阶段,列强和日本,协以谋我,至第三阶段,列强已逐渐放弃其侵略,而与我并肩作战,以对付暴日矣。……是故三民主义不仅为曲突徙薪之"一次革命论",实亦为"救济全世界人类之无上要义",殊非虚语。吾人如能遵循力行,必可完成近三百年来朝暮相处之民族革命,亦可解决世界上人类和平共存之问题。因三民主义乃适应世界潮流,不悖历史趋势,使中国变为近代国家,使世界趋于大同社会之正确理论,中国文化之精神正在此。若研究中国近代史而不知此义,则又何贵乎有历史耶?

就近代史实之演变,民族革命固有其一贯性与连环性:反清、倒帝、抗日……逐步成功;社会、文化、政治、经济,同时改造;冶近代思想于一炉,期中庸文化之复兴。因果叠乘,源流隐现,非溯自秘密社会之运动,东西国际之交通,不足以毕其真而括其全。三百年来之社会变迁,其端绪由爱新入主启之,道、咸而后,始为剧烈变动之时代,民国则急转直下矣。故清史亦可谓中国民族革命史,以其与民族革命之源流相终始耳。然清人为东胡之后裔,亦华族之支派,诚如雍正帝《大义觉迷录》所云:"本朝之为满洲,犹中国之有籍贯,舜为东夷之人,文王为西夷之人,曾何损于圣德乎?"而当时人之所以必欲抵抗驱除者,乃基于"内诸夏而外夷狄"之思想。明太祖所谓,"中国居内以制夷狄,未闻夷狄居中国而治",斯为吾民族主义发生之先河。倘在宋元以前,则未必如是矣。顾清自努尔哈赤建号称王,至皇太极改元称帝,立国于边徼者约三十年。值明覆亡,吴三桂导之入关,不费一矢之遗,坐拥九有之业。虽南明偏安,革命暗流,而福临移宰中国,相传十主,垂二百六十八年,何以能享国如此之久?此盖有二因焉:一曰君主多贤明。太祖、太宗,创业开基,勇武睿智,自不必论。世祖年幼,赖多尔衮以为治,驾驭武臣,混一寰宇,痛爱妃之死而欲逃禅,其聪慧亦有过人者。圣祖六十一年,文治武功,蔚然可观。以其有好学不倦之精神,宽大爱民之治术,谨事惜时,深耕易耨,为清朝培植良好之根基。末叶虽稍流纵弛之弊,然大乱之后,亟需休养生息,此亦守成令主所必循之途径也。世宗刚毅明察,纯系政治家之作风,任法尚廉,吏道澄清,库藏充裕,海宇乂安。倘使厥年克永,可为吾国政治变换一种积极性质,扫除数百年来颟顸无为之消极思想,社会亦不至停滞而不进矣。无奈宵旰不遑,求治太切,颇不易得社会之谅解,遂致有暴崩之传说。高宗席累朝之积业,作太平之粉饰,好大喜功,稽古右文,虽有全盛之规模,却种衰弱之肇因。嘉庆以后,武力不竞,纪纲败坏,教徒纷起,民不聊生。但仁宗之淳厚,宣宗之节俭,均有可称。乃十九世纪为世界变动剧烈之时代,西力压迫,门户开放,民族革命多年之酝酿,造成太平天国之大乱,政权逐渐转移于汉人之手。文宗、穆宗,巽懦童騃,曷能当此大局?然亦无显著之失德。同治以后,全为慈禧太后之天下。其才能敏捷,意志坚强,信用曾、左、胡、李诸人,遂有中兴之事业。惟好逸乐,贪财货,阉寺弄柄,吏治日偷,揽权竞势,顽固骄虚,内阻自强之机,外招联军之祸,卒为清朝覆亡之最大原因。德宗鲜始皇之雄才,行熙宁之新法,以一无能之懦夫,而欲对三次专政之宫廷老妇作干蛊,宜其百日无成,身被囚死,可怜亦复可哀!溥仪乳臭小儿,生父为亲贵之班首,嫡母乏西后之才略,大厦将倾,赖人支持。又不度德,不量力,自加斫伐,遂不免土崩瓦解矣。综论关内十帝,性格与成就各不相同,若与明朝之君主相较,则犹胜一筹。明朝除肇造诸帝外,率多昏庸逸惰,不理朝政,一任宦官权臣,擅作威福。清朝惟咸丰帝沉溺酒色,同治帝好作微行,亦未若明武宗之荒淫;慈禧、隆裕宠用李莲英、小德张,招权纳贿,然亦无明光、熹"客魏之祸"。明君贤相,仁政惠绩,皆较明朝为多;权奸巨慝,苛政暴敛,亦较明朝为少。何以吾先民仍刻刻从事于革命?此固由于"蛮夷猾华"之民族意识所驱迫,抑亦"扬州十日""嘉定三屠"之血债有以激之。惟清为华族支派,久受熏陶,逐渐同化,血统早已不纯,通婚更少畛域,是以国父之民族主义,迥不同于光复会以"排满复仇"为事,而欲其"平等共处于中国之内"。惟革命政权须建立,专制政体须废除而已。

二曰政策获成功。清以边夷入主中国,鉴于元朝贱儒蔑汉,暴力统治之失策,故不以旗兵为压迫之工具,而以政治为笼络之方法。内阁六部,汉满大学士尚书分庭抗礼,均为堂官。各省督抚亦满汉兼用,对于降将贰臣,受权胙土,示与若辈共有天下。使汉人有联合为治之想,无亡国受制之虞,此政策获得最大之成功。又针对华族之特性,把握社会之基层,一松一紧,时张时弛,宽严互济,恩威兼施,深得两重政策之运用。士子入其彀中,黎民顺其治理,是以剪明裔而歼义师者皆降人也;博功名而争效命者,皆读书人也。士大夫为社会之领导阶级,甘作鹰犬,供其驱策,八旗宗室,可以垂拱而治矣。譬如入关之初,以吊民伐罪为言,因明帝无后,始迁都北京。福王立于江南,名正言顺,自不得不予以承认。故檄文有:"明朝嫡胤无遗,势难孤立,用移大清,宅此北土。厉兵秣马,必歼丑类,以靖万邦。非以富有天下为心,实以拯救中国为计。……其不忘明室,辅立贤藩,戮力同心,共保江左,理亦宜然,予不汝禁。但当通和讲好,无负本朝,彼怀继绝之思,此敦睦邻之谊"诸语,然而南都遣使至北京犒劳通好,反遭扣留,施以恫吓。迨山陕底定以后,即"简西行之锐,转旆东征"矣。此一松一紧之例一也。中国为家族宗族之社会,对于国家观念,民族意识,比较淡薄,所以异代兴替,朝统变更,无论帝王谁属,大多以顺民自居。但若涉及文化礼俗,则有其传统之保守根性。明人束发,以峨冠博带为雅服,清人辫发,以"金钱鼠尾"为陋规。摄政王多尔衮恐引起人民反感,谕令:"前因分别顺降之民,故以薙发分顺逆,今闻甚拂民愿,是反乎予以文教定民之本心矣。照旧束发,悉听其便!"及江南平定,政权巩固,又毅然以"留头不留发,留发不留头"相威胁。谕云:"今中外一家,天下一体,若不划一,终属异心,不几为异国之人乎?今限旬日,尽使薙发,遵依者为我国之民,迟疑者同逆命之寇,必行重典!"因是激起上下江民兵之反抗,"保护一己之发,竟舍身命以抵抗敌军,其关切较胜于为国家、为皇室"。所谓"腕可折,头可断,肉可脔,身可碎,白刃可蹈,鼎镬可赴,而此星星之发必不可剃,其意岂在一发哉?盖不忍中国之衣冠,沦于夷狄耳"。此一松一紧之例二也。明朝之亡,三饷为一大原因,清人"以养民之道,莫大于省刑罚，薄税敛，前朝弊政，莫如加派辽饷外，又有剿饷、练饷，数倍正供，更有召买加料诸名目，巧取殃民”。所以除额赋外，一切加派，尽为删除，仍依旧《会计录》作准，随时蠲免逋赋钱粮。但顺治十八年江南奏销一案，苏、松、常、镇四府，官绅士子，革黜不下一万三千五百余人，鞭扑枷责，衣冠扫地。贪吏蠹胥，侵吞多至千万，反置不问。此一松一紧之例三也。其设施政纲，最为显著者，即金之俊十从十不从之策也。曰：“男从女不从，生从死不从，阳从阴不从，官从隶不从，老从少不从，儒从而释道不从，娼从而优伶不从，仕宦从而婚姻不从，国号从而官号不从，役税从而言语文字不从”。就男女老少，儒释娼优等类，分别从否，或临之以威，或施之以恩。倘有抗拒，动辄屠城，稍事诋諆，亦多族诛。然于老幼鳏寡孤独废疾之贫苦无告者，则遍设养老院、救济院、孤儿院、盲哑院、育婴堂、清洁堂、常平仓、粥厂、义庄之类以恤之。盖左手握金，右手持剑，从之则生，逆之则死。此非清代两重政策，一松一紧，一张一弛之极致乎？

然而清朝政治之成功，尚不仅对于一般人民心理感情之控制，尤其在对于一般士大夫之牢笼与驾驭。因为中国社会组织之基层，乃读书作官之士大夫，而非农工商贾之劳苦群众也。清廷于此颇费经营，凡明朝官吏降附者各与升级，殉难者予谥立庙，建言罢谪诸臣及山林隐逸怀才抱德者，缙绅士大夫清望所归者，皆征辟录用，使不因国亡而失其职业，自可相安于无事。顺治二年开科取士，一切依明制度，使一般读书人有进身之阶，即不患无用武之地矣。至少数特殊人物，非科举所能诱惑，则诏举博学鸿儒，选以特科，赐之出身，正途人员，或讥为“野进士”。其有博学鸿儒所不能网罗者，则宏开史馆，设法延揽，使之纂修《明史》，以寄托其孤臣亡国之痛。硕儒如顾亭林、黄梨洲等，均不屑就，而万斯同诸人，却以私人赞襄史事，著为史稿。当时有“一队夷齐下首阳，蕨薇堪嗟已吃光”之谐诗，即可见一般士大夫之趋附新朝，受其牢笼。天地会之革命运动，只向下级社会宣传，国父喻为藏宝污秽之地，即以是也。清人对于士大夫阶级，可谓极尽笼络之能事，但有时复济之以威，使凛然于统治者固有之尊严，不敢轻于尝试。譬如哭庙之狱，苏州士子多人，因揭知县不法事，聚哭文庙，巡抚即罪以震惊先帝之灵，处金人瑞等极刑。奏销之案，徐元文以状元而降经历,叶方蔼以折钱一厘挂误,时有“探花不值一文钱”之谣。《三冈识略》云:“士大夫自宜急公,乃轩冕与杂犯同科,千金与一毫等罚,仕籍学校,为之一空,吁,过矣!”其实乃清廷“积怨南方人心之未尽向服,假大狱以示威”。如斯荼毒缙绅,玩弄士大夫,仍为一松一紧、宽严互济之作用。总之清人对于中国文化之体认,因其居于旁观地位,似较身处局中者为更清楚。“文可长治,武难久行”之道,“君子怀德,小人怀土”之理,皆能善为运用,以致获得二百六十余年之君权。然仍不能逃文化融冶之公例,革命渐进之暗流,盛衰循环,卒归破碎。此亦天演进化之原则,历史变迁之趋势,国父所谓:“革命为顺天应人之事,顺天则昌,逆天者则亡。”不岂然哉?余于胜朝之史,不敢以铺陈故实,考订章句为业,欲依史家三要之新法,作继周百世之可知,诚如太史公所云“明天人之际,通古今之变,成一家之言”,虽不能至,而心向往之。惟清史为最繁难之学科,资料浩如烟海,牵涉普及寰瀛,乃中国社会演进之总结,世界潮流变动之枢纽,襞绩钩提,殊非易易。章实斋有言:“专门之精与剽窃之陋,其相去盖在几希。”此吾国大史学家之悟道语。四十年来搜集钻研之功力,亦不知其为醇醪、为糟糠矣。惟望读史能勿拘泥于陈迹,洵属开卷有益耳。

第一篇 后金汗国之成立与发展

第一章 努尔哈赤之勃兴

一 努尔哈赤之先世及其事略

(一) 建州部族之由来

唐虞之时，不咸山(即今之长白山)附近有肃慎氏者，始通中国；当帝舜二十五年，来献弓矢；成周之时，又献楛矢石砮，数入朝贡。[1]暨于汉代，诸部割据：有今长春附近者，曰扶余；据鸭绿江之上游者，曰高句丽；而肃慎故地，则称挹娄。其东南又别为北东南三沃沮(即窝集，满语森林之意也。沃沮古汛称秽貊)。北魏之世，中国分裂，而肃慎故土，亦离为七部：曰粟末部(以粟末水得名，粟末水即松花江之古称也。是部与高句丽接壤)，曰伯咄部(在粟末北)，曰安车骨部(在伯咄东北)，曰拂捏部(在伯咄正东)，曰号室部(在拂捏东)，曰黑水部(在黑龙江下流河岸，当安车骨西北)，曰白山部(在长白山附近，当粟末东南)：统谓之勿吉，而隋唐以来，称为靺鞨(均沃沮之音转)。周武后天授元年(西历六九〇年)，有大祚荣者，为粟末部长，国势骤盛，唐睿宗封为渤海郡王；自后改国号曰渤海(事在开元元年即七一三年)，世有英主。至唐明宗天成元年(九二六年)，为契丹耶律阿保机所灭。先是渤海之衰也，黑水靺鞨又次第恢复其旧土，号曰女真。契丹灭渤海，女真西南部之在混同江(即松花江)附近者，隶契丹籍，称熟女真；其东北部之散在黑龙江至长白山之间者，不隶契丹籍，谓之生女真；生女真别部有定居阿勒楚喀河侧者，曰完颜。宋仁宗宝元时(一〇三八年顷)，乌古迺为完颜部长，役属邻近诸部，势力渐振，辽以为生女真节度使，其后浸以强盛。五传至阿骨打，以宋徽宗政和三年

(一一一三年),为女真主。翌年,遂叛辽独立,征服诸部;以政和五年称帝,建国号曰金,是为金太祖。金之先,或言来自新罗;盖亦靺鞨之一种,本名珠里真,后讹为女真,亦曰虑真,意即肃慎之转音也。金称帝凡百二十年,为中国蒙古联军所攻亡。其遗族散居于混同江南北,各仍旧俗,从事射猎,元设五万户府以镇抚之,亦不过随俗而治而已。明有天下,其兵力尝达于海中苦夷(即今库页岛),且于黑龙江口筑垒掘濠据险而守。今伯力有永宁寺碑记可证。时女真诸酋,悉境内附,诏仿内地卫所之制,分建卫一百八十四,所二十,站及地面各七。又设马市于开原、广宁,以为女真及兀良哈(其居地分三卫:曰朵颜,曰福余,曰泰宁。皆蒙古种人,在今吉林西北至热河一带)贸易之地,其入贡之道亦由此。时女真分三部:曰建州女真,曰海西女真,曰野人女真(一曰生女真,又称忽剌温野人)。建州、海西,以地而名,野人女真,似以其文化粗野名之,去明甚远,不常朝贡。正统以后,国威既挫,边事大变,奴儿干都司亦撤退开原,地方视为无统御者,于是野人女真乃东移于长白山迤西一带;而建州、海西,则已南迁矣。建州本以三姓附近为根据,永乐时,女真头目阿哈出(本元设五万户府之胡里改万户)从征有功,明廷以为建州卫指挥使,赏赉甚厚,赐姓李氏;旋徙于今宁古塔附近。至是,因野人之侵暴,逐渐南移,明廷乃以婆猪江(即今之佟家江)岸之地安插之。又以朝鲜军马之蹂躏,其都指挥佥事李满住(阿哈出孙),复移于苏子河(即苏克苏浒河,一作苏克素护河)豁谷灶突山(今兴京西之呼兰哈达)南,是为建州卫新地。初,三姓附近有斡朵里,亦元设五万户府之一,孟哥帖木儿为之长,即清朝尊为肇祖者也。永乐间,孟哥帖木儿移于豆满江(即图们江)左岸之平野,明廷欲羁縻之,命入会宁(今朝鲜咸镜北道)之谷地,立建州左卫。此建州左卫创置之始。忽剌温野人之南侵也,孟哥为其酋杨木答兀所袭杀,同母弟凡察、子童仓,率五百余家亡入朝鲜。童仓之兄董山,嗣领建州左卫指挥。既而凡察、童仓归依李满住,明廷因以三土河(今海龙附近之三屯河)及婆猪江迤西之地安插之。以凡察与董山二人有所执新旧印之争,诏令二人协同署事。凡察不愿,乃分左卫,更置右卫,凡察、童仓领之。是为建州右卫之始。董山以雄桀之姿,用刚柔互济之手腕,得雄长三卫,为都督,建州之势顿强。其后以私事朝鲜,为明廷所诘责(事在成化三年)。后屡与李满住犯边,明兵捣其寨,均被杀,诏以其子脱罗为指挥。凡察死,其孙纳郎哈袭,势渐衰。而海西之势力,遂远出建州上矣。海西原在今松花江流域,土地富饶,以野人之侵,南徙于开原边外,而以哈达为代表。是为海西卫新地。成化中,建州海西,合寇疆圉,东边从此不靖矣。其后王杲肆虐,未几就擒(杲凡察后裔,常犯边,又给杀明游击裴承祖而剖其腹。万历初,出兵讨之,杲逃奔海西,为王台所执献),王兀堂囊括建州女真之地;然明以良将李成梁守边,兀堂无能为也。兀堂衰而建州微,比之海西,仅能苟存而已。时海西诸部,哈达、叶赫为强,明廷务以怀柔政策羁縻之,借以屏蔽辽东。两族互争(详见五节小注),因亦无牵制东北之力;而努尔哈赤适挺生于其间,收拾余烬,创不世之伟业,此建州部族之由来也。惟年代不甚可稽,故魏默深谓,"肇祖当在明正统、景泰之间,而长白发源之始祖,当在辽、金末造"(见《圣武记》),即此意矣。《清皇室四谱列帝谱》云:"猛哥帖木儿者,亦建州夷,与阿哈出同时,大抵亦同族。初居三姓对岸之斡朵里,寻南移近图们江,尝被兀狄哈攻劫,走朝鲜,朝鲜王授以万户之职,后又授上将军。永乐十年,置建州左卫于朝鲜镜城之阿木河,使移居焉,授以指挥。十四年二月,入朝赐宴,宣德元年正月,晋都督佥事。时弟凡察亦受职,七年三月,凡察以招抚远夷晋建州左卫都指挥佥事。八年二月猛哥帖木儿晋右都督,凡察晋都指挥使。八月猛哥帖木儿及子阿古被七姓野人攻杀,寻嫡子董山袭职。方难作时,凡察与猛哥帖木儿子童仓率五百余家遁朝鲜,朝鲜厚视之。凡察寻走还建州,依李满住苏子河,朝鲜留其私属不肯遣。正统五年十月,敕许凡察与李满住同驻。七年二月,别设建州右卫,以凡察为都督同知。成化三年九月,明出兵五道讨建州,朝鲜遣将击斩李满住及其子古纳哈,凡察不知所终。"《皇子谱》云:"考明人纪载,猛哥帖木儿宣德八年八月遘难,一子阿古同被害,一子童仓挟建州卫印遁入朝鲜。正统二年十一月,明以猛哥帖木儿嫡子董山为建州左卫指挥使,六年正月晋都督佥事,七年二月晋都督同知。景泰元年五月通瓦剌入寇,天顺二年二月,晋右都督。时私谒朝鲜受其正宪大夫中枢院使之职,明遣锦衣译者往诘之,服罪,寻仍反覆。成化三年四月,听抚入朝,贡方物,旋执而羁之广宁。九月,都御史李秉等率师五路出塞,覆其巢,诛董山羁所。五年七月,以其子脱罗袭都指挥同知。弘治中晋都督。正德元年四月,又以脱罗子脱原保袭其父原职。董山即充善,脱罗即妥罗,锡宝齐篇古不能详也。"此谱所记年月,足补本文之缺,故并记之。惟明人所谓猛哥帖木儿之弟凡察者,《清实录》则以为始祖后一幼儿,《明元清系通纪》乃姑定为第二世。而以童挥厚为第三世,童猛哥帖木儿为第四世,充善、褚宴为第五世,石豹奇为第六世。石豹奇即锡宝齐也,篇古乃职名,或言即万户转音。乃褚宴之子,《明实录》谓董重羊子名失保者。此清兴祖以前之世系也。

〔1〕《周书·王会解》曰:"西面者正北方,稷慎大麈。"孔晁注:"稷慎,肃慎也。贡麈似鹿。"《山海经·大荒北经》云:"大荒之中,有山名曰不咸,有肃慎氏之国。"注:"今肃慎国去辽东三千余里,穴居无衣。"《海外西经》云:"肃慎之国,在白民北。"案此所谓肃慎之国,即《竹书纪年》帝舜有虞氏二十五年来朝之息慎。《后汉书》云:"挹娄,古肃慎,在扶余东北千余里,东滨大海。"《唐·地理志》:渤海王城西南三十里,古肃慎城。《盛京通志》曰:"《晋书》肃慎在不咸山北,广袤数千里;不咸即长白山。"《松漠纪闻》称:肃慎故城在渤海上京,渤海都临呼尔罕,为今瑚尔哈河,实宁古塔境。陈汉章教授言:"辽时,辽阳府有肃慎县,黄龙府黄龙县,亦渤海肃慎县地,则为承德铁岭即古肃慎之明证。盖自承德铁岭以北,至吉林、黑龙江,皆肃慎之境,其广大可知。"案肃慎国界,南至长白山,北抵黑龙江,东滨日本海;约当今吉林、黑龙江及西伯利亚之沿海洲等境。其民族即生息于松花、牡丹诸江流域一带之地,穴居而处,游猎无定;故其故城亦自难考,诸书所言在不咸之北,是也。又《国语·鲁语》曰:"仲尼在陈,有隼集于陈侯之庭而死,楛矢贯之,石砮,其长尺有咫。仲尼曰:'隼之来也远矣,此肃慎氏之矢也。昔武王克商,通道于九夷百蛮,使各以其方物来贡,使无忘职业;于是肃慎氏贡楛矢石砮。先王欲昭其令德之致远也,以示后人,使永监焉;故铭其楛曰:"肃慎氏之贡矢。"以

分大姬，配虞胡公而封诸陈。'"《大荒北经》"肃慎氏之国"注曰："其人皆工射，弓长四尺，劲强；箭以楛为之，长尺五寸，青石为镝。此春秋时隼集陈侯之庭所得矢也。"案上所言贡楛矢石砮，与《王会》所称贡麈异趣；而与《纪年》所谓贡弓矢颇相符，故并及之。以见中国当成周之时，东北民族恐仍不脱石器时代之生活状况也。

（二）清朝之先世

清人祖诗人"生民玄鸟"之义，谓："清之先姓爱新觉罗氏，发源于长白山。山高二百余里，雄观峻极，扶舆灵气所钟；山之上有潭曰闼门，周八十里，源深流广，鸭绿、混同、爱滹三江之水出焉。鸭绿江自山南西流，入辽东之南海；混同江自山北流，入北海；爱滹江东流，入东海：三江孕奇毓异，产珠为世宝重。其山风劲气寒，奇木灵药，应候挺生。山之东有布库哩山，其下有池，曰布勒瑚里（《满洲源流考》作布尔湖，蒋氏《东华录》作布尔瑚里。兹从《开国方略》）。相传有天女三：长曰恩古伦，次曰正古伦，季曰佛库伦。浴于池，有神鹊衔朱果，置季女衣，季女含口中，忽已入腹，遂有身。告恩古伦、正古伦曰：'吾身重不能飞升：奈何？'答曰：'吾等列仙籍，无他虞也！此天授尔娠，俟免身，来未晚。'言已，别去。季女寻产一男，生而能言，体貌奇异。及长，母告以吞朱果有身之故，因命之曰：'汝姓爱新觉罗，名布库里雍顺，天生汝以定乱国，其往治之！汝顺流而往，即其地也。'与小舠乘之，母遂凌空去。舠顺流至河步，乃登岸，折柳及蒿为坐具，端坐其上。是时，其地有三姓争为雄长，日搆兵相仇杀，乱靡由定。有取水河步者，见而异之，归语人曰：'汝等勿争，吾取水河步，见一男子，察其貌，非常人也。天必不虚生此人！'众往观，皆以为异，因诘所由来。答曰：'我天女所生天男，天生我以定汝等之乱者。'且告以姓名。众曰：'此天生圣人也，不可使之徒行！'遂交手为舁迎至家。三姓者议曰：'我等盍息争，推此人为国主！'于是妻以女，奉为贝勒，其乱乃定。遂居长白山之东俄漠惠野俄朵里城（《开国方略》作长白山北之俄朵里城。是不知俄漠惠为何地，而欲牵合孟哥帖木儿初居于三姓附近之斡朵里。日人内藤虎次郎考定俄漠惠为今朝鲜会宁府，且言俄朵里当为种族之名,其言差近。盖孟哥帖木儿既移居会宁,自被野人袭杀后,其遗族始展转流离于灶突山下,即建州三卫新设之地,清人指为赫图阿拉之兴京也),国号满洲,是为开基之始。越数世以后,不善抚其众,国人叛,戕害宗族。有幼子遁于荒野(《满洲源流考》曰:“有幼子名范察者。”案范察,于明人记载则为孟特穆之弟,《开国方略》不记其名,似有阙文之意),有神鹊止其首,追者遥望鹊栖处,疑为枯木,中道而返,乃得免,隐其身以终。自此后世俱德鹊,戒勿杀害云。数传至肇祖原皇帝,名都督孟特穆,生有智略,慨然以恢复为志。计诱先世仇人之后四十余人,至苏克素护河之呼兰哈达,诛其半以雪祖仇,执其半以搜旧业,既得,遂释之。于是肇祖居赫图阿拉地(在苏克素护河与嘉哈河之间,后称兴京),距俄朵里城西南一千五百余里。生二子:长充善,次褚宴。充善生子三,其三即兴祖直皇帝之父。兴祖名都督福满,生子六:长德世库,次琉阐,次索长阿,次即景祖翼皇帝觉昌安,次宝朗阿,次宝实。景祖承先业,居赫图阿拉地。德世库居觉尔察地(《盛京通志》云:“兴京西四里有古城,为国初六城之一。”盖即德世库所居。“觉尔察”,满语“冈”之意),琉阐居阿哈河洛地(“河洛”,满语“峪”之意,不详所在),索长阿居洛地噶善地(《开国方略》作和洛噶善,误,“噶善”,满语“村屯”之意,在烟筒山西),宝朗阿居尼玛兰地(“尼玛兰”满语“桑树”之意),宝实居章嘉地(在兴京东北):分筑五城,距赫图阿拉近者五里,远者二十里,环卫而居,并称宁古塔贝勒(宁古塔为部族之名)。景祖生子五:长礼敦(后号巴图鲁,追封武功郡王),次额尔衮,次斋堪,次即显祖宣皇帝塔克世,次塔察。是时近地部落中,有硕色纳者,生九子,俱强悍;又有嘉呼者,生七子,俱轻捷多力,尝身披重铠,连跃九牛:二族恃其强,侵陵诸路。景祖素多才智,子礼敦又英勇,率诸贝勒往征,尽灭之。收服五岭东,苏克素护河西二百里内诸部,由此国益强盛。显祖嫡妃喜塔喇氏,阿古都督女,是为宣皇后;生子三,长即太祖努尔哈赤也。”天女之诞,本不足信,吾人若就社会史上最初之情形考察之;盖当母系时代,不明婚媾生育之关系,遂有“履迹”、“感虹”诸传说。朱果降祥,抑何足怪?《史记·三代世表》附有褚先生之说云:“鬼神不能自成,须人而生,奈何无父而生乎?”可为千古破疑。故所谓布库里雍顺者,当实有其人也。黄遵宪撰《日本国志》，谓：“日本称神武开基，盖当周末。然考神武至崇神，中更九代，无事足纪。或者神武亦追王之词乎？未可知也。”（见《国统志》内小注）然则清人之于始祖，殆亦追尊之意欤？今就《太祖实录》所载清初之世系，表之如下：

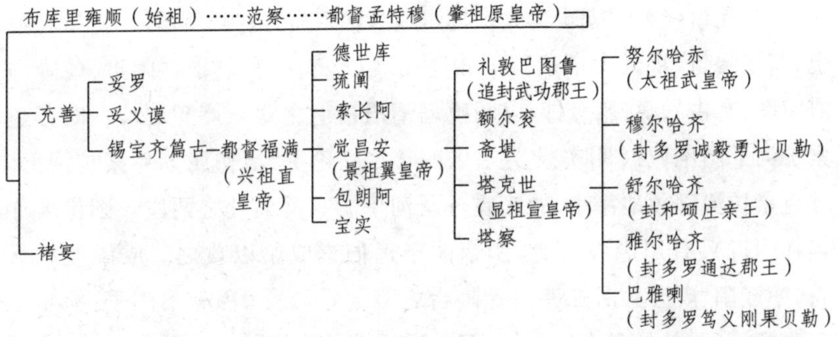

据此，则自布库里雍顺至孟特穆间，不甚明悉；以范察为中介，而谓孟特穆居赫图阿拉，颇乖史实（案孟特穆即孟哥帖木儿，孟哥移居会宁，已详前目）。今更录朝鲜及明人之记录，以资对照。

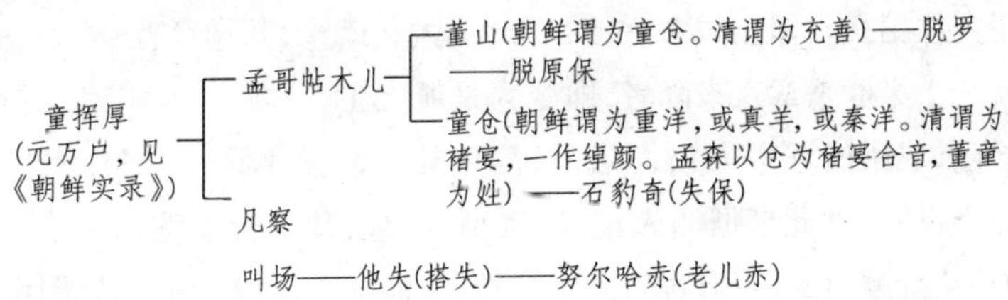

童孟哥帖木儿与孟特穆，董山与充善，童仓与褚宴、重洋，妥罗与脱罗，石豹奇与锡宝齐，叫场与觉昌安，塔失与塔克世，均属一人，译对之异也。惟福满无人可以适合，故努尔哈赤是否为孟特穆之嫡族，尚属疑问。或以为努尔哈赤混入他系之名酋，以光宠其姓氏者。然其确为建州左卫之酋长，《朝鲜实录》明著之。又太祖责乌拉贝勒布占泰，谓其于己之祖先为天女所生，乃十世以来之事，岂有不知。故《明元清系通纪》以布库里雍顺当始受元代斡朵里万户职者，而以努尔哈赤为其十世孙也。

(三) 二祖之死

建州自董山、脱罗而后，福满代兴，是为清兴祖。其六子环居于赫图阿拉，称宁古塔贝勒，部族颇繁。此据清人纪载，《明实录》则不著，以建州方弱，无事接触中朝也。太宗称帝追尊四亲，乃适当其首耳。王杲之擒也，其子阿台(即阿太章京)，居古呼山寨(今新广县鼓楼村附近，乾隆内府舆图，有古勒噶珊，盖即其地，噶珊清语村屯之意)，屡犯辽沈。时苏克素护河部图伦城(《明实录》:永乐四年置图伦卫，清初属苏克素护河部。苏克素护河部领地甚小，故当在苏子河下游入浑河处之两岸。图伦城亦当在附近)，有尼堪外兰者，阴搆明宁远伯李成梁以攻之。成梁授以兵符，率辽阳、广宁兵由二路进。阿台之妻为觉昌安(福满第四子，努尔哈赤之祖)长子礼敦之女，觉昌安闻古呼兵警，恐女孙被陷，偕塔克世(觉昌安第四子，努尔哈赤之父)往救。既至古呼城，见成梁兵方接战，令塔克世俟于城外，独入城，欲携女孙归，阿台不从。塔克世俟良久，入城探之。成梁攻古呼城，其城据山依险，阿台守御甚坚，数亲出绕城，冲杀成梁兵，死者甚众，竟不能克。因数尼堪外兰起衅败军之罪，欲缚之。尼堪外兰惧，请身往招抚。即至城大呼，绐之曰:“大兵既来，其遂舍汝而去? 主将有命，凡士卒能杀章京来降者，即令为是城之主。”城中人信其言，遂杀阿台以降。成梁诱城中人出而屠之，尼堪外兰复搆明兵，杀清二祖(觉昌安、塔克世)。然此事据明人记录，则谓成梁既败阿台于沈阳南虎皮驿，乃勒兵从抚顺出寨，直捣古呼。寨陟峻，三面壁立，壕堑甚设，成梁用火攻突坚，经两昼夜，射阿台死。景祖父子于嘉靖三十八九年即通款于明，是役实阴为成梁向导，劝阿台降，阿台不从，景祖亦死于火，显祖为明兵所杀。时万历十一年事，努尔哈赤年二十有五，闻之大恸，诘明兵滥杀之故。明兵无以应，乃归显祖尸，并所得其家之敕书三十道、马三十匹与之。努尔哈赤曰:“害我祖父者，尼堪外兰所搆也。必执以与我，乃已。”明使曰:“前因误害，故与敕书马匹，事已毕，今复过求，我当助尼堪外兰(天聪本《实录》作外郎，外郎为有实职而未袭之称，盖尼堪为应袭指挥者，故云令为部主也),筑城于嘉班,令为尔部主。”于是女真人信之,皆惧。宁古塔诸贝勒子孙,亦至堂子立誓,欲害努尔哈赤,而媚尼堪外兰。尼堪外兰又迫努尔哈赤往附,努尔哈赤曰:“尔,吾父部下人也,搆明兵,害我祖父;恨不能手刃汝,岂反从汝偷生?人生百岁,能不死乎?”于是饮恨益深,日夜以复仇为念。时苏克素护河部萨尔浒城主诺密纳,与同部嘉穆瑚寨主噶哈善哈斯瑚,沾河寨主常书,及弟扬书四部长来归,努尔哈赤与之盟,遣还。是年五月,乃以显祖遗甲十三副,起兵攻尼堪外兰。英雄伟业,此其椎轮已(《清史稿·太祖本纪》谓景祖挈子若孙往视,二祖皆及于难。太祖及弟舒尔哈齐没于兵间,成梁妻奇其貌,阴纵之归,途遇额亦都,以其徒九人从。马氏《通纪辑要》,则谓奴与舒同为俘虏,给事成梁家,奴乃佯谨其身,以自媚于成梁,成梁忽其易,复以他失残众畀之。二说均可供参考)。

(四) 努尔哈赤之幼年事略

努尔哈赤者,塔克世之长子也,姓爱新觉罗氏。爱新(Aishin)为满语金之意,觉罗(Giolo)为族之意,意即女真之遗族也(据李学智《清朝姓氏考》,爱新觉罗为太宗所改之姓,太祖原姓佟氏。太宗既改建州为满洲,大金为大清,复以女真语圣字之音阿赤卜鲁为爱新觉罗,二语在汉字音虽不同,而金语实相近也。此系推广朱希祖之说,陈捷先《清国姓爱新觉罗考》则谓:清原有姓氏,实仅觉罗,是因居地而得,一作角落。太祖收扈尔汉为养子,列入觉罗姓里可以为证。后加爱新以示别于其他觉罗,与称后金同。觉罗亦有故里老家之意,如穆瑚觉罗亦作穆瑚故里。盖太祖初假汉姓佟氏,及势力强大,始就旧姓加一金字,即为爱新觉罗。二说各有所见,特附记之)。努尔哈赤亦尝自称佟氏,盖自谓为孟哥帖木儿之后。孟哥姓童,其二子曰童仓,曰董山;童与董佟为音转;建州为董山之裔,故多称佟姓(佟氏辽东著族,女真多冒此姓。或言努尔哈赤赘于佟家,故姓佟)。其生母喜塔喇氏,即所谓宣皇后,生三子:长即努尔哈赤,以明嘉靖三十八年,孕十三月乃生;时正其祖就款于明之岁。次舒尔哈齐,次雅尔哈齐。喜塔喇氏,阿古都督女,阿古或言王杲之转音。努尔哈赤年十岁,喜塔喇氏卒,继母纳喇氏,抚育寡恩。常出入辽将李成梁家,如童奴然,成梁亦抚之如子。读书识字,好看《三国演义》及《水浒传》,十六岁始归建州。明朝野史均谓努与李氏有香火情者此也(舒尔哈齐之女,有为成梁子如柏妾者)。年十九,俾分居,予产独薄;亲上山采人参松子之类,持住抚顺市卖之。后塔克世知其有才德,复厚与之,仍辞让诸弟。时建州女真甚混乱,明思加兵力于此,以故抚顺互市,顿形繁荣。万历末年,江南商人,亦多往来于其间。努尔哈赤对于汉人之情形,常于抚顺市上得之。清官书称为:“生而龙颜凤目,伟躯大耳,天表玉立,声若洪钟,仪度威重,举止非常,骑射轶伦,英勇盖世,刚果能断,凡所睹记,终身不忘;国人号曰聪睿贝勒。”其言似系谀辞,然而开国巨业,征伐纵横,其统驭之才,英爽之气,当异常人也。当其起兵复仇,驰骋满部,追尼堪于嘉班城(详下节),诛诺鼐于萨尔浒,克兆嘉,获李岱(皆详下章),族人忌之,屡谋加害;观其应变合度,亦可以见此创业雄主之手腕矣。甲申(万历十二年,一五八四年)夏月,尝夜寝,闻户外有声,披衣起,令匿诸子女,佩刀持弓矢,潜出户,伏烟突旁伺之。时阴晦无所见,少顷,贼将逼烟突旁,忽有电光照见;遂以刀背击之,仆,呼近侍洛翰缚之。洛翰曰:“何必缚也?宜杀之!”努尔哈赤曰:“若杀此贼,其主必显与我为难。倘加兵于我,我众寡不敌!”乃佯询曰:“尔非盗牛来耶?”贼以盗牛应。洛翰又曰:“诳言也,实欲害吾主。杀之便!”努尔哈赤曰:“果盗牛也。”遂纵之去。又一夕,将就寝,忽心动,遂起,衣短甲,外袭常服,佯如厕。值昏黑中莫能辨,熟视院门旁笼落缺处,隐然有人,如探伺者,乃控弦以待。俄而贼逼,努尔哈赤射之,贼却身避,中其衣,惊遁,追及之,又射,贯两足,踣地,击其首,昏眩,缚而挞之。询其名,为伊索诸弟。近侍请杀之,努尔哈赤曰:“杀之适以启衅,若其主以兵攻我,劫我储蓄;我粮匮则部下叛,部下叛则我等孤立,何以御敌?且我又何肯以杀人为他人借口耶?”遂释之。就上二事以观,可知太祖之才略矣。

(五) 当时辽东之形势

当辽金末造,女真部落,散处于白山黑水之间,渔猎为生,攻伐无已。

比至明正统、景泰之间,野人南侵,女真内徙,明边渐逼,交涉益繁。各据一隅,星罗塞外,无统御之共主,有领率之酋长,盖皆以宗族部落为单位者也。明末雄酋叠起,屡谋犯边,然国军所至,悍者授首(如成化三年之役,董山既以私事朝鲜,悔罪来朝,又因骄慢不驯,于归送广宁杀之。童仓亦坐董山叛逆罪,充发福建,死于戍所。是年,赵辅将兵讨建州,屠虎城(一作古城),建酋李满住父子逃奔兀弥府,为朝鲜兵所杀。至此建州名酋,丧失殆尽),故虽以董山、王杲之强,亦终未得大逞也。洎努尔哈赤以复仇一役,崛起辽东,并吞诸部,汗业重光,与完颜阿骨打,前后若辉映焉。当时女真部落,大别之可分为四:

一、建州部　曰苏克素护河,曰浑河,曰完颜,曰栋鄂,曰哲陈。

二、长白山部　曰讷殷,曰珠舍哩,曰鸭绿江。

三、东海部(亦称窝集部,窝集又作渥集)　曰瓦尔喀,曰库尔哈(库亦作虎或作呼)。

四、扈伦部(忽剌温之转音)　曰叶赫,曰哈达,曰辉发,曰乌拉。

建州与长白山二部,皆明建州卫地,在辽沈之东。东海部为明野人卫地,东际日本海,跨有今吉林及西伯利亚沿海州境。扈伦为明海西卫地,当建州诸部之北,忽剌温南侵时据之。海西卫亦谓之南关、北关,南关哈达(在广顺关外),北关叶赫(在镇北关外),逼处开原、铁岭,为东北障蔽:凡此诸部,皆已由漂泊无定之生活,变行国而为居国,筑城而守,射猎为业,各据一方,弱肉强食。当时之城主,即一族之首长,互相攻伐,惟力是恃。诸部之中,以扈伦四部,最为雄长,与明廷相结,明亦利用之以为外援焉。

二　复仇之役

(一) 图伦之役

努尔哈赤既丧其父祖,朝夕谋复仇。万历十一年五月,时年二十五,以显祖遗甲十三副，起兵攻尼堪外兰；期诺密纳(萨尔浒城主)以兵来会。洛地噶善索长阿之第四子龙敦(福满之孙，为努尔哈赤之堂叔)，忌努尔哈赤才能，私语诺密纳之弟鼐喀达曰："明助尼堪外兰，筑城嘉班，令为国主，哈达万汗(明人称为王台)又助之；尔何附聪睿贝勒(努尔哈赤)耶?"鼐喀达以告诺密纳，诺密纳遂背盟。努尔哈赤待之不至，仍自率兵往攻图伦城。尼堪外兰豫知之，弃军民，携妻子，遁于嘉班城(今沈阳东一百十里嘉班山之东。《乾隆内府舆图》在抚顺之东，有札克丹必拉，必拉清语河也。河之西有山无名，似即札克丹山。《嘉庆重修大清一统志》谓札克丹旧名甲邦，盖即嘉班)，遂克图伦，得兵百人，甲十三副，而归。八月，努尔哈赤追之嘉班，诺密纳兄弟遣人往告。尼堪外兰遂弃嘉班，奔抚顺所(明设诸所之一)迤东河口台，明边吏不容其入边，以兵击逐之。努尔哈赤望见明兵，疑助尼堪外兰来战，遂收兵。素附尼堪外兰之人相谓曰："尼堪外兰前为聪睿贝勒所迫，几至丧身，往奔明，明尚不容，且击逐之。岂肯筑城嘉班，令为国主乎?"遂皆背之。尼堪外兰携其子，及近属兄弟数人，逃于鄂勒珲(或作鄂勒欢，何秋涛《朔方备乘》言在齐齐哈尔城西南三十余里，孟森《辨朔方备乘中之鄂勒欢》言：界凡即嘉班，又作甲板。古呼《实录》作古勒，古与鄂通，如栋鄂亦称东古，故鄂勒浑即古埒山寨，王杲、阿台所据之地也。皆在抚顺边外，绝不能远至齐齐哈尔)，筑城居之。

(二) 鄂勒珲之役与尼堪外兰之死

时诸部中隔，追兵不得越境至；努尔哈赤乃次第攻服邻近诸部，为进兵之计。自万历十二年(一五八四年)至十四年(一五八六年)，累征栋鄂、浑河、苏克素护、哲陈诸部，克其要塞(皆详见下章)，遂以十四年七月，进攻鄂勒珲。值尼堪外兰他出，城外有四十余人，欲避兵，挟弓矢走。前行一人，戴毡笠，披青棉甲，努尔哈赤望见，疑即尼堪外兰，奋身往追，为四十人所环逼，众矢交发。努尔哈赤中胸贯肩，被创三十余，犹鏖战不退；射殪八人，斩一人，余皆窜遁；遂攻克鄂勒珲城。索尼堪外兰弗获，斩城中汉人十九，擒被箭者六人，深入其矢，令告明边吏，执送尼堪，否则兴兵。明边吏遣人复曰："尼堪既归我，未便执送，尔若自来杀之，可也。"努尔哈赤曰:“尔等叵测,又将诳我耶?”使者又言,无事亲往,只遣少兵来,即执以去。于是命斋萨率四十人往,尼堪闻其至,欲登台以避,明人去其梯,斋萨执尼堪,杀之而归。明自是约岁输银八百两,蟒缎十五匹,并开抚顺、清河、宽甸、叆阳四关,通互市以和好焉。先是,尼堪外兰弃嘉班奔抚顺所迤东河口台,明边吏不容入边,以兵击逐,建州人乃知明并不庇尼堪,多背尼堪而投努尔哈赤。此河口台当即明纪载之王刚台,皆在抚顺边门附近。而张学颜、李成梁等共诛王杲,亦追奔至红力寨,红力寨即古勒寨。杲诛而寨未破,杲子阿台仍踞之,诛阿台时乃破,又为尼堪外兰所居,太祖破之,则译为鄂勒欢、鄂勒珲、鹅儿浑等名词,不过多出一尾音耳。

第二章　诸部之征服

三　建州五部之征服

(一) 萨尔浒及兆嘉城

万历十一年八月,努尔哈赤追尼堪外兰于嘉班,萨尔浒(在兴京西百二十里)城主诺密纳遣人告之,尼堪遂遁。努尔哈赤既旋师,谓侍臣曰:"若非诺密纳、鼐喀达往告之,尼堪外兰早成擒矣。"会诺密纳、鼐喀达更遣人来言曰:"浑河部杭嘉及札库穆二路,勿往侵!栋嘉及巴尔达二城,我仇也,可取其地畀我!否则,不容尔兵由我边界行也。"努尔哈赤闻其言,怒;噶哈善哈斯瑚(嘉穆瑚寨主,初附努尔哈赤者)与常书扬书(沾河寨主)亦忿甚曰:"不先破萨尔浒城,吾等皆附诺密纳矣。"努尔哈赤遂定计:佯与诺密纳约,合兵往攻巴尔达城(属浑河部),令率兵先战。诺密纳不从。努尔哈赤曰:"尔以兵仗与我,我即先战。"诺密纳因以兵仗授努尔哈赤。努尔哈赤既得兵仗,遂执诺密纳、鼐喀达兄弟杀之;取萨尔浒城还。明年正月,又起兵攻兆嘉城(在兴京城东北三十里)。先是康嘉(章嘉城宝实之长子)借兵哈达万汗(王台),以浑河部兆嘉城长理岱为向导,劫瑚济寨而去,分所获于中途;努尔哈赤部将安费扬古,率十二人追获之。未几,敌乘夜欲拔栅潜入,谋害努尔哈赤。时犬四顾惊吠,努尔哈赤因持刀叱曰:"外至者,谁也?既至,何不入?尔不入,我即出矣,尔能撄我锋耶?"遂以刀柄击窗棂,复奋足撼窗,为由窗而出之状,既而仍由户出,贼乃遁。是盖理岱之所使也,至是遂征之。途遇大雪,至噶哈岭(长白山支峰),路险峻难登,诸叔及诸兄弟劝勿进兵。努尔哈赤曰:"理岱我同姓兄弟,乃自相戕害,反为哈达向导,岂可恕耶?”遂凿山为磴,军士鳞次立,以绳束马,曳之逾岭,至兆嘉城下。龙敦豫使人密告理岱,理岱鸣角集众,登城以待。众复请曰:“彼有备,未易攻,姑旋师便。”努尔哈赤曰:“吾固知其有备而来,何遽回耶?”遂督众登城,克之;获理岱,宥其死而赡养焉。努尔哈赤既克兆嘉城,龙敦搆族众邀噶哈善哈斯瑚于路杀之。噶乃努尔哈赤之妹夫,努尔哈赤故欲集众收其尸。时诸族昆弟,皆与龙敦同谋,无一人往;努尔哈赤率近侍数人行。玛尼兰城楞敦(宝朗阿之次子,努尔哈赤之族叔也)止之曰:“诸族皆仇汝,否则,汝妹夫何以见杀?宜勿往,恐有害汝者!”努尔哈赤不听。披甲跃马,登城南横冈,引弓疾驰,复回向城下,大呼曰:“有害我者,速出!”闻者皆惴惧无敢出;遂收其骸骨,以己服殓葬之。

(二) 栋鄂部

万历十二年六月,努尔哈赤率兵四百攻玛尔墩寨,绝其汲道;至四日,令军士跣足缘崖而上,遂克之。九月,攻栋鄂部(今佟家江附近地)翁鄂洛城。先是,董鄂部诸贝勒议曰:“昔宁古塔贝勒借哈达兵攻我,取我数寨;今彼与哈达相仇(指劫瑚济寨事),吾等宜乘机攻之。用蟒毒淬箭为攻具。”会其部内乱,遂不果行,努尔哈赤闻之,与众计曰:“栋鄂部内乱,宜往攻。”众谏曰:“兵未可轻入其境,幸而胜,诚善;倘有失,奈何?”努尔哈赤曰:“俟彼加兵于我,何如乘机先发?”遂亲率兵五百征之。其部长阿海巴延,聚兵四百于所居齐吉达城。城垂陷,会大雪,罢攻,命众先还,留十二人以从,伏浓烟中。城内谓兵已退,引众出,努尔哈赤邀击之,斩四人,获甲二副。适完颜部之逊扎沁广衮来请曰:“翁鄂洛吾仇也,曾为所缚,乞以一旅助我破之!”努尔哈赤念既已兴兵至此,宜乘机勘定一方;遂率兵夜驰赴之。逊扎沁广衮有兄子岱度墨尔根,密使人通于翁鄂洛城,故豫知努尔哈赤兵至,收其众入城。努尔哈赤乘屋颠射城中,城中鄂尔果尼潜射之,伤首贯胄。努尔哈赤拔箭,见敌趋过,即以所拔箭从烟突隙处迎射之,贯其股,应弦而踣。努尔哈赤被创,流血至足,犹鏖战不已。敌复有洛科者,乘烟焰中潜逼,突发一矢射努尔哈赤,砉然有声,穿琐子甲护项,拔之,镞卷如钩,血肉迸落。众竞趋而前,欲登屋扶掖;努尔哈赤恐为敌窥,谕止之。时项下血涌如注,以一手扪创,一手拄弓而下,二人掖而行,忽迷仆,诸臣皆大惊,相怨咎。少苏,裹创,迷而复苏者数四,苏辄饮水。凡一昼夜,血犹不止,裹创厚寸余;乃弃垂下之城而还。及创愈,复率兵攻克翁鄂洛城;获鄂尔果尼及洛科,诸臣请诛之,努尔哈赤曰:“两敌交锋,志在取胜。彼为其主,乃射我;今为我用,不又将为我射敌耶?如此勇敢之人,若临阵死于锋镝,犹将惜之;奈何以射我故而杀之乎?”遂授鄂尔果尼、洛科各一牛录额真(官名),隶三百人。

(三)太兰冈之役

万历十三年二月,努尔哈赤率甲士二十五,步兵五十,略界藩寨。寨内人豫为备,无所获而还。界藩与萨尔浒、栋嘉、巴尔达三城合兵四百,追袭至界藩南太兰冈之野。玛尔墩寨主纳申(玛尔墩破而逃此者),界藩寨长巴穆尼冲突入阵,疾驰而前;努尔哈赤见之,单骑还击纳申。纳申刃已先及,断努尔哈赤所执鞭,努尔哈赤挥刀断其臂,坠马死;复射巴穆尼毙之,敌众逡巡却立。甲士曰:“马疲甚,奈何?”努尔哈赤曰:“尔等下马步行,佯以弓弰拂雪,为拾矢状,徐引马过岭;饮以盐水,饲以炒面,休息之。予留此为缓敌计也。”于是退军先行,努尔哈赤驻马纳申尸旁。敌众呼曰:“杀其人,尚欲食其肉?何不去,听我等收其骸骨!”努尔哈赤乃行,顾其众曰:“纳申与我为难,今得杀之,即食其肉,亦宜。”复念军行未远,乃率七人为伏,露其胄而立。纳申部众见之,呼曰:“尔有伏,我已知之矣。”且呼且却。努尔哈赤引兵徐还,未遗一矢。

(四)哲陈诸部与巴尔达

万历十三年四月,努尔哈赤又率步骑五百,征哲陈部。值大水,命众先还;留被棉甲者五十,被铁甲者三十人。有嘉哈地之苏库赉呼潜往告知。于是托摩和、章嘉、巴尔达、萨尔浒、界藩五城(皆兴京附近),合兵欲攻之。努尔哈赤引兵深入,遥见敌兵八百余,陈界藩之浑河,抵南山。族兄弟扎亲、桑古哩(尼玛兰城宝朗阿之孙)两人见敌众,大惧,解其甲与人。努尔哈赤怒曰:"汝等平日自雄于兄弟乡党间,今临阵何惧,反解甲与人耶?"乃亲执纛,先进敌阵,下马,驱马回,率弟穆儿哈齐及近侍延布禄、乌凌阿直前冲击,奋勇射敌,杀二十余人,敌兵争渡浑河。努尔哈赤热甚,卸胄不及解甲,以手断其扣,少憩,后队兵乃至;皆曰:"宜乘胜追击之!"努尔哈赤怒其后至,不应。及敌兵已渡河登岸,突起复胄,进斩四十五级。又与弟穆尔哈齐蹑其后,追至吉林岩,见敌兵十五人由旁径来;努尔哈赤恐为敌所见,去胄隐身以待。先至者一人,贯其脊而殪;穆尔哈齐又射殪一人,余悉坠岩死。既收军,努尔哈赤曰:"今日之战,以四人而败八百人之众,此天助我也!"翌年丙戌,攻苏克素护河之瓜尔佳城,浑河部之贝浑寨,克之。七月,再征哲陈部,下托漠河城,而进攻鄂勒珲。尼堪外兰逃至明边,遣人杀之(见前),复仇之役,至此告终矣。万历十五年六月,复攻克哲陈部,斩其部长阿尔泰。八月,命巴图鲁额亦都(后为一等大臣世袭果毅公)率兵征巴尔达。至浑河,涨不能涉,以绳联军士,鱼贯而渡。率精锐数人,乘夜攻之,梯城而上。城中人拒迎,额亦都跨城堞而战,身中五十创,犹死战不退。城中人皆溃,遂克其城。努尔哈赤复自率兵攻洞城克之,降其城主扎海而还。次年四月,哈达贝勒瑚尔罕(万汗之子)以其幼女送努尔哈赤为妃,努尔哈赤设宴成礼。出迎时,憩洞城之野。有乘马佩弓矢过者,问为谁,左右曰:"此董鄂部人,善射,部中无出其右者,所称善射纽翁锦是也。"召之至,指百步外柳叶,命之射。纽发五矢,中其三,上下交错;努尔哈赤亦发五矢,皆中。众视之,五矢所集,仅五寸许,众共叹为神技云。盖自来创业之君,其英武恒有非常人所及者,况努尔哈赤以战争而立国,弓马之技,自当特娴耳。

(五)苏完诸部之归附

努尔哈赤既以武力勘定一方,于是畏威怀德之族,均乘时首先臣附。时苏完部主索尔果,率部众来归,努尔哈赤以其子费英东(后为一等大臣世袭信勇公)佐理政务。雅尔古寨长扈拉瑚因杀其族人率众来归,以其子扈尔汉(后为一大臣世袭子爵)为养子,赐姓觉罗,任侍卫。栋鄂为满洲雄部,据今佟家江附近,士马健壮,其部长何和里(克撤巴延之孙)亦率众万余来归,努尔哈赤以长女妻之(后为一等大臣世袭勇勤公)。后萨尔浒之役,即赖以克败明军,今不遗一矢得之,诚可谓创业之幸!时明亦遣使通好,岁输金币聘问。努尔哈赤又以所产东珠、人参、紫貂、玄狐、猞猁狲等珍异之物,令互市于抚顺、清河、宽甸、叆阳四关,以通商贸易。由是国益富庶。万历十六年九月,努尔哈赤又亲率兵克完颜部,斩其城主岱度墨尔根。次年正月,取兆嘉城,斩宁古亲。于是建州环境五部皆服,遂北向而与海西诸国争雄矣。

四 九部联军之败

(一) 叶赫之要求

努尔哈赤既统一建州,又以万历十九年收服鸭绿江路,尽有其众;疆土日廓。时海西卫四部,叶赫最强,为塞外诸国盟主。其贝勒纳林布禄见努尔哈赤之强,恐不利于己,乃遣伊尔当、阿拜翰来告曰:"乌拉、哈达、叶赫、辉发、建州言语相通,势同一国,岂有五主分建之理?今所有国土,尔多我寡;盍将额勒敏、扎库穆二地,以一与我!"努尔哈赤怒叱之,曰:"我乃满洲,尔乃扈伦。尔国虽大,我岂肯取?我国即广,尔岂得分?且土地非牛马,岂可割裂分给?尔等皆执政之臣,不能各谏尔主,何觍颜来告耶?"既而,叶赫、哈达、辉发三国贝勒,复各遣使来;努尔哈赤宴之。叶赫使图尔德起请曰:"我主欲分尔地尔不与;欲令尔归附,尔又不从。傥两国兴兵,我能入尔境,尔焉能蹈我地耶?"努尔哈赤闻言大怒,引佩刀断案曰:"尔主兄弟,何尝亲临阵前,马首相交,破胄裂甲,经一大战耶?尔地岂尽设关隘?吾视蹈尔地,如入无人之境;昼即不来,夜亦能至,尔其奈我何?昔吾以先人之故,问罪于明,明归我丧,遗我敕书马匹,寻又授我左都督敕书,已而赉龙虎将军敕书,岁输金币。汝父见杀于明(事在万历十二年),曾未得收其骸骨,徒肆大言于我,何为也?"遂作书,令阿林察持诵于叶赫两贝勒前。叶赫贝勒布斋闻之,令人迎至家,索视书,恐其弟纳林布禄见而怒,伤使者,乃劝阿林察还。然其时纳林布禄已微闻努尔哈赤之强硬;衅端已成,战事将起矣。

(二) 联军之战败

万历二十一年六月,扈伦四部,合兵来侵,努尔哈赤击败之。九月,叶赫复纠合哈达、乌拉、辉发及蒙古三部:科尔沁、锡伯、卦勒察;长白山二部:珠舍哩、讷殷,九部联盟,合兵三万,分三路来攻。努尔哈赤遣武理堪(后为前锋将世管佐领)由扎喀路向浑河部侦之,见敌兵营浑河北岸,方夜爨,火密如星,欲俟饭毕夜度沙济岭。武理堪驰告。时夜已过半,努尔哈赤曰:"日者闻叶赫兵来,今果然。唯我军昏出,恐惊国人,传语诸将,期旦日启行。"遂就寝,甚酣。妃富察氏呼谓曰:"九国兵来攻,何反酣寝耶?岂方寸乱耶?惧之耶?"努尔哈赤曰:"人有所惧,寝不成寐,我果惧,安能酣寝?前闻叶赫兵三路来攻,因无期,时以为念;既至,吾心安矣。吾若有负叶赫,天必厌之;今我顺天命,安疆土,彼不我悦,纠九国之兵,以侵害无咎之人,天必不佑也。"安寝如故。及旦,率诸贝勒大臣诣堂子,拜祝曰:"皇天后土,上下神祇:某与叶赫,本无衅端,守境安居。彼来搆怨,纠合兵众,侵陵无辜,天其鉴之!"又拜祝曰:"愿敌人垂首,我身奋扬,人不遗鞭,马无颠踬,惟祈默佑,助我戎行!"遂亲领兵至扎喀之野,侦者报敌兵甚众,军士咸有惧色。扎喀城有朗塔哩者,后至,呼曰:"贝勒安在?我兵几何?"言讫,遂登山,望之,还告曰:"若以敌兵为多,我兵亦岂少耶?昔我国与明交战,明兵漫山蔽野,我兵仅二三百,尚败其众。我国之人,骁勇敢战,必破敌兵;如不胜,吾甘军法。"众心始安。是夕,叶赫营有一人来降者,言:叶赫贝勒布斋、纳林布禄兵万人;哈达贝勒蒙格布禄、乌拉贝勒满泰、辉发贝勒拜音达哩兵万人;蒙古科尔沁贝勒翁阿岱、莽古斯、明安,及锡伯部卦勒察部兵万人:共合兵三万。满兵闻之色变。努尔哈赤曰:"尔等无忧,吾必不疲尔力,俾尔苦战。惟壁于险隘,诱之使来,若来,我兵迎击之;否则,四面列阵,以步军徐进。彼部长甚多,皆乌合,势将观望不前,其争先督战者,必其贝勒;我以逸待劳,伤其贝勒一二人,彼众自溃。我兵虽少,奋力一战,固可必胜耳!"遂于旦日进兵。初,叶赫兵攻赫济格城,未下,是日又攻。努尔哈赤登古呼山(在界藩山东,长白之支峰),对赫济格城,据险结阵;命各旗贝勒大臣整兵以待,遣额亦都率百人挑战。叶赫兵罢攻城,引兵来战,满兵迎击之,斩九人,敌稍却。布斋先众突前,所乘马触木而踣,满兵武谈趋而前,踞其身刺杀之;敌兵遂乱,众奔溃。科尔沁贝勒明安马被陷,弃鞍裸身,骣乘马走。努尔哈赤纵兵掩击,积尸满沟壑。追至哈达柴河寨之南,获乌拉贝勒满泰之弟布占泰,赦之不杀,赐以裘而赡养之。是役也:斩级四千,获马三千匹,铠胄千副。以整以暇,而破九部三万之众,自此军威大震,远迩慑服矣。

(三) 长白山部之灭亡与扈伦四部之乞盟

万历二十一年十月,努尔哈赤遣兵攻克珠舍哩;闰十一月,命额亦都、安费扬古、噶盖率兵千人,攻讷殷部佛多和山寨,三月下之,斩其部长。于是长白山三部,尽为所有。次年,蒙古科尔沁贝勒明安、喀尔喀贝勒老萨,各遣使通好;而扈伦四部,亦自知兵力不敌,遣使乞盟,重以婚媾。叶赫贝勒布扬古(布斋之子),愿以女弟归努尔哈赤,金台石(纳林布禄之弟)愿以女妻努尔哈赤次子代善。更椎牛设酒,四国相继誓曰:“既盟以后,若弃婚姻,背盟好,其如此土,如此骨,如此血,永坠厥命!若始终不渝,饮此酒,食此肉,福禄永昌!”努尔哈赤亦誓曰:“尔等践盟则已,有渝盟者,三年不悛,吾乃征之。”时万历二十五年正月间也。

五 扈伦四部之灭亡

(一) 哈达

哈达(女真语有山峰之意)部族,至速黑忒时始显;速以杀贼(即开原城外之山贼猛克)功,颇得明廷恩遇。初居松花江,其后因野人女真之侵扰,当部长彻彻穆及旺齐外兰之时,始移于开原边外。彻子万(明人称为王台)效忠明廷,扞蔽辽东;又以杀建州叛酋王杲,封龙虎将军,威望日隆;三十年间,辽东边外,赖以苟安。自王台死后(台于万历十年卒),其部族内争即不绝(台有四子,长曰虎儿罕,亦作"瑚尔罕",嗜杀,与三弟分争父业,部下多叛,台幼子康古陆且亡命叶赫),叶赫遂乘间攻之(叶赫部族,来自蒙古;其酋祝巩革得明都督职,崛强不奉命,后为哈达王忠所杀,子逞家奴、仰家奴,朝夕谋复仇。及哈达虎儿罕殁,仰家奴等借蒙古势攻哈达,万历十一年,明遣使叶赫试为弹压,竟不奉命,反要求玺书,拥骑请赏。李成梁伏兵杀仰家奴、逞家奴及其二子,哈达以此息肩。后叶赫酋纳林布禄复数攻哈达,均赖明援得止)。万历十九年,哈达、叶赫因明人之调停,而暂息干戈;叶赫贝勒布斋许岱善(虎儿罕子)以女。岱善于受室中途,为叶赫人所射杀,于是衅端再启。时岱善之子尚幼,依养外家,南关之业,惟孟格布禄维持之而已。二十一年,九部之兵既败于努尔哈赤,叶赫复遣使与满洲修好,媾结婚姻,欲以远交近攻之策,统一扈伦,扩张国势;故乘哈达内乱与之搆兵。哈达不支,乃乞援于明,不应,请入捍边,亦不许,于是遣三子为质,至满洲告急。二十七年,努尔哈赤遣费英东、噶盖率兵二千,驻防其地。纳林布禄闻之,投书哈达,诱其贝勒曰:"尔若执满洲来援二将,赎所质三子,尽歼其兵,我妻汝以所求之女,修前好焉。"孟格布禄惑其言。会事泄,努尔哈赤统兵征之,贝勒舒尔哈齐自请为先锋,命领一千兵为前队。既抵哈达,哈达兵出,舒尔哈齐按兵不动,告曰:"彼兵出矣。"努尔哈赤曰:"岂谓无兵而来耶?"遂亲督战,克其城,获孟格布禄,赦之,赐以裘帽。尽招服哈达所属诸城,器械财物,无所取,室家子女,完聚如故,悉编入户籍。后孟格布禄谋逆被诛(野史言:孟格布禄被执,努尔哈赤伪许以女,而阴纵其妾与通。徐以私外母之名杀之)。努尔哈赤以女妻其子武尔古岱。明遣使来言曰:"尔何故伐哈达而取其国耶?其复武尔古岱国!"乃使武尔古岱归哈达,统率人民。既而叶赫贝勒纳林布禄纠蒙古兵数侵哈达,努尔哈赤诘明曰:"吾令武尔古岱还国,今叶赫屡侵之。奈何以吾所得之国,为叶赫所据耶?"明置不答。会哈达岁饥,国人乏食,乞粜于开原,不与。各鬻妻、子、奴、仆、牛、马,易粟食之。努尔哈赤恻然曰:"此吾所抚之赤子也,何忍听彼流离!"遂仍收哈达国人,赡养之,武尔古岱来归。于是哈达遂亡,而明人失其南关。

哈达世系(纳喇氏)

纳齐布禄 — 尚延多尔和齐— 嘉玛额硕珠古— 绥屯 — 都勒喜 — 克什纳都督 —

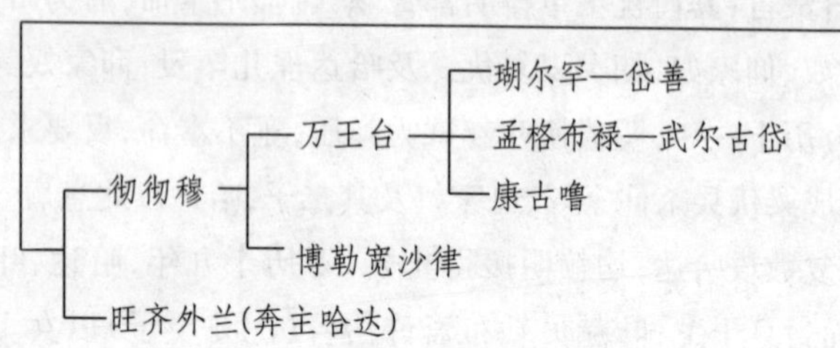

(二) 辉发

时辉发贝勒拜音达哩以其族人多逃附叶赫,而部众亦有叛谋,遂以其臣七人之子,质于建州乞援,努尔哈赤发兵千人助之。叶赫贝勒纳林布禄给拜音达哩曰:"若归尔质子,吾即反尔叛族。"拜音达哩信其言,欲中立于建州、叶赫二部之间,乃索归所质七臣之子,而以己子为质于叶赫;纳林布禄竟不归其叛族。拜音达哩复遣使来言曰:"吾前者误为纳林布禄所诳,今欲依恩归诚,乞赐一女为婚。"努尔哈赤许之,后背约不娶。努尔哈赤遣使诘之,拜音达哩谓俟叶赫质子归。因筑城三层以自固。叶赫质子既归,亦不娶,欲赖坚城为拒守计。万历三十五年九月,努尔哈赤率兵征之,克其城,诛拜音达哩及其子。于是辉发国亡。

辉发世系(纳喇氏本姓伊克得哩黑龙江尼玛察部人星古礼迁于札噜改姓纳喇)

星古礼—备臣—纳灵阿—拉哈都督—噶哈禅都督—齐纳根达尔汉—

—旺吉努(筑城于辉发河边呼尔奇山号辉发国)—拜音达哩

(三) 乌拉

乌拉贝勒满泰之弟布占泰,以九部联军之败被擒,万历二十四年,努尔哈赤命图尔坤、煌占等送之还，未至。满泰与其子往所属苏干延锡兰地修筑边壕，父子淫村中二妇，妇夫夜入皆杀之。及布占泰至，兴尼雅（满泰之叔）争立，欲杀之，因护送大臣之防护，不果。兴尼雅奔叶赫，布占泰乃立为乌拉国王。努尔哈赤以舒尔哈齐之女妻之。未几，布占泰以都都祜（满泰妻）所珍铜锤，送叶赫贝勒纳林布禄。万历三十五年，瓦尔喀部斐优城（珲春城北二十里）长策木特赫苦乌拉之虐，乞移家归附。努尔哈赤命其弟舒尔哈齐，长子褚英，次子代善，大臣费英东、扈尔汉，率兵三千至斐优城，尽收环城屯寨，凡五百户，令扈尔汉率兵三百，护之先行。乌拉贝勒布占泰发兵万人邀诸路，扈尔汉令五百户结寨山颠，以兵百人卫之，令人驰告后队。次日结战，乌拉兵退渡河，相向驻营。日过午，后队诸贝勒至，见乌拉兵众，褚英、代善谕军士曰："吾父宥布占泰之死，而豢养之，使归主其国。为时未久，人犹是人，曾从吾手而释，非有天幸得脱，今岂不能再缚之耶？"乃各率五百，分二路缘山奋击，乌拉大败。次年，命褚英、阿敏（舒尔哈齐之长子）率兵五千，征乌拉宜罕山城，克之。布占泰遣使乞和，努尔哈赤复以亲女妻之。四十年，又背盟侵窝集部之呼尔哈路；且谋夺代善所聘叶赫贝勒布斋之女；又以鸣镝射其妻（努尔哈赤之女）。努尔哈赤闻之，大怒，亲统兵征之，沿乌拉河而行。布占泰率兵迎战，军无斗志。遂沿河岸而下，克其临河五城，又取金州，乃驻营焉。布占泰所居大城，在河东岸，相距仅二里许。布占泰昼则率兵出城，相持河岸，夜则入城休息。诸贝勒请渡河击之，努尔哈赤曰："勿作此浮面取水议，当为探源之论。今以势均力敌之大国，欲一举而取之，能尽如吾愿乎？且削其所属外城，独留所居城，外城且下，则无仆何以为主，无民何以为君乎？"遂命毁其六城，并焚其庐舍糗粮，移驻于富勒哈河渡口。布占泰穷蹙谢过，舟止河中，努尔哈赤责之曰："我昔擒汝于阵，贷汝死，赡养汝，俾主乌拉国，以三女妻汝，许汝盟誓者七。汝藐忽天地，屡背誓言，再侵吾所属呼尔哈路，欲夺吾所聘叶赫女，又以鸣镝射吾女。吾以女归汝异国，义当尊为国妃，何得陵暴至此？我事事顺天命，循天理，数世以来，远近钦服，从不被辱于人，汝即不知百世以前事，岂十世以来之事，亦不知耶？若我女有过，汝宜告我，无故被辱，他国且不受，况我国乎？古人云：'宁损其骨，无损其名。'我非乐有此举,乃汝负恩悖乱,是以声罪致讨耳。"布占泰谓:"有人离间,使吾父子不睦,其语皆为讹传也。"拉布泰(布占泰之臣)从旁言曰:"上既因此而怒,何不遣使来问?"努尔哈赤责之曰:"尚谓辱吾女为诬,夺吾所聘女为妄言乎?凡事未实则须问,既实矣,又何问焉?此河无不冰之日,吾兵无不再来之理,汝口虽利,能齿吾刃乎?"布占泰大惧,止拉布泰勿言。努尔哈赤遂班师,至乌拉河边伊玛呼山冈(吉林城西南五百余里),以木为城,留兵千人守之。已而布占泰以其子绰启鼐及十七臣之子,送叶赫为质,欲娶代善所聘女,于是战端再开。四十一年正月,努尔哈赤率军征乌拉,布占泰以兵三万越富勒哈城列营。满洲贝勒大臣皆欲战,努尔哈赤止之曰:"征伐大国,岂能遽使之无孑遗乎?"贝勒大臣皆曰:"我士饱马腾,利在速战,所虑者,布占泰不出耳。今既出,平原旷野,可一鼓而擒也。舍此不战,厉兵秣马,将何为耶?倘布占泰竟娶叶赫女,辱何如之!后虽征讨,夫复何及!"努尔哈赤曰:"今日之役,我何难率尔等身先搏战,但恐诸贝勒大臣,或致一二被伤,实深惜之;故欲计出万全也。众志既孚,即可决战。"于是前进,布占泰率兵三万,由富勒哈城逆战,列阵而待。两军距百步许,满洲兵下马步战,矢发如雨,呼声动天,乌拉大败,十损六七。满兵乘势夺门,努尔哈赤登西城楼,树旗帜。布占泰率败卒不满百人,急还城下,见满军旗帜,大惊,遁走叶赫。乌拉遂亡。

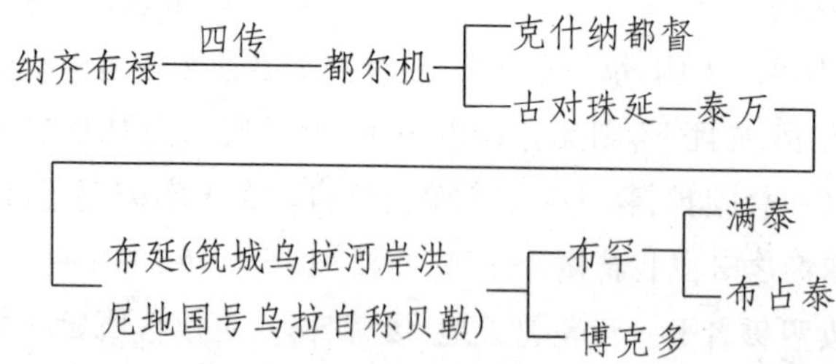

(四)叶赫

布占泰既逃往叶赫,努尔哈赤遣使谕其贝勒锦台什、布扬古,使执送以献，凡三往不从。万历四十年九月，率兵征之。有逃卒泄军期，叶赫遂尽收散处居民；乌苏城以疫未收，围降之，优遇其城长。焚毁城池屯寨，凡十九处之庐舍粮储，携乌苏降众三百户而还。叶赫遣使告于明曰："扈伦四国，满洲已灭其三，今复及我，其意即欲侵明，取辽东以建国都，使开原、铁岭为牧马之场矣。"明乃遣使满洲，令与叶赫修好；更遣游击马时楠、周大歧率练习火器者千人，为叶赫守卫东西二城。努尔哈赤亲致书与明抚顺所游击李永芳曰：

> 昔叶赫、哈达、乌拉、辉发、科尔沁、锡伯、卦勒察、珠舍哩、讷殷九姓之国，于癸巳岁（万历二十一年）合兵侵我，天厌其辜，我师大捷，斩叶赫贝勒布斋，生擒乌拉贝勒布占泰，仍遣之归国。逮丁酉年（万历二十五年），刑马歃血以盟，通婚媾无忘旧好。讵意叶赫渝盟，将已字之女，悔而不与。至布占泰，吾所恩育者也，反以德为仇，故伐之，而歼其兵，取其国。布占泰逃奔叶赫，叶赫留之，不吾与，此所以征讨叶赫也。吾与明国，何嫌何怨，欲相侵耶？

叶赫既得明援，竟以金台什之女许字代善者，改适蒙古，事在万历四十四年，即天命元年，努尔哈赤称汗之岁也。翌三年（万历四十六年），努尔哈赤既以七大恨誓师伐明，毁抚顺，克清河（事详第四章），遂以天命四年，命大贝勒代善率兵五千往守扎喀关，以防明兵，而自将大军征叶赫，克大小屯寨二十余而还。叶赫告急于明，于是有杨镐四路之师。努尔哈赤既覆其军二十万（详见第四章），是秋，克开原、铁岭拊叶赫背，遂进逼其东西城。时贝勒锦台什居东城，布扬古居西城；努尔哈赤乃命贝勒大臣攻西城，而自将八旗兵围东城。叶赫人民闻之，皆惊扰，所属屯寨居民，近者避入城，远者匿山谷。东城被围，金兵说锦台什降，答曰："我非明兵比，等丈夫也，我肯束手归乎？与其降汝，宁战而死耳！"努尔哈赤遂督兵攻城，两军拒战，矢如雨雹。金兵拥楯登山，傍城下掘地，欲堕其城；城上发火器，掷巨石滚木，金军冒矢石，穴其城，城坠，遂入。城兵复迎战，又败之，皆溃。锦台什携妻子登高台固守，金兵劝之降，锦台什谓见四贝勒

(即皇太极,锦台什之妹所生)乃下,努尔哈赤招之至。锦台什仍欲见其子德勒格尔,德勒格尔至,亦劝之下台,终不从。金兵毁其台,锦台什纵火焚屋宇,旋被执死。布扬古闻之而惧,愿以西城降,以无盟言,故踌躇。其母乃大贝勒代善之外姑也,先来见,代善接以礼,誓不杀降人,布扬古遂开门降。既见努尔哈赤,跪拜不恭,夜缢杀之,所属诸城尽降。明游击马时楠及兵一千之助守者亦歼焉。叶赫遂亡,明复失其北关。

叶赫世系(纳喇氏初为蒙古国人,姓土默特,灭扈伦所居璋地之纳喇部,遂据其地,因姓纳喇。后迁于叶赫河岸建国,故号叶赫)

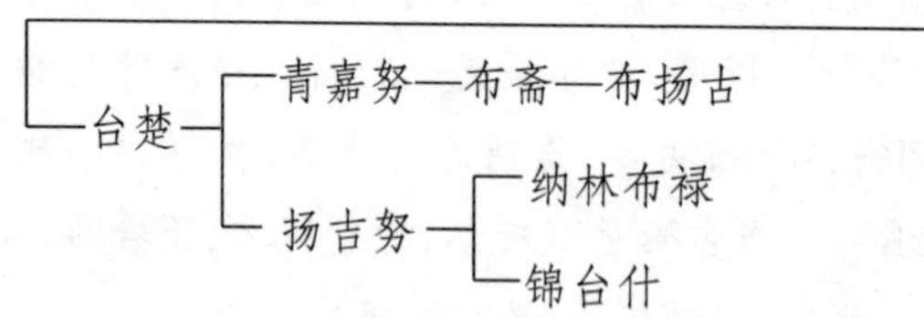

扈伦既亡,金东海诸部之远征军,亦到处奏功;于是言语相同之国,尽为所有。疆域西至辽东,南至朝鲜,东至海,北抵黑龙江;西向而屡破大国之师,蚕食鲸吞,汗业益光矣。

六 东海诸部之降附

(一) 瓦尔喀

建州长白山扈伦诸部,既先后为努尔哈赤所降服,同时复以兵力及怀柔政策,平定东海。东海诸部,在吉林宁古塔以东,东南滨日本海。其中瓦尔喀者,在今乌苏里江上流,至绥芬河以西滨海一带,皆其部落,与朝鲜咸镜道相邻。万历二十六年,努尔哈赤命长子褚英,与大臣费英东、噶盖率兵一千,征服其旧属之安楚拉库路屯寨二十余,招降万余人。三十五年,瓦尔喀斐优城(在珲春城北二十里)长策木特赫,以五百户,越乌拉境来降。努尔哈赤命舒尔哈齐等率兵收其屯寨,归途败乌拉邀击之兵(详前)。先是,瓦尔喀有流寓朝鲜者,三十七年,努尔哈赤为请于明,明谕朝鲜,察还千余户。及努尔哈赤登汗位,天命十年,命族弟旺善,大臣达珠瑚、彻尔格统兵千五百人,征瓦尔喀,俘获甚众。此努尔哈赤时征服瓦尔喀之概略也。皇太极继位,改元天聪,十年,命大臣蒙阿图率官八员,兵三百人,往征之。蒙阿图遣人自宁古塔奏报:俘降男千二百十九名,妇女千二百八十四名,幼丁六百三名,获人参、貂、狐、猞猁狲等皮,及牛马甚多。皇太极亲出城十里迎之。七年十一日,命吉思哈、武巴海率兵三百征朝鲜接壤之瓦尔喀部,戒以优待降俘,勿淫妇女。八年五月,吉思哈等奏捷:俘男子五百五十,妇孺一千五百,马一百九十四,牛一百八十三,皮裘百余领,人参八十斤。皇太极谕以:俘获人之户,不必均隶八旗,察明不足之旗分补拨。盖先时俘获,必编为牛录,分隶八旗。初,每旗牛录二十五,后暂增至三十,至是;始以俘降备补充,不常增牛录也。是年十二月,遣大臣武巴海、荆古尔岱率兵四百往征瓦尔喀,谕之曰:

> 闻尼满地方有千余人,在彼筑城屯驻,尔等宜往略之!至各屯户多少,武巴海尽知(武于五年、七年俱征瓦尔喀有功);可取者,量力取之。有分达哩所居之屯,宜率乡导往前先取,余可次第略定:凡此诸屯,非有统帅哨防,不过泄泄然散处各村落;然其人虽愚,耳目颇众,尔等自宁古塔启行之日,即行防范,毋令彼知觉,伺其所在,以智取之。所有俘获,当加意守视,时其衣食,勿令冻馁。……夫攻略之后,或俘人逋逃,或自被戕害,皆由与彼同处日久,漫无防范,以及戮辱其妇女所致。前者正红旗辉满征瓦尔喀时,所为多不义,尔等慎勿效尤!亦毋以其物力丰足,妄行多取!彼既服从,秋毫不可犯!

九年四月,武巴海等奏报:收抚壮丁五百六十人,妇女五百口,幼稚九十口,获皮张甚多。至十月复征之。每旗派官二员,每牛录兵五名,汉军二名;分八旗为四路:两黄旗,武巴海为帅,率兵二百九十七名,由额赫库抡、额勒约索二处进取;两红旗,多济里为帅,率兵三百五名,由雅兰、锡琳、瑚叶三处进取;扎福尼率两蓝旗兵二百九十八名,由阿库里、尼满二处进取;武什塔率两白旗兵三百三十七名,由诺罗、阿万二处进取,主帅各授以军律一道,附载应取壮丁,及乡导人姓名。濒行,皇太极谕多济里曰:"尔所住之地,岛屿甚多,有可取者,造船取之;如不可取,当识之以为后图。"武巴海等既出,以翌年三月凯旋。八旗共俘获壮丁一千一百六十名,妇女一百四十名,及牛马貂狐等皮、人参无算。崇德改元,二年,皇太极方征伐朝鲜,于军营中,命科尔沁、扎鲁特诸部兵出咸镜道,往征瓦尔喀,以蒙古衙门承政尼堪等率每旗甲士十人导之。道出会宁,败朝鲜平壤巡抚兵二千人。五月,至乌拉地方,遣还蒙古兵,复命喀凯等二十四将,率兵一千二百,分四路往征之。于是两黄旗舒书、塔克珠等入乌尔固辰路,获男子三十,家口八十;两红旗恩古礼、克布图等入绥芬路,获男子二十八,家口六十五;两白旗哈什屯、满都祜等于所入汛地,获男子百三十人,家口三百三十;并各获马匹皮张甚多,于次年四月还师。及崇德四年,复收瓦尔喀部之余众五百人。初瓦尔喀部众叛入熊岛者甚多,皇太极命朝鲜国王李倧以舟师攻之,擒其首嘉哈禅等,缚而送盛京。乃遣萨尔纠等率兵收其余党。至是,瓦尔喀大部皆服,建州之命,远臻海滨矣。

(二) 库尔哈

库尔哈者,占呼尔哈河下流地。呼尔哈河出吉林乌拉界,经宁古塔城北,行七百里,至三姓,入混同江;《唐书》渤海王都临忽汗河者也(虎哈即忽汗之转音,即所谓金源也)。约当瓦尔喀部西北。万历二十七年,库尔哈路长旺格彰格率百人来朝,献三色(黑、白、红)狐皮,黑白二色貂皮;自是朝贡时至。因以大臣女六人,妻其六长。三十五年,攻克东海虎尔哈路之札库塔城,札库塔者,约在珲春城西百二十里之地(今有札库塔城址);先已降附建州,努尔哈赤赐之甲三十副。其人以赐甲送黑龙江滨之窝集部人,被于树以试射;又贪乌拉布匹,受其贝勒布占泰之招抚。至是努尔哈赤遣额亦都、何和哩、扈尔汉率兵二千往征之,谕降不从,围三日,攻克其城,斩千人,俘二千人;并招降环近路长图勒伸、额勒伸,令率五百户来归。天命三年十月,呼尔哈部长纳喀达率百户来归,努尔哈赤遣二百人迎之,宴之于殿廷,命挈家口愿留者为一行,未携家口而愿归者为一行,分别聚立。赐愿留者为首八人,各男妇二十口,马十匹,牛十头,锦裘及四时之衣,田庐器具皆备,部众大悦。其愿归之人,亦皆感激乞留。乃因还家者寄语其族属曰:“国之军士,欲攻伐以杀我等,俘掠我家产;而上(指努尔哈赤)以招徕安集为念,非欲俘获而充赏,乃欲收我为羽翼也!我乡兄弟其相率而来,无晚也!”天命四年,遣大臣穆哈连率兵千人征东海呼尔哈路,收其壮丁二千而还。其部长来降,出城亲款之,椎牛二十,列筵二百,赏赐分二等:上者男妇十,马牛各十,衣五袭;次者男妇五,马牛各五,衣三袭:其田庐器物俱备焉。天命十年,遣第三子阿拜,第六子塔拜,第九子巴布泰率兵千人由北路征呼尔哈部,侍卫博尔晋等率兵二千由南路征呼尔哈路。博尔晋招降五百户先还;努尔哈赤至浑河劳之。十月阿拜等俘获一千五百人以归。此天命年间对于呼尔哈之事略也。天聪七年,命季思哈、武巴海率兵三百,征接壤朝鲜之东海呼尔哈部,明年奏捷,俘男妇幼少千九百五十人。八年十二月,命巴奇兰、萨木什喀率兵二千五百,往征呼尔哈部众之散居于黑龙江地方;皇太极命之曰:“尔等此行,道路遥远,务奋力直前,毋怠毋忽!至俘获之人,须善言抚慰,饮食甘苦,一体共之;则人心归附必众。且此地人民,语言与我国同,携之而来,用为攻略。宜谓之曰:‘尔之先,本皆我一国之人,载籍俱在,尔尚未之知,是以甘于自外。久欲收服,特未暇耳。’”遂令起行。九年四月,巴奇兰等奏报:收服编户壮丁二千四百八十有三,人口七千三百有二,马牛千三百有奇。崇德七年九月,命沙尔琥、达珠喇往征松阿里江之呼尔哈部,闰十一月,招降喀尔喀十屯人民。八年正月还师,计获男妇幼稚一千六百十九人,牲畜六百三十有奇。八年三月,命阿尔津、哈宁阿等率将士往征黑龙江之呼尔哈部,所向克捷,攻克三处(博和喇、诺尔噶、勒都里),又招降四处(小大噶尔达苏、绰库禅、能吉勒);七月,遂还。获男子一千四十九人,按丁抽甲,编补各旗缺额,于是呼尔哈部亦平。清国之业,至是乃益臻巩固矣。

(三)窝集诸部

东海诸部,瓦尔喀、库尔哈为大,其余诸部,则不过散处于二路外之屯寨而已。魏默深别之为窝集部;实则窝集乃东海之别称,而包有瓦尔喀、库尔哈与其余诸路者也。瓦、库二路既平,于是诸部亦同时克服,兹复概略述之,以见当时对付东海之大较焉。万历三十五年五月,努尔哈赤命大臣额亦都等,率兵千人,征取窝集部之赫席赫、鄂谟和苏噜、佛讷赫托克索三路屯寨,俘二千人而还。次年,复遣扈尔汉讨瑚叶路,以其匿降人也。时有归附之绥芬路长图楞,为雅兰路人所掠。三十八年,遣额亦都率兵千人往取窝集部之那木都禄、绥芬、宁古塔、尼玛兰四路,招其路长。旋师至雅兰,遂击取之,收万余人。三十九年七月,命第七子阿巴泰同大臣费英东、安费扬古率兵千人,征乌尔固宸、穆棱二路,俘千余人而还。先是,窝集部来归路长僧喀尼、喀哩二人,以努尔哈赤赐甲四十副,置绥芬地,为窝集部之乌尔固宸、穆棱二路兵掠去;努尔哈赤遣呼尔哈部长博济哩往二路宣谕归还,不从,故征之也。四十三年,窝集部东之额里库伦人寄语建州曰:"人谓尔国骁勇,可来与我等决一战!"努尔哈赤遣兵二千至顾纳哈库伦,招之,不服,遂攻克其城。阵斩八百人,俘获万人,收抚其居民,编为户口五百。天命元年,命大臣扈尔汉、安费扬古率兵二千征东海之萨哈连路(锡赫特山脉东北麓,滨鞑靼海峡。《朔方备乘》以为在黑龙江城之东,实由高宗改《实录》查哈量河为黑龙江所致。查哈量即萨哈连,乌勒简河,《实录》初纂本作兀儿姜河,皆在乌苏里、松花、黑龙江三江汇流左右,故下文作混同江也。按黑龙江城在黑龙江东北境,筑于康熙二十二年,以防遏罗刹,对岸爱珲,咸丰间地割于俄,遂并爱珲于黑龙江而竟名之为爱珲)。行至乌勒简河,刳舟二百,水陆并进,取沿河南北三十六寨。八月,驻营混同江岸,冰结如桥,引兵以渡,取萨哈连部十一寨;遂又招服南岸之音达珲塔库喇(即使犬路)、诺罗路(在乌苏里江西侧支流诺罗河附近)、锡拉忻路,乃班师。二年,遣兵四百,悉取散居东海沿边诸部未归附者,收其民,其岛居负险不服者,乘刳小舟二百,尽取之而还。天命十年,遣大臣雅护喀、穆达尼率兵征东海卦勒察部,俘获二千人。此外东海诸部,若赫哲(黑龙江下流两岸),若鄂伦春(黑龙江下流西岸),亦皆次第降附;而兵威所及,直抵海中库页岛。是岛近混同江海口,岛上杂有赫哲、费雅哈、鄂伦春之人。魏默深曰:"东海诸部,在吉林宁古塔以东,与我隔于乌拉,又贪乌拉布市之利,甘为其属;故自乌拉削平而后,威棱薄海表。”盖东海大别三部:南沿鸭绿江、图们江之间及诸海岛,为瓦尔喀部;北沿大乌拉河、松花江至混同江南岸,则呼尔哈部;东抵长白山阴,则窝集部,今大都并于金国矣。

(四) 征服东海之政策

努尔哈赤与皇太极之用兵于东海也,其目的在增加及补充兵力;故每次攻伐,辄俘获若干人民而还。至优遇降者,使其部众望风归顺之心,尤为两朝恪守不渝之政策。当出师之时,必戒以抚慰俘虏;而部长之归降者,则又郊迎款宴,赐以田庐。其意皆不过招抚言语相同之人,用为攻略之助而已。所谓“以一城一族敌中原,必先树羽翼于同部;故得朝鲜人十,不若得蒙古人一;得蒙古人十,不若得满洲部落人一。族类同,则语言同,水土同,衣冠居处同,城郭土著射猎习俗同”(语见《圣武记》)。此金汗所以于扈伦灭亡之后,而亟亟于征抚东海诸部者也。当天命之时,呼尔哈之降人,寄语其部族曰:“上以招徕安集为念,非欲俘获而充实,乃欲收我为羽翼也。”天聪之时,皇太极命呼尔哈之远征军亦曰:“人民语言与我国同,携之而来,用为攻略。”故两朝征抚东海之政策,于此数语,可以见其大略已。

(五) 东海诸部之生活状况

东海诸部,远处边隅荒寒之地,人烟稀少。辽金遗族,散处其间,依骑射之本俗,为渔猎之生计。其状况若何,清代载籍,多不之详。惟吴兆骞《谪宁古塔记》有云:“由宁古塔而东三百里,有依朗哈喇(三姓)土城,即五国城故地,设官守之。又东北五六百里,为呼尔哈部所居。(《满洲氏族源流考》曰:“自宁古塔东北行四百余里,居呼尔哈河、松花江两岸者,曰诺雷部,即呼尔哈部。”)又六百里,为黑斤部所居。(即赫哲。《满洲源流考》曰:“自宁古塔东北行千五百里,居松花江、混同江两岸者,曰赫哲喀喇。又东北行四五百里,居乌苏里、松花、混同三江汇流左右者,亦曰赫哲喀喇,即使犬国也。又东北行逾混同江行七八百里,曰费雅哈,直至东北海滨。")又六百里,为费雅哈部所居:此三部人,总名曰乌稽达子。乌稽即窝集也,又名鱼皮达子,近混同江海口,不产五谷,惟出紫貂、元狐、海螺、灰鼠、水獭、鹰、雕,及鱼。每岁五月,此三部人则乘查哈船江行,泊宁古塔南关外进貂。将军(指宁古塔将军,此记清初事,故云)设宴,并出部颁袍、帽、靴、袜、挺带、巾扇赐之。貂以黑斤部所产为最,费雅哈次之,呼尔哈又次之,黑龙江索伦所产,毛粗又次之。黑斤、费雅哈二部,皆不薙发,梳髻,环耳,男妇皆不裤,以鱼皮为衣,柔软可染。富者以雕翎盖屋,貂及元狐为帐,狐鼠为被褥。呼尔哈人则服饰略同满洲矣。三部人皆无官长约束,质直有信义,商贾赊物,约偿黑貂,千里不爽期。勇敢能一人杀虎。"又云:"宁古塔极寒,三春昼夜风霾蔽天,七月即有白鹅下池,不能飞起,数日霜降,八月大雪,九月河冻,十月地裂,暮春冻始解,草木尚未萌芽,夏则有泥汤之险,泥淖数百里,人依草墩而行,稍倾侧,人马俱陷;故商贾裹足,近始汉人日众,气渐和暖,草土横铺,树木岁时修理,商旅毕集,百货骈阗,迥异畴曩矣。五谷惟无稻米,升价十倍,惟燕客用之。有乌腊草近水而生,长细温软,荐履行冰雪中,足不知寒,与貂、参均号宁古塔三宝。冬至纵火烧荒,则春来草木更盛。"吴氏康熙时人,所言东海宁古塔一带之状况,当与清初无大差异。其言即有傅会之处,而生活之大概,于是亦可见一斑矣。

七　黑龙江部之勘定

(一)黑龙江一带之种族

黑龙江之名,至辽代始显;古汛称黑水。其流域一带之居民,概称通古斯种(Tunguses,或书作 Tungous、Tungusians),意即东胡之转音,为女真人之近族也。清初因部族之所居不同,又分数种如下:

一、通古斯人　西人特称为通古斯者,概居尼布楚附近,及松花江沿岸。其尼布楚附近者,顺治十年,酋长罕帖木儿率众内徙。及康熙六年,复入俄境,居因古塔河域,遂为清俄交涉之一大问题。

二、索伦人　居精奇里江与额尔古纳河之间。其部族又分为多科、噶勒达逊、穆丹、都孙、乌尔堪、德笃勒、博木博果尔、喀木尼堪、海伦、郭博勒、额尔图、额苏哩、瑚尔布尔、沃埒、乌鲁苏、塞布奇、阿里岱、克音、裕尔根、固浓、昆都伦、乌兰诸屯；铎陈、阿萨津、雅克萨、多金等诸城。

三、达瑚尔人　亦称达呼尔、打虎儿、达瑚里、达呼等。居耶布鲁诺衣山之东，额尔古纳、精奇里及黑龙江岸。至顺治中叶而后，始移于松花江岸，及其近傍之黑龙江流域。

四、鄂伦春人　亦作鄂伦奇、鄂伦古、俄伦春、鄂鲁春。有广狭二义：狭义之鄂伦春人，为居于黑龙江上流及河口左岸之人民；广义之鄂伦春，为玛涅克尔、满珲人等之通称。

五、玛涅克尔人　居鄂伦春之东，即自黑龙江上流至精奇里江一带。

六、满珲人　居松花江沿岸及黑龙江之下流。

七、费牙喀人　亦作费雅喀、飞牙喀、斐牙喀，居黑龙江下流之左岸。

八、奇勒尔人　居费牙喀东北滨海之处。

九、呼尔喀人　亦作虎尔喀库尔喀，或作诺雷部；俄人称之为阿其决人，或称之为那笃奇斯人。与居于朝鲜国境附近呼尔喀人不同。其部族居于松花、乌苏里、黑龙三江汇流之处。博和哩、诺尔噶勒、都里达苏、大小噶里达苏、绰库禅、能吉勒、赫哲喀喇皆其别出之屯寨也。征服事略，具见上节。

通古斯人民，因生活之状态与风俗之差异，得分为二种：即“森林通古斯”与“野原通古斯”是也。前者搬运货物，不假兽力，皆人自为之；后者则使种种动物，用马，或用犬，或用驯鹿；故中国人遂因是区别为四部：

一、使犬部　呼尔喀满珲及黑龙江下流之鄂伦春等。

二、使鹿部　费雅喀奇勒尔及上流鄂伦春之在东部者。

三、使马部　上流西部之鄂伦春。

四、鱼皮部　大概指呼尔喀之赫哲而言，因其人着鱼皮之衣，故又称鱼皮达子。

（二）索伦之役

索伦者，通古斯人中之最强悍者也。居黑龙江上流，至外兴安岭之麓

(索伦村在额尔格河精奇里江之间,南距黑龙江城,西至雅克萨城,皆五六日程),其人豪于骑射。天命年间,金军尝渡黑龙江下流,而进征呼尔哈,然未尝至索伦也。天聪九年,索伦部长有入贡者,皇太极闻其俗善骑射,乃命副都统霸奇兰率兵逾黑龙江,收抚其未服壮丁二千四百有奇,余丁七千二百而还。崇德二年闰四月,及三年十月,索伦部博木博果尔来朝,贡貂皮等物,嗣复叛去。四年十一月,命索海、萨木什喀等,率兵征之。命贝勒多铎传谕曰:"尔等所经屯内,有已归附纳贡之屯,又有博木博果尔取米之屯,毋误行侵扰!行军之际,务哨前殿后,勿忘纪律!新附之人,令该管大臣以下各官,查核其有兄弟及殷实者,方令从征;尔等亦应详验。"翌年三月,索海等奏言:至呼玛尔河分兵,各旗派定地方攻取,因道远定期四十日至乌兰海伦屯(镶蓝旗所派地)。乃令伊逊率每旗官一员,每牛录兵十人,往拉里阐地方。伊逊等既行,有铎陈、阿萨津、雅克萨、多金四木城人,抗拒不降,令右翼将领叶克舒等率每旗下有俘获之兵丁二人,无俘获之兵丁三人助之,遂克雅克萨城。时有达尔布尼等四人,聚七屯之人于乌库尔城,萨木什喀令众军乘旦攻之,至暮克之。至铎陈力攻一日,次日闻各路报博木博果尔以兵来援,遂还。旋博木博果尔以乌拉兵六千来袭正蓝旗后队,索海以兵设伏,萨木什喀护辎重殿后,二人率众掩击,斩杀甚众,生擒四百人。博木博果尔既败,随攻取其正营,正白、正红、镶黄三旗,相继驰入;博木博果尔及余众二百俱遁。挂喇勒屯人有来诣索海者,言屯内有索伦兵五百,索海率兵往攻之,夺栅而入,斩二百人,生擒一百三十人。五年四月师还。计俘获人口六千九百五十有奇,马四百二十有四,牛七百有四;又先后获貂、猞猁狲、狐、狼、青鼠、水獭等皮五千四百,裘二十领。皇太极亲迎之于实胜寺,祭纛行礼,宴劳之。

(三)博木博果尔之擒获

博木博果尔败亡后,七月,皇太极命锡特库、济什哈率护军并征外藩蒙古兵再往征之。令内大臣巴图鲁谕外藩蒙古曰:"敖汗、奈曼、乌拉特、阿噜、科尔沁、四子等部从征将士,俱汇集扎噜特部内,悉令较射。选壮勇者二百四十人,令锡特库将之以行。"十二月,锡特库等以擒获博木博果尔报;次日,皇太极遣贝子洛托往锦州语郑亲王济尔哈朗等曰:"博木博果尔自叛后,抗拒我军,彼时朕已定计,欲令其北遁,以便擒获;故扬言我军将于黑龙江牧马,必擒博木博果尔。彼闻此言,果北遁,朕已知之,未及与尔等共议,即命济什哈、锡特库率外藩蒙古兵,从蒙古北边追蹑。锡特库等越两月十三日,至甘地,获其弟及家属;又阅十四日,至济洛台地方,遂获博木博果尔及其家属男妇幼稚共九百五十六人,马牛八百四十有四。"次年正月,锡特库等凯旋。而黑龙江以北,亦不复有叛臣矣。康熙中,有所谓罗刹(即俄罗斯)者,侵入黑龙江,掠部落貂畜,锋甚锐。于是有雅克萨之役,尼布楚之约(详见第五篇第二十四章)。及东北之疆界既定,而中西之交际乃日益繁密,兴岭额河,始与东欧之大国为邻矣。

(四) 通古斯人之概况

《圣武记附考》云:"吉林、黑龙江之地,城郭皆无砖石,环木栅二三里,即谓之城。桐城方拱乾谪居宁古塔,归作《纪略》,言:其地道不拾遗,百里往还,不裹粮,不购刍秣。不行银钱,以粟布交易。牛躏人田,则罚其直,虽章京不免。此国初淳朴之俗,近闻渐不如初。至索伦,则远在黑龙江以北,挽弓十石,能自缚于树,射虎熊洞穿,负之而归。马有逸失者,虽数百里外,皆能踪迹得之,惟一经雨后,即不可识。音近蒙古,间杂汉语,故或以为辽之后裔,不纯满洲云。"方式济《龙沙纪略》云:"东北边有风葬之俗,人死,以刍裹尸,悬深山大树间,将腐,解其悬布,堕尸于地,以碎石逐体薄掩之,如其形然。"又云:"鄂伦春妇女,皆勇决善射,客至,腰数矢上马,获雉兔作炙以饷。载儿于筐,裂布悬项上,射则转筐于背,旋回便捷,儿亦不惊。"又《黑龙江外纪》云:"夏日妇女多跣足,或划袜行,然野花满鬓,老少无分,故有'修头不修脚'之谚。"又云:"齐齐哈尔赌风甚盛,贵贱老少,罔不酷好。"考通古斯之民俗温和亲切,惟稍近轻佻,迷信颇深,到处飨客而不辞,故其部族人民,毫不携旅费及糇粮,能行于百里之外。民不为盗,偶有为盗者,则捕而鞭挞之,使毕生不得与他人伍;此其固有之风。而服饰习俗,沿袭女真者,亦为不少云。

第三章　金初建国与文化述略

八　努尔哈赤之建国

（一）称汗以前之形势

努尔哈赤崛起于建州衰微之时，一战而克图伦，借复仇之名，征服邻部：败四寨联军于太兰冈，攻尼堪外兰于鄂勒珲，兵势渐强，威力日增。六年之间，克兆嘉城，取玛尔敦，栋鄂、哲陈，次第归服；苏克、完颜，拱手内向。建州统一，始北向而与海西争雄；所谓"造攻自亳"，基础已立者矣。均势之说，出自叶赫；彼自恃其塞外雄长，借以要挟；努尔哈赤叱而不应，于是战端遂开。九部之联军既败，扈伦诸国，亦自知兵力不敌，愿乞盟好。乃内不图强，攻战频仍，坐与努尔哈赤以可乘之隙；于是扈伦之运命日蹙，哈达、辉发次第灭亡矣。布占泰以降虏而得国，反恩为仇，屡谋抗逆。大城既下，社稷为墟，只身逃亡，亦可哀已！叶赫虽赖大国之助，苟延旦夕，然唇齿势离，不绝如缕耳！且东北攻略，滨海多服；女真之大部，至是已统治于努尔哈赤一人之手。向之称臣明廷，奉命维谨者，今乃不甘为其藩属，而后金汗国应运以生矣。

（二）努尔哈赤之称汗与历年对明关系

努尔哈赤之登可汗位，事在万历四十四年。据《实录》所载：

> 春正月壬申朔，群臣集殿前，分八旗序立。太祖升殿，登御座，诸贝勒大臣率群臣跪，八旗大臣出班跪进表章，侍卫阿敦巴克什、额尔

德尼接表；额尔德尼前跪，宣读表文，尊为“覆育列国英明皇帝”。于是上乃降御座，焚香告天，率贝勒大臣行三跪九叩首礼。上复升御座，诸贝勒大臣各率本旗行庆贺礼。建元天命，以是年为天命元年。时上年五十有八。

努尔哈赤之建元称汗，乃由一部落之酋长，进而为较似之君主，犹非大国帝王可比也。盖彼以复仇之役，得受明廷敕书；然特起小夷，不得正名，心以为异耳（语见《皇朝〔指明〕实录》，万历十七年九月，蓟、辽督抚按张国彦、颜养谦、徐元奏授建州夷酋为都督佥事议中）。万历十七年明廷授以都督佥事，史臣附记曰：“此为奴贼受我殊恩之始。”十八年入京朝贡。十九年，叙龙虎将军。二十六年及二十八年又入京朝贡，先后共三次。盖李成梁以衰暮之年，镇守辽东，期保威名以全晚节，但得夷酋效顺，即保奏给官，甚且弃地以饵之（宋一韩、熊廷弼有纠劾章疏，见《明实录》）。而太祖之求媚于成梁，自亦无所不至。及成梁罢（万历三十六年，年已八十三矣），努尔哈赤即并哈达之敕书而混进，致明礼部惊疑，侍郎杨道宾弹奏。明廷降旨严验，于是朝贡遂绝。此为努尔哈赤与明交恶之第一步。时努尔哈赤已统一建州，攻灭白山、扈伦四国，沦墟其二（哈达、辉发）。又作兵制、缮城郭、造文字、启部民，规模渐备，隐若敌国矣。三十七年，明相叶向高疏曰：“今日边疆之事，惟以建州夷最为可患；其事势必至叛乱！而今日九边空虚，惟辽左为最甚。李化龙谓臣曰：‘此酋一动，势必不支，辽阳一镇，将拱手而授之虏；即发兵救援，亦非所及。’”观此，则明廷对于建州之强，虽已虑及；然以奴酋含机不露，阳示首鼠，倏进倏退，可伸可屈，遂目为小丑戏侮，可以苟安无事，一切处置失当，遂使之坐大耳。翌年（万历四十三年），遂有拒使索田之事矣。初哈达衰亡，建州占垦其南部之柴河、抚安及三岔三堡，辽东边备，颇觉不便。明遣广宁总兵张承荫巡边，承荫乃遣通事董国荫告努尔哈赤曰：“汝所居界外地，皆属我，今可立碑其地。其柴河、三岔、抚安三路之田，汝勿刈获；其收汝边民还汝国！”努尔哈赤答曰：“吾累世田庐，一旦令吾弃之，是尔欲弃盟好，故为是言耳。昔贤云：‘海水不溢，帝心不移。’今既助叶赫，又令吾民勿刈获禾稻,将帝心已移耶?帝之言,自不可违;但不求太平,与吾交恶,吾小国受小害,汝大国得勿受大害耶?吾国之民无多,不难于迁,汝大国能尽藏其众乎?若搆兵起衅,非独吾国患也!汝自恃国大兵众,辄欲陵我,讵知大可以小,小可以大,皆由天意。设汝每城屯兵一万,亦势有不能,若止屯兵一千,则城中兵民,适足为吾俘耳。"国荫曰:"此言太过矣!"遂去。努尔哈赤初亦慑于大国之威,不敢狡焉思逞,后乃知明廷易与,顿起对敌之念;称汗之举,即其一证也。故努尔哈赤之登汗位,乃不过表示其脱离明廷羁绊,收拾散余部落,为一较大之酋长而已。《清实录》谓"太祖初未尝有必成帝业之心",然矣。及经皇太极连年征讨以后,疆土日广,汗业益固,而文物制度,亦日见完密。于是始改号称尊,以建关东一统之大清帝国。故努尔哈赤之称汗,与皇太极之称帝,二者不同,不可混视也。

(三) 即位之训言

天命元年正月,努尔哈赤即汗位,谕贝勒大臣曰:"朕闻上古至治之世,君明臣良,同心共济。惟秉志公诚,而去其私,则天心必加眷佑,地灵亦为协应。盖天无私,四时顺序;地无私,万物发生;人君无私以修身,则君德清明;无私以齐家,则九族亲睦;无私以治国,则百姓乂安;由是协和万邦,亦不外此。为治之道,惟在一心耳。"又谕群臣曰:"贤臣翊赞朝廷,必本忠诚之心,视国家如一体,质诸天地而无惭焉。盖忠诚而慈惠,则利济必周;忠诚而敏达,则庶务就理;忠诚而勇武,则克敌奏功;施之凡事,皆可胜任。若慈惠而弗忠诚,施与必不公平;敏达而弗忠诚,更张适滋纷扰;武勇而弗忠诚,轻敌寡谋,益取败而致乱;才具虽优,动辄获咎。故明君治国,务求忠诚之人而倚任之也。"又曰:"君德明,则贤臣悦;君德暗,则贤臣忧。人君智虑未周,必勤于咨询,嘉谋谠论,听而受之,然后称睿哲之主。人臣有闻,即以入告,且尽言规谏,乃可谓忠诚。夫事方兴而即谏,上也;事已定而后谏,下也;然尤愈于不谏。求忠诚于直言,有不裨益治道者乎?"又谕诸贝勒曰:"用人之道,宜因人用之,有善于征战者,惟用以征战,不可私自驱使。若机密之地,必择谨慎端方者处之;辞命之任,必择言语通达者委之;俱随才器使可耳。"其言出于史官之笔,虽不免加以增饰;

然当创业之艰巨,吾人亦可想见其思想之不凡已。

九　满洲之名称考略

(一) 后金国号考

清代史书,皆谓始祖居于俄漠惠野之俄朵里城,国号满洲。努尔哈赤于万历四十四年即汗位,改元天命,亦沿旧号曰满洲。始祖荒渺无论矣,努尔哈赤之国号,近时日本稻叶君山始由种种考证,断定其国号曰“金”;而所谓满洲者,实系皇太极称帝后之伪撰。稻叶之言曰:“清朝之祖先,明称为建州卫之属人。及太祖自立,称曰‘金国’,又曰‘后金之汗’。至创建清国,以太祖等称满住二字代之;满住者,佛名文殊之对音也。”又曰:“满洲称国号,在太宗崇德以前,未尝闻之,彼等文书部面书大金者,悉改为满洲。”又曰:“太宗天聪年间修筑之盛京城抚近门之扁额,今尚有大金字样,此太宗所不及涂改者也。辽阳之喇嘛坟,大石桥之娘娘庙碑,东京城之扁额,今皆有大金国号之遗留焉。”其言本诸事实,而抚近署书,喇嘛碑志,可为史证矣。吾人于明末记载,亦未见有满洲之称号;其称满洲者,不曰建州(《吉林通志》有云:“布库里雍顺定号满洲,南朝误名建州。”建州本系明设关东三卫之一,有何讹误可言?是盖讳言其祖先服属于明者矣),即曰后金;而泛指其汗,则曰奴酋。又乾隆四十二年八月之上谕有云:“金世祖居完颜部,其地有白山、黑水——白山即长白山,黑水即黑龙江——本朝肇兴东土,山川钟毓,与大金正同。史又称金之先出靺鞨部,古肃慎地。我朝肇兴时,旧称满珠,所属曰珠申,后改称满珠;而汉字相沿,讹为满洲。其实即古肃慎,为珠申之转音,更足征疆域之相同矣。”又云:“尊崇本朝者,谓虽与大金俱在东方,而非其同部,则所见殊小!我朝得姓曰爱新觉罗氏,国语谓金曰爱新;可为金源同派之证。盖我朝在大金时,未尝非完颜氏之服属,犹之完颜氏在今日,皆我朝之臣仆。普天率土,统于一尊,理固如斯也。”是可知清之先为靺鞨,实与金为同源;而满洲之称,更非乾隆朝之所能解释也(珠申转音,其说强解,不能自完)。珠申、爱新与女真及金,大概皆属音转之异。满珠为曼殊,其意另详。二者各别,故无若何之连带关系也。且努尔哈赤之称金,尤足为吾人之绝好史证者,即莽古尔岱之私造本印是也。天聪九年十二月,贝勒莽古尔岱虽前死,被所属冷僧机首告生前图谋不轨,因籍其家,获所造木印十六,文曰:“金国皇帝之印”(见王先谦《东华录》)。莽古为皇太极之兄,最具权势,欲杀皇太极而自立。当时尚未改号,故有金国皇帝之称;而太宗涂改未及,足资吾人以考据之凭证焉。《啸亭杂录》有云:“偶阅宋人文集,其制表诸文,多用本朝故事。”是又金国之称,本无讳饰,至嘉庆之时(《啸亭杂录》系嘉庆时礼亲王爱新觉罗昭梿所编,故云)尚然;何为而湮没至于外国学者在断匾残碑中求出之?吾人亦滋可愧矣!去年(民国十一年,一九二二年),国立北京大学整理清代内阁档案(事详第十章第四一节),内有天聪四年,皇太极谕文一道,自称:“金国汗谕军民人等知悉”(全文见第五章第二三节),则金号之称,殆无疑义矣(近章太炎撰《清代建国别记》,引明茅瑞澄《东夷考略》所记檄文,及清太宗与朝鲜王书,有我与瓦尔喀皆大金国后语,谓清称后金,证据已确,此又一证)。然则称金之意维何?所以激动女真人之气也。盖开国初期,东北之状态,尚为群雄割据时期。努尔哈赤注意于诸部之统一,故择公共思想之表征,以为牢笼之计。加以驰驱于部下者,多女真之豪右,视太祖犹阿骨打之再生,此其用意之所在也。

(二) 金号涂改之原因

皇太极何为而涂改国号耶?稻叶君山曰:“吾人思此改号之由,当本于对明国之政策。当彼受明室羁縻之时,冒称佟姓,专以调和明人之思想。及一旦交战,乃以金国为标榜,此则随国运之进步,揣测人心归向之趋势,彼等所最认为必要者也。太宗既并合内蒙古,服朝鲜,于北满洲各地,招抚部族,亦几无遗策。而当面之对手,惟一明国;从过去二十年折冲之经验,深知恃武力得胜之艰难,大金之国号,对此政策,不无矛盾。盖太宗定此国号,明人或以为杀伐武断之象征,因十二世纪之初,汉种曾受女真(前金)之祸患也。太宗与明和议,前后亘十数次不成,明人多以宋金前事为鉴。以太宗之颖敏,有不推想及此者乎?天聪五年,彼亲寄明将军祖大寿书中,有曰:'尔国君臣,惟以宋朝故事为鉴,亦无一言复我。然尔明主非宋之苗裔,朕亦非金之子孙;彼一时,此一时,天时人心,各有不同。尔大国,岂无智慧之时流,何不能因时制宜乎?'即此,可以为证。彼以靖康、建炎间,汉种人与金人积有恶感,袭其国号,实非利益。一面观于内国事情,谚所称为三尊佛者,其御座已有独占之机会,正可去夷狄旧号之汗位,进而即皇帝之位。其撤去汗之称号,上宽温仁圣之敬称,改崇德之建元,皆可证明其与改国号之旨相关连。然何为讳金之国号而改为清,犹属疑问。大抵彼等已任用汉人,渐浸染汉族文化,从各种智慧之进步,觉以金或后金为国号,重袭前代称号,不免识浅之诮。此国号改称大清之议所由起也。"又曰:"国号之改,为对明政策,征之太宗改号后,涂改国号之事实,益见吾人推测之确。彼契丹虽改号为辽,未闻涂改国号;蒙古改称大元,亦不闻有讳旧号之事。乃太宗朝独隐避国号者,其动机实存于对外关系也。吾人旁证之,有一事更足注意,即太宗尝公言我等为女真,大金之后,后禁其部族称女真是也。天聪九年十月中,有敕曰:'我国原有满洲、哈达、乌喇、叶赫、辉发等名,无知之人,往往称为诸申。诸申乃席北超墨勒根之裔,与我国无涉。今后一切人等,只许称我国满洲原名;其各旗贝勒所属人员,勿称为某旗贝勒家诸申!'此敕所云诸申,即女真之对音;太宗何故讳之?当不外称女真之影响,与称大金国号,有同一之顾虑也"(皆用《清朝全史》但焘译语)。由此可见国号涂改,不过一种权宜之计,所谓对明之政策而已。

(三) 满洲之意义

汪荣宝曰:"满洲之名称,义出佛教,本印度语。以清文考之,二字本皆平读,音近曼珠。清朝创业之初,西藏每岁献丹书,皆称'曼珠师利大皇帝'。曼珠师利者,即曼珠室利,为释迦牟尼师毗卢遮那之本师。《翻译名义》曰:'曼珠,华言妙吉祥也。'当时建号之义,实取诸此。今汉字作满洲,盖因洲字义近地名,假借用之,遂相沿耳。实则部族而非地名,无可疑也。"汪氏以满洲名义原本曼珠,近世史家有非之者,以为满洲名义本于肃慎、满珠、诸申,于乾隆四十二年之上谕,可以知之矣。实则汪氏于清末述清事,不敢不为实录,其所以令人置疑者,在未能知“满洲”之为皇太极伪撰耳。然则满洲之国号,究何取义乎?观稻叶君山氏之言曰:“吾人考此字面之选择,又胚胎于对外关系。盖崇德初年,包容种族之范围,于彼等部族外,尚有强大之内蒙古。当太宗改国号时,既放弃大金之名义,又撤女真之旧称,不得不另择一适当部族之称号;是则内对于女真旧部,外对于新附之蒙古,择一最共通之佳名,固彼等君臣所深思熟计者也。以此用意,太宗乃采用称太祖为满洲(即满珠即文殊)之尊称,此尊称亘西藏、蒙古、女真及朝鲜皆知之。于当时之人,得与以良好之感应,无可疑也。满洲者,其意义为文殊之化身,或太祖之旧部也。”稻叶所谓之文殊师利,即汪氏所谓之曼珠师利,与普贤观世音并为佛教之菩萨,而被尊为首座。五台山乃其香火胜地,蒙藏人极崇拜之,故女真部族,亦皆受其影响。建州名酋有李满住,有满答失利者皆为显著之例。故族人称太祖努尔哈赤为满住,盖尊之也。太宗即利用此尊称而改号满洲,以名其部族,信有由矣。若稽诸古籍,则《北史·室韦传》《勿吉传》、《新唐书·黑水靺鞨传》,均谓其渠帅曰:大莫弗瞒咄,犹酋长也。或称为莫贺咄。瞒咄、满珠、满住、满洲,皆一音之异书,大莫弗似即后日之巴吐儿、巴图鲁,为勇敢之义。可见东胡民族以满住为酋长,由来已久。佛名之称,盖亦未必然耳。

十　强盛后之兵政

(一) 牛录之分编

努尔哈赤以遗甲十三,起兵复仇,其始亦不过以一小部落之酋长,称兵聚斗而已。及克图伦,获兵甲,复仇之名著,归附者日众。万历十六年,收栋鄂部长何和哩之族党,而兵威骤加;然仍不过临阵冲锋,受其指挥,固无所谓划一之兵政也。当时有所谓“牛录”者,即女真人出兵校猎时,不计人之多寡,各随族党屯寨而行,至围场,每人出箭一枝,十人中择一人领之,令毋离队越次,称为“牛录额真”。牛录即大箭,而额真乃主也(后雍正二年以都统印信额真二字作主字解,非臣下所得用,改为固山谙班。改定以前仍旧称,以昭初制)。万历二十九年,努尔哈赤始分编三百人为一牛录;每牛录设长一,即定牛录额真为官名。自此以后,金国始有较为划一之制度;而为满洲特色之八旗兵制,即根基于此制者也。当时只四牛录,分黄红蓝白四色为旗,盖有训练之兵才千二百人耳。

(二) 八旗之制度

初,牛录之分编,每三百人设一牛录额真,寻复改称牛录章京;即后之佐领也。又定五牛录设一甲喇额真,复改称甲喇章京,即后之参领也。五甲喇额真设一固山额真,即后之都统也。每固山额真设左右两梅勒额真,复改称梅勒章京;即后之副都统也。八旗者,以旗而辨其所属。万历三十四年,只有四旗,旗以纯色为别:曰黄,曰白,曰红,曰蓝。万历四十三年,乃增设四旗,参用其色镶之:幅之黄白蓝者,镶以红缘;幅之红者,镶以白缘,共为八旗:即正黄、镶黄、正白、镶白、正红、镶红、正蓝、镶蓝,是也。其时征服既广,招纳更多,牛录已增至四百,则为百倍其初矣。每旗设总管大臣(固山额真)一,佐管大臣(梅勒额真)各二,下有甲喇、牛录,以掌所属之人;此即八旗之组织也。八旗总管之上,复有旗主,以和硕贝勒领之,称八固山王。此即封建王国之规模,八旗旗主,乃诸侯也。其封邑无疆土之胙,以在旗者为之奴属,故旗人对帝王称奴才,非仅包衣为然。人民以所属之旗为籍贯,不论居地乡里,但曰某旗某牛录。凡能披甲者,即尽属士兵矣。此系部落社会以战争而建立军国者必然之状态,后金之初制,当亦不外乎是耳。孟森《八旗制度考实》一文,所述綦详,可供参考,惟结论亦有未允者,可善读之。至行军之法,地广则八旗分八路而进;地狭则八旗合一路而行。队伍禁搀越,军士禁喧嚣。当兵刃相接时,被坚甲执长矛大刀者,为前锋;被轻甲善射者,从后冲击;俾精兵立马他处,相机接应焉。满制称坚甲曰铁甲,轻甲曰棉甲。铁甲系以缎子或木棉作衣裳,其里缀合以二寸至一寸四分之薄锻铁叶。棉甲虽有种种阶级,然实为缎制及棉制之兵服,不施铁叶云。

(三) 努尔哈赤之兵法

努尔哈赤毕生用兵,其攻守进退之法,屡见于训谕之中。如天命三年

四月,颁训练兵法之令,谕贝勒大臣曰:

凡安居太平,贵乎守正。用兵,则以不劳己,不顿兵,智巧谋略为贵焉。若我众敌寡,我兵潜伏隐僻地,勿令敌见,少遣兵诱之,如彼来,是中我计也。不来,则详察其营垒远近;远则厚集兵力,近则直薄营门,使彼自拥塞而掩击之。倘敌众我寡,勿遽近前,宜稍退以待众军,众军既集,然后求敌所在。审机宜,决进退,此遇敌野战之法也。至于城郭,当视其可拔则进攻之,否则勿攻,倘攻之不克而退,反损名矣。夫不劳兵而胜敌者,乃足称为智巧谋略之良将,若劳兵力,虽胜无取。盖制敌行师之道,自居不可胜以待敌之可胜,斯善之善者也。每一牛录制云梯二,出甲二十,以备攻城。凡军士自出兵日,至班师,各随牛录,勿离;如离本纛,执而诘问之,管甲喇,管牛录官,不以所颁法令申诫军众,各罚马一匹,若谕之不听,敢违军令者,论死。凡有委任职事,自度果能胜任,则受之;不能,则辞。盖成败关系,非只一身。如不胜而强受之,则率百人者,百人之事败矣;率千人者,千人之事败矣!国家之患,莫大乎此!凡攻取城郭,不在一二人争先竞进,若一二人轻进,致受重伤者,赏不及,纵损身,亦不为功。迨列阵已定,争先登城,方录其功。有一二人先登破城,即驰告本旗大臣,俟一军毕登,然后鸣螺;俾众军听螺声而并进焉。

努尔哈赤兵法之要点,在不轻战,不劳兵。吾人于其攻战之事实观之,亦可概见矣。万历四十一年乌拉之役,诸臣再三请战,努尔哈赤曰:“今日之役,我何难率尔等身先搏战?但恐诸贝勒大臣,或致一二被伤,实深惜之!故欲计出万全。”又兵法之谕曰:“夫不劳兵而胜敌者,乃足称为智巧谋略之良将。若劳兵力,虽胜无取!”是故争先轻进,虽伤不赏;列阵既定,一军毕登;盖欲保万全也。计出万全,不劳而胜,此即努尔哈赤之战略也。又《明实录》万历四十八年正月熊廷弼疏有云:“奴贼战法,死兵在前,锐兵在后。死兵披重甲,骑双马,冲前,前虽死而后复前,莫敢退,退则锐兵从后杀之。待其冲动我阵,而后锐兵始乘其胜。一一效阿骨打、兀术所为。与北虏精锐在前,老弱居后者不同。此必非我之弓矢决骤所能抵敌也,惟火器战车一法,可以御之。”又天启元年正月户科给事中赵时用疏请练兵,言:“臣闻奴酋练兵,始则试人于跳涧,号曰‘水练’,继则习之以越坑,号曰‘火练’。能者受上赏,不用命者辄杀之,故人莫敢退缩。”太祖初起时,以矫健机警,当大敌不惧,受重伤不馁,以此称雄,为群夷所戴,及裹胁既多,复以训练见长,故能养成“女真兵满万不可敌”之武力,再加行军部勒之道,是即阿骨打、兀术之流矣。惟论者谓就其教育程度观之,似皆由于《三国演义》一书,而揣摩有得者,或亦不无见地耳。皇太极云:“我国本不知古,凡事揣摸而行。”其所揣摸者,殆仍是《三国演义》一类之小说,为清朝开国典谟之源泉也。

十一 政治之组织与法制

(一) 法制之始立

建州法制之立,始于努尔哈赤复仇之役告终以后。史称:万历十五年,尼堪外兰既伏诛,太祖乃于呼兰哈达(今兴京县西,烟筒山下。烟筒山明代称灶突山,满语呼兰为灶突意,哈达则山峰意也)之南,嘉哈河、硕里口两界中平冈,筑城三层,建宫室;立法制,以禁悖乱,戢盗贼。盖努尔哈赤既杀尼堪外兰而统一建州,知不立法制,无以整饬部下,然史不详其所立之法制如何。若以吾人之眼光推测之,则当时所谓法制者,或不过酋长之口头命令而已。即如天命年间所颁之训练兵法令,犹以训谕之形式出之,则天命以前,更无论矣。故终努尔哈赤之世,必无所谓成文法也。

(二) 内部之组织

万历四十三年,努尔哈赤既开创八旗,以齐兵政,而军律渐整。寻复置理政听讼大臣五人,参决机密;扎尔固齐(蒙古语理事官也)十人,分任庶务。国人有诉讼,先由扎尔固齐十人审问,然后言于五大臣;五大臣再加审问,然后言于诸贝勒。众议既定,犹恐有冤抑,乃令讼者跪上(指其首领努尔哈赤)前,再详问之。明核是非,故臣不敢欺,民隐上达,国内大治,奸宄不生;遗物于道,无或隐匿,必归其主,求其主不得,则悬之公署,俾识而取之。刈获既毕,始纵牧群于山野,无敢窃害者。每行军,队伍整肃,节制严明。克城破敌之后,察核将士功罪,当罚,虽亲不贷;当赏者,虽疏不遗。是以将士一遇征伐,靡不欢欣效命,攻则争先,战则奋勇,所向克敌,丕烈昭著。顾所谓理政大臣与扎尔固齐,常以八旗总管大臣(固山额真)或佐管大臣(梅勒额真)等兼之,皆不分授。其以兵为政之制,与欧洲日耳曼族迁移时之情状正同。盖以战争而得国,则所赖者惟将士;文武不分,军政合制,国家初建之时,往往然也。

(三) 私刑之严禁与讼狱之详慎

天命元年七月,努尔哈赤谕贝勒大臣曰:"凡事不可一人独断,如一人独断,必致生乱。国人有事,当诉于公所,毋得诉于诸臣之家! 前以大臣额亦都有私诉于家者,不执送,已论罚。兹播告国中,自贝勒大臣以下,有罪当静听公断;执拗不服者,加等治罪。凡事俱五日一听断于公所,其私诉于家者,即当执送,不执送而私断者,治罪弗贷!"当此之时,已有共主,有公所,野蛮私断之习,自当严禁。故公私之观念明,而社会之进步,乃足征矣。翌年九月,又谕曰:"凡有罪之人,虽缚执当刑,而刑戮不宜遽加;必审思详议,而缓结焉。盖生杀之际,不可不慎,平心和气,察核始末,方能得情。如偕众听断,或有一人争执事理而先怒,不可因彼之怒而亦怒;若以先怒者为非,效彼为怒者,亦岂为是耶? 惟能不与同怒而容受之,则能容受者,固已独善矣。苟先怒者自知其非,转而引咎,则亦同归于善矣。"努尔哈赤以夷酋而勃兴于建州,创八旗,立法制,定官阶,慎刑狱。至是始由劫掠乌合之众,渐为经制之师;由单简之部落,渐为有组织之社会矣。

十二 文字之创制

(一) 满文之创制

女真文字,为金代所创作,金亡时,已渐失其势力。然建州诸卫致明之表文,则仍主用女真字,而附以汉文为对译,此仅限于公文然也。至居常往来之书信、簿记等事,则多用蒙古文。努尔哈赤虽自通汉蒙诸文,然因其部族之用蒙古文,颇极翻译之苦;即文诰之传达上,亦不免发生阻碍。万历二十七年二月,命额尔德尼及噶盖等改制国书。二臣辞曰:“蒙古字,臣等习而知之,相传久矣,未能改制。”努尔哈赤曰:“汉人读汉文,凡习汉字,与未习汉字者,皆知之;蒙古人读蒙古文,虽未习蒙古字者,亦皆知之。今我国之语,必译为蒙古语读之,则未习蒙古语者,不能知也。如何以我国之语制字为难,而反以习他国之语为易耶?”二臣对曰:“以我国语制字最善,但臣等未明其法,故难耳。”努尔哈赤曰:“无难也!但以蒙古字合我国之语音,联缀成句,即可因文见义矣。例如阿字(,蒙古字第一字头之第一字母)下合一妈字(,第一字头内之第六十一字母),非阿妈(,满语父亲之意音如 Ama)乎?恶字(,第一字头第六字母)下合一摸字(,第一字头第六十二字母)非恶摸(,满语母之意音如 Emê)乎?吾筹此已悉,何为不可!”遂以蒙古字制十二字头,合满洲语创制满文,颁行国中,满文传布自此始。

(二)达海之修正

满文假蒙古字为字头,则蒙古语音,与满洲语音之差,不能严格区别。至太宗皇太极时,有达海出,对于努尔哈赤时初制之满文,加以整理,遂完成今日之满洲文字矣。达海以满蒙语音,有难区别者(如蒙古语 Kha, Gha 音之字母,满语通用于 Ka、Ha、Ga 三音。然 Aga“雨”字与 Aha“奴卜”混同。Boigon 户口之“户”字与 Boihon 泥土之“土”字混同。Haga“鱼刺”与 Haha“男子”混同),乃于十二字头,加以圈点,以立同形异言之区别(如“雨”不至混于“奴仆”,户口之“户”不至混于泥土之“土”,“鱼刺”不至混于“男子”)。又汉字之音,难以满蒙字书之者,更增其文字,以两字连写,切成一字焉。故太祖朝之满文书,称为无圈点档案;太宗朝之满文书,称为有圈点档案云。达海姓觉尔察氏,九岁,通满汉文义;弱冠,草努尔哈赤诏令。其所奉命翻译之《大明会典》,及《素书》与《三略》,太宗视之称善。天聪六年,病死,时年三十八。谥文成。

〔附言〕 清史馆《达海传》:“初太祖指授文臣额尔德尼及噶盖创立国书,形声规模,本体略具。达海继之,增为十二字头,至是上谕达海曰:‘国书十二字头,向无圈点,上下字雷同无别,幼学习之,遇书中寻常语言,视其文义,犹易通晓,若人名地名,必致错误,尔可酌加圈点,以分析之,则音义明晓,于字学更有裨益矣。’达海遵旨寻绎,酌加圈点。又以国书与汉字对音未全者,于十二字头正字之外,增添外字。犹有不能尽协者,则以两字连写切成,其切音较汉字更为精当。由是国书之用益备。”《贤良小传》:“太宗命儒臣翻译汉字书籍,达海译有《素书》、《三略》,及《明会典》、《律例》诸书。又译历代史书,俾人尽晓,通古今典故。凡宣谕诏旨,应兼汉音者,率委达海传宣”云。又据朝鲜《申忠一图录》云:“歪乃本上国(指明朝)人,来于奴酋(指努尔哈赤)处,掌文书云,而文理不通。此人之外,更无解文者,且无学习者。”可见太祖时对汉文之程度不深,至达海始稍稍进步矣。

(三)满文字头之说略

满文假蒙古字为十二字头,前既言之矣。其文字在今日,是否尚有存在之价值,颇属疑问。清代敕诰,以汉满二文对写,但习满文者,固甚寥寥。即宗室觉罗、八旗子弟,亦多以娴习汉文为事。顺治中,虽曾禁止宗学学生习汉文(详见第二十章第八四节),然汉满同化之结果,恐亦未能因此而少衰。近日汉满人种,罕有区别,清文亦几同专门之业。数十年后,或将渐次泯灭,亦未可知。盖以汉字之势力,近时尚有主张革命者,况清文之字母繁多,组织不备,字体书写,颇觉不便者乎?惟其于历史上所遗留之价值,则又不可不知者也。兹特将十二字头略为解释之,以与汉音、西文,及注音字母相对照焉。

第一字头,共一百三十一字,为后十一字头之字母韵母,最为重要。兹特依次列表如下:

满字	汉音	英音	注音	满字	汉音	英音	注音
[illegible]	阿昂亚切	A	ㄚ	[illegible]	喀康呀切	Ka	ㄎㄚ
[illegible]	窝乌戈切	Wê	ㄨㄛ	[illegible]	恶阿各切	O	ㄛ
[illegible]	那囊呀切	Na	ㄋㄚ	[illegible]	屋	Wu	ㄨ
[illegible]	挪奴窝切	Nuo	ㄋㄨㄛ	[illegible]	诺能哦切	Nê	ㄋㄛ
[illegible]	奴浓屋切	Nu	ㄋㄨ	[illegible]	孤	Gu	ㄍㄨ
[illegible]	噶刚呀切	Ga	ㄍㄚ	[illegible]	拨	Pê	ㄅㄛ
[illegible]	衣。	I	ㄧ	[illegible]	不	Pu	ㄅㄨ
[illegible]	窝。通志作谔	Wê	ㄨㄛ	[illegible]	坡	P‘ê	ㄆㄛ
[illegible]	呢。	Ni	ㄬㄧ	[illegible]	铺	P‘u	ㄆㄨ
[illegible]	挪。	Nuo	ㄋㄨㄛ	[illegible]	塞僧噎切	Sê	ㄙㄛ
[illegible]	哈。夯呀切	Ha	ㄏㄚ	[illegible]	苏	Su	ㄙㄨ
[illegible]	颗空窝切	K‘uê	ㄎㄨㄛ	[illegible]	赊生噎切	Sheh	ㄕㄝ
[illegible]	枯	Ku	ㄎㄨ	[illegible]	书	Shu	ㄕㄨ
[illegible]	八	Pa	ㄅㄚ	[illegible]	搭。	Ta	ㄉㄚ
[illegible]	拨	Pê	ㄅㄛ	[illegible]	梯	T‘i	ㄊㄧ
[illegible]	叭潘洼切	Pa	ㄅㄚ	[illegible]	多。	To	ㄉㄨㄛ
[illegible]	坡	P‘ê	ㄆㄛ	[illegible]	豁。	Huo	ㄏㄨㄛ
[illegible]	萨	Sa	ㄙㄚ	[illegible]	呼。	Hu	ㄏㄨ
[illegible]	梭	So	ㄙㄨㄛ	[illegible]	逼	Pi	ㄅㄧ
[illegible]	纱	Sha	ㄕㄚ	[illegible]	拨。	Pê	ㄅㄛ
[illegible]	说	Shuo	ㄕㄨㄛ	[illegible]	批	P‘i	ㄆㄧ
[illegible]	他	T‘a	ㄊㄚ	[illegible]	坡。	P‘ê	ㄆㄛ
[illegible]	得。登哦切	Tê	ㄉㄛ	[illegible]	西。	Si	ㄙㄧ
[illegible]	脱	T‘o	ㄊㄨㄛ	[illegible]	梭。	So	ㄙㄨㄛ
[illegible]	郭	Kuo	ㄍㄨㄛ	[illegible]	诗。	Shih	ㄕ

续 表

满 字	汉 音	英 音	注 音	满 字	汉 音	英 音	注 音
	说。	Shuo	ㄕㄨㄛ		差昌呀切	Ch'a	ㄔㄚ
	呔偷哦切	Tê	ㄊㄜ		出	Ch'u	ㄔㄨ
	低。	Ti	ㄉㄧ		遮针嗟切	Cheh	ㄓㄝ
	秃	T'u	ㄊㄨ		朱	Chu	ㄓㄨ
	都。	Tu	ㄉㄨ		噎。	Yeh	ㄧㄝ
	哩。陵衣切	Li	ㄌㄧ		哟。雍窝切	Yüê	ㄩㄛ
	啰。	Lo	ㄌㄨㄛ		阿喧哦咬	H'ê	ㄏㄜ
	嘧。明衣切	Mi	ㄇㄧ		稀。咬字念	Hsi	ㄒㄧ
	摸。	Mê	ㄇㄜ		呼。	Hu	ㄏㄨ
	七。	Tsi	ㄘㄧ		勒娄哦切	Lê	ㄌㄜ
	渣	Cha	ㄓㄚ		噜龙屋切	Lu	ㄌㄨ
	拙	Cho	ㄓㄨㄛ		摸	Mê	ㄇㄜ
	呀	Ya	ㄧㄚ		模蒙屋切	Mu	ㄇㄨ
	淤	Yü	ㄩ		车成噎切	Chu	ㄐㄩ
	哥	Kê	ㄍㄜ		绰冲窝切	Ch'o	ㄔㄨㄛ
	鸡咬字念	Chi	ㄐㄧ		饥。	Chi	ㄐㄧ
	孤	Gu	ㄍㄨ		拙。	Cho	ㄓㄨㄛ
	拉	La	ㄌㄚ		哟雍窝切	Yüê	ㄩㄛ
	啰龙窝切	Lo	ㄌㄨㄛ		磕	K'ê	ㄎㄜ
	妈	Mua	ㄇㄨㄚ		欺咬字念	Ch'i	ㄑㄧ
	摸	Mê	ㄇㄜ		枯	K'u	ㄎㄨ
	喀康呀切	Ka	ㄎㄚ		拆层哦切	Ch'ê	ㄔㄥㄜ
	噶刚呀切	Ga	ㄍㄚ		粗。	Ts'u	ㄘㄨ
	郭	Kuo	ㄍㄨㄛ		兹。	Tz	ㄗ

续表

满字	汉音	英音	注音	满字	汉音	英音	注音
[illegible]	勒滚舌念	Lê	ㄌㄜ	[illegible]	饶然呀切	Jan'a	ㄖㄢㄚ
[illegible]	噜滚舌念	Lu	ㄌㄨ	[illegible]	弱容窝切	Jo	ㄖㄨㄜ
[illegible]	佛风哦切	Fê	ㄈㄥㄜ.	[illegible]	吃	Ch'i	ㄑㄧ
[illegible]	佛。风窝切	Fo	ㄈㄜ.	[illegible]*	颗空窝切	Kuê	ㄎㄨ·ㄜ
[illegible]	擦。仓呀切	Ts'a	ㄘㄚ.	[illegible]	拉滚舌念	La	ㄌㄚ
[illegible]	蹉	Tso	ㄘㄨㄜ	[illegible]	啰。滚舌念	Lo	ㄌㄨㄜ
[illegible]	则	Tsê	ㄗㄜ.	[illegible]	发	Fa	ㄈㄚ
[illegible]	租。	Tsu	ㄗㄨ	[illegible]	佛风窝切	Fo	ㄈㄜ
[illegible]	日。	Jih	ㄖ.	[illegible]	窝。	Wê	ㄨㄜ
[illegible]	四	Shih	ㄕ	[illegible]	呲。	Ts	ㄘ
[illegible]*	哈。夯呀切	Ha	ㄏㄚ	[illegible]	咂	Tsa	ㄗㄚ.
[illegible]*	豁。	Huo	ㄏㄨㄜ.	[illegible]	柞	Tso	ㄗㄨㄜ.
[illegible]	哩滚舌念	Li	ㄌㄧ	[illegible]	执	Chih	ㄓ.
[illegible]	啰。滚舌念	Lo	ㄌㄨㄜ.	[illegible]	如。	Ja	ㄖㄨ
[illegible]	非。芳衣切	Fei	ㄈㄟ	[illegible]	智	Chih	ㄓ˙
[illegible]	洼	Wa	ㄨㄚ				

表中有*号者系同音异形之标记

〔附言〕 上表汉字概从满音，庶读时不致有韭音之误。至罗马字拼音，及国语注音字母，概从《国音字典》；而满字参考，则取诸舞格《清文启蒙》。诸书或有讹误者，并以所知改正之，阅者谅焉！

第二字头系轻唇缩舌音。读法：只将第一字头[illegible]等每个字下，加一衣字[illegible]，紧紧合念，切成一韵，即得其音。譬如：[illegible]合为[illegible]，应读如爱；即阿衣之切音也。又如：[illegible]合为[illegible]，读如诺衣切。余均类此。

第三字头系滚舌嘟噜尔音。读法:只将每个字头下,添一嘟噜尔,紧紧连念,即是。例如: 应读如阿尔。其音与德文之十八字母(R)极相似。余俱类此。

第四乃至第十二字头均系于第一字头每个字下,另加一字,合切成音。与第二第三相同。兹为读者便利,简单表之如下:

字　头	发　音	所加之字	举　例	备　注
第四字头	正齿喉带鼻音	因	读如暗	阿因之切
第五字头	重唇鼻音	英	读如翁	窝英之切
第六字头	轻唇舌根音	坷	读如那坷	坷音同 K
第七字头	轻唇牙音	思	读如阿思	思音同 S
第八字头	轻唇舌头音	忒	读如衣忒	忒略同 T
第九字头	轻唇牙音	思	读如阿斯	略同第七音有轻重
第十字头	撮唇喉音	幽	读如秋	欺幽之切
第十一字头	舌尖上挂喉音	撒	读如屋撒	撒勒兹切,读时舌尖上贴不动,舌根下注
第十二字头	重唇合口音	模	读如拨模	模略同 M

案十二字头,惟第一、第二、第四、第五、第十,是单音,可以协切取用。余者系双音重复,俱不入韵。然造始之时,不过取蒙古字头而加以别裁,要皆以音切为主,以求与用语相合,与汉文六书不同。故左行拼音,无宁谓为近似亚西诸国之文字已。(满蒙字源,与朝鲜、日本文极相类,在东亚言语学亦可以同列一系也。)

十三　宗教及风俗述要

(一) 堂子之祭祀

女真旧俗有萨满教,其教始于金代。萨满(《清史稿》作萨吗)者,女巫也。善能降神,使神附其身,托之神言,以卜休咎;女真人之吉凶祸福,悉委之于萨满。亦犹希腊古代之宗仰预言神也。祈神之事,本为古代人智未开时通有之现象,盖民族思想之幼稚,原不足怪。萨满之神甚多,以部族之不同而殊其礼仪。就爱新觉罗氏之所奉行者言之,则当以堂子立杆大祭为最重。其祭期以春秋二季为常,祭法则先于堂子中立石坐,石坐上立松树神杆,从亭中出神主,置此而祀之。凡亲征必祭堂子,至后世不渝。堂子有特设者,有不特设者,凡祀神祇之室,皆得称堂子。故《啸亭杂录》云:"国家起自辽沈,有设竿祭天之礼。又总祀社稷诸神祇于静室,名曰堂子;即古明堂会祀群神之义。"《满洲源流考》谓:"我朝自发祥肇始,即恭设堂子,立杆以祀天,又于寝宫正殿,设位以祀。其后定鼎中原,建立坛庙,礼文大备,而旧俗未尝或改。每岁春秋有立杆大祭之礼,有宫内报祭之礼,又有月祭之礼,有每日朝祭夕祭之礼,有四季献神之礼。凡省牲受胙、酒醴供献、祝辞仪注之属,详见《满洲祭祀典礼》一书。"其神为如来佛、观世音菩萨、关圣帝君及纽欢台吉、武笃贝子(《圣武记》曰:"堂子圜殿之神亭,皆以月首祭。其神名纽欢台吉、武笃贝子。祭时总管大臣一人,免冠脱袿入,跽祝叩首。")等。后又以邓将军配之;相传邓将军为明之一将,与太祖有旧,故奉祀之。实皆误也,稻叶君山以明将军邓佐为痘神而祀之,尚属近似。孟森有《清代堂子所祀邓将军考》一文,谓堂子之制,飨殿不奉主神,遇大祭时以奉诸神,而主神则别为圆殿,北面以向之。诸神有朝祭神夕祭神,朝祭神三:一释迦牟尼,二观世音菩萨,三关圣帝君。夕祭神其名甚多,总称为穆哩哈诸神,画像神,蒙古神。朝夕祭在坤宁宫,岁终皆汇总于堂子。初二始撤归坤宁宫。主神对佛、菩萨、关帝则北面,故圆殿北向。祭时飨殿祭舁入之神,而圆殿则祭堂子主神。每月朔专祭圆殿,遣将及凯旋亦专祭堂子主神。堂子主神即邓将军。名佐,明成化三年,随李秉征建州,领亲兵五百,被围皆战死,佐自刎。传有神异,故抚顺夷人凡有疫疠,必祷享乃应。邓佐墓在抚顺边,就墓建祠,建州夷历代崇奉不替,崇德元年禁官民设立堂子,始限堂子为皇室之祭,故堂子建制有松林,即象征其墓也。按孟氏以堂子为从旧说为邓将军庙,非祭天,祭天盖高宗文饰之语耳。此与查慎行《人海记》与萧奭龄《永宪录》

"邓将军神主疾厉"说相合。谓堂子有松林,非作神杆用。据《会典》春秋两祭立神杆,正中为大内致祭之杆,稍后两翼分设为六行,行各六重,共可立七十三杆。除大内一杆,长二丈,围径五寸,松树稍留枝叶九层外,余由入祭之亲王郡王贝勒至入八分公均祭一杆(清初原定王贝勒各祭三杆,贝子公各祭二杆,将军各祭一杆,不祭者听)。由各家自备。立杆大祭只请朝祭神,入堂子致祭,祭毕撤之,年终焚毁,明年再植新杆。亦可征松林乃邓墓遗意。余意堂子类祀群神,乃入关后之定制,最初盖只邓将军一人之庙耳。其后祭神均假是庙,立杆亦假是庙,于是喧宾夺主,反以邓将军为从祀矣。故堂子之神有四类:一、邓将军;二、佛菩萨关帝;三、蒙古神,如纽欢台吉、武笃贝子等;四、穆哩罕诸神,如佛立佛多鄂谟锡玛玛,即误传为"万历妈妈"者也。至立杆大祭,则原为祭天而设,高宗所称:"堂子所祭之神,即天神也。"不得谓为诬捏。合群书以观之,可以知其演变之迹焉。其外又有马神及貂神之祀。神武门内有祭马神室,乃为马而祭国俗所崇奉之神,即坤宁宫诸神及堂子神也。其神巫曰萨吗,祀则悬铃于腰,把銮刀于手,束七铃于桦木,以为仪式。舞刀进牲,伐铜鼓作渊渊声,跳神以铃坠为宜。张苍水《建州宫词》云:"十部梨园奏上方,穹庐天子亦登场,缠头岂惜千金费,学得吴歈醉一觞。"即刺其跳神封肉云。而今通行于东省之单鼓祧,或即其遗风也。民间之祭,则荐生豚于俎豆,以为牲;又以酒浇牲之耳,牲耳动,则谓神已领享,即割之以供于神位。庭中及屋前,尝安置神杆,设圆斗于杆上,以载牲肉,是为祭天之仪。或曰:"爱新觉罗之祭堂子,其祭献之礼,极诡秘,往往不肯宣布。世皆强解之为祭天,其实不然。《三冈识略》曰:'昔有范生者,游满洲之辽阳城,见一古刹,欲入观之,门者不许,谓欲瞻礼,只可在门外焚祷,不得闯入。范生欲穷其异,与门者商,强而后可。乃至刹内,见塑像二,长各数丈:一为男子状,向北植立;一为女子状,南面抱其颈:体皆赤,态甚亵。问之土人,皆以佛公佛母呼之。'爱新觉罗所奉之堂子,盖亦若是焉尔!"(见《满清外史》)其言似非无据,证以元代之佛母殿(郑所南《心史》云:"元人于幽州建佛母殿,铸佛裸形,与妖女合,淫状种种,纤毫毕具。"又《留青日札》载嘉靖时,大善殿有铸像,极其淫秽,巨细不下数百,夏文愍公建议焚之)。北京之雍和宫,(古泽幸吉《燕京抄》云:“雍和宫以雍正皈依喇嘛教赐名。奉有欢喜佛,或妇人裸体,与鳏鱼交媾,或作恶鬼状裸体屹立,拥抱美妇人。”)则知喇嘛所奉之欢喜佛,即辽人所谓之佛公佛母,然堂子立杆之祭,乃建州旧俗,所以祀邓祭天者,固不能混为一谭耳。《清史稿》,述跳神之仪,谓前一日设如来、观音神位,其夕供七仙女、长白山神,远祖、始祖位,次早设位庭院前,曰祭天还愿,又明日神位前祈福,三日祭乃毕。可见跳神所祀之神,殆无所不包矣。

(二) 喇嘛教之始来

喇嘛教之来满洲,为时颇早,史虽不详其年代,然就斡禄打儿罕囊素法师东来之事实,可以推知之。法师行事,载籍不传,《大金喇嘛法师宝记》之碑文,记述尚详。兹录如下:

> 法师斡禄打儿罕囊素者,乌斯藏(西藏)人。诞生于佛境,道演真净,既已演通大法,复急于普度众生。由是不惮跋涉,东历蒙古诸部,阐扬圣教,广散佛惠;蠢动含灵之类,咸沾佛性。及至我国家,太祖皇帝敬谨尊师,倍加供给。天命辛酉年八月七日,法师示寂归西,太祖敕令修建宝塔,敛藏舍利。缘累代征伐,未建寿域,今天聪四年,法弟白喇嘛奏请,钦奉皇上敕旨,八王府敕旨,乃建宝塔,事竣镌石而志其胜。
>
> 大金天聪四年,岁次庚午,孟夏吉日,同门法弟白喇嘛建。

法师之圆寂,在天命六年,其来满洲,至迟亦当在努尔哈赤称汗之前后。努尔哈赤之崇信喇嘛,虽以其教义有足信仰;而其借为怀柔蒙古之手段,殆亦一种原因也!或谓《喇嘛碑》出于达海之手,达海尝就法师受学,当法师圆寂时,年已二十八。后天聪年间之白喇嘛、卫征囊苏喇嘛等,皆往来于明清之间,以为和议之媒介。则当时梵土教义,传布已广,从可知矣。

(三) 宁古塔一带之礼俗

吴振臣《宁古塔纪略》云:“房屋大小不等,木料极大;只一进,或三间,五间,或有两厢:俱用草盖。草名盖房草,极长细;有白泥泥墙,极滑可观。墙厚几尺,然冬间寒气侵人,视之如霜屋。内南西北接绕三坑,坑上用芦席,席上铺大红毡。坑阔六尺,每一面长二丈五六尺。夜则横卧坑上,必并头而卧。橱箱被褥之类,俱靠西北墙安放。有南窗西窗,门在南窗之旁,窗户俱从外闭,恐夜间虎来,易于撞进。靠东边间以板壁隔断,有南北二坑,有南窗,即为内房矣。无椅,坑有坑桌,俱盘膝坐。客来俱坐南坑,内眷不避。无作揖打恭之礼,相见惟执手,送客垂手略曲腰。如久别乍晤,彼此相抱后,执手问安。如幼辈,两手抱其腰,长者用手抚其背而已。如以右手抚其额,点头为拜;如跪而以手抚额点头,为行大礼。妇女辈相见,以执手为亲,拜亦偶耳。除夕,幼辈必到长者家辞岁,叩首,受而不答,等辈同叩。元旦,城门必严列旌、旗、弓、矢,以壮威武。家家必于夜半贺岁,如迟至午,便为不恭。满洲人家歌舞,名曰莽式(详见下目):有男莽式、女莽式,相对而舞;旁人拍手而歌,每行于新岁及喜庆之时。”又方拱乾《宁古塔志》云:“寻常庭中,必有一竿,竿系布片,曰祖先所凭依,动之如掘其墓。刲豕,而群鸟下啖其余脔则喜,曰‘祖先豫’;不则愀然,曰‘祖先恫矣,祸至矣!’”观于此,则宁古塔一带之居处、仪礼、庆贺、祭祖诸俗,可以知其大略矣。宁古塔为满族发源之地,故即此亦可代表满俗之概况,而时代稍后,可无论也(满俗之可征者,惟散见于杂记诸书,而杂记之作,自非入关以前所可得者。盖当社会初开之时,文献之征,尚极寥寥;土俗之纪,更焉可得?清人入关前之史料,可考者惟满文档案。征之,亦惟政治之纪载而已。故欲明清初风俗之状况,自不得不求之顺康杂记之书矣)。

(四) 满洲风土杂述

满洲有大宴会,主家男女,必更迭起舞。大率举一袖于额,反一袖于背,盘旋作势,曰莽势。中一人歌,众皆以空齐二字和之,谓之曰空齐。盖以此为寿也。每宴客,坐南坑,主人先送烟,次献乳,名曰奶子茶,次注酒于爵,承以盘。客年差长,主跪,以一手进之,客受而饮,不为礼,饮毕,乃起;客年稍长于主,则亦跪而饮,饮毕,客坐,主乃起。客年小于主,而酌客,客跪而饮。饮毕,起而坐。与席少年,欲酌同饮者,与主客献酬等。妇女出酌客亦然。是以不沾唇则已,沾唇则不可辞,盖妇女多跪而不起,非一爵可已。又客或惧醉而辞,则主不呼妇女出,出则万无不醉者矣。凡饮酒时,不食,饭已,乃设油布于前,名曰划单;即古之单也。进持牲以解手刀割而食之,食已,尽赐客奴,奴席地坐,叩头对主食不避(见杨宾《柳边纪略》)。四季出猎行围,有朝出暮归,或二三日即归者,谓之打小围。秋则打野雉围。仲冬打大围,八旗列阵而行,兼旬始归。归则虎、豹、熊、豕、獐、鹿、狐、兔、雉、雕,车载驼负,不知其数。猎犬猛者,能搏虎豹;鹰有海东青,能捕天鹅。雕大而多,用为箭翎(吴兆骞《谪宁古塔记》)。长白一带,用江水灌地,最肥沃,滋生收获,较之关西数倍。惜土人惟知渔猎,不知耕种,偶见刨参人带出菜子种之,每株种二十余斤,其地脉之厚可知(冯一鹏《塞外杂识》)。盖满人以渔猎为生计者多,从事耕种者少,故打围之风,至清初犹未泯也。然此仅女真生活之一斑耳,至辽东西原为汉人生息之地,早已进入农业社会。努尔哈赤由兴京迁都辽沈以后,女真、汉人,逐渐同化,当非全属白山黑水间之旧俗矣。

第四章　金明之关系与战争（上）（天命时代）

十四　金明战争之原因与抚清之役

（一）攻明之原因

先是，万历三十六年，努尔哈赤会明辽东副将及抚顺所备御，订两国臣民各守边境之约：敢有窃逾者，无论汉人、女真，见之杀无赦，若见而不杀，殃及不杀之人；且刑白马，祭天为誓，勒誓辞于碑，建碑于沿边诸地。及乌拉灭亡，叶赫告急，明以北关要地，不利其亡；既遣炮兵为之守卫，又驻重军于开原，以备不测。努尔哈赤乃投书抚顺所游击李永芳，诉叶赫渝盟之罪，请其严守中立，以不得要领而还（见前）。万历四十二年四月，明巡抚都御史郭光复新莅任，潜使辽阳材官萧伯芝，伪称都督，盛具仪仗，至建州境，扬言天使俨临，而不郊迎，将以无礼致诘。努尔哈赤属櫜鞬迎道左，供具甚丰腆。伯芝大喜，相与尽欢，徐问不贡市之由。（《博物典汇》云："建州每岁贡蜜，兼开蜜市，自癸丑后不贡，相传炼蜜为糗粮，边臣未敢入告。甲寅年，郭光复使萧子玉〔伯芝字〕伪称都督，衔命问故。"）努尔哈赤从容对曰："本部之蜜，犹中原五谷也。五谷有不登之年，将谁是诘耶？本部五年来，花疏蜂少，是以不供。俟春枝花满，酿熟蜂衙，当复贡市如初。此琐事耳，何烦廑念？"厚赠伯芝，并辔而出。将别，努尔哈赤从马上拍伯芝肩，笑曰："汝是辽阳无赖萧子玉也。安得伪称都督，来我郊境？我非不能杀汝，顾不忍贻大国之羞耳！为我致意巡抚，后毋再作诈事！"伯芝狼狈西奔，巡抚闻之，闭门累日。黄道周曰："边疆之事，每贻笑于人，安得不启轻侮之心哉？"（见《博物典汇》）盖为此也。初明临边之民，每岁辄越境盗采参矿，及树木蔬果之属，天命元年，努尔哈赤遣大臣扈尔汉，执杀越边窃采者五十余人。时明以李维翰巡抚广宁，努尔哈赤遣纲古哩、方吉纳往见，维翰执二臣及从事者九人，械系之。遣人来言："吾民出边，宜解还，何遽杀也？"努尔哈赤曰："昔建石碑，有誓词云：'若越边之人，见而不杀，殃及不杀之人。'今何不顾前盟，而强为之词耶？"其人曰："执尔之杀我民者，与我抵罪，则已；否则，自兹多事矣。"坚执其言。努尔哈赤不得已，取所俘叶赫兵十人，至抚顺关杀之。明乃归纲古哩、方吉纳及从者九人。自是嫌隙愈深。当是时，努尔哈赤已征服邻近，削平诸邦，海西四国，殄灭其三，独叶赫恃明援不下。欲建一统之王国于东北，乃不得不先败明师，以附背北关；故于称汗以后，即积极备战，辽河两岸，从此多事矣。

（二）七大恨之誓师

天命三年（万历四十六年），春正月，丙子，寅刻，月将落，有黄气贯月中，其光广二尺许，月之上，约长三丈，月之下，约丈余。努尔哈赤望之，谓贝勒大臣曰："天意如此，今岁必征明矣。予与明成衅，有七大恨，其余小忿，难以悉数；故欲往征，可共议之！"议既定，令将士治甲胄，修军器，以缮治诸贝勒马厩为名，遣七百人伐木，备攻具。又恐明之通事来见，泄其谋，竟用为马厩。四月，颁以兵法，率诸贝勒大臣，统步骑兵二万启行，鸣鼓奏乐，谒堂子，书七大恨告天曰：

> 我祖宗与南朝看边进贡，忠顺已久，忽于万历年间将我二祖无罪加诛。恨一也！九部会兵攻我，南朝休戚不关，袖手坐视。后我国复仇，攻破南关，南朝责我擅伐，我即遵依上命，复置故地。后北关攻南关，大肆掳掠，南朝毫不加罪。我与北关，同是外番，事一处异，何以怀服？恨二也。明虽启衅，我尚欲修好，设碑勒誓：凡满汉人等，毋越疆圉，敢有越者，见即诛之，见而故纵，殃及纵者。后沿边汉人私出境外，窆参采取，念山泽之利，系我过活，不得已，始遵誓行诛。明负前盟，责我擅杀，拘我广宁使臣纲古哩、方吉纳，挟取

十夷偿命。恨三也!建州与北关,同是属夷,缘何卫彼拒我,觭轻觭重,良可伤心!恨四也。明越境以兵助叶赫,使我已聘之女,改适蒙古,恨五也。柴河、三岔、抚安三路,我累世分守疆土之众,耕田艺谷;明不容刈获,逼令远退三十里,使我部无居无食。恨六也。我国素顺,并不曾稍倪不轨,忽遣备御萧伯芝,蟒衣玉带,大作威福,百般欺辱,恨七也。怀此七恨,莫可告诉,辽东上司,既已尊若神明,万历皇帝,复如隔于天渊,踌躇徘徊,无计可施,于是告天兴师。

此七大恨告天之文,原为满文,又译写汉文,以发给各省商人,使向内地宣传。按孟森先生《清太祖告天七大恨之真本研究》(见《史学》第一期)云:"乾隆四年所修《太祖实录》与《东华录》所载之文无大出入,较天聪间原修之《武皇帝实录》,亦略无异致。惟将译音之字,多所改写,如夜黑之为叶赫,糊笼之为扈伦,柴河之为钗哈。金梁《满洲老档秘录》太宗与袁崇焕书,所述七大恨,系抄撮《东华录》以了事,绝不可信。故仍以天聪间木刻揭榜之文为最近原状也。"上述七恨,即据天聪木刻榜文而摘录者。全文见本篇第五章二十三节附录,可以参考。是文与《太祖实录》及《东华录》所载,颇有出入。即原文自认为明朝属夷,而《实录》则只有:"天建大国之君,即为天下共主,何独构怨于我国也?"一语耳。努尔哈赤拜天毕,焚其书,谕贝勒大臣曰:"此兵非我乐举也。首因七大恨,其余小忿,不可殚述,陵迫已甚,因是兴师。凡俘获之人,勿去衣服,勿淫妇女,勿离异其匹耦。拒战而死者,听其死;归顺者,慎勿轻加诛戮。各严诫军众知之!"是夕,进驻古呼地。

(三) 抚顺清河之役

次日,分两路以进:令左翼四旗兵取东州(承德县东南一百十里)及吗哈丹(兴京城西南二百十里)二堡;努尔哈赤与诸贝勒率右翼四旗兵,及八旗护军,下浑河,直冲抚顺。乘夜雨新霁,遂命市夷(抚顺之一种商队)五十人先发,以重兵潜行,乘其不备,驰趋抚顺。以书致明游击李永芳劝之降，曰："尔明发兵疆外，卫助叶赫，我乃兴师而来。汝，抚顺所一游击耳，纵战亦必不胜，今告汝降，汝降，则我兵即日深入；汝不降，是汝误我深入之期也。汝素多才智，识时务人也；我国广揽人才，即稍堪驱策者，犹将举而用之，结为婚媾。况如汝者，有不更加优宠，与我一等大臣并列耶？汝不战而降，使汝职守如故，恩养汝；汝若战，则我之矢，岂能识汝？汝必众矢交集而死。既无力制胜，死何益哉！且汝出城降，则我兵不入城，汝之士卒，皆得安全。勿谓予虚声恐喝，试思区区一城，而不能下，何用兴师为哉？汝熟计之，勿不忍一时之忿，而偾事失机也！"永芳得书，冠带立城上，言纳款事；一面仍令军士治守具。金兵树云梯攻城，移时登城；永芳乃薙发降，妻以阿巴泰（努尔哈赤第七子）之女，授为总兵，统辖降众。于是抚顺，东州，玛哈丹三城，及台堡塞五百余皆下。乃留兵四千，毁抚顺城而归。至嘉班，论功行赏，以所获人口牲畜分给之。时有自山东、山西、江南、浙江来抚贸易者十六人，皆厚给资费，书七大恨付之，遣还。明广宁总兵张承荫，辽阳副将颇相廷，海州参将蒲世芳，闻警，率兵一万来追，努尔哈赤回军相拒。会大风，西向扬坐，扑明营，努尔哈赤乘势纵击，明兵不支。张承荫、颇相廷、蒲世芳及游击梁汝贵等皆战死。获马九千匹，甲七千副，兵仗器械无算。五日，取抚安、花豹、三岔各堡，迁其积粟。六日，广宁巡抚李维翰遣使修好，索还俘虏。努尔哈赤曰："征战所俘，即我民，何可遣还？若以我为是，厚加馈赠，则和；若以我为非，则不必言和！"七月，遂率兵进鸦鹘关，攻清河城。副将邹储贤，以兵一万固守。攻城兵树云梯，冒石而上，守兵皆溃，遂拔其城；储贤及兵万人歼焉。天命四年正月，努尔哈赤命代善将兵五千，守札喀关以防明兵；亲统大军征叶赫，克大小屯寨二十余，振旅而还。此时乃有书致明，谓："皇帝能正辽人之罪，撤出边之兵，悉纳吾言，释吾此恨，而赠王号，我乃撤兵。原抚顺所有敕书五百道，开原有千道，可给我等军士。仍输彩币三千，金三百两，银三千两于吾左右"云。明置之不理。二月努尔哈赤令夫役一万五千人，赴界藩山筑城（在兴京西北铁背山上）以为西行息军之地，且以骑兵四百守卫之。

十五 明师之败覆

(一) 四路之出师

万历四十六年,抚顺、清河之破,与张承荫等全军覆没之报,传京师;明廷上下,咸极错愕。四月,下征奴之上谕,特起废将李如柏,使统辽东之兵,以兵部侍郎杨镐任辽东经略(旧辽东巡抚),集兵沈阳,大举攻建州。然招兵虽易,筹饷实难,至次年二月,始得以豫定兵力,集注辽阳。号称二十四万,分四路深入,每路兵六万;然实则不过九万人耳。(王在晋《辽事实录》云:"除朝鲜援军外,实有八万八千五百九十余名。")其四路之方略如下:

一、杜松(山海关总兵)、王宣(保定总兵)、赵梦麟(原任总兵)等之兵约三万:由沈阳出抚顺关(抚顺所迤东二十里)沿浑河左岸,入苏子河之河谷。是为左翼中路军。张铨(广宁道)监之。

二、李如柏(辽东总兵)、贺世贤(辽阳副将)等之兵约二万五千,由清河出鸦鹘关(约在今凤凰县西北境)以入兴京老城。是为右翼中军路。阎明泰(辽阳道)监之。

三、马林(开原总兵)、麻岩(大同副将)等之兵,合叶赫援军约一万五千,由开原出三岔口(今奉天海城县西,明置三岔关)入苏子河流域。是为左翼北路军。潘宗颜(开原道)监之。

四、刘綎之兵一万,及朝鲜援军一万,从宽甸口出佟家江流域,入兴京老城之南。是为右翼南路军。康应乾(海〔海州〕盖〔盖中〕道)监之,而崔一琦别监朝鲜军。

杨镐为四路总指挥,驻沈阳。

时明御史王象恒,力言敌无衅可乘,出塞非策,且引哥舒翰出潼关为戒;而大学士方从哲,兵部尚书黄嘉善日发红旗趣进兵。杨镐乃遣人赍书与努尔哈赤,告以军期,号称大兵四十七万,于三月十五日乘月夜时进发。

其赍书以二月二十四日至，而二十九日杜松等已乘夜列炬，出抚顺关。金侦卒遥见火光，三月一日，即驰告；甫至，而南路侦卒，又以昨日未刻明兵进栋鄂路告。是即宽甸刘綎之军，先入边境者也。努尔哈赤曰："明兵之来信矣，我南路驻防之兵，有五百人，即以此拒之。明使我先见南路有兵者，诱我兵而南也，其由抚顺关而来者，必重兵，急宜拒战；破此，则他路不足忧也。"即刻率贝勒大臣统八旗兵（每旗兵七千五百人），共约六万，而命大贝勒代善前行。时侦卒又以明兵自清河路来告。代善曰："清河之界，道途逼仄崎岖，敌兵未能骤至。我兵惟先往抚顺以迎敌。"遂过札喀关，与扈尔汉等，集兵以待大军之至。明以主力之军，集中抚顺，其情适为努尔哈赤所窥破；乃以数百残卒当南路之师，以数百老弱守居城，自率八旗劲旅，西向逆敌。此正合乎兵法集中使用之原则，以故能操胜算也。

（二）萨尔浒之战

二月二十九日，杜松之军既出抚顺关，三月一日，结大营于萨尔浒（兴京城西一百二十里）山之冈。杜松壮气豪放，勇敢轻敌，平生以身多刀瘢，自夸于人。既知金兵至界藩筑城，以扼西来之兵；乃仓卒渡河（浑河），河流急，不结筏，策马径渡，军多溺死。松以二万之众留萨尔浒本营，以一万攻界藩。时努尔哈赤方发夫役万五千人筑界藩城，以兵四百卫之；至是，兵役等据吉林崖（铁背山迤南）以拒。努尔哈赤至界藩山之东，皇太极等建议曰："吉林崖巅防卫夫役之兵，仅四百人，急增千人助之，俾登山驰下冲击，而以右翼四旗（全军半数）兵夹攻之。其萨尔浒之兵，则以左翼四旗兵当之。"努尔哈赤曰："今分右翼四旗之二与左翼四旗兵合，先破萨尔浒山所驻之兵；此兵破，则界藩之众，自丧胆矣。再令右翼二旗兵遥望界藩明军，俟我兵由吉林崖驰下冲击时，并力一战。"于是命代善、皇太极以二旗兵援界藩，而努尔哈赤自将六旗兵四万五千人攻萨尔浒本营。明兵出营列阵，恃枪炮为攻具。甫战，日未昃，忽大霾晦，咫尺不相辨。明兵列炬以战，金兵从暗击明，万矢雨集，发无不中；而明兵从明击暗，铳炮皆中柳木，八旗兵无伤者。金兵遂乘势，逾堑拔栅，溃明军，死者枕藉。是时，金兵所遣助吉林崖之千人，自山驰下冲击；皇太极等之右翼二旗兵，直前夹攻明兵之在界藩山麓者。而杜松军既闻萨尔浒败报，已狼狈失措，努尔哈赤复以萨尔浒致胜之六旗，与之前后相合，四面攻入。《实录》谓："短兵相接，我兵纵横驰突，无不一以当百，遂大破其众。杜松、王宣、赵梦麟皆战没。横尸亘山野，血流成渠，旗帜器械及士卒死者，蔽浑河而下，如流澌焉。追奔逐北，二十余里。至舒钦山，时已昏，军士沿途搜剿者，又无数。"于是左翼中路军先败。

（三）北路之败绩

是夜，马林之军（左翼北路）闻之，急据尚间崖（距萨尔浒大约三四十里），环营三濠，火器列濠外，而骑兵继后。时别军之为应援者：一据斐芬山，潘宗颜督之；一屯斡珲鄂谟，龚念遂督之；各据尚间崖数里，皆列大车拒骑突，持坚盾御矢。努尔哈赤率诸贝勒移军北进，与龚念遂军遇，四贝勒皇太极引千骑横冲之，步兵继进，专攻一隅，斫其车，破其盾，明兵大败，龚念遂、李希泌皆阵没焉。努尔哈赤知明兵已营尚间崖，急驰赴之，明兵布阵成列，努尔哈赤令军士先据山巅，向下搏击，方欲登山，而马林营内之兵，出与壕外兵合。努尔哈赤知敌将迎战，止兵勿登，下马步战；传令未遍，左翼二旗之下马者，方四十五人，而明兵已自西突至。大贝勒代善曰："敌兵已进矣！"即怒马直入其阵，二贝勒阿敏，三贝勒莽古尔泰，麾二旗兵继之；于是后至之六旗者，皆不及列阵，纵马驰突，人自为战。明兵发鸟枪巨炮，金兵则飞矢利刃，所向无前。时金诸贝勒之兵，已贯阵出明兵之背，与后至之六旗兵，前后夹攻，呼声震天，明兵不支，瓦解泥藉尚间崖下，河水为之尽赤。马林仅以身免，遁走开原，麻岩死焉。努尔哈赤复集将士驰往斐芬山，攻潘宗颜军，金兵下马仰攻，明军以盾遮蔽，连发火器。金兵乘胜突入，摧其坚盾，一军尽覆。于是左翼北路军亦败。此三月二日之役也。

（四）南路之败降

努尔哈赤既败西北二路之明军，乃得壹意以对付南路。是夜，率众贝勒还兴京。翌旦,命大贝勒代善,三贝勒莽古尔泰,四贝勒皇太极,统军御刘綎;而留兵四千于都成,以待李如柏之兵。初,刘綎兵出宽甸口,进栋鄂路,金兵匿深山茂木,刘綎悉焚栅寨,杀其羸弱不能行者,迤逦而进。金驻防官托保额尔纳尔赫率兵五百迎敌,刘綎兵围之数重,额尔纳尔赫死之,伤卒五十人,明兵近逼兴京。努尔哈赤闻警,急遣大臣扈尔汉,率兵千人,贝勒阿敏率兵二千人,先后引兵往御,诸贝勒亦络绎驰归侦探。綎军部勒严整,行止有法,炮车火器甚练;原拟以三月一日进薄兴京老城,乃朝鲜援军不进,遂误戎期。又虑杜松之攘己功也,而不知萨尔浒之败。努尔哈赤闻之,使降卒持杜松令箭往,诡言松军已薄敌城,促之速进。綎以道狭,乃分军为四,而自率所部精锐为前军,先入至阿布达里冈,将登山列阵;而皇太极已引右翼兵先登,据高下击,明兵殊死战。大贝勒代善,又引左翼兵出山西,冒杜松军旗帜,被其衣甲,给入敌营,前军遂溃。綎欲退整后军,时仓卒无所措,力战以死,后军相继歼焉。是时,康应乾步兵及朝鲜兵,营于富察之野,其兵执筤筅长枪,披艄籐甲皮甲,朝鲜兵披纸甲,其胄以柳条为之,火器层叠,列以待敌。刘綎之军既破,金诸贝勒乃乘势而南,攻康应乾所率明兵及朝鲜兵。明军竞发火器,忽大风骤发,走石扬沙,烟尘反扑明营,金军乘之,以是不支,应乾遁走。而南路之师亦败。先是,阿敏、扈尔汉前行,遇明游击乔一琦兵,击败之,一琦收残卒奔朝鲜援军都元帅姜功烈营,诸贝勒复整兵攻之。功烈知明兵败,遂按兵偃旗,遣通事来告曰:"此来非吾愿也。昔倭(日本)侵我国,据我城郭,夺我疆土,急难之际,赖明助我,获退倭兵。今以报德之故,奉调至此。尔抚我,我当归附。"诸贝勒欲功烈诣降,否则必战。功烈复遣使来言曰:"吾若今夕即往,恐军乱逃窜,其令副元帅先往以示信。"遂尽执明兵以付金,一琦缢死。翌日,姜功烈率兵五千降,或云:朝鲜兵先受其国王密令,意存观望,及綎败,知事不可为,功烈遂降(见日人久保天随所著之《朝鲜史》)。明经略杨镐驻沈阳,闻三路兵败,急檄李如柏回兵;如柏率右翼中路军归。是役也,明倾天下之力,尽征宿将猛士,及朝鲜、叶赫精锐,分道深入,使之不能兼顾。而努尔哈赤以八旗六万之众,先破其一路,五日之间,全军皆败。金士卒仅伤数百人,而所获则以巨万计。明清之兴亡,此亦最大关键也。

(五) 战役之结果

魏默深曰:“稽萨尔浒之战,《盛京通志》谓:‘以五百人破明兵四十万人。’然考明四路之师,实止二十万,合朝鲜叶赫为二十四万,每路各六万;而萨尔浒所破,乃杜松一路耳。敌军二万围界藩,四万营萨尔浒,而太祖太宗以六旗兵攻萨尔浒,每旗七千五百人,是以四万有余之兵,攻四万之敌;以二旗兵援界藩,是以万五千兵,攻二万之敌(在山上千四百人,山下万有三千六百)。杜松军破,而后我军皆萃于尚间崖,马林破,而后我军皆萃于布达哩冈,其留守都城者,仅四千;则是八旗五万余人尽行,亦倾国之师矣。战非一日,兵非一路,兵法尚垂后世,乌得为五百人破四十万之讹词,以疑史册哉?恭读高宗《萨尔浒书事》曰:‘尔时地未盈数千,兵之乘不满数万,惟是父子君臣,同心协力,师直为壮,荷天之宠,用能破明二十万之众。’至哉典谟,扬大烈,觐耿光,诏万世。夫惟知武烈之不易,则知王业之艰难;则不敢谓祖宗朝徽天之幸,以一旅取天下。”(见《圣武记》)魏氏此论,可称史家公允之见,而不敢为五百人破四十万之夸辞。其言明倾天下之力,同日深入;与八旗六万之众,合力逆敌,则亦倾国之师:皆实事也。王在晋《辽事实录》谓:官军(指明军)总数,八万八千五百九十余名,将领阵亡三百十余名,失印信一颗,兵士阵亡共四万五千八百九十余名。此录系当事人所记,比较最为正确,明军之数,不足十万,此可断言者也。考明代辽东之屯军,嘉靖年代,原额超九万,至万历末年,逃亡相次,多不能用。此次用兵,南自浙江、福建,西自四川、甘肃,道途辽远,转输维艰;而况筹饷频繁,实虞不足,焉得有四十万或二十万之众?其所以称为有此兵力者,殆亦虚张声势而已。杜松之营萨尔浒也,不过二万人,努尔哈赤以六旗四万余人攻之。以建虏骁勇善战,而况众寡不敌,焉得不败?围界藩之军,不过一万人;皇太极之二旗兵,已万五千人矣。众军冲击,而复益以六旗得胜之师,信乎血流成渠,尸横蔽山也!中路之师既败,努尔哈赤以全军迎击北路之据尚间崖者,明军不足一万,岂可望其胜敌哉!马林身免,殊幸事耳。至布达里冈之役,以八旗五万余(留四千守都城)之健儿,而攻一万明兵,故刘綎授首矣。综观此役,明之兵数,实逾金军,然分全军为四路,则其势必弱;而况杜松轻渡浑河,两分兵力,乃明师失败之最大原因也。使努尔哈赤不审敌情,分兵拒敌,则胜负之数,仍未可知。讵知决策明智,集全力以西向;界藩之援,不从众议,乃能操胜券于目前;此又金兵致胜之最大原因也。盖明之枪炮火药,金实无此利器;不以士马合围,藉壮敌忾,则烽烟之中,殊非矢石可比耳。努尔哈赤即利用明之分,而己则以合克之,此其所以致胜也。此战称萨尔浒之役,与以后皇太极崇德间松山之役并称。

十六　开原铁岭之役

(一) 开铁之攻陷

马林自尚间崖遁还后,仍保开原。是年六月,努尔哈赤率兵四万征之,行三日,大雨,河涨,因谓贝勒大臣曰:“将回兵耶? 抑进兵耶? 道泞,渡口水溢,军行非便;若留一二日,待水涸土燥,恐逃者泄机于明,知我欲进兵开原,宜进兵沈阳以疑之。”遂发兵百人向沈阳,杀三十余人,擒二十余人而还。使人侦视开原无雨,道不泞,河水可济;乃率大军进薄城下。马林偕副将于化龙权开原道推官郑之范,参将高贞,游击于守志,守备何懋官等,婴城守,城上列少兵,余皆陈四门外。金兵设盾梯进攻,而以偏师掩击东门外所陈兵败之,明兵争入城,填拥于门,金兵夺门搏战;而攻城之兵,云梯未布,即逾城入,城上兵四面皆溃。城外三面兵见城破,皆惊窜,金兵据门堵,逾壕不得渡,尽歼之。郑之范先遁得脱,马林、于化龙、高贞、于守志、何懋官皆死焉。铁岭以三千兵来援,诸贝勒率兵迎战,铁岭之兵旋归。努尔哈赤驻兵开原,二日,藉所俘获,举之不尽,论功行赏,乃班师。谕贝勒大臣曰:“我等勿回都城,就界藩城治屋庐以居,牧马边境,勿渡浑河,何如?”贝勒大臣议曰:“不如还都,近水草息马,浴之饲之,且使士卒归家,缮治兵仗。”努尔哈赤曰:“非计也,今六月盛暑,行兵已二十日矣。若还都,二三日乃至;军士由都城至各路屯寨,又须二三日;炎蒸之时,复经远涉,马何由壮耶? 吾居界藩,牧马于此,至八月,又可兴师矣。”命军士尽牧马于边,建宫室于界藩城中。诸贝勒大臣及兵民房舍皆成,遂驻兵界藩,大宴行庆贺礼。七月,努尔哈赤率诸贝勒统兵围铁岭城,城外各堡兵奔入城,其不得入者,悉奔窜。金兵树云梯攻城之北,明游击喻成名、史凤鸣、李克泰督军拒守,枪炮矢石交下,金兵即登梯毁陴,摧锋突入,城上兵惊溃;喻成名、史凤鸣、李克泰皆战死。自开铁下,而叶赫以势孤援绝,不能复支,以是年八月国亡(详见第五节)。于是全辽岌岌,明廷震动。

(二) 史家之议论

四路之师既败,开铁亦为所拔,于是明廷大震,论者纷纭:皆以杨镐轻于一掷,亏捐国威,交口议其得失。黄道周《博物典汇》云:"己未(《开国方略》云:"己未当是戊午之讹。")冬,蓟人咸云:建人苦饥,一日啜饮二碗;识者曰:实者虚之,此未可信。乃蓟人咸以其乏食为喜。迨刘总戎(即刘綎)破其寨,五谷满园囷,其深计大率类此。"又附录史氏曰:"建州(谓金国)弹丸地,向资清(清河)、抚(抚顺)之籴,曾无广屯厚储,清抚既下,不为守,知非有远志。我征兵渐集,宜葺残垒,时以轻骑扰彼耕牧,计可坐制;乃锐语出塞,自取舆尸。且兵莫神于间,莫巧于颠倒饥饱劳逸以为用;而我早漏师期,深入重险,弃辎重以资之,敌势始张。夺我三军之胆,胆破而智勇并困,宜辽阳之为开铁续也!原海西(指叶赫)密迩开铁,为我属国,与建州及西部(指喀尔喀、察哈尔及哈喇沁)牙错,势能离合。近岁拯北关(叶赫)以藩辽,称制胜上策;而竟剪胥覆为开铁续,谁职厉阶,一蹶不振耶?"道周以明季边事之败坏,为四路之师之结果,其言颇足为当时形势之参考。又《开国方略》论曰:"《实录》载天命二年二月,兴役万五千人,运石筑界藩城,卫以骑兵四百;不言以工代赈,亦不言寓兵于工,固未尝苦饥也。工方始,而杨镐集兵沈阳,刻期深入。时开原、三岔、宽甸犹属明,若抚顺、清河,我既克之,逾数月矣,弗以兵驻守,退而就旧有之界藩城,宜明人视为非有远志欤?乃未战萨尔浒之先,败明兵二万于吉林崖,筑城众役,自崖下击有功,不惟足食,而且足兵,亦'实者虚之'之一证。前此乙卯年六月,贝勒大臣请征明,太祖高皇帝(努尔哈赤)谕以储积未充;惟及时抚辑吾国,固疆圉,修边备,重农积谷为先务。越三年,将征抚顺,谕将士治甲胄修军器,以缮治马厩为名,遣七百人伐木备攻具。圣心之密筹周虑,图慎于用兵之常道。至弗守抚顺、清河,而兴役界藩,正圣谕所云:'抚辑吾国,固疆圉,修边备。'而又为料敌制胜之神谋,遂歼敌十余万。惟由清河自呼兰一路兵,及甫至开原之叶赫兵,拔营而遁;其在尚间崖脱免之总兵马林,仍守开原;故越两月,我军破其城。时有铁岭兵三千赴援,击之始退,故亦攻取其城。复移师灭叶赫,自西部之喀尔喀旋服罪乞盟,宜明人之自咎夫锐语出塞,深入重险,一蹶不振。且揣测我朝致此之由,谓'兵莫神于间,莫巧于颠倒饥饱劳逸以为用。'亦叩槃扪烛之见耳。"清人所论,与道周之言,多有参差,各是其主,本无足异,吾人考当时之实情,取其说而折衷之,则形势可了如指掌矣。

十七　辽沈之役

(一) 熊廷弼之经略辽东

杨镐既败,明廷诏逮下狱,以熊廷弼代为辽东经略。廷弼字飞白,江夏人,明廷以其曾巡按辽东,颇通边务,故起用之。将之任,上言:"辽东为京师之肩背,河东为辽镇之腹心,开原又为河东之根本;欲保辽东,则开原必不可弃。敌未破开原时,北关及朝鲜犹足为腹背之患,今已破开原,北关不敢不服;若遣一介之使,朝鲜不敢不从。既无腹背之患,必合东西之势以交攻,然则辽阳何可守也?乞速遣将士,备刍粮,修器械;勿窘臣用,勿缓臣期,勿中格以沮臣气,勿旁挠以掣臣肘,勿独遗臣以艰危,以致误臣、误辽兼误国也。"疏入,悉允,且赐尚方剑以重其权。廷弼之意,以为固守辽东,即可陷敌于窘困;惟所虑者,不在敌强,不在兵弱,在言官之掣肘耳。盖明自中叶以后,政治不纲,隆庆、万历之初,幸有张居正之图治:尊主权,课吏职,信赏罚,一号令,纲纪修明,海内殷阜,国势振起,号称中兴。然好谀自尊,晚益褊恣,身死未几,忌者搆之。后人谓:"恩怨尽时方论定,封疆危日见才难。"是江陵之丰功伟绩,亦有不可磨灭者。且中叶以来,言路渐嚣,居正痛抑之。及其死,共修旧怨,既如其望;二三好事者,益奋励以搏击当路为能。自是言官与政府成水火,而党派之争,遂为亡国之媒介矣。廷弼临行,痛论中格旁挠之罪,即为此也。万历四十七年七月,甫出山海关而至十三山(辽西地),铁岭复失,沈阳及诸城堡之军,均畏乱惊逃。廷弼兼程冒雪,遍阅形势,见人心惊扰,逃亡相续,不明军纪,则目前之秩序,亦难维持。到任之第五日,系三逃将于庭而鞫之,乃问曰:"昔在抚顺从张承荫逃阵一次,又从杜松逃阵一次者,非刘遇节乎?"众曰然。"然则如何?"曰应斩。又问曰:"临阵背主先逃,致杜松呼恨切齿而死者,非王捷乎?"众曰然。"然则于法如何?"曰应斩。又问:"陷铁岭,弃城逃生者,非文鼎乎?"众曰然。"然则于法如何?"或曰:"文鼎到城仅一日,其情可矜。"廷弼曰:"不然,其情可矜,于法则无可赦,应斩。"遂出而斩之,以祭死节之将士。八月二十九日,廷弼上书明廷,述辽东之情形颇详,择要录下:

辽东现在兵有四种:一曰残兵。从主将赵甲逃阵,甲死而归钱乙;又从钱乙逃阵,乙死而归孙丙。或七八十人,或二三百人,身无片甲,手无寸械,随营靡饷,装死扮活,不肯出战。此残兵之情形也。一曰额兵。开原一道,全额已亡,即臣标下两翼,亦并全亡。至于阖镇额兵,或死于征战,或图厚饷,逃为新兵者,又皆亡去其大半。此额兵之情形也。一曰募兵。佣徒厮役,游食无赖之徒,岂能惯熟弓马?岂能膂力过人?朝投此营,领出安家月粮,暮即投之彼营;暮投河东,领出安家月粮,朝即投之河西。点册有名,及派工役,而忽去其半;领饷有名,及闻警告,而又去其半。此募兵之情形也。一曰援兵。各镇挑选,谁肯以强人壮马来?谁肯以坚甲利刃来?每一过堂,弱军羸马,朽甲钝戈,不堪入目。而事急需人,又不暇发回,以另换精壮。此援兵之情形也。皇上以为有兵如此,能战乎?能守乎?自丧败以来,总兵以下,副、参、游击、都司、守备,以至中军,千、把总,指挥,千、百户,死者五六百员,降者百余员,辽将、援将,已是一扫净尽。又募兵万数千人,即求一世职,为中军千把总,分布管领,亦不可得;况今一二见在将领,皆屡次征战存剩,及新败久废之人,一闻警报,无不心惊胆丧者。皇上以为缺将如此,能战乎?能守乎?良马数万,一朝而空,今太仆所存寄之马,既多瘦小,驿马更矮小;兵部主事王继谟所市宣府大同马,并无一匹解到。即现在马一万余匹,多半瘦损,率由军士故意断绝草料,设法致死,图充步军,以免出战;甚有无故用刀刺死者,以此马愈少而倒损甚多。皇上以为马匹如此,能战乎?能守乎?坚甲利刃,长枪火器,丧失俱尽,今军士所持弓,皆断背断弦;所持箭,皆无翎无镞;刀皆缺钝,枪皆顽秃,甚有全无一物,而借他人以应点者,又皆空头赤体,无一盔甲遮蔽。今将开局打造,既无铁无匠,而需索中央库局所贮,又急不能到。皇上以为器械如此,能战乎?能守乎?闻风而逃,惧战而逃,顷闻北关信息,各营逃者,日以千百计,如逃止一二营,或数十百人,臣犹可以重法绳之;今五六万人,人人要逃,营营要逃,虽有孙吴军令,亦难禁止。皇上以为军心如此,能战乎?能守乎?又使民有同仇之意,各顾身家性命,同心协力效死固守两三日,以待救援,亦可以捍御;今沈阳皆已逃尽,辽阳先逃者,已去不复返,现在者,虽畏不敢逃,而事急之时,臣安能保耶?况今辽人已倾心向奴矣,彼虽杀其身,杀其父母妻子而不恨,而公家一有差役,则怨不绝口。彼遣为奸细,则输心用命;而公家派使守城,以哭泣感之,而亦不动。皇上以为民心如此,能战乎?能守乎?假令皇上于抚顺初失时用臣,臣力犹能处此,以保全辽;即于开原、铁岭未陷时用臣,臣力犹能御之,以顾北关。今臣不能制边矣!不能保辽矣!臣又思之,汉唐以来,建国皆在中土,辽地尚无关轻重。今辽实神京左臂,万一不测,剥床及肤。如何如何!

廷弼治辽,以固守不浪战为目的。盖当新败之后,军民四散,数百里无人迹;使不据守招募,恢复元气,则再败之后,将益不可收拾矣。廷弼深知其情,固守不战,招流移,缮守具,简士马,肃军令,集兵十八万,分布叆阳、清河、抚顺、柴河、三岔、镇江诸口,令小警自御,大警互援。更选精锐为游徼,乘间掠零骑,扰耕牧,更番迭出,以俟机会。建奴深畏廷弼,停战不攻者岁余。然廷弼性刚,不能容物,会明熹宗新立,朝臣忌廷弼者,交章劾其不战。廷弼乃乞罢,而继之者非其人。所谓"误臣、误辽兼误国"之言,廷弼盖已先见及之矣。

(二) 沈阳之克陷

廷弼既罢,以袁应泰代为辽东经略,应泰吏事敏练,然非将才也。会蒙古诸部大饥,多入塞乞食,应泰言不急收之,且为敌有,乃招降数万,分处辽、沈二城。议者多言收降太滥,恐中杂间谍,祸且叵测,宜徙之他地;应泰不听。降人多占民居妇女,辽人愤怨;金又厚抚辽人之往来其地者,于是降人与辽人皆为金之耳目。天命六年三月,努尔哈赤令军士载营栅攻具,乘舟顺运河而下,以攻沈阳,自统大兵,水陆俱进。明侦卒举烽驰告,总兵贺世贤、尤世功分兵乘城。金军营于城东七里,设立木城;明兵于城外掘深堑,剡木树堑内,覆以秫秸,掩土其上;内复凿壕一道,沿壕以木为栅,近城复有大壕二,广五丈,深二尺,皆剡木树其内。又筑拦马墙,间留炮眼,排列鸟枪炮具,众兵密布卫守,城上兵亦登陴坚守。初,欧洲葡萄牙兵之至北京者,见边患方亟,自请助战;以数寡不足用,乃尽献其精锐巨炮,以备战守。至是,贺世贤、尤世功等分守沈阳,环城掘壕堑数重,绕以墙栅,列巨炮其上,守具甚坚。世贤勇而无谋,素嗜酒,努尔哈赤遣侦骑挑战,阳败诱之,世贤逐北,途遇伏兵,乃退归城下;而濠梁为城中间谍所断,欲入不得,身中十四矢;世功引兵救之,亦战死,城遂陷。明兵之屯戍浑河以南者,闻警赴援,游击周敦吉,都司秦邦屏,总兵陈策等,督四川兵渡河,阵其北;副将童仲揆(董仲贵)等,统浙兵阵河南。努尔哈赤遣右翼四旗,袭击川兵,屡却复前,卒歼其众;金参将布哈,游击郎格锡尔泰亦战死。遂渡河围浙营数匝,营中火器交发,杀伤甚众。俄而火药尽,仲揆等犹挥刀奋战,各杀十余人乃死。是役,明以万余人当数倍之众,虽力屈而覆,实为用兵以来第一血战。

(三) 辽阳之攻拔

沈阳拔后五日,努尔哈赤集诸贝勒大臣议曰:"今敌兵大败,宜乘胜长驱,以取辽阳。"遂悉众而南。时辽阳为辽东首府,经略驻焉。应泰闻警，尽撤奉集、咸宁诸军，并力城守。决太子河引水注壕，环以火器；而自督总兵侯世禄等，出城五里迎战。战败，始敛兵分陴固守。金军离城南七里驻营。努尔哈赤谓贝勒大臣曰。“观绕城之水，西有闸口，可令左翼兵掘之；东有水口，以右翼兵塞之。”乃亲率兵布盾车于城边，以卫众军，令囊土运石，壅遏水口。明步骑三万，出营城东门外，列枪炮三层，连发不已。左翼诸将使人驰告曰：“掘闸口难，不若夺桥易。”努尔哈赤曰：“桥可夺，试夺之；若得，亟来告，吾当进攻此门。”会壅遏水口毕，右翼四旗前队棉甲军，遂布列盾车，进击东门外兵。明兵连发枪炮，金军出盾车外，渡濠大呼而进，两军鏖战不退。明军旋败，望城而奔，金兵乘势纵击至东门外，死者壕堑皆满，水尽赤。时左翼兵夺武靖门桥，分击守壕之兵，明兵隐于屋垣，举炮发矢，连绵不绝。城上亦放火箭，掷火罐，诸军奋勇登城，西隅遂陷；官兵士卒，俱各惊扰。右翼兵攻城北，下马步行于两壕之间，运薪刍填壕而战。左翼兵既登城，使人驰告，努尔哈赤遂撤攻城兵，以益登城之众，城内明兵，列炬以战。城内官民，有乘夜缒城而逃者，而守兵仍拒战不息。金右翼兵亦登城，八旗同集一处，沿城追杀。应泰至城东北镇远楼督战，见城破，遂举火焚楼而死，临难时，顾巡按御史张铨曰：“泰不才，邀尚方之宠灵，固当以身许国。但按臣有阃外之责，尚当收拾余烬，为退守河西之计；泰死不朽矣！”其余官吏将士殉节者，尚十余人。巡按张铨被执，众劝之降，且以高爵相许。铨曰：“我受朝廷深恩厚禄，若降顺苟活，是遗臭后世也。汝国虽欲生我，在我惟知一死而已。”卒不屈，自缢。居民皆启扉迎降，夹道俯伏呼万岁。于是河东之三河堡等五十寨，古城、草河、新甸、宽甸、大甸、永甸、长甸、镇江、凤凰、海州、耀州、盖州、复州、金州等大小七十余城皆下，而辽河以东，无完土矣。辽阳既定，努尔哈赤召问贝勒大臣曰：“天既眷我，授以辽阳，今将移居此城乎？抑仍还我都城乎？”众皆以还都对。努尔哈赤曰：“国之所重，在土地人民。若我兵一还，则辽阳必复为敌有，弃已得之疆土而还，后必复烦征讨，非计之得也。且此乃明国及朝鲜、蒙古接壤要地，天既与我，即宜居之。”遂定议迁都辽阳，以官民住北城，皇室居南城。观此一事，即可知努尔哈赤之雄图远略迥异乎寻常也。

十八 广宁之役

(一) 三方布置策与经抚不和问题

辽沈既失,明廷大震,乃尽谪诸臣前劾廷弼者,复诏起廷弼于家,而擢王化贞为广宁巡抚。化贞前守辽西,颇收怀柔蒙古之效,故特任之。时广宁孱卒仅千,化贞招集散亡,得万余人,激励士民,联络蒙古,人心稍定。是时化贞以弱卒守孤城,气不稍慑,时望赫然;明廷亦举辽西以托付之。迨廷弼入朝,请免言官,不许。乃议于广宁厚集步骑,制敌全力;而于天津登莱各治舟师,分扰辽东半岛沿岸;增设登莱巡抚如天津制,而经略驻山海关,居中节制,名曰"三方布置策"。今括其大意,列表如下:

山海关……经略……节制三方:
- (一)广宁……巡抚……统率陆军
- (二)天津……巡抚 } 统率海军
- (三)登莱……巡抚 }

先是,经略袁应泰死,薛国用代之,以病不任事;王化贞乃部署诸将,沿辽河设六营,又分戍西平、镇武、柳河、盘山诸要害。及廷弼至,以分兵屯戍之议为不可行,疏言:"辽河窄而难恃,堡小而难容大兵,今日但宜固守广宁;若驻兵河上,兵分则力弱,敌以轻骑潜渡,直攻一营,力必不支,一营溃,则诸营俱溃,西平等诸戍,亦不能守矣。河上止宜置游兵,更番出入,示敌以不测;不宜屯聚一处,为敌所乘。自辽河广宁间,多置烽堠,西平诸处,置戍兵为传烽哨探之用;而大兵悉聚于广宁。盖辽阳距广宁三百六十里,敌骑非一日所能到,苟有声息,我必预知,断不宜分兵力也。"化贞又改四方援辽之师,为平辽之师,辽东人多不悦。廷弼言:辽人未叛,请改为平东或征东,以慰其心。化贞既以所议不行,而心憾廷弼,于是经抚不和之事起。化贞性骙愎,不知兵,素轻敌,好谩语。廷弼性刚,有胆略,解兵事,负气谩詈,不为人下。然化贞拥兵数万,廷弼仅有数千;故廷弼虽具经略之名,而实权反不逮化贞也。两人之议既不合,化贞乃益务为大言,谓:“不必筹登莱水师也,有皮岛毛文龙在;不必筹士马甲仗也,有蒙古插汉助兵四十万在;不必筹刍糗也,有辽人之壶浆牛酒在;不必谋乡导也,有降将李永芳内应在;不必修守备也,有敌人新筑辽沈诸城在。”廷弼极言:辽人不可用,蒙古不可恃,永芳不可信,广宁多间谍不可忽,营垒城壕不可不严备!经抚之意见相左,而大敌当前,战守难决,此辽事之所以一坏而不可收拾也。先是,辽阳之失也,都司毛文龙引逃民渡海至皮岛(今海洋岛),编岛民为兵,分布哨船,与登州相犄角。会镇江堡(凤凰城东南百二十里)军人有潜通文龙者,文龙引兵潜杀镇江守将,报捷化贞。时廷弼方疏请遣使朝鲜,令连营鸭绿江上,助其声势,以实行三方布置之策;而化贞遽以镇江奇捷入告。化贞既与廷弼反对,则日思幸胜,以相陵驾。妄意李永芳在敌中可为内应,蒙古助兵,可得四十万,一切士马甲仗糗粮营垒,俱置不问!而欲以安坐取全胜。兵部尚书张鸣鹤笃信其言,所请无不允。廷弼以部臣有意掣肘,颇不能平,由是与鸣鹤交恶。及化贞捷奏入,举朝大喜,议令诸镇海陆俱进,相机规复;而趣廷弼出关节制其间。廷弼遗书京师言:“兵力未集,文龙发之太早,乱三方并进之谋,误属国联络之算,目为奇功,乃奇祸耳。”举朝皆不直之,阴党化贞者益多。自八月至十一月,化贞凡五次出师,辄以无功引还,廷弼乞敕化贞慎重举止。化贞上言:“愿得六万兵,一举荡平。”是时,宰相叶向高,化贞座主也,颇右之。廷议令化贞毋受廷弼节制;于是朝臣自阁部逮言官,皆助化贞,其表同情于廷弼者,数人而已。熹宗令群臣议两人去留,议未决,而努尔哈赤已统兵渡河矣。

(二)广宁之降

天命七年(天启二年)正月,努尔哈赤率兵渡辽河,明防河兵遁走,大军遂进至西平堡(广宁县境东,距辽河二十里),围之,招城守副将罗一贵降,不从,乃布梯盾攻克其城,一贵及兵万人歼焉。于是化贞用游击孙得功谋,尽发广宁兵畀之,使偕祖大寿会别军往援。至平阳桥(广宁城东南一百二十里),甫交战,得功先奔,别军亦溃,祖大寿走觉华岛(今菊花岛,在辽东湾西侧)。努尔哈赤方屯军沙岭(广宁东南一百五十里),不进,而得功阴为内应,扬言敌已薄城,居人惊溃。化贞知援兵尽殪,不知所为,踉跄西走,惟二仆人从,至大凌河遇廷弼,哭。时廷弼得西平败报,欲提兵往援,既遇化贞,哂之曰:"六万众一举荡平,今竟何如?"化贞惭不能答。化贞又议守宁远及前屯,廷弼曰:"嘻!已晚,惟护溃民入关可耳。"乃以所部五千人授之,使为殿,尽焚沿途庐舍积聚,护难民先后入关。得功以广宁迎降,努尔哈赤整军入城,驻跸巡抚公廨,时化贞已走二日矣。其他堡城望风而降者,凡四十余。努尔哈赤驻军十日,从广宁城移军向山海关,至中左所(在宁远城西南)而还。大贝勒代善、四贝勒皇太极复奉命攻克义州,杀其守卒三千。二月,努尔哈赤还辽阳,留诸贝勒守广宁城,以河西归降各城堡官民,移之河东。明廷逮化贞,兼罢廷弼听勘。狱具,二人并论死。将刑,廷弼赂缓死期,以触魏忠贤怒,不行。会《辽东传》一书出现,谮者谓廷弼所作。八月,遂弃市,传首九边。化贞竟以轻罪末减。辽事至此,愈不可收拾矣。

(三) 辽宁失败之原因

黄道周《博物典汇》云:"方建州长驱开铁,以吾败军余气,不可复鼓,故得折箠立下。及既并北关,竟徘徊岁余,不越辽沈尺步,何哉?以吾兵食稍集,战不足,而守有余耳。惟当养吾全力,操纵于饥饱劳逸,图之以渐。无奈战守茫无成画也!战而失,以不能守为战罪;守而仅保无失,则又以不能战为守罪;于是一战而失沈阳,再战而失辽阳,又有不战而拱手以送者,如广宁是已。"道周所论,实为明末边事败坏之最大原因,可谓言中肯綮。天启之初,言路纷呶,致战守茫无成画,如《明史·熊廷弼传》云:"初为经略,开铁虽失,辽沈如故,天启帝立,御史冯三元交章诋廷弼,遂罢之。"故道周谓:"仅保无失,又以不能战为守罪。"亦即廷弼自辨请勘疏所云:"收拾甫定,哄然责战,朝堂议论,全不知兵"者也。《开国方略》云:"《实录》天命五年八月,我兵征明懿路蒲河,明沈阳兵出城二十里外,见我军至,即退,弗蹈前此赴援抚顺覆辙,时廷弼尚未罢也。我太祖高皇帝(努尔哈赤)初闻沈阳兵出城,仅谕令击之奔回,未尝攻围其城。及左翼一旗,既抵沈阳北门,四贝勒欲进击,大贝勒代善、大臣扈尔汉劝止。所以劝止之故，不可得而闻，要必彼之战不足，而守有余，为我庙廷所烛照。然观廷弼请勒限发兵疏云：‘臣初到时，犹得张大虚势，多方摇惑，以冀敌疑不轻出；今日久情见，一一皆被间谍报知。又敌两入开铁，收割运粮，诱赚我兵，竟不敢出，益窥我无能为；而前用之法穷矣。’此则所谓守者，亦即其疏中所称纸上虚谈耳。迨明年二月，征奉集堡，亦弗攻取之，旋师、逾月，一举而溃明兵七万，定沈阳。旬日间，复破明兵八万，定辽阳及河东城堡七十余。明乃复起熊廷弼为经略，其巡抚王化贞欲联结察哈尔、喀喇沁诸部，以逞志于我；我是以乘其战守茫无成画，七年正月，迅振神钲，克西平堡，与平洋桥堡，而广宁降。道周所谓：‘不须一战，而拱手以送。’岂非圣哲洞微，天人合发，万变定基，正与偏听全不知兵者，相反也耶？”辽沈既拔，河东尽失，广宁之役，拱手以降，观上所述，当知胜败所致之涯略矣。至是建虏之志，益不在小矣！

十九　宁远之役

（一）王在晋之筹边

明末疆事之败坏，由于言路纷呶，战守茫然，前既言矣。及广宁师溃，明以王在晋继为辽东经略，与蓟督王象乾议筹边。象乾主款蒙古，以捍东陲；而王在晋议专守山海关，弃关外，欲于关外八里铺筑重城，置兵四万守之。先是，邵武知县袁崇焕（字元素，东莞人）以边才被举，破格擢兵部主事。广宁之败，崇焕单骑出关，遍阅形势，还言于朝曰：“与我军马钱谷，我一人足守此。”廷议壮之，进擢佥事，使监军关外，发帑金二十万，使招散兵。既至，则经理军事，安置游民，夜行荆棘猛兽间，诸将称其勇。在晋筑城八里铺，欲为重守，崇焕以为非策，谓当守宁远。政府不能决，大学士孙承宗请身往定之，竟是崇焕议，归言在晋不足任，乞自往督师。在晋之谋，原未可厚非，惟弃地设守，终非善策，宜不为新进有为者所喜耳。观其所上封事曰：

袁崇焕每云：“我不惜身命。”予应之曰：“身命与封疆孰重？”予乃命彼前往安插辽民,四鼓入城,夜行荆棘蒙茸虎豹潜伏之地,予未尝不壮其气,而深虞其轻进也。予又尝谓今岁甲兵具备,明年伺敌隙,可袭广宁。然必有恢复全辽之力量,而后广宁可复;有灭虏之力量,而后全辽可复;否则得而必失,徒起无穷之争,而遗不了之局耳。故予亟亟守山海关者,非以关门自划也。

又答反驳八里铺之议曰:

中前所在山海关东三十五里外,前屯在七十里外,觉华岛在二百里外,予未尝不发兵守备;然屯大兵于此等地方,所忧更甚。万一此等之地,陷于敌人,吾等直有开关而容纳逃兵耳。且乌合之兵,不足守此等要地,间谍不可恃,兵器粮饷不可继,又将奈何?予非敢以山海关为限也,顾国力不足也!

在晋之言,可谓老成持重,以国力薄弱,财政困难为虑,故不敢轻进图功。其与熊廷弼布置守辽之策,虽略近似,而其才力弗逮;且不合乎兵家攻守之见,故终不免于罢去耳。

(二)孙、袁之布置与宁远之守备

在晋既去,八里铺之议遂寝。承宗之任,即倾力于宁远及觉华岛之布置,以为犄角,采崇焕议也。觉华岛在宁远西南海中,乃以为贮积粮饷之地,置水师通山东朝鲜。时关以外,宁远以西诸城堡,悉为蒙古所据,声言助守边;承宗尽驱之边外。天启三年九月,承宗命祖大寿筑宁远城,大寿度朝廷不能远守,仅筑什一,且不中程;复使崇焕筑城,守关外之地二百余里。崇焕定规制:高三丈二尺,址广三丈,命诸将分筑,翌年工竣,誓与城共存亡。又善抚将士,部下乐为尽力。天启五年(天命十年),承宗复命诸将分戍锦州大小凌河、松、杏、右屯诸要害,扩地复二百里,几复辽河以西旧地。承宗才不下熊廷弼,而器度过之;在关四载,修复城堡数十,练兵十一万,汰军万七千余,省度支六十八万,立车营、水营，造甲胄、器械、弓矢、炮石、渠答、卤盾之具各数百万，开屯田五千顷。而宁远亦得崇焕之忠勤称职，远近归附，屹成巨镇。时金方营都沈阳，复值承宗在边，无懈可击，按兵不攻者四载，亦明室边徼之幸也。承宗功既高，内为魏忠贤党所忌，日夜相排挤，竟于是年十一月去之，而代以高第。第素恇怯，力言关外不可守，尽撤锦州、右屯、大小凌河、松杏诸要害之守具将士于关内，委弃米粟十余万，死亡载道，哭声振野。更欲撤宁远前屯（前屯卫城，在宁远城西南百三十里）二城，袁崇焕方为宁前道，誓死不去。努尔哈赤以经略易人，形势已变，次年正月，即乘隙攻关矣。

（三）宁远之败

天命十一年（天启六年）正月，努尔哈赤统兵攻明，将至右屯卫（在锦州城东南七十里），守将周守廉已率军民遁。时明舟运之粮，积贮海岸，努尔哈赤遣兵移之右屯，大军前进锦州，大小凌河、杏山、连山、塔山诸城，亦相继下。二十三日，至宁远，越城五里，横截山海关大路驻营。纵所俘入城告曰："我以兵三十万来攻此城，破之必矣！尔众官若降，即封以高爵。"崇焕答曰："汗何故遽尔加兵耶？锦宁二城，乃汗所弃之地，我修治之，义当死守，岂有降理！且称来兵三十万，予亦岂少之哉？"乃与总兵满桂、参将祖大寿婴城固守，刺血誓师。更尽焚城外民居，使迁城中，以为坚壁清野之策。诘城中间谍，又檄关上守将："宁远将士有逃至者，悉斩。"人心始定，将士效死。翌日金军进攻，载盾穴城，矢石雨下不退。崇焕令闽兵发西洋巨炮（葡国输入，即所称红夷大炮者也）。一发，决血渠数里，伤数百人；翌日，再攻再却。清记录谓：攻城二日，伤游击二人，备御二人，兵五百。努尔哈赤不怿者累日，谓诸贝勒曰："予自二十五岁用兵以来，战无不胜，攻无不克；何独宁远一城，不能下耶？"是时，山海关以外，明兵所需粮草，俱由海运积觉华岛，努尔哈赤命武讷格率蒙古八旗往袭之，参将姚抚民等统兵四万，营于冰上，凿冰为壕，卫以车盾。金军进击，败之，并歼岛上守军，焚其船二千余、粮草千余堆而还。是役，努尔哈赤欲利用孙承宗之去，而夺取山海关，将兵十万，气胜而骄；又遇袁崇焕之雄才固

守,焉得不败?攻城之时,努尔哈赤亦负重伤,遂以致死。朝鲜使者,记载此事颇详,录之以供参考:

> 我国译官韩瑗,随使命入朝,适见袁崇焕,崇焕悦之,请其入镇。崇焕战事节制,虽不可知,而军中甚静。崇焕与三数幕僚闲谈,乃报贼至,崇焕乘轿至战楼,又与瑗等谈古论文,略无忧色。俄顷放一炮,声动天地,瑗惧不能仰视,崇焕笑曰:"贼至矣。"乃开窗,见贼兵蔽野而进,城中了无人声。是夜,入外城,盖崇焕预空外城,为诱入之地也。贼并力攻城,又放大炮,城上一时举火,明烛天地,矢石俱下。及战方酣,从每堞间推出甚大且长之木柜,半在堞内,半在城外,柜中伏甲士,俯下矢石,如是数次。又从城上投枯草,油物,及棉花无数。须臾,地炮大发,土石飞扬,火光之中,见胡人与胡马无数,腾空乱堕,贼大挫而退。翌朝,见贼队拥聚于大野之一边,状如一叶。崇焕遣一使备物谢曰:"老将(指努尔哈赤)久横行天下,今日败于小子(自称),岂非数耶?"努尔哈赤先已负重伤,及是,供礼物及名马回谢,而约再战之期。因懑恚而死。

二十　努尔哈赤之死

(一) 努尔哈赤之忿死与当时之情形

宁远之役,努尔哈赤以百战老将,败于崇焕,且负重伤,其兵法"攻城必操胜算而后动,若攻之不能拔,反损兵气"之言,亦已自蹈覆辙,忿愧之情,当可知矣。是岁七月,赴清河就浴于温泉,乘舟下大资河(即太子河),并召大福晋(后妃之意)来,乃至叆阳堡(距沈阳四十里)而死,年六十有八。崇德元年,上尊谥曰:"承天广运,圣德神功,肇纪立极,仁孝武皇帝",庙号"太祖"。康熙元年,改谥曰:"承天广运,圣德神功,肇纪立极,仁孝睿武,弘文定业,高皇帝。"努尔哈赤既死,皇储未定,势各争立,宫廷惨剧,遂以演出。努尔哈赤有子十六,时长子褚英已死,余皆无恙,今以其母妃及年龄,列表如下:

名	生　母	年岁(天命十一年时)	备　考
褚英(一)一作褚燕明人称为红把兔因赐号红巴图鲁而讹者也	元妃佟甲氏名哈哈纳札青	卒年三十六	赐号阿尔哈图土门后译称广略受太祖委政不恤众为诸弟群臣所诉太祖疏之万历四十一年三月作书诅咒事发幽之高墙四十三年死于禁所
代善(二)明人或称为贵永介	佟甲氏	四十四	崇德元年封和硕兄礼亲王顺治五年卒康熙十年追谥烈
阿拜(三)	庶妃兆佳氏	四十二	顺治五年二月卒十年追晋镇国公
汤古岱(四)	庶妃钮祜禄氏	四十二	崇德五年卒顺治时追谥克洁
莽古尔泰(五)	继妃富察氏名衮代	四十	天聪六年暴死九年以生前谋逆追削爵除宗籍
塔拜(六)	庶妃钮祜禄氏	三十八	崇德四年卒顺治十年追谥辅国公
阿巴泰(七)	庶妃伊尔根觉罗氏	三十八	顺治三年卒
皇太极(八)	叶赫纳喇氏名孟古姐姐	三十五	崇德八年卒
巴布泰(九)	庶妃嘉穆瑚觉罗氏名真哥	三十五	顺治十二年卒
德格类(十)	富察氏	三十一	天聪九年卒以生前谋逆追削爵除宗籍
巴布海(十一)	庶妃嘉穆瑚觉罗氏	三十一	崇德八年坐造匿名帖陷害谭泰伏法
阿济格(十二)	大妃乌拉纳喇氏名阿巴亥	二十二	顺治八年坐密谋作乱禁锢未几赐死并除宗籍
赖慕布(十三)	庶妃西林觉罗氏	十六	顺治三年卒
多尔衮(十四)入关时人称为九王	乌拉纳喇氏	十五	顺治八年卒追尊义皇帝庙号成宗未几削夺除籍乾隆四十三年特旨昭雪补谥曰忠
多铎(十五)入关时人称为十王	乌拉纳喇氏	十三	顺治六年病痘卒康熙十年追谥曰通
费扬古(十六)	太宗时获大罪伏法并削宗籍何年何事诸官书均无纪载案清皇室四谱费扬古疑亦继妃富察氏出为莽古尔泰德格类同母弟因盛京满文老档天命五年二月继妃得罪时太祖言大福晋罪无可逭惟念所出三子一女遽失所恃不免心中悲悼大福晋即继妃官书称生二子一女若增费扬古则三子一女情事宛合故恐费扬古之死即为天聪九年十二月莽古尔泰等逆谋之狱所牵也		

努尔哈赤之弟舒儿哈齐之子二:长阿敏,时年四十二岁,次济尔哈朗,时年三十一岁;亦皆随军征讨,历经百战,又握有重兵,足为储位之争者也。努尔哈赤所建立者,为一封建王国,八旗旗主,等于诸侯,共治国政。金汗乃八旗公推之共主,惟有力者可以居之。当时八固山王,以代善、阿敏、莽古尔泰、皇太极势力最大,并为和硕贝勒,国中称代善为大贝勒,阿敏为二贝勒,莽古尔泰为三贝勒,皇太极为四贝勒,皆金国创业之柱石也。努尔哈赤既死,均不免有自立之念,惟迫于对明交战,故不得不暂息内哄耳。皇太极虽以代善父子拥戴而得位,然代善、阿敏、莽古尔泰俱以兄行列座,同受朝拜,不以臣礼待之,则当时政治,亦不过为四大贝勒之合议体而已。《天启实录》袁崇焕疏云:"努尔哈赤死于沈阳,四子与长子争继未定。"又云:"位置未定,并大耦尊。"盖可知矣。据《清实录》所载,皇太极即位以前,尚有遗诏令大福金殉节之一事,是与储位之争,不无关系者也。《实录》云:"太宗之母出自叶赫,福金死后,太祖立乌喇之满大贝勒女为大福金,大福金美丰仪,而心术不端,颇拂太祖意;虽有机巧,皆制于太祖。太祖以己死后,必有扰乱国政之忧,预书遗诸贝勒曰:'我死后,必以为殉。'诸贝勒以遗命告大福金,大福金不愿从死,语颇支吾。诸贝勒坚请之,大福金遂着礼服、饰以金玉珠翠珍宝之物,涕泣谓诸贝勒曰:'吾年十二侍先帝,今二十有六年,何容相离?但吾二子多尔衮、多铎共幼,幸恩养之!'大福金遂殉死。年三十七,与上同殓。殉太祖者,此外有阿济根、德因泽二庶妃。"然就朝鲜记录所载,则谓"努尔哈赤临死时,谓贵永介(即代善)曰:'九王(即多尔衮)当立,而年幼,汝摄位后,可传九王也。'贵永介以嫌疑,遂让洪太氏(即皇太极)"(《日月录》)。又谓"建州虏酋努尔哈赤疽发背死,临死命立世子贵荣介,贵荣介让于其弟弘太始,曰:汝智勇胜于我,汝须代立。弘太始略不辞让而立"(《燃藜室记述》)。故《李朝实录》即谓太宗雄杰,其即位系夺立云。努尔哈赤既欲以所宠纳喇氏之子多尔衮为继承之汗,又焉有遗命杀之之理乎?故乾隆重修《实录》,遂将此事删去,盖为太宗讳也。其时太宗自将两黄旗,代善主正红旗,阿敏主镶蓝旗,莽古尔泰主正蓝旗。其余镶红、正白、镶白三旗,太祖遗命以阿济格、多尔衮、多铎主之,此缘母宠子爱,英雄末年,独眷少子,然三人为同母兄弟,以一母连缀其上,势最雄厚,五固山均觉畏之,太宗乃挟诸贝勒以三人之母身殉,去其总挈之人,可使分析。乘多尔衮、多铎尚未成人,一阿济格不能抗也。多尔衮在顺治时,常称太宗夺位,其事盖信然矣。代善人极蠢懦,不足以统御诸弟,故不敢遽摄汗位;而皇太极之残杀骨肉,亦所以独不及于代善也。

(二) 皇太极之即位

《开国方略》谓:"太祖初未尝有必成帝业之心,亦未尝定建储继立之议,太宗随侍征讨,运筹帷幄,奋武戎行,锄强服叛,所向奏功,诸贝勒皆不能及。又善抚亿众,体恤将士,无论疏戚,皆开诚布公以待之。自国中暨藩服,莫不钦仰。凡遇劲敌,辄躬冒矢石,太祖每谕令勿前;诸贝勒大臣,咸谓圣心默注,爱护独深。天命七年三月,谕分主八旗诸贝勒曰:'尔八人同心谋国,或一人所言,有益于国,七人共赞成之,庶几无失。当择一有才德能受谏者,嗣朕登大位。'十一年八月,庚戌,太祖龙驭上宾,大贝勒代善长子岳托、第三子萨哈璘,告代善曰:'国不可一日无君,宜早定大计,四贝勒才德冠世,深契先帝圣心,众皆悦服,当嗣登大位。'代善曰:'此吾素志也。天人允协,其谁不从?'翌日,代善书其议以示二贝勒阿敏、三贝勒莽古尔泰及诸贝勒,皆曰善。遂合辞请上即位。太宗辞曰:'皇考无立我为君之命,若舍兄而嗣立,既惧弗克善承先志,又惧未能上契天心;且统率群臣,抚绥万姓,其事綦难。'辞至再三,自卯至申,众坚请不已,然后从之。九月庚午朔,太宗率贝勒大臣行九拜礼,告天即位。贝勒大臣同各官朝见。诏以明年为天聪元年。"又《清实录》云:"我国向不解书籍文义,太祖初未尝有必成帝业之心(傅斯年云:"老奴初志,仅欲作边缘自由掠夺之酋耳,三世而鲸吞区夏,岂彼梦想所及?"是已。即皇太极抑何尝有必成帝业之心?不过欲如朝鲜之受明册封耳。而明人靳之,遂致覆亡,冤哉),亦未尝定建储继位之议,后国运渐盛,讲习文义。及太祖称帝,阅汉文及蒙古文书籍,乃知汉之储君曰'皇太子',蒙古之继位者曰'皇台吉'。由是以观,其命名之暗合,盖天意已预定也。"此乃后世文饰之辞,不足凭信。皇台吉为蒙古可汗俺答长子之名,台吉乃太师之转音也,蒙古人爱用之;努尔哈赤亦采用蒙古通用之名,并非所谓"三者默符,天意有属也"。据《太祖武皇帝实录》,努尔哈赤告八固山王云:"继我而为君者,毋令强势之人为之,此等人一为国君,恐依强恃势,获罪于天也。且一人之识见,能及众人之智虑耶?尔八人可为八固山之主,如是同心干国,可无失矣。八固山王尔等中有才德能受谏者,可继我之位。若不纳谏,不遵道,可更择有德者立之。倘易位之时,如不心悦诚服,而有难色者,似此不善之人,难任彼意也!"可见努尔哈赤不但无建储之意,亦且无传子之心,惟以八旗旗主之合议为政体,仍维持部落封建之本色而已。是以旗主对汗王,可以推选亦可以罢免。乃努尔哈赤所明白宣示之制度,代善等合辞推戴,盖亦循此遗命耳。皇太极既即位,欲诸贝勒共循义礼,交相儆戒,乃率诸贝勒及亲族誓告天地曰:"皇天后土,既佑相我皇考,肇立丕基,恢宏大业;今皇考龙驭上宾,我诸兄暨诸弟侄,以家国人民之重,推我为君。惟当敬绍皇考之业,钦承皇考之心,我若不敬兄长,不爱弟侄,不行正道,明知非义之事而故为之,或因弟侄等微有过愆,遽削夺皇考所与户口,天地鉴谴!若敬兄长,爱弟侄,行正道,天地眷佑!"诸贝勒亦誓曰:"我等兄弟子侄,询谋皆同,奉上嗣登大位,宗社式凭,臣民倚赖。如有心怀嫉妒,将不利于上者,当身被显戮。我代善、阿敏、莽古尔泰三人,若不教养其子弟,或加诬害,必自罹凶孽。若我三人好待子弟,而子弟不听父兄之训,有违善道者,天地谴责!如能守盟誓,尽忠良,天地眷佑!我阿巴泰、德格类、济尔哈朗、阿济格、多尔衮、多铎、杜度(褚英长子)、岳托(代善长子)、硕托(代善次子)、萨哈璘(代善三子)、豪格(皇太极长子)等,若背父兄之训,而弗矢忠荩,天地谴责!若一心为国,不怀偏邪,天地皆眷佑焉!"誓毕,皇太极率诸贝勒向代善、阿敏、莽古尔泰三拜,不以臣礼待之。此可见当时授受之实情矣。

第五章　金明之关系与战争(下)(天聪时代)

二十一　金明和议之不成

(一) 袁崇焕之和议政策

宁远之围、觉华岛之破,经略高第、总兵杨麒拥兵不救,明廷闻之,削第、麒职,以王之臣、赵率教代之,而擢崇焕巡抚宁远。由是崇焕意渐骄,疏请移满桂于他镇(《剖肝录》:"总兵满桂初与焕共守宁远,丙寅之役,首主弃城,为崇焕所斥。"《漩声》:"若夫满桂之遣也,桂善逃者也,非善战者也。曩者锦宁之役,其左券也。"),而之臣持不可,以是有隙。朝廷虑其偾事,乃移之臣督关内,而以关外专任崇焕,崇焕知廷臣忌己,乃上疏曰:"陛下以关内外分责二臣,用辽人守辽土,且守且战,且筑且屯,屯种所入,可渐减海运。大要坚壁清野以为体,乘间击瑕以为用。战虽不足,守则有余,守既有余,战无不足。顾勇猛图敌,敌必仇,奋迅立功,众必忌,任劳则必召怨,蒙罪始可有功,怨不深则劳不著,罪不大则功不成,谤书盈箧,毁言日至,从古已然,惟圣明与廷臣终始之!"书上,优旨褒答。初关外四城,延袤二百里,广约四十里,负山距海,屯兵六万,转饷维艰。孙承宗复锦州、中屯、大凌河诸城,开屯田数千顷,兵士足食。自高第代承宗为经略,撤关外守备,而宁远无外障;崇焕数欲乘间修复,以备持久。及闻努尔哈赤之死,因欲借外交政策,为缓兵之计;且欲利用宗教势力,为和议之介绍。于是于天启六年(天命十一年)十月,遣都司傅有爵、田成等三十三人,同五台山喇嘛镏南木座(即李喇嘛,喇嘛为南无之对音,南无即南木也。音读剌摩)致吊,微示修好之意,借以觇其虚实。其奏中所称:"镏南木座久居五台山,有禅行,彼受万历帝御赐之勅书法衣,其人空明解脱,无不畅了。彼世受朝廷之恩,因思有以报皇上,遣田成等偕往奴寨宣谕,观其向背离合之意,以定征讨抚定之计。"(见《两朝从信录》)则崇焕初意,亦不过因吊使以侦察虚实而已。十一月,皇太极遣方吉纳、温塔什偕喇嘛归,以书遗崇焕曰:

> 尔停息干戈,遣李喇嘛等来吊丧,并贺新君即位。既以礼来,我亦当以礼往;故遣官致谢。至两国和好之事,皇考至宁远时,曾致玺书,令尔转达,尚未见答。尔主如答前书,欲两国和好,当以诚信为先,尔亦无事文饰。

崇焕以书中金国与明国并写,不便入奏,故仍付方吉纳、温塔什赍回。

(二) 文书之往还

天聪元年正月,皇太极方用兵于朝鲜,亦欲借和议以羁縻中国,俾得专力南下。复遣方吉纳、温塔什致书于崇焕求和,书曰:

> 吾两国所以搆兵者,因昔日尔辽东、广宁守臣,高视尔主,如在天上,自视其身,如在霄汉,使天生诸国之君,莫得自主,欺藐陵轹,难以容忍,故昭告于天,兴师致讨。惟天不论国之大小,止论理之是非,我国循理而行,故仰蒙鉴佑;尔国违理之处,非止一端,可为尔言之:如癸未年尔国无故兴兵,害我二祖,一也。癸巳年九部侵我,尔国未援,后哈达复侵,又不以一旅相助。己亥年,我出师报哈达,天遂以哈达畀我,尔国乃庇护哈达,逼我释还其人民;及已释还,后为叶赫掠去,尔国则置若罔闻。尔既称为中国,宜秉公持平,乃于我国则不援,于哈达则援之,于叶赫则听之,偏私至此,二也。尔虽启衅,我犹欲修好,故于戊申年,勒碑边界,刑白马乌牛,誓告天地,云两国之人,毋越疆圉,违者殛之。乃癸丑年尔国以卫助叶赫,发兵出边,三也。又曾云:"凡有越边者,见而不杀,殃必及之。"后尔国之人,潜出边境,扰

我疆域,我遵前誓诛之,尔乃谓我擅杀,缧系我使臣,索我十人杀之边境,以逞报复,四也。尔以兵卫助叶赫,使我国已聘叶赫之女,改适蒙古,五也。尔又发兵焚我累世守边庐舍,扰我耕耨,不令收获,且移置界碑于沿边三十里外,夺我疆土,其间人参貂皮,五谷财用产焉。我民所赖以为生者,攘而有之,六也。甲寅年,尔国听信叶赫,遂遣使遗书,种种恶言,肆行侮慢,七也。我之大恨,有此七端,至于小忿,何可悉数?陵逼已甚,用是兴师。今尔若以我为是,欲修两国之好,当以黄金十万两、银百万两、缎百万匹、毛青梭布千万匹,为和好之礼。既和之后,两国往来通使,每岁我国以东珠十颗、貂皮千张、人参千斤馈尔,尔国以黄金一万两、银十万两、缎十万匹、布三十万匹报我。两国诚如约修好,则当誓诸天地,永矢勿渝。尔即以此言转达尔主,不然,是尔仍愿兵戈之事也。

三月,方吉纳、温塔什还,偕明使杜明忠等,带袁崇焕、李喇嘛书各一函至,袁书曰:

辽东提督部院,致书于汗帐下:再辱书教,知汗渐欲恭顺天朝,息兵戈以休养部落,即此一念好生,天自鉴之,将来所以佑汗而昌大之者,尚无量也!往事七宗,汗家抱为长恨者,不佞宁忍听之漠漠?但追思往事,穷究根原,因我之边境细人,与汗家之部落,口舌争竞,致启祸端。作孽之人,即逭人刑,难逃天怒,不佞不必枚举,而汗亦所必知也。今欲一一辨晰,恐难问之九原,不佞非但欲我国家忘之,且欲汗共忘之也。然汗家十年苦战,皆为此七宗,不佞可无一言乎?今南关、北关安在?辽河东西死者,宁止十人?仳离者,宁止一老女?辽沈界内之人民,已不能保,宁问田禾?是汗之怨已雪,而意得志满之日也。惟此极惨痛之事,我天朝难消受耳。今若修好,则城池地方,作何退出?官生男妇,作何送还?是在汗之仁明慈惠、敬天爱人耳。天道无私,人情忌满,是非曲直,原自昭然,各有良心,偏私不得。一念杀机,起世上无穷劫运;一念生机,开后来许多吉祥。不佞又愿汗熟思之也。来书所开诸物,以中国之财用广大,亦宁靳此?然往牒不载,多取违天,亦汗所当裁酌也。方以一介往来,又称兵于朝鲜,何故?我文武官遂疑汗之言不由衷也。兵未回,即撤回,已回,勿再往;以明汗之盛德。息止刀兵,将前后事情,讲析明白。往来书札,无取动气之言,恐不便奏闻。若信使往来,皇上已知之矣,我皇上明见万里,仁育八荒,惟汗坚意修好,再通信使,则懔简书以料理边情,有边疆之臣在,汗勿忧美意之不上闻也!汗更有以教我乎?为望!

李喇嘛书云:

上年袁巡抚念先汗盛德,遣我上纸,承汗及各王子供养美馔,并赠礼物;又遣官远送,我铭刻五内。至宁远备述,袁巡抚甚喜,因书函外面字样,未经开看。至第三次换来,见书中有仍愿兵戈一语,恐朝廷不喜;未曾转奏。想汗及各王子具有福智,心地明白,我佛教慈悲为体,方便为用,须要救济众生,消除嗔恨,以成正果。我佛家弟子,难行处能行,难忍处能忍,解度为体,劝化为用。我佛祖留下法门,有欢喜,无烦恼,只有慈悲话,更无嗔恨损物。若汗说七宗恼恨,固是往因,然天道不爽,再一说明,便可放下。袁巡抚是活佛出世,有理没理,他心下自分明。所说河东地方人民诸事,汗当斟酌,良辰易遇,善人难逢,有我与王喇嘛在此,随缘解说,事到不差。愿汗与各王子,放得下,放下了;难舍者,亦舍。佛说:“苦海无边,回头是岸!”干戈早息,即是极乐。种种譬喻,无非演我如来大乘慈悲至教也。

皇太极遣杜明忠还,因答书如下:

观来书,以事属既往,欲我消释七恨。尔先世君臣,欺陵我国,召怨积衅,致起干戈。我念战争不息,生民何辜,故遣使同李喇嘛致书于尔,使两国是非晓然,以修和好,我若犹怀七恨,欲相攻伐,则前此遣使,亦何为哉?来书乃云:“今若修好,则城池地方,作何退出?官生男妇,作何送还?是在汗之仁明慈惠、敬天爱人。”夫理直在我,蒙天垂佑,赐其城池官民,今曰退还,是不愿讲和,有意激我之怒也。我国敬天爱人,久为远近稔知,尔国土地人民归我之后,悉已奠定安集,若举以还尔,是违天而弃人矣。又云:“方以一介往来,又称兵于朝鲜,何故?遂疑汗之言不由衷也。”夫我岂无故而征朝鲜乎?庚子年,我兵东征,收我边境属国,师旋时,朝鲜以兵阻我,我军击败之,亦未尝因此宿怨也。其后乌拉贝勒布占泰伐取其城邑,朝鲜以布占泰属我姻戚,遣使求为劝阻,遂谕令罢兵。乃朝鲜忘我大德,于己未岁无故称兵,旋即败去,所俘将士,寻亦解回,冀仍修好。而朝鲜无一好言相报,反自尊大,肆言轻我;又纳我亡人,自始至终,与我为难。我犹迟之数年,彼卒不悔罪求和,我乃兴师。惟天意是我,故所至克捷。今天诱其衷,已和好矣。然自李喇嘛通使以来,我亦未尝有不征朝鲜之说也。有何言不由衷,而尔疑之?尔诡言修好,仍遣哨卒侦视我地,收纳逃亡,逼处近界,修葺城堡,是尔之言不由衷也。我国将帅,实以此疑尔矣。……来书云“先开诸物,所当酌裁”,夫讲信修睦,借金帛等物,以成礼耳。我岂贪多而利此?设尔国力有不支,则初和之礼,可酌减其半,我国亦以东珠、人参、貂狐皮等物报之。既和以后,两国往来之礼,则仍如前议,若如此定约修好,永息兵争,两国之福也。至尔等于我,实渐加轻慢,前来书尊尔皇帝如天;李喇嘛书,以我邻国之君,列于尔诸臣之下,如此尊卑倒置皆尔等私心。夫人君者,代天理物,上天之子也;人臣者,听命于君者也。今以小加大,贱妨贵,于分安乎?我揆以义理,书中将尔明国皇帝,下天一字,书我下尔明国皇帝一字,书尔明国诸臣,下我一字,以后当照此式写。若以尔国诸臣,与我并书,我必不受也。

又致李喇嘛书,亦颇重要,录之如下:

观来书,以佛门弟子,为介绍之人,欲成两国和好,尔喇嘛颇通道理,明哲人也。我两国是非洞然明白,曲在我,则规我;曲在彼,则规彼;宜无偏袒之心,故我以衷言相告。自古以来,或兴或废,何代无之?焉可枚举?如大辽天祚,无故欲害金太祖而兵起;大金章宗,无故欲害元太祖而兵起;万历无故侵陵我国,偏护叶赫,而我两国之兵起。我师既克广宁,诸贝勒将帅,咸请进山海关,我皇考以昔日辽、金、元不居其国,入处汉地,易世以后,皆成汉俗。因欲听汉人居山海关以西,我仍居辽河以东。满汉各自为国,故未入关,引军而还。彼时意汉人或来议和也。迟之四载,明人乘间修葺宁远,伺隙搆兵,我因出师以攻宁远,时适严寒,兵士劳苦,用即班师。及皇考升遐,尔喇嘛来吊,意谓:此天欲我两国和好矣。故具书议和,遣官偕往。又以书式不合,封还至再。今尔喇嘛又云:"有仍欲兵戈一语,难以转奏。"夫我以衷言致书,明国皇帝亦以书报我,彼此通达明析,则和好可成。若顺从彼意,不使直吐衷情,欲议和好,得乎?袁巡抚来书,欲将天赐我之城池官民退还;尔喇嘛亦轻听其语,劝我舍而还之,又将袁巡抚书于上,邻国之君书于下,强相陵制,是不欲成两国之好也。袁巡抚书云:"所开各物,往牒不载,多取违天。"昔辽金之与宋,取予且有成例,和于蒙古取于明,亦定规也。此皆天所赐也。来书又云:"良辰易遇,善人难逢。"我因尔喇嘛以修好,其意甚善,即遣使相报。若不以尔为善人,何遣使往来,不惮烦乎?又云:"苦海无边,回头是岸。"此言是也。然向我言之,亦当向明国皇帝言之,若肯回头,共臻极乐,岂不甚善。尔喇嘛既深通佛教,明达道理,何独向我喋喋耶?

又与袁崇焕书曰:

顷报尔之书,已经缮毕,方欲遣使,会尔国两次有人逃来,言尔修筑塔山、大凌河、锦州等城;又察哈尔使臣至,所云亦然。因是停止遣使,即将报书付尔使者杜明忠赍回,兹因筑城之故,再为尔言之。若果两国议和,先须分定疆域,以何地为尔国界,何地为我国界,各自料理。今尔遣使议和,又修葺城垣,潜图侵逼;得毋以前宁远据守攻之未堕,自以为得志,诈称和好,乘间葺城,为战守计乎?不愿太平,而愿争战,恐非善事!尔纵能保守一二城,他处之城,及田亩禾黍,能尽保耶?倘战争不息,蒙天眷佑,我师长驱而入;天以燕京与我,尔主南奔,身败名裂,为何如也?自古以来,尔等文臣,如妇女之在闺中,徒为大言,以致丧师殃民,社稷倾覆。从前尔国任用非人,故河东河西之地尽失,兵将俱亡。今尚以为未足戒,而欲动兵戈耶?

(三) 和议之相左

皇太极既与袁崇焕议和,使命往复,乃各主张己国之权利,互相要求,以为条件。今据上述之外交文书,条其大要如下:

甲、皇太极所要求之条件:

(一) 偿金及岁币　明廷当以金十万两、银百万两、缎百万匹、布千万匹,为修好之礼。既和之后,明每岁当纳金一万两、银十万两、缎十万匹、布三十万匹,而金国亦以东珠十颗、貂皮千张、人参千斤相馈。若明力不足,则和好之礼,可减其半。

(二) 分定国界　山海关以内归明,辽河以东归金,凡辽西地方所有城堡,明人不得加以修葺。

(三) 修正国书格式　凡两国通问书式,明皇帝不得与天并列,而明诸臣亦不得与金帝并列,各当递降一格。

乙、袁崇焕所要求之条件:

(一) 辽东之付还　金汗当将已经占领之辽东地方,及所俘获之官民男妇等,酌议付还。

(二) 撤攻朝鲜之兵　金汗当撤回征伐朝鲜之兵,并约以后不得再用兵该国。

皇太极数次致书,崇焕亦遣使相报;顾各主其是,不相容纳;其条件之径庭,吾人皆可谓其“言不由衷”也。金方用兵于朝鲜,又当大丧之后,且慑于崇焕之威力,未敢轻动。崇焕欲修诸城守备,以备持久;皆欲借此以为和缓之计。此种无诚意之和议,当可料其终必破裂,特金汗以内外关系,其求和之心,或较崇焕为稍强耳。崇焕遣使致吊,意在窥探实情,当时经略王之臣已痛劾此举,言:“予尝面晤喇嘛于山海关,果前知有此举,予必阻止之,和议断不可许。观彼等蒙古人所赍文书,自曰大金国,年号称天命。徒执和议者,此陷于宋人自愚自误之弊者也。”明人之对边政策,每鉴于宋之覆辙,始终不肯言和;即后之内地深入,京城危急,处此困难之境,而尤以和议为可耻。故崇焕虽有是意,而不敢为是言;朝臣虽有是谋,亦不敢为是议,习于自大,目建夷为小丑,王之臣所谓“陷于宋人自愚自误之弊”,直可代表明末朝廷之一般心理也。旋明召之臣还朝,罢经略不设,以关内外尽属崇焕。及和议闻,朝旨以为非计,数相戒谕。崇焕虽持之甚坚,然两国之意见复相左,不得要领,乃汲汲修诸城守备。时金国征朝鲜之师,所至克捷,举国乞降,以天聪元年四月凯旋。自是形势又一变,和议遂以破裂。

二十二　皇太极之侵略与袁崇焕之罢诛

(一) 宁锦大捷

金国既下朝鲜,结兄弟之约;而于毛文龙所据之皮岛(在鸭绿江东),今乃知其实力之大略,于是谋大举以攻明。天聪元年五月,皇太极亲率两黄旗两白旗诸军,直趋大凌河,守城兵遁。时明人修筑锦州大小凌河等城,惟锦州修缮已毕,总兵赵率教将兵三万守之,遂进围其城。会明太监纪用与二使至,皇太极乃谓之曰:“欲降则降,欲战则战,尔太监可出城面陈衷曲。我每以尔国边臣平日欺我之情,无由自白,欲见尔太监言之,俾转达尔主。即攻拔尔城,亦决不诛尔太监,或恐我兵误加伤害,可自立号记,别居他所。”遂命还,与以书言和议事。更整理攻具,攻城西隅;三面守兵集援,火炮矢石齐下,金军败退五里而营。皇太极复调取沈阳兵,更欲明太监纪用来议和,遣使三往,其使乃来言:欲往锦州面议。遂命绥占刘兴治(副将刘兴祚之弟)往,至则闭城不纳。翼日,城中遣守备一,千总一,来言昨因夜晦,未便开城,今可于日间来议;所需之物,自当先与,至和好之事,候退兵后奏知朝廷再议。于是复命绥占刘兴治往,又不令入城。赵率教立城上言曰:"胜败岂有常乎?总之听天而已。"皇太极因其使以答之曰:"若尔果勇猛,何不出城决战?乃如野獾入穴,藏匿首尾,狂嗥自得,以为莫能谁何,不知猎人锹镢一加,如探囊中物耳。想尔闻有援兵,故出此大言,夫援兵之来,我亦闻之矣,我今驻军于此,岂仅为围此一城,正欲俟尔国援兵,皆聚而歼之,不烦再举耳。"时袁崇焕遣使潜赴锦州,与纪用书谓:"调集水师援兵六七万,将出山海,蓟州、宣府兵亦至前屯,中后所兵俱至宁远,各处蒙古兵已至楼台山,我即日进兵锦州;城中火器俱备,兵马甚多,加意防守,何能攻克?"适为金军所获,尽得其情。皇太极既攻锦州不克,乃移兵进薄宁远,军城北冈。明总兵满桂军及密云兵出宁远城东二里,列阵于南,沿城环列枪炮。金军以逼近城垣,即攻亦难为力,佯退诱之,明兵坚垒不动。皇太极欲进击,代善、阿敏、莽古尔泰皆以距城近力阻。皇太极曰:"昔皇考攻宁远不克,我今攻锦州又未克,若遇此野战之兵,尚不能胜,其何以张我国威耶?"乃进击,破城外骑兵,而进薄城壁,为守将满桂以葡萄牙炮(红夷大炮)击破之,金军死伤甚多,济尔哈朗、萨哈璘皆被创。袁崇焕奏捷所谓:"十年来尽天下之兵,未尝敢与奴合马交锋,即臣去年,亦自城上而下攻。自今始一刀一枪,下而拼命,不顾夷之凶狠剽悍;臣复凭堞大呼,分路进追,诸军忿恨,誓一战以挫此贼。此皆将军满桂之功居多。"亦可见其致胜之大略焉。皇太极攻城不下,野战不克,复回攻锦州,濠广不得进,士卒死伤颇多;乃毁大小凌河二城而还。时称"宁锦大捷"。

(二) 崇焕之起复

宁锦大捷,为从来边疆未有之功,实足挫金人锐进之气。魏源所谓:"清自起兵,明军望风溃窜,无敢议战守,议战守自崇焕始。"信然!魏忠贤犹使其党论崇焕不救锦州为暮气,崇焕力乞退,以王之臣代之,复议撤锦州,专守宁远。未几,熹宗崩,由检即位,忠贤伏诛,廷臣争请召崇焕。崇祯元年,崇焕复起视师,建议:"恢复之计,不外臣昔年以辽人守辽土,以辽土养辽人。野战既非所长,惟有凭坚城,用大炮一策。守为正着,战为奇着,和为旁着,法在渐不在骤,在实不在虚。”且言:“愿假便宜,计五年全辽可复。”崇焕既之任,复遣使议和于金,皇太极答以辽东土地天授,不可还;惟易尊号称汗,不用国宝,明当造印以赐,议仍未决。当是时毛文龙以总兵设镇皮岛,自天命以来,数侵扰辽东,为金后患。然短于将略,战辄不利,岁糜巨饷;前后章奏,多虚张失实,又桀骜自用。崇焕恐其跋扈难制,甫受事,即欲诛之。然崇焕亦终以擅杀大将故,致见疑于明廷云。

(三) 毛文龙之被杀

毛文龙仁和(今浙江省治)人,以都司援朝鲜,逗留辽东,辽东失,逃遁海隅,数以兵侵鸭绿江,掣建州之肘。天启元年(天命六年)七月,以镇江城中军陈良策之潜约,往执守将佟养正,而汤站、险山二堡民,亦执守将,叛投文龙。努尔哈赤命移镇江沿海居民于内地,迁金州民于复州以避其侵略。时广宁巡抚王化贞得镇江捷报,目为奇功;而朝臣亦以祖化贞,遂授文龙为总兵,累加至左都督,挂将印,赐尚方剑,设军镇皮岛(在铁山西南海中,原称椵岛。椵,朝鲜音皮,遂称皮岛)。皮岛亦谓之东江,在鸭绿江口,绵亘八十里,不生草木,北岸海面八十里,即抵满洲界,其东北海则朝鲜也。岛上兵本河东(指辽河以东)民,天启元年,河东失,民多逃往岛中。文龙笼络其民为兵,分布哨船,联接登州,以为犄角计。岛事自此始。天启三年五月,文龙令游击三人,引兵沿鸭绿江越长白山扰金属之辉发地,为金军所败。四年,遣兵越摩天岭,侵鞍山驿,为金守将巴布泰所败,游击李良美被擒。天启六年(天命十一年)五月,又遣兵出浑河流域,袭萨尔浒城,乘夜攻南门,未克而退。文龙屡出建州之背,虽虚功縻饷,不足成事;然为金酋后顾之忧,故亦颇足掣其肘。当时努尔哈赤移书文龙,有云:“伊尹去夏,太公归周,天亡南朝,将军岂得救之耶?佟驸马与辽东、广宁诸将,皆得自阵上,今皆显官;将军若来,又非他将比。”亦可见其有所惮于文龙,而愿致之降矣。文龙在岛中,强收商船通行税,又开市场而收货物税,又使避难之人登陆,以采取人参,获女真幼童,冒为阵上之功:此皆可纪之事实。岛中户口约四万余,文龙一面请饷于明,一面追饷于朝鲜,朝鲜亦视为犄角。天聪元年,皇太极命阿敏等征朝鲜,谓之曰:"朝鲜屡世获罪,我理宜声讨;然此行非专征朝鲜也,明毛文龙近彼海岛,倚恃之以披倡,纳我叛民,怒而遣兵,可两图也。"金军既克义州,破文龙兵于铁山(朝鲜义州南),文龙遁归岛中。文龙出兵屡败,而糜饷甚多,朝廷亦颇厌倦之。又在岛中广招商贾,贩易禁物,名济朝鲜,实阑出塞外。无事则鬻参贩布,有事亦罕得其用,言官时有劾之者,兵部议不可。袁崇焕督师关外,尝疏请部臣理饷,文龙恶文臣监制,抗疏驳之,崇焕不悦。及文龙来谒,接以宾礼,文龙不让,崇焕益恶之。遂以阅兵为名,泛海抵双岛,文龙来会,崇焕与相燕饮,每至夜分,文龙不觉也。崇焕议更营制、设监司,文龙怫然。崇焕以归乡动之,文龙曰:"向有此意,但惟我知东事。东事毕,朝鲜衰弱,可袭而有也。"崇焕益不悦。邀文龙观将士校射,先设幄山上,令参将谢尚政等伏甲士幄外。文龙至,其部卒不得入。崇焕曰:"予诘朝行,公当海外重寄,受予一拜。"交拜毕,登山。谢参将暗传号令,各营兵四面楞围,文龙随行官百余员俱在围内,崇焕问从官姓名,多毛姓。文龙曰:"此皆敝户的小孙。"崇焕笑。因曰:"尔等积劳海外,月米止一斛,言之痛心,亦受予一拜,为国家尽力!"众皆感泣顿首谢。崇焕因诘文龙违令数事,文龙抗辩,崇焕厉色叱之,命去冠带絷缚,文龙犹倔强。崇焕曰:"尔有十二斩罪,知之乎?祖制:大将在外,必命文臣监,尔专制一方,兵马钱粮,不受核,一当斩。人臣之罪,莫大欺君,尔奏报尽欺罔,杀降人、难民冒功,二当斩。人臣无将,将则必诛,尔奏有'牧马登州,取南京如反掌'语,大逆不道,三当斩。每岁饷银数十万,不以给兵,月止散米三斗有半,侵盗军粮,四当斩。擅开马市于皮岛,私通外番,五当斩。部众数千人,悉冒己姓,副将以下,滥给札付,走卒舆夫尽金绯,六当斩。自宁远还,剽掠商船,自为盗贼,七当斩。强取民间子女,不知纪极,部下效尤,人不安室,八当斩。驱难民远窃人参,不从则饿死,岛上白骨如莽,九当斩。辇金京师,拜魏忠贤为父,塑冕旒像于岛中,十当斩。铁山之败,丧军无算,掩败为功,十一当斩。开镇八年,不能复寸土,观望养敌,十二当斩。"数毕,文龙丧魂魄不能言,但叩头乞免。崇焕召谕其部将曰:"文龙罪状当斩否?"皆惶怖唯唯。中有称文龙数年劳苦者,崇焕叱之曰:"文龙一布衣耳,官极品,满门封荫,已足酬劳,何悖逆如是?”乃顿首请旨曰:“臣今诛文龙,以肃军;诸将中有若文龙者,悉诛。臣不能成功,皇上亦以诛文龙者诛臣。”遂取尚方剑斩之帐前。乃出谕其将士曰:“诛止文龙,余无罪。”当是时,文龙麾下健校悍卒数万,惮崇焕威,无一敢动者。于是命官殓文龙,明日,具牲醴拜奠曰:昨斩尔,朝廷大法;今祭尔,僚友私情。”为下泪。乃分其卒二万八千为四协,以文龙子承祚、副将陈继盛、参将徐敷奏、游击刘兴祚主之。收文龙敕印尚方剑,令继盛代掌。犒赏军士,檄抚诸岛,尽除文龙虐政。还镇,以其状上闻,末言:“文龙大将,非臣得擅诛,谨席藁待罪。”时崇祯二年五月,而天聪三年也。明帝骤闻,意殊骇,念既死,且方倚崇焕,乃优旨褒答。既而传谕暴文龙罪,以安崇焕心。

(四) 金军之初次入塞

时皇太极以辽西有备,憎崇焕殊甚,乃议取道蒙古,拊直隶之背。天聪三年六月,皇太极谓贝勒大臣曰:“明若许和,共享太平,则我国采参开矿,与之交易;若乐于用兵,则我国所少者,不过段帛等物;果竭力耕织,以裕衣食之源,即不得段帛,亦何伤哉?我屡欲和而彼不从,定当西征,令蒙古、科尔沁、喀尔喀、扎噜特、敖汉、柰曼诸国,合师并举。”十月,皇太极亲率师启行,以喀喇沁台吉布尔哈图为向导,至辽河,议先征明(先是,皇太极集诸贝勒大臣暨外藩蒙古贝勒台吉等曰:“明国屡背盟誓,蒙古察哈尔暴虐无道,伐宜何先?”有谓人马劳苦,宜退兵者;有谓兵力已集,宜征明者。皇太极以征明之议为是)。遂向明境进发。五日,至喀喇沁之青城。代善、莽古尔泰以“深入敌境,劳师袭远,若粮匮马疲,何以为归计?纵得入边,而明人会各路兵环攻,则众寡不敌,倘从后堵截,恐无归路。”遂密议班师。岳托济尔哈朗等皆力劝皇太极进取,遂命管旗八大臣往与代善,莽古尔泰议,夜半始定。乃颁谕曰:“予仰承天命,兴师伐明,迎战者不得不诛,若归降者,虽鸡豚勿侵扰。俘获之人,勿离散其父子夫妇,毋淫人妇女,毋掠人衣服,毋拆庐舍祠宇,毋毁器皿,毋伐果木,毋违令杀降。淫妇女者斩,毁庐舍祠宇、伐果木、掠衣服,及离大纛入村落私掠者,鞭一百。又勿食明人熟食,勿酗酒。闻山海关内多有鸩毒,更宜谨慎。马或羸瘦,可煮豆饲之,肥者只宜秣草。凡采取柴草,须聚集众人,以一人为首;有离众驰往者,拿究。如有故违军令者,与不行严禁之管旗大臣,及领队各官,并治罪弗贷。"自青城行四日,次老河,命济尔哈朗、岳托率右翼四旗,及右翼诸部蒙古兵攻大安口;阿巴泰、阿济格率左翼四旗,及左翼诸部蒙古兵攻龙井关;皇太极亲率师向洪山口进发;先后攻克之,遂逾边墙,而进薄遵化。明总兵赵率教以四千来援,掩击败之,率教为阿济格所杀。巡抚王元雅凭城固守,金军劝降,不从,四面围攻之,克其城,元雅入署自经死。明帝命蓟辽总督刘策控石门,防金军西轶,而金军已趋蓟州,遂越三河,略顺义,至通州,渡河,驻营城北,旋进军牧马厂,距燕京约二十里。厂南五里许,有牧马圉,围降之,更营于燕京城北土城关之东。明总兵满桂、侯世禄等,俱集德胜门,与金军相拒。城上发炮助战,误伤桂军,桂亦负伤,入城休战。金军移屯南苑。会袁崇焕与锦州总兵祖大寿等自山海关兼程入援,督诸路勤王军营广渠门外,皇太极轻骑巡视曰:"路隘且险,若伤我军士,虽胜不足多也。"众请攻城,皇太极曰:"仰承天眷,攻城必克,倘失良将,虽得何喜。予视将卒如子,尝闻语云:'子贤,父母虽无积蓄,终能成立;子不肖,虽有积蓄,不能守也。'此时正当善抚我军,蓄养精锐耳。"遂止弗攻。

(五)皇太极之反间计

先是,崇焕疏筹全局谓:"臣身在辽,辽无足虑,惟蓟门单弱,敌所窃窥,请严饬蓟督峻防固御。"一疏不省,再三疏之,迁延不行,至是果如其言。崇焕闻警入援,驰至蓟州,与敌相持于马升桥,清军不意袁师骤至,相视骇眙,乃宵遁,疾趋而西,直犯京师。崇焕心焚血注,愤不顾死,士不传餐,马不再秣,由间道飞抵郊外,两昼夜疾行三百余里。敌军初在高密店遇侦,咸大失色,诧以为袁督师之兵,自天而降。崇焕转战广渠门外,自辰达申,却敌十余里,追北至运河,金兵相谓十五年来未尝有此劲敌。皇太极知崇焕不去,则明事未可图也;遂设反间,以密计授副将高鸿中,参将鲍承先,使坐近所获明太监二人,故作耳语曰:"今日撤兵,乃上计也。顷见上单骑向敌,敌有二人来见上,语良久,乃去。意袁巡抚有密约,此事可立就矣。”时杨太监者,佯卧,窃听之,金阴纵之归,杨太监乃以所闻之言告明帝。时燕京遭兵,都人谓崇焕纵敌,怨谤纷起。朝士亦以其前主和议,诬其引敌胁和,将为城下之盟。明帝由检,前闻崇焕擅杀毛文龙,即疑其有异志,及是,谤言日至,即召崇焕入城,下之狱。祖大寿大惊,率所部奔锦州,毁山海关而出。崇祯三年(即天聪四年)七月,磔崇焕于市,籍其家。兹录兵部尚书梁廷栋请斩崇焕与徐敷奏、张斌良之疏,亦可见其致祸之原由已:

太子少保、兵部尚书臣梁等谨题:为大法未伸,奸谋益炽,内应不绝,外变转生;恳乞圣明,立奋乾断,以定封疆大计事……概自逆奴入犯,八阅月于此矣!大创未闻,狡谋叵测,乃忽以求款嫚书,明相愚弄者;无他,以斩将主和之袁崇焕尚在系也。崇焕身拘狴犴,防范颇严,何以线索如神,呼吸必应?则以同谋斩将之徐敷奏、张斌良方在事也。敷奏系京师小唱,夤缘崇焕之门,为加衔裨将,奉差私带难民,为毛文龙所参,奉旨处斩。时敷奏适在宁远围城中,崇焕以城守名邑,抗旨宥而用之;而敷奏恨文龙入骨矣。迨夫逆酋以纳款愚崇焕,而必杀文龙以取信;崇焕以碍款图文龙,而遂引敷奏为主谋。……又有张斌良其人者,……劫贾、杀降、冒躐副将,与徐敷奏并力而图文龙。文龙既诛,崇焕手捧元宝彩币,四拜谢之。……一切东江更置,悉听敷奏。……敷奏、斌良之势愈重,而两人之奸愈不可方物矣。斌良又奉崇焕密谕,搜皮岛貂参辎重,以百万计,捆载而西,仍以修舱为名,驾兵船由海上运津门,以转运于家,万目所共睹也。斌良未回,而奴骑突入,〔关〕门已越,城下难盟。皇上赫然震怒,敕拿崇焕,而敷奏、斌良等胆碎魄夺,阴怀挺险之谋矣。斌良舣舟津岸,摆渡眠桅,若明招虏马南下者。……其通奴奸计,路人已知之矣。……一旅舟师,扬帆径渡,登莱旅顺,在在可虞。况敷奏司关门之旗鼓,斌良作津门之向导,而永平薙发叛臣张一庆等,又皆先自海外逃回,踪迹诡秘,线索灵通,可不问而知也。内外呼应,情状彰彰,可不亟图决计哉?即今戎马在郊,皇上或不欲轻遣缇骑,以惊关门诸将之耳目;何不密降手敕,令枢以同谋斩将，正敷奏、斌良罪，立斩军前？仍以专杀文龙正崇焕罪，立付西市，且不必言为款为叛，致奸计挑激有所借口，则逆奴之谋既诎，辽人之心亦安。一举万当，又奚惑焉？

崇焕既死，人心大快；盖以燕都兵燹之祸，多谓崇焕纵敌也。而纪者亦但以崇焕功高，杀之太过；而不知其枉。至清人修《明史》，本《太宗实录》为崇焕传，其故始白。近人《中国近世秘史》有评崇焕者曰："以叔季衰亡之国，撄犬羊暴起之众，自有历史以来，未有能取胜者，能取胜自督师始。且不徒取胜而已，实足制敌死命而无难，是中经营惨淡，殆非寻常英雄所能胜任。夫知敌所长而避之，侦敌所短而乘之，难矣；然犹非至难也。大败之后，人无固志，胡尘乍起，望风而逃，于此而欲振作士气，俾将卒去其畏敌之心，起其灭敌之望，宁非难中之至难者哉？以此而论督师，殆天人不可及欤！"而梁任公为《袁督师传》亦论曰："使督师以前而有督师其人者，则满洲军将不能越辽河一步，使督师以后而能有督师其人者，则满洲军犹不能越榆关一步，故袁督师一日不去，则满洲万不能得志于中国，清军之处心积虑以谋督师，宜也。而独怪乎明之朝廷自坏长城，为敌复仇，以快群小一日之意见，而与之俱尽。古今冤狱虽多，语其关系之重大，殆未有袁督师若者也。"是则明廷不啻为清室驱除矣。

〔附言〕　崇焕冤死之事实，当时为之建白者：给事中钱家修请以身代；布衣程本直诣阙抗疏，愿与俱死；罗万寿以申辩得罪；关外将吏士民日诣督辅孙承宗所号哭雪冤愿以身代者未尝绝。而本直之《白冤疏》及《漩声》，余大成之《剖肝录》，记被冤本末，言尤痛切。《白冤疏》有云："诸路援兵，器不坚利，望敌即逃，徒寒军心，故分之则可壮声援，合之未必可以作敌忾也。况夫回尤世威于昌平，陵寝巩固；退侯世禄于三河，蓟有后应。京营素不习练，易为摇撼，以满桂边兵，据护京城，万一可保无虞，此崇焕千回万转之苦心也。以之罪崇焕曰散遣援兵，不令堵截，冤哉！至谓其逗遛城下，不肯尽力者，尤为可痛！痛自敌人越蓟入京，崇焕心焚胆裂，飞抵郊外，士马疲敝，请休息城中,未蒙俞允,出营广渠门外,两相鏖战,崇焕躬环甲胄,以督后劲,血战殊劳,辽事以来所未多有。又舍广渠门而攻左安门,亦时有杀伤。惟是由蓟趋京,两昼夜疾行三百里,随行营仅得马兵九千,步兵不能兼进,以故专俟步兵调到,随地安营,然后尽力死战。初二初三计程可至,不期初一日再蒙皇上召对,崇焕奉有拿禁之旨矣!时未旬日,经战两阵,逗遛乎?非逗遛乎?可不问而明矣!总之,崇焕恃恩太过,任事太烦,而抱心太热,平日任劳任怨,既所不辞,今日来谤来疑,宜其自取。独念崇焕就执,将士惊惶,彻夜号啼,莫知所处,而城头炮石乱打多兵,骂詈之言,骇人闻听,遂以万余精锐,一溃而散。夫此关宁数万之众,实皇上竭天下之物力养之千日,用之一朝者也。今日因群疑而执崇焕,执崇焕而轻弃数万习战敢死屡用屡效之精锐,遂使敌骑纵横,今日陷良乡,明日陷固安,虽援兵云集,谁复抗之?此非群疑之误,实敌间之密成,亦非崇焕之蒙冤,实天之不悔祸也。”《溉声》有云:“客亦闻敌人发难以来,亦有攻而不下,战而不克者否?曰未也。客亦知乎有宁远丙寅之围,而后中国知所以守,有锦州丁卯之功,而后中国知所以战也否也?曰然也。今日滦之复、遵之复、永之复也,谁兵也?辽兵也。谁马也?辽马也。自崇焕未莅辽以前,辽亦有是兵也有是马也否也?……崇焕十载边臣,屡经战守,独提一旅,挺出严关,迄今山海而外,一里之草莱,崇焕手辟之也;一城之垒,一堡之堞,崇焕手筑之也。试问自有辽事以来,谁不望敌数百里而逃,弃城于数千里而遁,敢与敌人画地而守,对垒而战,翻使此敌望而逃弃而遁者,舍崇焕其谁属也!”《剖肝录》有云:“辅臣温体仁,毛文龙乡人也,衔焕杀文龙,每思有以报之。适枢臣梁廷栋曾与焕共事于辽,亦有私隙,二人从中持其事,焕由是得罪。时有中官在围城之中,思旦夕解围,咎焕不即战,而中官勋戚有庄店邱墓在城外者痛其蹂躏,咸谓焕玩兵养敌。流言日布,加以叛逆。会总兵满桂初与焕共守宁远,丙寅之役,首主弃城,为焕所叱,至是入援,令其部曲大掠近郊,皆伪称袁兵,以鼓众怨。后因败入甕城,浸润中官,乘机谮之,上遂不能无疑焉。……诸廷臣持焕者,十之三,而心悯其冤者十之七,特以所坐甚大,且惮于体仁与栋,未敢救。……寿(祖大寿)果率所部逃出关外,报入,栋惧甚。……余大成奏曰:'寿非敢背反朝廷也,特因崇焕而惧罪耳。欲召还寿,非得崇焕手书不可。'……时阁部九卿皆往狱所道意……焕因手草蜡书,语极诚恳。至则寿去锦州一日矣。驰骑追及,即遥道来意,寿命立马待之,骑出书,寿下马捧泣,一军尽哭,然殊未有还意。寿母在军中,时年八十余矣,问众何为?寿告以故。母曰:'所以致此,为失督师耳,今未死,何不立功为赎,后从主上乞督师命耶?'军中皆踊跃,即日回兵入关,收复永平、遵化一带地方。上初甚疑焕,及闻所复地方皆辽兵之力,复欲用焕于辽,又有守辽非蛮子不可之语,颇闻外廷。仁与栋大惧,遂借杀毛文龙、市米二事为辽资敌私通反迹,复援辽将谢尚政饵以节钺,令揭证焕,栋再疏持之,体仁前后五疏,力请杀焕。……旧额东江岁饷百万,大半不出都门,皆入权宦橐中,自焕斩文龙,尽失其赂,佥与体仁、栋合谋倾焕。……周延儒、成基命、王永先各疏救不报。祖大寿以官阶赠荫请赎,亦不允。"自崇焕死,边事益无人,邦国殄瘁,有由来矣!

二十三　内犯之役

(一) 畿辅之战守与皇太极之谋和

崇焕既罢,明廷特设文武两经略,以尚书梁廷栋及满桂为之,屯西直、安定二门,而命大学士孙承宗移镇山海关。皇太极率军趋良乡,十二月朔克之。复分兵屠固安,遣贝勒阿巴泰、萨哈璘祭金太祖世宗陵于房山县,为文以告曰:

尝闻二帝功高德盛,予中心缅怀,梦寐景仰。兹统师至良乡,知二帝陵寝在焉;虽时移世殊,而春秋奉祀,称颂弗衰,所谓德愈久而弥光也。特备牲醴,遣人代祭,并白予怀:我国介在边陲,世守忠信,乃明万历君无故而害我二祖;彼虽出此,我犹尊之为君,后屡欺我,致成七恨。我见其不能相容,告天兴师,幸蒙垂鉴,畀我辽东。后复欺我,视如草芥,故又兴师,天又畀我河西地。后我欲息兵戈议和,明崇祯君欲我归土削号,我以天赐土地,不可退还,拟去号称汗,令彼赐印信;而彼不从,故又兴师。凡降城诸民,秋毫无犯,惟诛抗拒,攻其不降。我非乐此也,皆明君妄自尊大,不允和议,不啻自诛而自攻也。夫我深雪仇之志,而彼耻城下之盟,兵甲相寻,积渐至此,天实为之,于我何预!虽然,我犹不为已甚,复欲与彼议和,乃彼恃其国大兵多,蔑理违天,将我之言,置若罔闻,故予披沥祭告,惟二帝英灵,昭鉴而默佑之!

金军自良乡回军,至卢沟桥,破副总兵申甫车营,进次永定门;明武经略满桂,与总兵孙祖寿、麻登云、黑云龙率兵结栅,列营以待。皇太极令部众宵冒明旗帜,明日昧爽,突其不意,四面蹙之,满桂、孙祖寿皆战死,黑云龙、麻登云被擒,京师大震。时金将争请攻城,皇太极曰:“取之若反掌耳。但以疆圉尚强,非旦夕可溃者,得之易,守之难:不若简兵练旅,以待天命。”乃移军越通州而东,掠蓟州,降沙河,驻军滦河,进薄永平。令副将阿山、叶臣选部下二十四人,乘夜攻城,每旗官一员,率兵一千助之,树云梯,冒枪炮矢石奋战。城上炮裂药发,明兵在北面者自焚,金军悉登;明兵备道郑国昌、知府张凤奇等皆仰药死。时天聪四年正月,而崇祯三年也。旋向山海关移营,留济尔哈朗、萨哈璘镇永平,传谕曰:“凡有举动,惟求万全,若敌至,勿轻出城,但须秣马以待。兵居城中,可分置汉人于一隅,拨与房屋,书其姓名于门。”金军既克永平,明兵溃遁者,俱入昌黎县。皇太极遣敖汉、奈曼、巴林、扎噜特诸贝勒,率蒙古兵攻之,为明兵所败。又命大臣达尔汉等攻之,仍不能克。皇太极乃移师自抚宁至昌黎,谓将士曰:“鸟枪火炮,自远而至,目不得见,避之诚难。至于矢石,乃目力所及,可以引避,宜善攻击。”于是令右翼四旗攻其南,左翼四旗攻其东,敖汉诸部兵攻其北;布云梯将登城,城上滚木檑石,枪炮齐下,火燎梯折。欲凿城而入,无锹镬,代善以不能攻克奏,乃罢还。《圣武记·事功杂述篇》有云:王师围燕京,破永平,破滦州,破遵化,祖大寿军溃出山海关,中外大震。而昌黎县令左应选集溃卒,练民兵,登陴誓守,蒙古、满洲兵再攻不克,太宗亲督大兵,云梯地道,昼夜环攻,卒解围去。夫以书生鸡肋,当真人龙战之师,临冲因垒,卒仡崇墉,视袁崇焕、金国凤以宿将精忠凭坚城者,尚不足道。乃事后竟以报销罣吏议,而《明史》亦仅附见他传,声烈阒如,何可胜叹!幸其事具载《开国方略》,并非胜国铺述之词。正犹唐宗赏安市城主,明祖褒廓扩帖木儿,弥足劝干城而信后世!"遂遣将攻克滦州,大军向遵化进发。先是,明庶吉士刘之纶以知兵名,制木为西洋大小炮,及新式战车,皆轻捷便用,遂超擢侍郎,率所募敢死士,屯遵化城外八里娘娘庙山。金军既拔永平、滦州,以三万骑回击之纶,之纶发炮,颇有所击伤,再发,则炮裂军乱;之纶誓死不退军,复奋斗亘十二小时,全军尽殁,之纶身被两矢,亦死。金更拔迁安,皆留兵守之。寻分兵向山海关,为副将官惟贤力战所却。二月,乃遗书明廷,欲议和好。其致明崇祯帝书云:

> 迩者师旅频兴,互相诛戮,生民罹祸实甚。上天好生之德,我两国当共仰体之!即我两国之主,以战争之故,不遑暇逸,亦非所以自安也。言念及此,欲盟诸天地,共结和好,永息干戈,使一国子孙臣庶,奕世获享太平。不然,战争何时止息?两国何由得臻治安耶?故遣使致书议和,惟熟计而明示之!

又与明国诸臣书云:

> 予欲罢兵通好,共享太平,屡遣使致书,而尔等不从。目前之役,将士诛戮,人民创残,实尔自贻戕害也。前曾六次致书燕京议和矣,意者以城下之盟为耻,抑冀我兵之速退为幸,故不相答耶?夫得失者机也,天既假我以机,我奈何弃之而去?我将于天所与之地,耕屯以守,尔八府之民,岂能安意耕种?纵得耕种,亦知谁收获耶?尔等宜勿胶固,务识权宜。今我两国之事,惟和与战,别无他计。和则尔国速受其福;战则尔国被祸,何时可已?尔锦州官员,其传语众官,共相商榷,启迪尔主,急定和议可也!

金既遣军守关内之永平、迁安、滦州、遵化四城,三月,乃取道冷口关(迁安县东北)而归。后虽以孙承宗之才略,规复四城;然金军绕道深入,所向克捷,遂使建虏之志气日骄,河北畿辅,已难乂安矣!时当岁歉年荒,流寇纷起,而四路勤王之师,中途一变。盖以兵饷缺乏,遂自合于盗贼,此又金军入犯之间接影响于明室覆亡者也。尚幸承宗复镇,山海严守,辽沈之道路未通,金亦不敢以孤军久悬。故冷口凯旋,明得以乘间规复;不然,纷扰之局,尚不止此耳。

〔附载〕清代内阁档案中,有皇太极之木刊谕文一道,即系此役回军时发出者,兹照录如下:

金国汗谕官军人等知悉:我祖宗以来,与大明看边,忠顺有年。只因南朝(外夷称中国为南朝)皇帝,高拱深宫之中;文武边官,欺诳壅蔽,无怀柔之方略,有势利〔之〕(凡内阁档案残缺者,以意补之,加〔　〕号。其有不能意补者,书□以记之)机权。势不使尽不休,利不括尽不已,苦害侵凌,千态万状。其势之最大最惨者,计有七件:我祖宗与南朝看边进贡,忠顺已久,忽于万历年〔间〕,将我二祖无罪加诛,此其一也。癸巳年间,南关、北关、灰扒(即辉发)、兀剌(即乌拉)、蒙古等九部会兵攻我,南朝休戚不关,袖手坐视;文庇皇天,大败诸部。后我国复仇,〔攻〕破南关,迁入内地,赘南关吾儿忽答(即武尔古岱)为婿。南朝责我擅伐,逼令送回,我即遵依上命,复置故地。后北关攻南关,大肆掳掠,南朝毫不加罪。然我国与北〔关〕同是外番,事一处异,何以怀服?所谓恼恨者二也。先汗忠于大明,心若金石,恐因二祖被戮,南朝见疑,故同辽阳副将吴希汉宰马牛,祭天地,立碑界〔约〕铭誓曰:“汉人私出境外者杀,夷人私入境内者杀。”后沿边汉人私出境外,乞参采取。念山泽之利,系我过活,屡屡申禀上司,竟若罔闻,虽有冤怨,无门控〔告〕;不得已遵循碑约,始敢动手伤毁,实欲信盟誓,杜将来,初非有意于欺背也。会值新巡抚下马,例应叩贺,随遣干骨里(即纲古哩)、方巾纳(即方吉纳)等行礼;时上司不究出边招衅之非,反执送礼行贺之人,勒要十夷偿命。欺压如此,情何以堪！所谓恼恨者三也。北关与建州同是属夷，我两家结搆，南朝公直解分可也。缘何助兵马，发火〔器〕，卫彼拒我，觭轻觭重，良可伤心！所谓恼恨者四也。北关老女，系先汗礼聘之婚，后竟渝盟不与亲迎。彼时虽是如此，犹不敢轻许他人，南朝护助，改嫁西虏，似〔此〕耻辱，谁能甘心！所谓恼恨者五也。我部看边之人，二百年来，俱在近边住种，后南朝信北关诬言，辄发兵马，逼令我部远退三十里，立碑占地，将房屋烧毁，〔田〕禾丢弃，使我部无居无食，人人待毙。所谓恼恨者六也。我国素顺，并不曾稍倪不轨，忽遣备御萧伯芝，蟒衣玉带，大作威福，秽言恶语，百般欺辱。文口之间，毒不堪受！所谓恼恨者七也。怀此七恨，莫可告诉，辽东上司，既已尊若神明，万历皇帝，复如隔于天渊；踌躇徘徊，无计可施，于是告天与师，收〔取〕抚顺，欲使万历皇帝因事询情，得申冤怀。遂详写七恨，多放各省商人，颙望伫俟，不见回音。迨至七月，始克清河。彼时南朝恃大矜众，其势直欲踏平〔辽〕地。明年二月，四路发兵，漫山塞野；孰意众者败，而寡者胜；强者伤，而弱者全乎？嗣是而再取开铁以及辽、沈，既得河东，发书广宁，思欲讲和。当道官员，〔若〕罔闻知，竟无回复，故再举兵，而广宁下矣。逮至朕躬，实欲罢兵戈，享太平，故屡屡差人讲说，无奈天启、崇祯二帝，渺我益甚，逼令退地，且教削去帝〔号〕，及禁用国宝。朕以为天与土地，何敢轻与！其帝号国宝，一一遵依，易汗请印，委曲至此，仍复不允。朕忍耐不过，故吁天哀诉，举兵深入，渡陈仓、阴平之道，〔定〕破釜沉舟之计，皇天鉴佑，势成破竹，顺者秋毫无犯，违者阵杀攻屠，席卷长驱，以至都下。朕又五次奉书，无一回音，是崇祯君臣，欺傲不悛，而藐辱更炽也！〔今〕且抽兵回来，打开山海，通我后路，迁都内地，作长久之计，尔等毋误谓我归去也！朕诸凡事宜，惟秉于公，成败利钝，悉委于天。今反复告谕，不顾谆谆者，叙我起兵之由，明我奉天之意，恐天下人不知颠末，怪我狂逞，因此布告，咸宜知闻，特谕。朕每战必胜，每攻必克，虽人事天意两在，朕毫不敢骄纵。今仗天攻下此城，是朕好生一念，实心养活。尔等当衔我再生之恩，勿得惊惶，勿起妄念。若皇天佑朕，得成大业，尔等自然安康;若朕大业不成,尔等仍是南朝臣子,朕亦毫不忌怪。尔等若不遵朕命,东逃西窜,只自寻死亡,自失囊橐;即在异乡别土,亦难过活,即行至天涯,朕果得成大业,尔等亦无所逃。推诚相告,咸宜遵依,附谕。

天聪四年正月　日谕

案此谕诸书俱不载,惟《开国方略》言:"太宗至通州渡河,驻营城北,传谕各城"云云。而内容与此,大不相同,且年月亦显有差异。《开国方略》之谕,系天聪三年十一月丙申,即十六日,与此谕相差一月有余。意者此谕盖在永平所发。永平攻破,系在四年正月,即谕中所言"且抽兵回来,打开山海,通我后路,迁都内地,作长久之计……今仗天攻下此城"等是已。

(二) 永平之败遁

金军既归,明山西总兵马世龙统诸路援师二十万蹑其后,而孙承宗、祖大寿等守山海关,东西相应援。五月,马世龙、祖大寿等攻滦州,金将纳穆泰、图尔格、汤古岱等各立汛地,分陴固守。时贝勒阿敏、硕托在永平,闻滦州被围,遣巴笃礼率数百人往援,为明兵所歼。明兵以红夷炮攻城,击坏城垛,城楼焚。汤古岱等度力不支,突围走永平。会天雨,金军结队以行,明兵截击之,杀伤甚众。时阿敏已尽收迁安县守兵及居民入永平城,闻滦州已失,遂执永平新降汉官巡抚白养粹等杀之,并召遵化守将,弃城偕遁。明军追击之,袭杀甚众,于是关内四城皆复。皇太极闻之,大怒,合永平退归士卒入城,贝勒诸臣,在十五里外候讯。更命岳托宣谕阿敏之罪状十六条,观之亦足见皇太极恨之深而欲除之切矣,骨肉相残自此始。兹录阿敏之罪状书如下:

贝勒阿敏,怙恶不悛,由来久矣!阿敏之父,乃予叔父行,太祖在时,兄弟和好,阿敏嗾其父欲离太祖移居黑扯木,命人伐造房之木。太祖闻之,坐其父子以罪,既而欲宥其父,而戮其子。诸贝勒谓:"既宥其父,何必复杀其子?"太祖于是收养其父子。及其父既终,太祖爱养阿敏,与己三子,毫无分别,并名为和硕大贝勒。尔国人亦曾见有异父所生,而如斯爱养者乎?及太祖升遐,上嗣大位,仰体皇考遗爱,仍以三大贝勒之礼待之。尔国人亦曾见有异父兄弟,而如斯爱养者乎?此背恩之例也。昔朝鲜与我相好,后助明国,又收容我辽东逃人,因愤告天地,往征其国。时命阿敏、济尔哈朗、阿济格、杜度、岳托、硕托各贝勒,及八大臣前往,蒙天眷佑,克义州及郭山安州,直趋王京,朝鲜国王闻之,窜入海岛。我与其国王大臣盟誓,复携其王弟为质,岳托言国王已盟誓,我等统朝鲜重兵,不可久留;且蒙古与明逼处我国,皆为敌人。阿敏言朝鲜王已弃城入岛中,汝等不往,我将与杜度往。杜度闻之曰:"贝勒独欲与我往,是何意也?"忿甚。岳托乃谓济尔哈朗曰:"汝兄所行逆理,汝盍谏止之!汝欲往则往,我率二旗兵而还。"济尔哈朗力谏,阿敏方回。彼抱异志,已于彼处见之。此专断异志之例也。师还至东京,将俘获之美妇进于上,阿敏欲纳之。岳托曰:"我等出征,甚多奇物;闻朝鲜产美妇,故以此一妇进于上。"阿敏乃谓岳托曰:"汝父往蒙古,不尝取美妇人乎?我取之,有何不可。"答曰:"我父所得之妇,始献之上,上不纳,而分赐诸贝勒。我父得一人,汝亦非得一人乎?"既而阿敏又使副将阿木恭求美妇,上曰:"未入宫之先,何不言之?今已入宫中,如何可与?"阿敏不得此妇,常在外觖望,坐次有不乐之色。上闻之云:"为一妇人,乃致乖兄弟之好乎?"遂赐之总兵官冷格里。此暴慢之例也。阿敏尝于众中曰:"我何故生而为人,不若山木?木之生也,伐可以爨,否则得长高阜;生而为石,尚可供禽兽之溲渤,犹觉愈于今日也!"征察哈尔时,土谢图额驸背所约之地,从他道入,复不待我兵先归。上怒曰:"此必土谢图与察哈尔通情。"因令诸贝勒永绝往来。然阿敏中途遣人赠遗甲胄鞍辔类,且以上语尽告之。土谢图汗大惊,乃遗书阿敏,并上疏。阿敏乃私留其使于家,纳来书不呈上览。此私交外国之例也。上与诸贝勒议:凡诸贝勒子女婚嫁,必经公许。阿敏贪牲畜,私以女与蒙古塞特尔贝勒,贝勒以已有二妇辞,又强与之,及宴会,始来奏请。上曰:"初许嫁,未尝与闻,宴时,何为来请?"遂不往。后又娶塞特尔女为妻。奏曰:“吾女嫁塞特尔甚苦,其向塞言之!”上曰:“许嫁之时,不议于我,今女不得所,汝自言之可也。”因此常怀怨愤,违背上命。此违法之例也。太祖在时,守边驻防,原有定界,因边内地瘠,粮不足用,遂展边开垦,移两黄旗于铁岭,两白旗于安平,两红旗于石城;两蓝旗所住之张义站、靖远堡,地土瘠薄,因与以大旗之地。彼乃越所分地界,擅开黑扯木,开垦后,又弃靖远堡,偏向黑扯木移住。上见其所弃,皆膏腴良田,谓阿敏曰:“防敌汛地,不可轻弃,靖远堡若不堪工作,移于黑扯木可也。今皆良田,何故弃而去之?”莽古尔泰贝勒言:“汝违法擅弃防敌汛地,移居别所,得毋有异志耶?”阿敏不能答。若此举动,岂非乘间移居黑扯木,以遂其素志乎?此违法异志之例也。阿敏贝勒,以梦告贝和齐曰:“吾梦被皇考箠楚,有黄蛇护身,是即护我之神。”此异志之例也。上出征,令阿敏留守,彼于牛庄、张义站二次出猎;又造箭复欲行猎。若用此行猎之马,往略宁远近州,不亦善乎?乃不思急公,不守城池,惟耽逸乐。此怠慢之例也。岳托、豪格两贝勒出师先还,阿敏迎至御前马馆,略无款曲之言。乃留守大臣,坐于两侧,彼居中俨为国君,令两贝勒遥拜一次,复近前拜一次,方行抱见礼。至上与贝勒安否,无一言问及。凡诸贝勒大臣出师还时,上亦乘马出迎,及御座方受跪叩。彼自视如君,欺侵诸贝勒。此僭恣之例一也。初永平既下时,留济尔哈朗等诸贝勒及八大臣守之,驾还沈阳,修理甲胄,督农桑,部署归降之蒙古,期以秋后复往;乃命阿敏及硕托率兵六千,往代镇守。阿敏言:欲与吾弟济尔哈朗同驻。上曰:“不然,彼驻守日久,劳苦可念,宜令还之。”临行,贝和齐、萨合尔察两叔往送之,阿敏言:“皇考在时,尝命吾弟与吾同行,今上即位,乃不许吾弟同行。吾至永平,必留彼同驻;若彼不从,当以箭杀之。”两叔曰:“亦谬矣!何出此言?”阿敏攘臂言曰:“吾自杀吾弟,将奈吾何?”此僭恣之例二也。阿敏贝勒入永平时,镇守诸贝勒率满汉官来迎,张一盖,彼怒曰:“汉官参将游击,尚用二盖,我乃大贝勒,何只一盖乎?”遂策马入城。夫御驾行时,止张一盖,且有不张盖,不警跸之时;而妄自尊大如此。此僭恣之例三也。及至永平,深恨城中汉人,又不悦上抚恤降民,谓:“我征朝鲜,克安州时,城中人民,释而不杀,不过令其国人闻之,为攻取王京之声誉耳。今汝等攻北京不克而回,及攻破永平,何故亦不杀其人民耶?”又向众言:“我既来此,岂令汝等不饱欲而归乎?”此残伤之例也。彼往略地,有榛子镇降民之财物,悉令众兵携取之;又驱汉人至永平,分给八家为奴。我国之法,不惟归顺者不扰,即攻取之永平,亦何尝有犯秋毫?今故意扰乱汉人,隳坏基业,使不仁之名,扬于天下。此隳坏国是之例也。镇守永平诸贝勒还时,城中官员,俱有忧色,言:“诸贝勒既去,我等皆愿同往,何故复留此?恐去后,此新来之镇守贝勒,我等性命难保。”及达尔汉额驸还,竟不道及义理之言,但出怨言相告曰:“闻上欲议我罪,夫阿济格杀伤别旗人,尚未坐罪;莽古尔泰屡有罪,亦未坐罪。我若有过愆,止可密谕,况为上尽力,有何罪乎?”此离间众人之例也。迫喀喇沁而强求其女,此专恣之例也。明兵围滦州阅三昼夜,彼拥兵坐府,城陷兵败,既不亲援,又不发重兵,止遣一二百人前往,徒令死于敌人之手。当滦州失守,直议回国,硕托等谏曰:“何故因失一城,而骤弃三城?”彼不从其言,将永平、迁安官民,悉行屠戮,以财牲畜人口为重,悉载以归。此失守无状之例也。

综上以观,则金国内部之情形,盖可知矣。永平之败,不过阿敏十六大罪之一端耳。诸贝勒大臣等俱以阿敏平日狂悖,议请诛之,以彰国法。皇太极命从宽幽禁之,藉其家:有庄四所,并其子之乳母等二十人,羊五百,乳牛及食用之牛二十头,满、蒙、汉人二十名。硕托、汤古岱、纳穆泰、巴布泰、图尔格等,俱革职,或藉其家。阿敏遂于崇德五年十一月,忧忿而死。

二十四　大凌河之役与明末疆事之败坏

(一)红夷炮之铸成

红夷炮者,即西洋旧式之火器,最初为葡萄牙人输入于明朝者也。葡人之来中国,在正德十一年。嘉靖中,葡人以上川、电白(西史作 Lambacao)、澳门为居留地,来者益众。后葡萄牙兵之至北京者,见边患方亟,自请助战;以数寡不足用,乃尽献其精锐巨炮,以备战守,称为“西洋炮”。后以荷兰人之目深鼻高,须发赤黄,尝以红夷呼之,由其监制,故又名“红夷炮”(清讳夷字,故官书多改为衣。《明史·外国传》“荷兰本国,去中华绝远,华人未尝至。其所恃惟巨舟大炮:舟长三十丈,广六丈,厚二尺余,树五桅,桅下树二丈巨铁炮。发之,可洞裂石城,声震数十里,世所称红夷炮,即其制也。”明人称葡萄牙为佛朗机、荷兰为红毛夷,二国称呼,其实有别)。沈阳之役、宁远之捷,以之击伤金人甚多。天启六年二月,明命孙元化制西洋炮,翌三月,封巨炮为“安国全军平辽靖虏将军”,遣官致祭。自后明即利用之以守城破敌。皇太极常思有以抵制之,乃招徕明工匠,制造红夷大炮。天聪五年六月,铸成。炮身镌曰:“天佑助威大将军,天聪五年孟春吉旦造。督造官:总兵官额驸佟养性。监造官:游击丁启明备御祝世荫。铸匠:王天相、窦守位。铁匠:刘计平。”金国之有火器,自此始。

(二) 长山之战

孙承宗既恢复关内四城,更理关外旧疆,议并力先筑大凌河城,而巡抚邱禾嘉违其节制,遂同右屯并筑。会是秋兵部尚书梁廷栋罢,代者尽反其议,言筑城非策,尽撤戍军万四千赴蓟,独留防兵万人,仅给粮万石。承宗欲以粮散军,委城而去,毋资敌,禾嘉又不可。崇祯四年(天聪五年)八月,金兵来攻。时半月兼筑两城,大凌雉堞,仅完其半,金兵四面掘长围,而分军截锦州之援。九月,邱禾嘉及总兵吴襄、宋伟等,步骑四万,逾小凌河赴援,皇太极分兵迎战,见其列战严整,引还伺之。明兵四鼓趋大凌河,阵于长山口(在锦州府城东南,峰峦连亘,四山错裂,因名),距城十五里。皇太极督兵二万击之,宋伟等坚阵不动。乃率两翼骑兵突阵,营中火器震天,铅子如雹,骑兵纵横驰突,飞矢如雨。金左翼兵避枪炮,随右翼后而进,宋伟殊死战,营不能破,金前锋多死。而佟养性时奉皇太极之命,屯于吴襄营东,频发大炮火箭攻之。时黑云起,风从西来,襄纵火相逼,忽大雨反风,襄以营毁先走。宋伟督战至晡,以力尽引退,为伏兵所截,失士卒无算;监军道张春被执。祖大寿之弟大弼者,为副总兵,号“万人敌”。尝以五百骑突金军于锦,刃几及皇太极所骑之马腹,皇太极称为祖二疯子。至是,募敢死士百二十人能满洲语者,易服辫发,夜突皇太极营于白云山。火药逼帐起,诸营惊扰,金侍卫亲军力战,黎明乃退。

(三) 大凌河之降

初大凌河城围七日,皇太极即与大寿书,劝降,有云:“尔国君臣,惟以宋朝故事为鉴,亦无一言复我,尔主非宋之裔,我亦非金之后,彼一时,此一时。尔大国岂无智慧之士,当权时度势,乃执胶柱鼓瑟之见,可乎?”既而,令营中厮卒,执旗帜离城十里,驰骋扬尘,声炮不绝,诡为锦州援兵,诱之。大寿遂率兵出城,攻西南隅之台,镶红、镶蓝及蒙古四旗齐出奋战。皇太极预率禁军,登山瞭望,突驰掩击,大寿败还。皇太极命侍臣赴沈阳,取军士衣服,以为持久之计。且曰:“皆汉人故事,有食弓弦而尚固守者,倘敌死守不出,耽延时日,至严冬,恐军士苦寒,故遣人取衣服。”既而锦州之援军至,城中闻炮,疑仍敌计,不敢出夹击。十月,城中援尽粮绝,杀人马以食;城中商民三万,仅存三分之一。皇太极复命五百人及佟养性兵载红夷大将军炮六位,将军炮五十四位,以攻鱼子嶂台。台峙立边界,垣墙甚固,连攻三日,发大炮坏台垛,明参将王景降。清记录谓:“我国创造红夷大炮,携载出征,始于大凌河,遂用以攻克最坚固之鱼子嶂台,此台既下,其余闻风惴恐,近者归降,远者弃走;所遗粮糗充积,足供我士马一月之需。”大凌河城中粮绝薪尽,军士杀夫役、商贾、平民为食,析骸而爨;又执军士之羸弱者,杀而食之。大寿谋突围而出,以金军防守严密,一人不易逸出。皇太极屡遣人召之降,不从。俄而大寿义子泽润,以矢射书曰:

汗遣人来招降,其时难以一言决。盖众官恐降后见杀,是以宁死不肯归顺。副将何可刚云:汗去年得永平,弃而不守,我等若降,纵不杀,亦必回军,我等安归?又有逃人来言:汗于敌国之人,不论贫富,均皆诛戮;即顺之,不免一死。以此众论纷纭。且祖总兵又以次子在燕京为念。前石副将(廷柱)来时,祖总兵即欲相见,众官不从。今

> 泽润在内调停,似有五六分可成,与我同心者,副将四人,不便举名。汗可令石副将来,祖总兵以心腹事告之。此乃机密事,望汗密藏我书,毋令阵获官员及往来传语之汉官见之。

于是金遣石廷柱往过壕相见。大寿曰:"人生岂有不死之理?但为国为家为身,三者并重。今既尽忠报国,惟惜此身命,决意归顺。然身虽护全,妻子不能相见,生亦何益?如果欲进图大事,当先设策取锦州,锦州得,庶可保吾妻子。"皇太极复使人告之,言"尔等先降,锦州任尔计攻取。"大寿乃先令二人掖不愿从降之副将何可刚至金营前,杀之。可刚颜色不变,不出一言,含笑而逝。大寿遂率副将刘天禄、张存仁等出降,金汗甚优礼之。大寿言:妻子在锦州,请往为内应,以炮声为信,遂纵之归。大寿入锦州,禾嘉已知其归降事,奏于朝,明帝欲羁縻之,亦不究。大寿乃复为明守,金遂毁大凌河城,班师而还。

(四) 明末疆事败坏之原因

大凌河之降,廷臣追咎筑城非计,交章论禾嘉,兼及承宗;承宗引疾归,禾嘉亦罢。明自用兵以来,督师者如熊廷弼、袁崇焕、孙承宗辈,皆以盖世之才,能称其职。而诸将委身许国,效死不屈者,亦前后相望。顾奄竖宵小,阴相排挤,文墨议论之徒,从而挠之,故边事日坏,战无幸胜也。方廷弼初罢,尝言:"朝堂议论,全不知兵。敌稍缓,则哄然促战;及军败,则愀然不敢复言。比臣收拾甫定,而愀然者,又复哄然责战矣。"及崇焕再出,亦言:"以臣之力,制全辽有余,调众口不足。一出国门,便成万里,忌能妒功,夫岂无人?即不以权力掣臣肘,亦能以意见乱臣谋。"又言:"当论成败之大局,不必摘一言一行微瑕。事任既重,为怨实多,诸有利于封疆者,皆不利于此身者也。况谋敌之急,敌亦从而间之,是以为边臣甚难。"而承宗之言,尤为痛切。天启二年,广宁既失,东事益急,承宗以阁臣理兵部,其奏议有曰:"尔年兵多不练,饷多不核。以将用兵,而以文官招练;以将临阵,而以文官指发;以将备边,而日增置文官于幕;以边任经抚,而日问战守于朝:此极弊也。今当重将权,择沉雄有气略者,授之节钺,如唐任李、郭自辟置偏裨以下,边事小胜小败,皆不必问。要使守关无阑入,而徐为恢复计。”盖当广宁失败以后,收拾边疆,异常艰难;而承宗修筑城堡,练兵增饷,以山海关为根本;故至明亡未尝摇动。金酋内犯之时,承宗移镇榆关,而四城卒赖以恢复,其边材较熊、袁尤可嘉也。乃廷弼冤死,崇焕罹刑,至是亦并承宗而去之。明人自坏长城,深可慨已!

二十五　汉人之归降与沿海之征服

(一) 吴桥之哗变

崇祯二年,毛文龙既死,其部曲孔有德、耿仲明、李九成等,不欲受陈继盛之节制,走入登州。登莱巡抚孙元化,曾为孙承宗、袁崇焕赞画,素言辽人可用;乃以有德、仲明为游击,九成亦为偏裨。大凌围急,元化遣有德等赴援,抵吴桥,天大雨雪,众无所得食。一卒攫王氏之鸡犬以食,有德笞之,众大哗。九成先赍银市马塞上,用尽,无以还,适至吴桥,闻众怨,遂与其子应元帅部卒劫有德,有德从之,还兵大掠。临邑、齐河、德平、青、新城诸城皆陷,而新城受祸尤惨。山东巡抚余大成遣兵追之,而元化军亦至,皆力主抚,檄叛军所过州县,无邀击。于是有德佯许降,遂抵登州。元化遣张焘率辽兵驻城外,总管张可大发南兵拒敌,战方胜,焘遽退,可大兵遂败。元化兵半降叛军,遣归为内应,耿仲明等导之入城,登州遂陷。元化自刎不殊,为所执,迫移书大成求抚。大成闻于朝,为言官所劾,大成、元化,俱革职候勘。元化后为叛军纵归,与大成俱下狱,大成论戍,元化弃市。明廷以徐从治为山东巡抚,谢琏为登莱巡抚,并驻莱州。时叛军已破黄县,陷平度乃益兵攻莱。从治等分陴固守,久之,外围日急,诸援兵俱屯昌邑不敢进。从治时以间出兵掩击,颇有斩获;而兵部尚书熊明遇惑抚议,谕从治勿遽出兵,坏抚局。从治力言不可,三上疏于朝,语极切至。朝议以两抚并困围中,议设总督,以侍郎刘宇烈任之;统马步军二万五千,势甚盛。宇烈素无筹略,日遣使讲抚,而有德亦以抚愚之。已而叛军用孙元化所制西洋大炮攻城,从治中炮死,莱城益危。越两月,琏复为敌所诱,出城被执。于时举朝痛愤,诏逮宇烈下狱,罢督抚(登莱巡抚)不设,以朱大典督兵数万,专任讨贼。有德逆战于沙河,大败,遂东遁,莱州围解;乃进追至登州,筑长围以困之。登州三面距山,一面距海,其北有水城,与大城相接,开水门以通海舶。叛军恃此可走,故不下。崇祯六年二月,叛军既失其二魁(李九成、陈有时皆战死),气大沮。有德乃载子女财帛,先出海,仲明以单舸继之,皆遁。明军遂入大城,以火药轰击水城,死者甚众。有德等走旅顺,明总兵黄龙以水师邀击,有德、仲明乃泛海降金。

(二) 孔耿之降金

有德、仲明之由登州浮海也,即遣其副将刘承祖、曹绍中二人,投书于金汗。兹录其书如下:

> 总提兵大元帅孔有德
总督粮饷总兵官耿仲明　为直陈衷曲,以图大业事:照得朱朝至今,主幼臣奸,边事日坏,非一日矣!兵士鼓噪,诸处皆然,非但本帅如此也。前奉部调西援,钱粮缺乏,兼沿途闭门罢市,日不得食,夜不得宿,忍气吞声,行至吴桥。又因恶官把持,以致众兵奋激起义,遂破新城,破登州,随收服各州县。去年已有三次书札,全未见复,始知俱被黄龙在旅顺所截夺。继因援兵四集,围困半载,彼但深沟高垒,不与我交战。彼兵日多,我兵粮少,只得弃登州而驾舟师,原欲首取旅顺为根本,与汗连合一处,谁知飓风大作,飘至广鹿岛(大连海中)。本帅即乘机收服广鹿、长山、石城诸岛,若论大海,何往不利?要之终非结局。久仰明汗网罗海内英豪,有尧、舜、汤、武之胸襟,无片甲只矢者,尚欲投汗以展胸中之伟抱;何况本帅现有甲兵数万,轻舟百余,大炮火器俱全,有此武器,更与明汗同心协力,水陆并进,势如破竹,天下又谁敢与汗为敌乎?此出于一片真热心肠,确实如此。汗若听从,大事立就,朱朝之天下,转瞬即汗之天下。是时明汗授我何职,封我何地,乃本帅之愿也。特差副将刘承祖、曹绍中为先容,汗速乘此机会,成其大事,即天赐汗之福,亦本帅之幸也!若汗不信,可差人前看其虚实如何。本帅不往别地,独向汗者,以汗之高明,他日必成大事,

故效古人弃暗投明也。希详察之！为此合用手本，前投明汗驾前，烦为查照来文事理，速赐裁夺施行。须至手本者。

皇太极得书大喜，赐以良马，谕令统领旧部，驻扎东京（今新城）。号令、鼓吹、仪从，俱仍其旧；惟用刑、出兵二事，当来奏闻。所属人民，俱住盖州、鞍山，如或不愿，可住东京邻近。又使贝勒济尔哈朗、阿济格等率兵迎之镇江。黄龙及朝鲜水师之邀击者，因之退还；而有德、仲明遂登岸焉。五月，有德等既安插于东京，乃呈谢恩表文云：

皇上万福万安！德等所部先来官兵，俱已安插，均蒙给粮，恩同于天！德等欲赴都门谢恩，但续到官兵，尚未安插，不敢轻往。事竣之日，听候皇上钧旨，赴阙叩首，临禀不胜战栗之至。

孔、耿之态度，至此一变，殊时异也。前表称汗、称本帅，而此表竟有听候皇上钧旨之语，慑于天威，安心事虏，非复前日同心并进之谋矣。金汗待之，不得不特加优异。六月，孔、耿入朝，皇太极迎之于浑河岸上，设黄幄谢天，欲行抱见礼。诸贝勒曰："皇上以礼待之可耳，不宜令抱见。"皇太极曰："昔者张飞尊上陵下，关羽傲上爱下，以恩遇之，岂不善乎？况元帅、总兵，夺取登州，攻城略地，正当强盛，而纳款输诚，遣使者三，率其兵民，航海冲敌，来归于我，功孰大焉！当行抱见，以示优隆。"乃行抱见礼。设宴赐酒，授有德都元帅，仲明总兵官印。其时有德所率兵丁家口有八千十四名，而仲明则五千八百六十名云。

（三）旅顺之役与新式军器之输入

有德、仲明怒黄龙之邀击也，必欲报复之。会鸭绿江有警，龙遣水师往援，旅顺空虚。有德等遂导金兵袭其城，龙数战皆败，火药矢石俱尽，自刎死。广鹿岛（光禄岛）副将尚可喜故与龙相犄角，及旅顺不守，亦降。而孔、耿、尚三将，与后来归降之吴三桂，遂并为清初开国之汉臣四王。自是诸岛虽有残卒，不能成军，明廷亦不复置帅，以登莱总兵遥领之而已。

及清军再攻朝鲜,半岛不守,皮岛势益孤;有德等夹击之,守岛总兵沈世奎战死,皮岛亦平。至是沿海遂无明国之重镇矣。可喜既降,以八年二月,收取长山、石城二岛,合广鹿岛共二千余户,由洪水堡来归。皇太极命八旗有马四匹以上者,各拨二匹,迎之海滨;诸贝勒及积粟之家,出粮四千余石,给与赡养;以旅顺口所获可喜亲戚付之,聚处海州。四月入朝,亲迎之如孔、耿礼。当孔、耿之来归也,其所益于金者,不仅在筹划攻取之方略;而新式军器之输入,亦有重大关系焉。盖孙元化为明国制造西洋大炮之人,登州不守,有德等即以其所制之炮攻莱州;有德既归金,则新式之西洋炮,亦因之而输入也。天聪五年,金虽制造红夷大炮,然多为汉虏所造,与此出自西人之炮(元化素奉西教,常招致澳门西人制造大炮),其精粗固有别也。

(四) 皇太极之优待降人

皇太极之待遇降人,已较努尔哈赤之时代为优异。盖努尔哈赤之窥明,亦不过借名复仇,掠取食物;而皇太极优遇汉人,更欲借为向导,以图大举也。孔、耿之来归,皇太极独排众议,与行抱见礼,当时宁完我(参将)骂曰:“山东无赖矿徒,若待之过厚,徒增凶人无忌之胆。”然而有德、仲明竟为清朝开国之元勋焉。努尔哈赤之时,范文程以沈阳诸生,杖策谒降;佟养性以抚顺商贩,潜狱来归;或入赞帷幄,或赐尚宗女,而优遇之隆,亦远不及孔、耿也。更观皇太极对于劝降不屈之志士,尤足见其襟度之宽广,欲有所图。崇祯四年(天聪五年),长山之援军既败,监军道张春被执,遣人谕降,不从,乃令与白喇嘛同居三官庙。汤斌记载此事有曰:

> 张春,陕西潼州人,由举人历官佥事,备兵于永平。崇祯四年,太宗入永平,生擒春(按永平之破,乃崇祯三年事,四年,春为监军道于关外;长山之败,春与别将祖大乐皆被执。此处恐系传闻之误,而文正不察,据以记之也)。妻翟氏,闻城破,自缢。太宗重中国人,得中国人必令生致之,既得春,大喜,欲官之,春不屈。太宗善遇之,饮食供张,用具舆服,屏而不视。向西南正坐,哭,日夜不绝声。太宗更遣

左右令为好语劳春,间自往拜之,春不动,而骂以为常。乃令穴壁为牖,时屏车骑间行,从牖窃视,春正襟西南向而坐,微知壁间有人,则大骂。左右或曰:"彼囚人也,安有万乘而为囚人屈者耶?"太宗曰:"是何言!吾从史传中见文天祥,以为神人,今乃真得见文天祥耳。"始,翟氏死,春不知,后有人来言,春乃设位而哭。太宗命以少牢往祭之,春拒而不受,又自为祭文,首记崇祯年号,使人书之。人有奏于太宗者,太宗曰:"是固然也。安肯用我正朔乎?且彼妇又安知我之正朔?"卒命书之。是时,洪承畴亦留三年矣(按承畴之降,在崇祯十五年,距春之被执,已十一年矣。故此或误)。始得承畴也,太宗亦善遇之,承畴不屈,最后意不能无动。太宗知承畴之才可用,尝略得秀才数十人,命诣承畴,承畴试以文,第其高下,上之太宗,太宗大喜。又命诣春,春叱之曰:"若既读古人书,奈何于此求试?去,毋污我!"太宗闻之,益善之。春留九年(疑或有误),御其出关时之衣冠,至敝不肯易,坐必西南向,将死,太宗遣人问所欲。春曰:"若移我居辽阳,得近中国,则死无恨矣。"太宗将许之。左右皆曰:"彼居我国久,知我之要领,若有不测,不独亡春也!"乃不许。居有顷,春不食而死。太宗曰:"我于春未尝逆其意,独奈何不听其居辽阳乎?"遂葬于辽阳。明闻之,赠春副都御史。

皇太极之优遇降人,乃欲实行其以汉攻汉之政策,故前之孔、耿,后之祖、吴,甲兵所指,居前锋焉。其优礼志士之不屈者;一所以励臣节,一所以示恩容也。洪承畴之被擒,初亦求死,后乃惜衣拂尘;而更惑于脂粉环佩之间,深负明廷知遇。故明末之俘臣,惟张春为具有气节也。

第六章　金与朝鲜之关系

二十六　第一次之战役

（一）努尔哈赤时与朝鲜之关系

朝鲜自太祖李成桂建国以来（明洪武二十五年，即西历一三九二年），世受中国册封，隐为我保护国。及万历二十年，当朝鲜王李昖（宣祖）时，日本丰臣秀吉擅国，自叹人生不过百年，欲为非常之业，以侵略中国。乃遣加藤清正、小西行长等假道朝鲜，引兵攻陷其京城，李昖奔义州。既而明军出援（是年十月，明以李如松为防海御倭总兵官，如松进克平壤城，行长败遁，于是所失四道皆复。明军既胜，有轻敌心，如松轻趋王京，为日军败于碧蹄馆，乃还驻开城），与日本军相持（如松令诸将分据要害，焚日本积粟于龙山，日军以粮尽弃王京，结营金山。明议主款，留刘綎拒守，如松乃班师），事亘七年始定（明军连年进击，多不利。万历二十六年，丰臣秀吉死，日军有归志，清正先走。刘綎与陈璘乘隙夹击之，日军败还）。朝鲜仅得保其社稷，以故深德明。及万历四十七年（金天命四年），杨镐举四路之师，约攻兴京，时朝鲜王李珲（国人称为光海君）在位，亦遣其将姜弘立（亦称功烈）等引兵二万人，会南路刘綎之军，出宽甸口，及刘綎军败，弘立以余众五千降（详前），努尔哈赤乃使朝鲜降人，致书于李珲，其意如下：

金国汗奉书朝鲜国王：我有七恨，故犯南朝，非乐动干戈，实因逼陵已甚。若我素有犯大国皇上之心,天实鉴之,何以独眷我国乎?天无私,是是非非,故佑我而厌南朝;朝鲜以兵助南朝,我知其非本意,以南朝曾救倭难,故报其恩而来耳。今我念二国以前之和好,且以王故,将所擒之将吏,释令还国。闻南朝欲令其诸子王我二国,欺我二国太甚!今王之意,将念我二国素无怨隙,再修前好,合谋以仇南朝耶?抑助南朝,而不愿背负耶?

书达,朝鲜终不忘明德,集诸议,俱不愿从金国,遂不报谢。次年,金破北关,降宰桑,欲加兵于朝鲜;李珲乞援于明,并言:"敌欲略宽奠(堡名,今宽甸县东北)、镇江(堡名,今凤城县北)等处,宽奠、镇江与昌城义州(今朝鲜境内)诸堡,隔水相望,孤危非常。敌若从叆阳(今凤城县,亦堡名)境上邪鹘关(今兴京县西南)取路,绕出凤凰城(今凤城),一日长驱,宽镇、昌城俱莫自保。内而辽左八站,外而东江一城(即皮岛),彼此隔断,声援阻绝,可为寒心!望速调大兵,共为犄角,以固边防。"时辽镇塘报,以朝鲜与金讲和,遂谓珲阳衡阴顺,宜遣官宣谕,或命将监护,其说纷拏。珲疏辩,言"二百年忠诚事大,死生一节",词极剀挚。明乃降敕慰谕。时毛文龙据皮岛,屡出师袭沿海堡寨,牵制建州之背,与朝鲜相犄角,朝鲜亦以粮饷遗之,以故金汗深恨文龙,兼怨朝鲜。已而朝鲜内乱,叛人诱敌,而金军南下之师,遂大举深入矣。

(二) 战役之原因

天聪元年,皇太极初即汗位,以朝鲜之不来吊贺为辞,命贝勒阿敏攻朝鲜。然是役之原因,究竟为何,固不难以当时之情形推知之。战役之因,约有四端:(一)粮食之匮乏。金国以建州弹丸,图兴大业,招徕各部,俱加恩养;故本国所出之食物,已有不能敷用之虞。而况连年战征,互市凋敝,本国之出产,如人参、貂皮之类,更不能易取明人之布帛米粟,以济其匮乏。无已,则惟有攻伐掠夺之一途。此亦叠扰明边之一种原因也。(二)发展之趋势。努尔哈赤志在建立大邦,以与明朝相对抗;故灭扈伦、降宰桑(喀尔喀贝勒斋赛),历收东海诸部,以为羽翼。然宁远一役,赍恨以殁,新汗即位,则对于发展之趋势,当不能不稍费踌躇也。盖满洲统一,无处可图,袁抚理边,榆关难越,且以兵力既充,而粮饷不济,有此二因,乃不能不向隔江之朝鲜进取矣。观和约成时,金即以开市给粮相要挟,其致朝鲜国书,亦曰“米粟不敷”。此攻伐朝鲜之最大内因也。(三)皮岛之后顾。皮岛设镇,与朝鲜防军,俱足为金庭腹背之忧,故对明宣战,不敢大举。皇太极谕阿敏曰:“朝鲜屡世获罪我国,理宜声讨,然此行非专攻朝鲜也。明毛文龙近彼海岛,依恃之以披倡,纳我叛民,尔等可两图之!”亦可见皇太极之欲绝后顾,亦为是役之一种原因矣。(四)朝鲜之内乱。朝鲜王珲无道,天启三年,国人废之,立其侄绫阳君倧。既而靖社功臣(即立王倧者,如李适、李贵等),以赏赐不行,李适、韩明琏起兵叛乱。天启五年,军败;适被擒斩,余党韩润、郑梅等逃入金国,愿为向导,以攻朝鲜。且诡告姜弘立曰:“本国之乱,尔家被祸。”弘立等遂力劝金汗兴师。于是皇太极乃深知朝鲜之情况,而欲乘隙以逞。至于中和所发问罪之书,列有罪状七条,乃不过答朝鲜之质问,其原因固不尽在彼也。

(三) 战役之经过

天聪元年正月八日,皇太极命贝勒阿敏、济尔哈朗、阿济格、杜度、岳托统兵,授以方略,攻朝鲜。十四日,既克义州,分兵夜捣毛文龙于铁山,文龙败还皮岛。金以姜弘立、韩润为向导,进入定州(平安南道之首府),擒朝鲜将朴有健(郭山郡守)、金搢(定州牧使),斩奇协(宣州牧使)。又克南汉山城,屠军民数万,烧粮百余万,长驱而进,渡清川江(平安北道境,流入黄海),克安州;即唐太宗所攻安市城也。进师平壤,安平监司尹暄弃平壤走,金兵遂渡大同江(在黄海道境),次中和,朝鲜使者至,赍书云:

> 贵国无故兴师,入我内地,我两国原无仇隙。自古以来,欺弱陵卑,谓之不义;无故残害人民,谓之逆天。若果有罪,义当遣使先问,然后声讨。今亟返兵,以议和好可也!

金乃遣使致书,数以七罪云:

尔谓无故兴兵,试言其故:向者我取瓦尔喀时,尔国无故出境,与我兵相拒,一也。乌拉国贝勒布占泰屡侵尔国,尔以彼为我婿,求我劝阻,得以罢兵,曾无一善言相报,二也。我两国原无仇隙,尔已未年发兵助明图我;幸蒙天鉴,尔国官员为我所执,我仍望和好,故不杀而收养之,尔不遣一介来谢罪,三也。天以辽东赐我,辽东之民,我民也,尔容毛文龙潜据海岛,致我辽东百姓,被其侵扰,听其引诱。我曾令尔缚送毛文龙,复成两国好,尔竟不从,四也。辛酉年我来攻毛文龙,志在搜捕明人,并不骚扰尔国,尔竟无一善言相报,五也。毛文龙系明国之将,尔乃与以土地,导其耕种,资之糗粮,赡其军实,六也。我先汗崩时,明方与我为敌,尚遣使来吊,兼贺新君即位。我先汗与尔素相和好,何竟不遣一使吊问?七也。尔结怨多端,决难修好,是以兴此大兵。今尚自以为是,与我为敌耶?抑将引咎自责,重修和好耶?如欲和好,速遣一使,我亦欲两国和好,共享太平。

二月,金军进次黄州,朝鲜举国震恐。时李倧以金尚容为留都大将,守京城,命都体察使李元翼,左议政申钦等,奉世子湼往全州,倧亲奉庙社主,遁于江华岛,领议政尹昉、右议政吴允谦、赞成李贵及嫔妃等皆从之。倧乃遣进昌君诣金营议和,金挟之至瑞兴。进昌君曰:"吾主自愿认罪,敌国贫瘠,愿悉索土产以献。吾王闻兵至恐惧,已弃城避于海岛矣。城中府库财物,仓皇散失,若以兵前进,转难定议也。"阿敏曰:"若然,汝当指我以驻兵秣马之地。"使者因指三屯,众以为可,阿敏仍令吹角进军。济尔哈朗曰:"吾等不宜深入,距此三十里,有平山城,可往驻之,以待和议。"遂进驻平山。是时朝鲜求援于明之使,与求和于金之使,络绎于途。明辽东巡抚袁崇焕遣舟师援皮岛,又遣精兵九千逼三岔河,借图牵制。皇太极亲出巡边,耀兵辽河;然而朝鲜之师,亦不敢使之久留矣。

(四)和议之成

金军既驻平山,留朝鲜之使者,而别遣副将刘兴祚率十人至江华岛,见李倧。倧端坐不出一言,兴祚怒曰:"汝何物作此土偶状耶?"倧色赧无以答。乃曰:“我因母丧未终,故耳。”兴祚曰:“尔维好自尊大,狂悖无礼,国中百姓,致罹兵祸,不为不甚矣!今日之事,成败在于俄顷,尔欲修好议和,则去天启年号,遣亲子为质;汝国所产财物,每年循礼贡献,自定额数。”倧曰:“城下之盟,《春秋》耻之,汝国果行大义,盍退兵而后议和。”兴祚曰:“汝尚以支辞抵饰耶?迟一日则汝民受一日之害,恐旦夕不能相保矣。吾今此言,实为尔民,可即遣尔弟行,无迟也。”李倧遂遣其弟原昌君觉并侍郎等官五人,随兴祚来营。觉进马百匹,虎豹皮百张,绵绸苎布四百匹,布万五千匹。岳托谓阿敏曰:“吾等俱来此,国中御前禁军甚少,蒙古与明,皆是敌国,或有边疆之事,当思预备;况我军俘获,亦已多矣。宜令朝鲜盟誓,即可班师。”阿敏曰:“吾尝慕明朝皇帝,及朝鲜王所居城郭宫殿,无因得见。今既至此,何不一见而归乎?当至彼近地再议,如不从,则屯种以居。”贝勒因令八旗大臣议之,皆如岳托言,乃命八旗大臣为使,与刘兴祚、巴克什、库尔禅往江华岛,筑盟坛于江都西门外,李倧以丧不至,宰臣李廷龟、吴允谦、金流玉、李贵代之。三月三日夜半,刑白马黑牛,焚香设酒肉,骨、血、土各一器,偕盟焚誓词,是曰“江都誓文”,录如下:

金国誓文

朝鲜国王与大金国二王子立誓:我两国已讲和,今后同心合意。朝鲜若谋仇金国,整理兵马,新建城堡,存心不善,则皇天降祸。若二王子起不良之心,皇天亦降祸。若两国二王,同心同德,共遵公道,则天神保佑,获福万万矣!丁卯三月初三立誓。

朝鲜国誓文

朝鲜国今以丁卯年甲辰月庚午日,与金国立誓:我两国已讲定和好,今后两国各保封疆。若我国谋仇金国,违背和好,兴师征伐,则皇天降祸。若金国起不良之心,违背和好,起兵侵伐,则皇天降祸。两国君臣,各守善心,共享太平,皇天后土,岳渎神祇,鉴听此誓!

金国使者与朝鲜宰臣,亦有私誓,其意如下:

朝鲜三阁老、六尚书,与大金国八大臣:(八旗之固山额真)南木太(属正黄旗,即纳穆泰)、大儿汉(属镶黄旗,即达尔汉)、阿世兔(属正红旗,即和硕图)、孤山太(属正蓝旗,即固三泰)、托不害(属正蓝旗,即托博辉)、且二革(属镶白旗,即彻尔格)、康都里(属正白旗,即克笃礼)、薄二计(属镶红旗,即博尔晋),立誓:朝鲜大臣等若谋仇金国,起不善之心,则如此血出,白骨现,天必死之。若金国大臣等无故起不良之心,亦如此血出,白骨现,天必死之。二国大臣,各行公道,毫无欺罔,则欢饮此酒,乐食此肉,皇天佑护,为福万万。自今以后,两国各守封疆,不许寻仇,永世相好,如违此约,皇天降祸。

盟毕,约为兄弟之国,金国为兄,朝鲜为弟。次日,使者还营,乃撤兵。阿敏令军士分路自取资粮,众贝勒言已与朝鲜盟,不可掠取其物,阿敏以己未预盟,纵掠三日。至平壤,更与李觉等申盟誓,其文虽不详,然必较《江都誓词》为严厉,可断言也。皇太极命报捷之使库尔禅驰谕军中,勿得扰害,令放还降民,留兵戍守,金乃留兵守义州、镇江,以李觉为质,凯旋而归。

二十七　互市之交涉

(一) 中江之开市

江都誓后,李倧归京城,请撤义州驻兵,金许之。是役朝鲜称曰“丁卯虏乱”。至半岛残败之情形,可于两国开市时,朝鲜之文书中见之。盖金之南征,实因粮食之不足,欲乘隙以掳掠;且示威朝鲜,力剿皮岛,以除后顾之忧而已。当出师之时,皇太极授诸贝勒以方略,方略如何虽不详,然吾人据当时之情形推测之,或可得其大略矣。师之初发也,皇太极谕曰:“此行可两图之。”及金军进至黄州,相传要求三事:曰割地,曰擒毛文龙,曰借兵一万助攻明。师次平山,岳托乃谓阿敏曰:“吾军俘获亦已多矣。”阿敏则谓:“如彼不从,可屯种以居。”既而盟约已成,阿敏犹纵掠三日,皇太极驰谕申戒,并言:“义州贮积之粮,充饷若有余,或他处有余粮,并察数遣员来奏,以便拨运。”观此数事,其心事已可概见矣。未几,金国要求朝鲜开市,朝鲜以兵燹之后,不能收效为辞。金国不听,卒许开市于

中江,兹录其往还文书如下:

此次边臣来书,言开市之事,此一款,前日差人回时,已悉言,岂贵国未能深悉乎?凡开市必待人民聚集,财货繁阜,彼此各以其所有,易其所无,交往懋迁,然后方可通行。今西路千里之地,极目墟莽,烟火断绝,有何人携货财而为买卖耶?

此系天聪元年十一月事,十二月,金国之复书如下:

我国之粮食,如止供本国人食,亦已足用。但蒙古诸贝勒携众来降者不绝,概加赡养,所以米粟不敷。汝与毛文龙粮食,已经七年,我岂似彼之无故索取哉?惟今岁市籴一年,汝当发粮。当此窘乏之时,汝能助我,方见敦睦之谊。平安、黄海二道,实经残破,然大局尚无损;且其余六道,仍如故也。若愿以粮相济,由鸭绿江运可也,由海运亦可也。

天聪二年五月,朝鲜国王复致金国书,有曰:

贵国方乏食,要我籴米,此在邻国之道,何能恝视?但我国兵兴之日,八道骚动,仓库一空;重以上年春雨过多,夏又大旱,农既愆时,民食甚艰。至西路列邑,余民无多,而贵国敛兵于龙湾后,逃死辽民,处处团聚,焚掠闾阎,鸡犬不遗,清川以西,鞠为茂草;此两大人之所目见,岂待言哉?我国于贵国之事,非不竭力,而缘木求鱼,计将安出!然在我之道,不可不尽,故勉强采三千石之米,以副贵国之意;而中江开市,两国通货,京外行商,及两西遗民,愿赎其父母妻子者,使各出米谷货物以赴之,为贵国籴米之计,不为不尽!抑有一说,通商者各从所愿,所以两图其利,非可抑勒而致者也。贵国欲多致米货,须平其价值,人自乐赴,不求足于一日之内,而徐徐为之,则我国之商贾,襁至而辐辏矣。晓谕民间,再三叮咛,令其及期赴市;且嘱边臣无使违误。本国所为,若背此言,而不实力以开市者,有如天。贵国若抑卖攘货,使民不乐于赴市,而责本国人失信者,亦有如天!

二月,朝鲜以米二千石与金国,以一千石交易于中江,是为中江互市之始。朝鲜记录云:"开市以二月二十六日行之。当时金国将军龙骨太恐吓百端,请求农牛三百。湾上胡商,以不给食料之言为索诈,姑以一百名先给。"观此,则当时之纷扰,可以想见。故第一次之贸易额,乃不过一万四千余两云。

(二) 会宁开市之不成

中江既开市,三月,金复要求于会宁开一市场,朝鲜不许。其两次所致金国之书,大略如下:

> 承示开市会宁,两国既和好,本不足异。但前此藩胡居六镇者甚多,故国中商贾凑集其地,以通货物。今则藩胡绝无种落,交市不行已久,贵国实未悉此间曲折耳。中江虽许开市,然兵火之余,人民荡残,远兵商贾,晓谕入送,犹恐越期而不能前赴,况两处开市乎?敝邦力实难周,不然,宁有许彼而不许此之理耶?凡事作始,必虑其终,方有实效,惟谅之!

又(八月):

> 义州既已开市,会宁何独相吝?但北边绝塞,人民鲜少,物货本乏;兼之道里险远,有重关复岭之阻,内地商贾,决不肯往;虽复相许,恐无物可市,徒烦贵国人虚来虚返耳,以此之故,业详前书。来示如此,若贵国与北边居民,私相往来,交易有无,固自无妨;至差官人如湾上之互市(朝鲜称鸭绿江为湾,盖指中江之市也),北民(指北道之人)之力,恐不能堪。凡此所陈,皆事势之当然,贵国若平心熟思,自可释然无疑矣。

金国此时之所缺乏者,厥维粮食,故战役之后,要求开市,以扩充米谷之来源;惟朝鲜当兵燹之后,人民残荡,供济粮糈,亦殊困难;又况中江互市之结果,金人要索边吏,实难应付。故朝鲜谓私市无妨,差官则北民不能堪矣。当时战争频仍,金国大饥,斗米八金,耕牛百两,朝鲜之物力虽穷,亦比较金国之情形为优裕,会宁开市不成,皇太极愠甚曰:"会宁自古为开市之地,今何不许?义州则尔土,会宁不然;至以物资不给为辞,诈耳。已许江上,何惜会宁乎?"时"湾上""北民",金人不知何指。朝鲜使者为释之,始得解。亦可见金国当时之文事状况矣。

二十八 天聪间与朝鲜之交涉

(一) 放还逃人之交涉(上)

李觉归国时,皇太极与李倧书,有曰:"自后若有尔国人民,逃归我国,我即缉以还汝;我国之满洲汉人,及阵获朝鲜之人,逃至尔国,尔即缉以归我。毋或隐匿,致败两国和好也。"旋李倧遣使报谢,其书言不忍缚送被俘后逃归之人,又请撤义州兵。盖彼以朝鲜人之被俘者,仍为朝鲜人,思家而归,不忍缚送也。此为放还逃人问题之始。皇太极遣人复书,许撤义州之兵,而逃人必须交还原主。兹节录其书如下:

> 至言尔国之民,被俘之后,思其父母逃归,若复缚送,心有不忍。前者尔兵入我栋鄂、瓦尔喀、窝集、肆行屠戮;又容匿毛文龙纳我辽东逃民,是以往征尔国。当攻城陷阵之时,我师岂独无死伤者乎?今以血战所获之俘,脱逃而去,尔乃收而庇之,谓不忍再视其离散;尔试思昔日来侵我国,屠戮我民,其父子兄弟,岂无离散者乎?辽东之民,久经分给将士,谊关主仆;一旦仆弃其主,窜归尔国,岂得不谓之离散乎?倘我国将士,愤其叛逃,率众而往执之,自此启衅败盟,又未可定也。我所以欲尔归我逃人者,非贪得,正欲永践盟好耳。如有贪得之念,前薙发降我之民,如许之多,一经誓盟,遂尔遣归,我何尝靳之也?念王若爱恋其民,必以彼父母兄弟完聚为词,可将逃人一一察出,与

其原主,期约一处,伊主许赎,各从其便。如此庶为允协,王其图之!

皇太极之意,以为朝鲜俘虏,为阵上所得,已赐各将为奴隶,不应脱逃。此在近世之国际战争上,本属毫无理由;然当未发达之社会中,以战争为掠夺之手段;战胜者即应享有奴隶俘虏之权利,故皇太极以是为言,不以为怪也。未几,两国互市之问题发生,皇太极答书论及此事,有曰:

至于我国逃人,当两国盟誓时,原议自盟之后,尔国即行送还;尔并未践约。后尔弟归国,复约以过江日为始,送还逃民,亦未见送还。尔云:"驻兵义州,纵有逃民,无由得知;若撤义州兵回,各守封疆,有逃来者,便易稽察。"今我撤兵之后,逃往人数,已察出甚多矣。从前相约,凡遇间谍之人,彼此必执而归之。近乃有定州外郎金惟同潜来窥伺,经旬方返。若不禁绝,恐致生乱阶。

此事在天聪元年十二月,二年二月,李倧遣使申辩:金惟同非所遣,并供济粮米二千石,更以一千石互市于中江;且言:"京外行商,及两西遗民,愿赎其父母妻子者,各出米谷货物以赴之。"(详见上节)。是朝鲜对于金国所提之许赎条件,已默然许诺。盖新败之后,不敢以反颜抗大国,故不得不一一认可耳。既尔金复诘问纳逃人事,而朝鲜来书如下:

日者边臣传致来书,阅之不觉骇讶!敝邦既与贵国誓天约和,容受叛亡,于义不可;故曾有逃来人口,辄即缚送,既得来示,即令边臣广加察访。报称正月十一日晓,有不辨汉满二十余人,乘白马由镇江后山无人处,横向海边去,似往投毛文龙营者;当时既失踪迹,无由得其实状。姑此具复,幸贵国谅之!

所谓逃人者,不只朝鲜俘虏,即满人、汉人之被迫而降者,亦有逃往他处之事实也。故朝鲜缚送逃人时,稍有疏遗,即不免受金庭之诘问,一时颇难应付。既而复有会宁索人之事,亦两国间重大之交涉也,当于下目述之。

(二) 放还逃人之交涉(下)

瓦尔喀之部族,散居今图们江北岸,有长白山瓦尔喀、东海瓦尔喀两种,朝鲜称之曰兀狄哈。因避其寇掠,许其住居江北诸城近地,通称曰藩胡。金当天命、天聪二朝,常取其人民以助攻略之用(详见上章)。顾其人后有逃入熊岛者,有走入宁古塔地方者,而朝鲜境内,来者日众。金国屡请放还,天聪七年九月,朝鲜之复书如下:

> 会宁索人之事,自谓敝邦处置已当,必蒙贵国之深许;不料复有所云!两国当无有交涉之时,东自东,西自西,我人投于西,我不致憾贵国;贵国人投于东,亦当不致于敝邦有所惊讶。况布占泰在日,我两国同为邻敌。其种人投贵国者,即贵国人也;投我者,即我国人也。认为己有,有何不可?然为尊重贵国起见,其原系江北人者,一一放还,其余皆已死矣;不然者,则与我国人婚嫁所生也。而贵国轻信渠辈之言,连续而责我放还于十数年后,其为贵使押解而去者,亦不少。边民虽至愚,各有知觉,衡之事理,应还与否,无不知之,谓我身为人牧,重违贵国之言,使其民父不能保其子,夫不能保其妻,号泣怨怼,纷然离散,我诚无以解于我民!不然,兄弟之间,有何所惜?汗之明恕,必能谅之!

朝鲜以布占泰之部族,投于朝鲜者,应为朝鲜人;金国索还,实无理由。然为尊重国交起见,既放还原住江北之人,其余婚嫁所生,同化之民,则不能任其家庭之离散也。金以布占泰为蒙古之裔,而已则与瓦尔喀系金之后,索所当索,非强索也。其复书如下:

> 见王来书,谓:布占泰在日,我两国均为邻敌,其种人投贵国者,即是贵国人,投我国者,即是我国人;此乃告者之误也。布占泰自蒙古来,乃蒙古之苗裔也,瓦尔喀与我,俱系女真国大金之后。先是,布占泰侵掠我国遗民,我两国由此构兵,贵国亦尝闻之乎?今索取之由,盖亦实系我国遗民也。向所征取之地,与贵国之某某,旧为亲友,

曾寄托人物财畜不少；亦有被逼留者；所索取者，只此等人。岂无故而索取耶？虽然，余岂偏听小人之言乎？王宜遣一正直之人，同抵会宁，听各人口词，辨别是非，当取者取，当已者已。若谓瓦尔喀与我非同一国，非大金之后，尔国有熟知典故者，遣一人来；予可以世系告明之。尔试观辽、金、元之史，自晓然矣！予索所当索，非强索也。

瓦尔喀之部族，本为金国战争之一大臂助，以其言语风俗同也。其畏役而逃于朝鲜者，在势必索；而朝鲜又屡书陈辩，故遂不免为两国国交断绝之一种原因焉。

（三）越境采参之问题

两国既以各保封疆为誓词，则人民之越境，自当例禁。天聪二年，金致朝鲜国文书，言及此事，朝鲜深以为然，并谓严行诰诫，决不因循。顾东省富利，人参为最，朝鲜人以采参之关系，常越境入建州，因此又不免引起两国之交涉焉。天聪五年，朝鲜人有出卜儿哈兔（即今东间岛）而行猎者，有入灰扒（即今辉发江一带）而偷采人参者，有与毛文龙之部卒共入宽甸而偷采者，皆为金人所捕获，缚送朝鲜，朝鲜严治之。然偷采者仍不绝。天聪九年八月，金复获朝鲜人之偷采者于赫图阿拉（今兴京）附近，九月，朝鲜复书，极致歉仄之意，录之，亦可见越境问题之状况矣。

承示敝邦边民，又违禁采参，乃深入贵国天兴城（《实录》谓：“天聪五年，以赫图阿拉为天眷兴京。”）五六十里之地，及遇巡哨，犹不束手服罪，反竭力相抗，闻之不胜痛骇！敝邦商贾，不著名籍，随意东西，见利则趋之如不及，无利则违而去之；官家号令，不复及于此辈，由来已久。且从与江北人惯相往来，以为生涯，终成弊习。年来江北人服贵国之威令，无敢冒进而相通，此辈顿失生涯，乃以私采为资生之计。前后缚送于贵国者，悉斩之于境上，其为边臣告发而得罪者，亦比比有之。然见利忘生之辈，犹怀侥幸之心；且边臣心性不同，往往掩匿其奸；迨事觉，辄拿治之，故永不能绝其弊。每致贵国之缚送，不谷诚无辞以对!

盖自金国勃兴以来,朝鲜边境之人,即失其从来贸易之利益;且金国抬高参价,使朝鲜人不得巨利,故不得已而越境采参,虽以严刑威之,亦不能禁也。正月,朝鲜王再致书于金庭,略谓:"越境采参,乃我民大利之所在,至上年又加甚,不谷诚痛之!今更加申饬,必痛断乃止,幸容恕以观后效。"然当时两国之交际,因种种关系,日趋险恶,故不久而有第二次战役之发生。

(四)岁币之增减

岁币者,即两国议和时,朝鲜所许春秋赠献之礼物也。其多寡之数目,本无定额,故天聪元年,金致朝鲜王书有曰:"至每年往来之礼,王自知之。"当时两国表面上,仍为对等国之态度,故对于受物曰"所惠",曰"谨领厚意";对于授物曰"不腆土宜,统乞照领",或曰"聊致薄物,幸希领收"。而实际上则朝鲜对金之朝贡品也。以两国既结兄弟之约,故不能不曰赠曰岁币而已。其数目既不定,故朝鲜自当以时势为增减。天聪元年,赠白绵䌷百二十五匹、虎皮六张;二年,白绵䌷二百匹、虎皮三张;三年,白绵䌷百四十匹:其礼物逐渐减少。及天聪五年,正月,朝鲜以永平之败,有轻金之意,其贡礼益减。皇太极却之,令大臣英固尔岱以鞍马、貂皮、银两赏使臣,及通事从人;又以人参赠李倧。朝鲜使臣朴兰英辞曰:"既不纳敝国贡物,何敢受贵国所遗?"英固尔岱曰:"不纳尔国贡物者,以尔国背盟减额故也。"朴兰英曰:"尔以我国贡物为减,贵国所遗,不亦减乎?"英固尔岱曰:"若两国和好,交相馈送,则尔言宜然。尔国无故助明以兵侵伐,天不尔佑,致尔丧师,尔兰英与各官皆被擒。及我国声罪致讨,尔国王弃其城郭、人民,窜入海岛;我国复从宽大,尽还所得城池土地,并前阵获各官,及尔兰英皆纵之归。岂尔之力能生还,能自逃归耶?尔等以保全性命,给还疆土之恩,故来纳贡,奈何作彼此较量语耶?"朴兰英乃自咎失言。皇太极命使臣偕朴兰英往与李倧书曰:

来献礼物渐减，我固不以货币为重，尔恭敬渐衰，得勿谓明强我弱乎？明与我交战事，其逾久者今姑勿论，即如己巳年我统大军入明，取其城池，招抚安定。后因二贝勒阿敏不乐成功，擅自撤兵而退，尔国人之在燕京者，皆知之。是时明人曾有敢抗拒我军者否？有不震慑我军威者否？二贝勒出边时，随行军士失道，被杀约计壮弱凡二百人，明人复将薙发降我之汉人，割取其首，冒称满洲，以斩获三千五十八级诳言冒功；既诳其主，又何难诳尔国耶？王或听其欺诳之言，以为明强我弱，将俟我兵入明之后，侵我疆圉乎？我亦计及于此，岂不量力筹画而行耶？昔我征尔国时，明与蒙古及尔国三路拒敌，我犹整暇自若。今察哈尔远避于黄河上流矣，去年秋，元太祖弟哈萨尔后裔，举所部来归，喀喇沁汗率所部，及明沿边驻牧三旗人，亦皆降服矣。尔若助明侵我，我不必自劳兵力，但调遣蒙古十万人直趋尔国，尔惟有遁逃海岛而已！……

已而崇德改元，遣使朝鲜，革兄弟之义，而讲君臣之礼。且此后须增岁币为金百两、银千两、各色绵绸千匹、麻布千匹、豹皮百张、獭皮四百张、水牛角百副、苏木二百斤、大纸千帙、次纸千帙、龙纹纳席一条、各色花席百条、胡椒一石、鹿皮二百张、腰刀二十口、顺刀二十口、松萝茶二百包。此系就《清实录》所载。至朝鲜之记录则为黄金万两、白金万两、五色细布万匹、白苎一万匹、精兵三万、骑马三千云。朝鲜以黄金非土产，请以虎皮代之，余请减半。金国不允，而两国之决裂，遂在旦夕间矣。

第七章　内蒙古之兼并

二十九　蒙古之大势

(一) 名称及区分

蒙古乃中国北部诸游牧人之总称也。其称也,以人不以地。盖游牧行国,逐水草而居,水草尽,则他徙,不解耕稼,故一定之土地,非其所需。魏源所谓"不郛郭,不宫室,不耕殖,穹帐寄而水草逐"者,是已。此种生活,与以城郭为居,射猎为食者稍异。故满洲得以地名为族名,而蒙古则因族以名其地,此其所不同也。史传外夷,皆以"行国"、"居国"为大界画;而游牧行国,又以沙漠为大界画。若汉之匈奴,贤王有左右,一居东方,以接涉貊;一居西方,以接氐羌;而单于庭直代云中,攘之则还于漠北。至后汉而为南单于、北单于;再变而为东胡、西胡;三变为柔然,为东西奚;四变为东突厥、西突厥;五变为内回纥、外回纥;数千年离合绝续,皆以大漠为诸部之纲维,东西南北,于是定焉。其扩入版图,列为郡县者,惟唐初荡平突厥之地,置定襄、云中等郡。领于单于、瀚海二都护,一时称极盛,而控御不久。辽金置上京、中京、西京诸道,仅域于东西奚,而未及朔漠。元起漠北,奄有函夏,于漠南置大宁、上都、兴和、应昌等路,于漠北置和林行中书省;以至西域、青海,皆分建诸王驸马,为古今戎索之一变。明之中叶,元裔由漠北入漠南,于是边防复棘。且其根柯盘固,枝条蔓衍,为今蒙古各部汗王,环处于大漠。故清乾隆帝言"三代以后,惟元太祖裔至今不绝"云。稽其部类,大分有四,表之如下:

蒙古之区分：
- 一、漠南内蒙古(分二部：曰科尔沁,曰漠南蒙古)
- 二、漠北外蒙古(亦称“喀尔喀”分三部：曰车臣,曰土谢图,曰札萨克图。及雍正时，始增置三音诺颜部)
- 三、漠西厄鲁特蒙古(分四部：曰和硕特，曰准噶尔,曰杜尔伯特,曰土尔扈特)
- 四、青海蒙古(和硕特部徙此)

漠南内蒙古,接壤满洲,与金之交涉最多,而其臣服亦最先。漠北喀尔喀三部,以隔于大漠,明世不见史册。康熙初,乃入有清版图。及康熙亲征准噶尔,而青海诸部来庭,于是三大部蒙古,尽归清有。漠西厄鲁特,至乾隆时始夷其疆域,空其部落。漠南、漠北二部,大半为元太祖成吉思汗之后裔,而漠西、青海则其旁支也。今先述内蒙古之兼并,余俟后详。

(二) 蒙古与明金之关系

蒙古逼处北陲,世为边患,汉之匈奴、唐之突厥,其著者也。元室覆亡,顺帝北归和林,连易五主,始去国号,称鞑靼可汗,皆在明洪武之世。永乐初,本雅失里可汗为阿鲁台所立;宣德中,脱脱不花可汗为瓦剌酋长脱欢所立。景泰中,也先篡之,不久,部下仍立脱脱不花子,号小王子。自是世以小王子为称。正德中,小王子(达延可汗)尤强,并青海及乌斯藏,控弦十余万。嘉靖中,稍厌兵,徙幕辽东边外(达延之孙达赍逊库),称土蛮,而分诸部落留西北边。其时边防皆急于河套、青海,及俺答封,而西陲始奠。于是东部土蛮小王子裔,数入寇,边患又中于蓟边。故明世边寇有三部:曰河西部、曰河东部、曰河套部。西则青海、蒙古,东则札萨克蒙古,套则阿拉善及鄂尔多斯蒙古也。明代防备,注意三部,故辽东之处置,甚为疏忽。及努尔哈赤、皇太极勃兴于建州,蚕食边鄙,坐视滋大,而明庭乃欲款蒙古以制东夷;然其威力日增,降附日众,终无成效也。至蒙古与满洲,则历史上尤见其有密切之关系。因两地无天然之障蔽,又以河流贯穿,交通便利,故种族与生活大致无异,而两地亦不能有二雄并立也。契丹起于西喇木伦河上流，其主阿保机东破渤海王国，兼并辽东，统治约二世纪之久。及女真奋兴，辽社为墟，长白部族，雄视北藩。不久，蒙古又起，金族失国。元既控制东陲，而塞外文化，皆皈依焉。及建酋勃兴，邻近征服，乃以怀柔蒙古为惟一之政策。盖朝鲜与内蒙，皆与清有重要之关系，自朝鲜服，而后辽东沿海无牵制之忧；自内蒙古平，而后长城以北无道阻之患，不特习俗略同，助以攻战已也。明以全力防山海关，金汗知不易克拔，思取别路以入犯，乃不得不力图内蒙。适是时林丹肆虐，部族多散，金乃招徕盟会，卒一举而歼之；内蒙之地，先为藩属矣。

(三) 内蒙诸部之起源

内蒙之部落，可大别为二：曰科尔沁，即今内蒙古之极东隅，及奉天洮南一带地；曰漠南蒙古，即今内蒙古及直隶、山西边外地。科尔沁建部之始，在明永乐年间；当时蒙古分鞑靼、瓦剌二部，东西对峙，鞑靼之大臣阿鲁台，裔出元太祖成吉思汗之弟哈布图哈萨尔。拥众擅国，权力出可汗上。既而为瓦剌所杀，其部族有蒙克塔斯哈喇者，为哈萨尔十四世孙，率众走避嫩江，依兀良哈以建邦焉。疆域北界黑龙江，南抵盛京边墙，东西距八百七十里，南北二千一百里；以同族有阿鲁科尔沁(在今热河境内)，因号嫩江科尔沁，以自别所部。其后部族繁衍，有分居各地者，若札赉特、若杜尔伯特、若郭尔罗斯，皆其支裔也。漠南蒙古与漠北蒙古之分也，自元世祖七世孙达延(大元)可汗时始。先是，顺帝既北归，其子孙仍抚有蒙古旧部，居喀喇和林(西库伦附近)，易五主，始称鞑靼可汗，然世有内乱，篡弑相寻，部众离散，所在割据。及达延立，复统一之，以地广难治，乃举沙漠以南之领土，分封诸子，图鲁、巴尔苏、阿尔楚、鄂尔齐；而留其季子格埒森、札赉尔居漠北，达延年八十，乃卒。长子图鲁已先死，孙博迪(卜赤)嗣为可汗，专辖漠南蒙古东半，以其近长城，故称为察哈尔。察哈尔者，近接之义也。而图鲁之后，又别为浩斋特、苏尼特、乌珠穆沁、敖汉、奈曼诸部；巴尔苏之后，别为鄂尔多斯、土默特二部；鄂尔齐之后，为克什克腾部。故漠南蒙古部落不一，而以察哈尔为大宗，且为诸部雄长。自博迪传至林丹，有雄略，侵并诸部，与努尔哈赤东西相抗衡。然清运方兴，终为所灭,亦可谓之不幸已。

三十　诸部之降附

(一) 科尔沁

科尔沁既雄视东方,故建州之兴,当为所嫉。万历二十一年,其贝勒明安,与叶赫哈达等九部之师,合攻建州,为努尔哈赤败于古埒山。次年,遂遣使通好。及努尔哈赤攻乌拉,科尔沁援之,又为所败,至是始不敢与金国抗,数遣使相往来。天命九年,努尔哈赤遣人往约,与坚和好,其部长奥巴遣使赍书,称努尔哈赤如青天之上,太阳当空,众光尽敛,威震列国,臣民慑服,普天共主之圣明皇帝。且言:科尔沁贝勒等俱钦服帝命,欲修好如约,但惧察哈尔及喀尔喀知之,兴兵侵扰,望筹及之。努尔哈赤遣库尔禅往会盟,誓曰:"二国愤察哈尔侮慢,故缔盟好,昭告天地。今若为察哈尔所诱惑,私与之和,天地降灾。"盖科尔沁愤察哈尔之虐,欲脱其羁绊,故结此同盟也。当时察哈尔之汗林丹,士马强盛,横行漠南,破喀喇沁,灭土默特,东西驰逐,所至掠夺,诸部不堪其虐。其北走者,渡沙漠依喀尔喀,其东走者,则依科尔沁。林丹汗既怒科尔沁之与金汗盟,又恶其为漠南诸部逋逃薮,天命十年,率众攻之,围奥巴所居之格勒珠尔根城。奥巴乞援于金,努尔哈赤既已谕令坚守,复遣莽古尔泰、皇太极等率精骑五千而往,进至农安塔地,林丹解围西走。两国之和好,于是益坚。翌年,奥巴偕其昆弟来朝,努尔哈赤令诸贝勒至开原,而亲出城十里迎之,妻以图伦(舒尔哈齐第三子)之女。复椎牛盟誓,永奠和好,赐奥巴号土谢图汗;自是科尔沁遂终为不侵不叛之臣焉。天命十一年,努尔哈赤卒,皇太极即位,科尔沁遣使来吊曰:"恭闻强武英明大可汗上宾,奥巴台吉敢奉书以慰八旗大小贝勒:昔察希尔巴敦汗主四方,握七宝,数尽则必死;雪山白狮子,其力虽大,限到亦死,深海之内,纵有诸宝,无裨于龙王之死。故成必有坏,始必有终;尔皇考奋起孤愤之中,并吞大小诸国为一,虎步中外,是天之所豪,宜返天上。惟生者能自强,则死者为不死,后嗣勉之矣!"天聪二年,会金军攻察哈尔,十年,灭察哈尔。及崇德改元,科尔沁率漠南诸部,合词上尊号,礼成册功,诏设札萨克(旗长)五人,赐亲王郡王镇国公等爵。自后有大征伐,科尔沁辄以兵从。又以依附较早之故,世为帝室懿亲,休戚相共,故后诸王之岁俸,居内蒙古二十四部之上云。

(二) 喀尔喀

喀尔喀亦蒙古之部族也,与外蒙古之喀尔喀不同。大概居老哈河及西喇木伦河上流。天命四年,努尔哈赤既败明兵于萨尔浒,是秋,破铁岭,喀尔喀贝勒斋赛与札鲁特贝勒巴克、台吉色本等,引兵乘夜至秫田,射击金兵出城牧马之兵十余;努尔哈赤遂率兵奋击之,败其兵,追至辽河,溺水死,生擒斋赛。既而喀尔喀众贝勒遣使言曰:"斋赛屡启衅端,诚有罪,惟上所命。但明敌国也,如往征之,必同心合谋,直抵山海关,负此言者,天神鉴之。倘与和好,亦必会同定议;若明输财物,厚汝国,薄我,汝国勿受;厚我国,薄汝,我亦不受。能践此言,名闻远迩,不亦善乎?"努尔哈赤乃遣大臣五人,赴期会之地,椎牛誓曰:"今金国十旗执政贝勒,与喀尔喀执政贝勒,蒙天地眷佑,俾合谋并力,与明修怨。如其与明释旧恨,结和好,亦必合谋,然后许之;若金国渝盟,不同喀尔喀贝勒合谋,与明和好,皇天后土,其降之罚;若明欲与喀尔喀贝勒和好,密遣离间,贝勒等不以其言告我金国,皇天后土,亦降之罚!"天命六年,喀尔喀以牲畜一万,赎斋赛,送其二子一女为质,乃遣之还。天命十一年,喀尔喀背盟私与明和,杀金斥堠军,献首于明,受其重赏。又屡劫金使之财货牲畜,努尔哈赤率军征之,至巴林部,贝勒囊努克弃寨走,追杀之。克环近屯寨,收其畜产。复令莽古尔泰掠至锡喇穆伦而还。及皇太极即汗位,札噜特以劫使掠财,遣军征之;又令副将楞额哩,参将阿山征巴林,驱逐哨卒,纵火燎原,以张声势,使不得与札噜特相顾,并获人畜无数。天聪二年,巴林部为察哈尔林丹汗所残破,举众往投科尔沁,复为科尔沁扰害,其贝勒色特尔(元太祖裔,巴噶巴图尔诺颜等三子)、台吉塞棱(色特尔兄,和托果尔昂哈之子)、满珠什哩(色特尔兄,额布格岱洪巴图鲁之子)、阿玉什等,乃率部众降金。其后各部,均苦察哈尔之暴,相率来归,而喀尔喀遂平。盖喀尔喀有五部,巴林、札噜特,皆其五部中之一云。

(三) 札噜特

天命四年,喀尔喀诸部既与金约,谋协力以抗明;若欲和战,须经两国之同意而后可。次年,金使臣祐类,自札噜特台吉达雅处,携回牛羊并所乘之马及衣服器械诸物,为其贝勒昂安等以兵要劫而去。祐类还曰:"喀尔喀众贝勒俱负盟矣。惟洪巴图鲁贝勒杜棱谓予曰:'我子孙俱有二心,我虽训之,不能制;然我身必不负盟也。'"未几,昂安复以兵夺金使臣所赍之马牛,其往札噜特贝勒色本处使臣伊沙穆之牛马羊,亦为所夺。八年,努尔哈赤令阿巴泰、德格类、岳托等统兵三千往征之,乘夜疾行,渡辽河。前锋总兵达音布率精锐五十人,先至额尔格勒地,知为昂安所属,略之而前;驰百余里,乃与参将雅希禅、侍卫博尔晋进攻昂安所居。昂安携妻子及二十余人引牛车将遁,雅希禅、博尔晋率三十余骑下马,达音布率十余骑勒马立。昂安避下马之兵,直冲达音布;达音布拒战,方弯弓发矢,昂安部下一人,乘隙以小枪迎刺达音布,中其口,遂堕马而死。雅希禅、博尔晋奋勇冲击,杀昂安及其子与从者,尽获其妻孥人户畜产而还。天命十一年,金军攻宁远,不克而还。札噜特贝勒鄂尔斋图等,以兵阻金遣往科尔沁之使臣,劫掠财物。十月,大贝勒代善、二贝勒阿敏等,率兵征札噜特,先声讨其背盟之罪,示以书曰:

> 前者己未年,擒贝勒斋赛,后曾刑白马乌牛,誓告天地,云:我满洲及喀尔喀协力征明,欲与和,当共议以行。若喀尔喀听明人巧言,利其厚贿,背弃盟誓,而先与私和者,天地谴责;我若背盟,亦如之。乃喀尔喀五部落,竟潜通于明,听其巧言,利其厚贿,以兵助之,是尔之先绝我好也!又且犯我台站,扰我人民,掠我财物,杀人献首于明,盟言安在?昔盟誓时,尔五部落执政诸贝勒,及卓克图贝勒俱预此盟;而昂安不从,尔等因以昂安委我裁置,我乃兴师诛之。嗣后尔札噜特诸贝勒云:"昂安罪固应诛,我部落仍愿修旧好,不似东西部落,或食言败盟也。"我故归桑图妻子(昂安之役被擒者)。癸亥年,复申盟誓云:"察哈尔,我仇也;科尔沁,我戚也。尔慎毋与察哈尔通好,或要截我遣往科尔沁之人,致起兵端。"无何,尔又背此盟,甲子年,

尔右翼兵袭我使于汉察喇地;乙丑年,又追我使于辽河畔,恣行劫夺;是年,又要截我使,伤其首,尽夺财物。尔札噜特何其贪利背义也!然我犹念前好,不问尔罪,远征巴林,所俘获尔部百余人,悉行释遣。后桑图以诳言而来窥我,我已洞悉其奸,仍不絷留:盖我之推诚于尔,不欲终弃前盟。今年春,尔札噜特左翼诸贝勒,觇我使臣之出,屡次要截道路,劫夺财物,并行残害。是尔札噜特之贪诈不仁,妄加于我者,终未有已时也。兴师致讨,职是故耳。

十一月,代善等擒札噜特贝勒巴克及拉什希布等十四贝勒而还。至是札噜特诸部皆服。其后,右翼贝勒色本,因察哈尔林丹之侵掠,奔依科尔沁;科尔沁不能赡养,于天聪二年十二月,偕其部众归金,而续至者亦夥。于是内蒙之东部,大半皆服属,遂不得不西向以图强暴之察哈尔矣。

三十一　察哈尔之灭亡

(一) 林丹汗与努尔哈赤

察哈尔(明时谓之插汉儿)自博迪(卜赤)四传至林丹,称胡土克图可汗,即《明史》所称虎墩兔者是也。屡寇宣大边,士马强盛,横行漠南,有王偃、武乙之暴。当万历初年,叶赫为塞外雄部,努尔哈赤与林丹皆娶叶赫之女,而叶赫始终附明,不利金之兴。天命四年八月,努尔哈赤灭叶赫,其遗众多逃奔察哈尔,明欲利用林丹以抵制建州,遂啖以利,岁给银四千两,后渐增至四万。林丹乃扬言能助中国。十月,致书努尔哈赤曰:

统领四十万众蒙古国主巴图鲁青吉思汗致书水滨三万众金国主安宁无恙:明,我二国之仇雠也,闻尔年来数苦于明,今年夏,我已亲往明之广宁,收其贡赋。倘汝兵往广宁,则吾为汝牵制。吾二人非有衅端,但以吾已服之城,为汝所得,殊为不可。若不从吾言,吾二人之是非,天必鉴之。先时,二国使者常相往来,因汝使臣谓吾不以礼相遇,搆吾二人,遂不复聘问,若以吾言为是,汝其令前使来,复至吾国。

林丹以明之指使,欲阻金兵西下,所谓收赋广宁,殆不过一种口实耳。五年,努尔哈赤复以书曰:

> 阅来书。自称四十万蒙古之主,称吾为水滨三万人之主,何故恃其众以骄吾国乎?闻昔明之洪武,取尔大都时,四十万蒙古摧折几尽;逃窜得脱者,仅六万。属鄂尔多斯者万人,属土默特者万人,属阿苏特、雍谢布、喀喇沁者万人,固各有所主也。其余三万,亦不皆属于尔,以不足三万人之国,乃远引陈言,骄语四十万,而轻吾国为三万人,天地岂不知之!吾国即不若尔之众,吾力即不若尔之强,然仰蒙天眷,以扈伦及明之抚顺、清河、开原、铁岭授我。来书以广宁为尔收赋地,欲我弗征,若征之,将不利于我。使我与尔平日有隙,出此言宜也;乃本无仇隙,何故为异姓之明,出此恶言?岂不抗天意倒行而逆施耶?……明之赏汝,从未有如此之厚者,徒以畏我征伐之故,诱汝以利耳。……乃惟利是嗜,以有限之金帛,构怨于素无嫌怨之国,皇天后土,宁不鉴之!

林丹得书,絷留金使,努尔哈赤误闻金使被杀,欲杀前留察哈尔之使者;既而遣人往约,各归使者,林丹不答,乃杀其使,而金使竟以赂守者逃归。时两国之交际虽恶,但仍不至于破裂者:盖金国之基础未固,不愿以新建之邦,与强邻为敌;而林丹之势力日削,亦不敢轻试其锋也。

(二) 察哈尔之形势与喀喇沁会盟

会土默特(明初为泰宁卫〔兀良哈三卫之一〕地,其后为蒙古达延汗之子巴尔苏所占,是为土默特〔即土蛮〕)部有继承之争,旷岁无主,盗贼并起。林丹略夺土地,势益张,凭陵诸部,以天命十年,率兵围科尔沁。及金军来援,乃退,其后各部之苦其虐者,多叛投漠北与科尔沁诸部。时金国亦屡出兵于喀尔喀诸地,以扩张其势力。及天聪元年,皇太极与奈曼诸部书,历述兴师征明与喀尔喀及朝鲜之由,言非得已;且愿与诸部同除强暴,各保疆圉,以林丹汗之肆虐,当共图之。六年,敖汉、奈曼两部来归,后察哈尔贝勒之来归者亦众;至是察哈尔之形势益弱。天聪二年(崇祯元年),林丹入犯宣大边,明帝御平台,召总督王象乾询方略,象乾谓:不如抚而用之。复往与袁崇焕议,皆言西靖而东自宁,虎不款,而东西并急。因定岁予察哈尔金八万一千两,以示羁縻,使侵辽东。林丹之妇,本叶赫金台什女,叶赫为金灭,林丹常欲为之复仇,故明利用之。然时时纵掠塞外,无损于金也。二月喀喇沁遣使乞盟于金曰:

> 察哈尔汗不道,伤残骨肉,我喀喇沁部落,被其欺陵,夺去户口牧产。我汗与布延台吉博硕克图汗鄂尔多斯济农同雍谢布及阿苏特、阿巴噶、喀尔喀诸部落,合兵至土默特部之赵城地方,杀察哈尔驻兵四万人。我汗与布延台吉率兵十万,回时,复值察哈尔兵三千人赴明张家口请赏,未得而回,又尽杀之。今左翼阿巴噶及喀尔喀部落,遣使来约,欲与合力兴师,且有与天聪汗同举兵之语。是察哈尔根本摇动。可乘此机,秣马肥壮,及草青时,同阿巴噶、喀喇沁、土默特兴师取之。

喀喇沁明初为大宁都司辖地,成祖弃大宁,以其地赐兀良哈。元太祖铁木真之大臣札尔楚泰之裔,世管其地,为朵颜三卫都督都指挥。至是,其部长塔布囊(官名)苏布地乞盟于金,皇太极谕以遣人来议。七月喀喇沁以喇嘛四人至,乃命阿济格与会盟。九月,皇太极亲率兵征察哈尔,会敖汗、奈曼部长于都尔弼,会喀尔喀诸贝勒于辽阳,会札噜特台吉、喀喇沁部长台吉等于绰哕郭勒地。大军进发至锡尔哈、锡伯图、英汤图诸处,败察哈尔兵,追剿至兴安岭,俘获无算。至是,察哈尔之势力,退出西喇木伦河流域之外,而明国之北藩乃尽撤。金又以喀喇沁台吉之向导,遂出入于长城以内犯矣。

(三) 林丹汗之败亡

天聪五年,林丹汗侵阿噜部,至西喇木伦河北岸,皇太极闻之,遣兵往援;林丹大掠而去。六年四月,皇太极亲率师征察哈尔,征各部归降之蒙古兵,以次会于途。时值辽河泛涨,昼夜冒潦,出其不意,逾内兴安岭,至达勒鄂谟。林丹汗闻警,谋拒战,而所部解体,遂徙其部众家业,有两牛以上者,凡十余万,渡河西奔。皇太极拟追之,为颁谕军中曰:

> 凡我军所至,有拒战败走,为我追擒者杀之;不拒战者,俘之勿杀。若擅杀不拒战之人,掠其衣服牲畜者,治罪。即以其所得之物,赏给首告之人。寺庙中如有自外窜匿者,可往缉捕,并察验僧众数目,具报,不许屯住其中,违者治罪。毁坏寺庙,取其器皿财物,及潜入人家,淫妇女者,并处死弗贷!

师次呼喇祐,又谕贝勒大臣曰:

> 蒙天眷佑,我军已至敌境,今当深入,遇敌人弗拒战者,勿杀,可俘以献。追敌毋至昏暮,日未落即止。凡降人择为首者二三人,令原招降主将率之而行,其余令各领家口随行。若离散人夫妇,淫乱人妇女者,处死。察哈尔部长奔逃,所遗家业牲畜财物,主将拨人守之,察明收贮。凡所俘获,务与众均分。

林丹率众奔逃,沿途散者什七八,初至喀喇莽鼐,为金军所追,狼狈西遁。金军以远追无益,议犯明边,乃移师向珠尔格图进发。时军中粮匮,猎黄羊数万脯食之。会天炎,其地无水,士卒渴甚,多仆于路。至和尔果地,乃得泉,次日至者,以一黄羊易水一碗而饮。军次穆噜哈喇克沁,命阿济格率左翼兵,及蒙古诸部兵,扰大同、宣府边外;济尔哈朗、多尔衮等,率右翼兵,掠黄河一带;而皇太极则进驻归化城。城为元裔土默特部长阿尔坦所筑,明隆庆时,封阿为顺义王,名其城曰归化。林丹汗盛时,其部为察哈尔所灭,至是降金,编为二旗,以其部长为左右翼都统,并还其所世守顺义王印。是役兵骑所出,俘获甚众,以七月班师。七年八月,有鸟曰鵽鸠,群集辽东,辽东素无此鸟,乃蒙古所产,其色淡黄,形如鸽,爪如人足,而有毛;金人皆以蒙古有归顺之兆。八年五月,林丹汗之叔茂奇塔特来归(前

逃科尔沁),皇太极意由宣大侵明,兼收察哈尔之部众。更因其部众多居明边,乃遗书召之曰:

> 予闻察哈尔西迁以来,所遗部众,俱驻明边外,此大误矣!既已居彼,何不归我?凡尔宰桑等,不拘众寡,有来降者,即命掌其国事,成全录用。如不审度时势,欲于明境安居,独不思以全盛之察哈尔,尚不能自存,而逃往西海地方;尔等又焉能久居于此乎?我国与尔等,言语虽异,衣冠则同。其依异类之明人,何如来归于我?……且彼先附明国之右翼图们、蒙古等,穷年累月,不得家居,妻子不能相见,屡为我兵所戮;其存者,明人犹驱之使战,委命疆场,此皆尔等所目睹者。若不从予言,则大军一出,倘蒙天佑,以地与我,则求抚无及矣!

皇太极亲率师进取,数月之间,收服察哈尔之众数万,军至尚方堡时,闻林丹汗已病痘死于大草滩,距青海十日程,其子及众不能守,俱蹑降者之踪迹而来。皇太极使人侦之而归。

(四) 额哲之降

天聪九年二月,皇太极命多尔衮、岳托、萨哈璘、豪格为统兵元帅,率兵一万,往收林丹汗子额尔克、孔果尔、额哲。军至锡喇珠尔格地方,遇察哈尔素诺木台吉,率部下一千五百户来降,乃遣人送往辽东。四月,至黄河,造船渡河。二十八日,抵额哲所驻托里图地方,天雾昏黑。多尔衮等按兵不动,遣叶赫贝勒锦台什之孙南楚,及其同族阿什达尔汗,令见其姊苏泰福晋(叶赫锦台什子德勒格尔台吉所生,林丹之妻),告以诸贝勒奉命统大军来招降,秋毫无犯。南楚等驰至苏泰福晋宫,呼人出,语之曰:“尔福晋亲弟南楚至矣。”福晋闻之,令其从者旧叶赫人觇之,还报,苏泰福晋恸哭而出,与南楚相见。遂令其子额哲,率众宰桑出迎金军。多尔衮等与额哲及其臣誓告天地,设宴款答。先是,金军未至时,有鄂尔多斯济农来招额哲,与之盟誓已行;金军闻而追还之,令还察哈尔人在鄂尔多斯者,不然,即以兵戈相加。鄂尔多斯者,在河套中,东西北三面皆距河,东西袤二千里,南北广八九百里,首尾或五六百里,或二四百里;即秦蒙恬所夺匈奴河南地,以阴山为塞;而汉唐之朔方郡也。有边城之雄固,盐池之富利,麦垛之铁,河边之柳,为兵为笴,可战可守,地宜马驼。赫连、元昊,屡据之以为西北霸国。达延汗之子巴尔苏(铁木真十六世孙)始居之,为鄂尔多斯济农,有九子,分牧各处,为鄂尔多斯七札萨克之祖。明末,苦林丹汗之虐,纠合喀喇沁阿巴噶诸部败察哈尔兵四万于土默特之赵城,至是,为金军所迫,献察哈尔之部众千户以降。时多尔衮闻元代之传国玉玺,在苏泰福晋处,索得之,其文为汉篆"制诰之宝"四字。元主中原,藏于大内,顺帝北遁,携入沙漠;及顺帝死于应昌,玺遂遗失。越二百余年,有牧羊岗下者,见一山羊,三日不啮草,但以蹄刨地;牧者发之,玺乃见,归于元裔博硕克图汗。后为察哈尔林丹汗所破,玺归林丹。至是归金,而皇太极得之,遂以为天锡至宝,改元称帝焉。金军渡河至归化,以岳托有疾,留驻之。多尔衮等率兵及额哲往寇明边山西一带,自平鲁卫,入翔州,直抵长城,毁墙而入,掠宁武关,代州、忻州、崞县等处而还。九月,师旋至札哈,皇太极亲渡辽河迎之,帝业将成,其喜可知矣。

第二篇　明清之兴替与满洲典制述要

第八章　大清帝国之成立

三十二　天聪以前之政治

（一）内部之统一

努尔哈赤之死，皇太极以势强得位，然各大贝勒仍拥有实力，不甘臣服；故代善、阿敏、莽古尔泰俱以兄行列座，同受朝拜。盖当时之政治，仍不过八旗之合议体，内部之实权，未能统一也。皇太极以名分之首领，其势力自较他贝勒之扩展为稍易；且以英明之才，从事于安内攘外，不十年间，南下朝鲜，西荡蒙古，屡挫明国之师，以图内犯。对外武功，远迈前代，而其对内集权，尤足见手段之灵活也。与其同列之三贝勒，既不肯低首服从，自不免逐一被斥；故天聪四年，皇太极怒阿敏永平之败，宣谕罪状十六条，其中大半皆素日积蕴而未发者，不过借此为揭示之时机耳。阿敏既除，既而莽古尔泰以酗酒怒詈，不保其位矣。先是，天聪五年，大凌河之役，一日，皇太极莅岳托营，莽古尔泰与俱奏曰："昨日之战，我旗将领被伤者多，旗下摆牙喇兵，有随阿山出哨者，有附达尔汉额驸营者，可取还乎？"皇太极曰："予闻尔所部兵，凡有差遣，每致违误。"莽古尔泰曰："我部落何尝违误？"皇太极曰："果然，是告者诬矣；予将亲追究之。"莽古尔泰曰："皇上宜从公道，何独与我为难？我以皇上故，一切承顺，乃犹未释，而欲杀我耶？"因举佩刀手磨之，而睨皇太极。时德格类亦在坐，阻而殴之，莽古尔泰犹怒詈。皇太极默然以去。不久，莽古尔泰论罚降秩（降和硕贝勒秩同诸贝勒）。六年，李伯龙奏定朝仪，诸贝勒皆言莽古尔泰不当与皇太极并坐。皇太极曰："曩与并坐，今不与并坐，恐他国闻之，不知彼过,反疑予不敬兄也。"代善曰:"我等既戴皇上为君,又与上并坐,恐国人议者,谓我等奉上即大位,又如三尊佛并列而坐,甚为非礼。既滋人议,神必降谴。自今以后,上南面中坐,我与莽古尔泰侍坐于侧,外国蒙古诸贝勒,坐于我等之下。"此种座位之变易,不特表形式之朝仪而已,实足为内部渐趋统一之明证也。然莽古尔泰降秩,心不能服,乃与女弟莽古济格格,及其夫敖汉部琐诺木,贝勒德格类、屯布禄、爱巴礼、僧冷机等,前对佛跪焚誓词云:"我已结怨皇上,尔等助我,事济之后,如视尔等不如我身者,天其鉴之!"琐诺木及其妻亦誓云:"我等阳事皇上,而阴助尔,如不践言,天其鉴之!"未几,莽古尔泰暴死(天聪六年十二月初二日),德格类亦继卒(天聪九年十月初二日)。天聪九年十二月,僧冷机首告于刑部贝勒济尔哈朗,琐诺木亦首于达雅济,诸大臣因会审得实,诛莽古济格格,磔屯布禄、爱巴礼及其亲友于市,琐诺木以先行举首免罪。赏僧冷机世袭三等梅勒章京。后籍莽古尔泰家,获所造木印十六,文曰:"金国皇帝之印"。其宿志与阴谋即此可以知之。此皇太极所以于朝仪更定之时,犹费踌躇也。阿敏与莽古尔泰既死,代善以戆直不足有为,而多尔衮又巧猾善于逢迎,不触忌讳。故独裁之政体成,而金国之帝业兴。

(二) 对外之发展

皇太极承努尔哈赤之后,其对外事业之发展,较前尤著。天命年间,不过收服同族之部落,以建立一汗庭,而朝鲜、蒙古,非复兵力所及也。皇太极新即帝位,即以征取朝鲜皮岛为事,以除后顾之忧,建州之业,乃臻巩固。其后东收瓦尔喀,北服科尔沁,塞外雄部,罔不率服。于是明国之藩篱尽撤,而帝运之转移,渐趋于辽、沈矣。天聪八年冬,皇太极祭告努尔哈赤文曰:

> 甲戌年十月二十七日,嗣位孝子皇太极,敢昭告于皇考之灵曰:臣受命以来,管八旗子孙,合志同谋,夙夜忧勤,惟恐不能仰承先志,于兹八年。幸蒙天地之鉴,臣等一德同心,眷顾默佑,仗皇考积德之

威灵,臣等于诸国,慑之以兵,怀之以德,四境敌国,归附甚众。谨取数年行师奏凯之事,上慰神灵:朝鲜稽首纳贡,喀尔喀五部举国来归,招降阿鲁诸部落,以及喀喇沁、土默特部落,无不臣服。察哈尔兄弟先归附者半,察哈尔汗携其余众避我西奔,未至汤古特部落,殂于西喇卫古尔部落之打草滩地方,其执政大臣,各率所属来归。今为敌者,惟有明国,天下之事业,俱已就绪。凡此皆皇考之素志,后人踵而行之者也。伏冀神灵始终默佑,以廓疆圉,以成大业,惟在明鉴。不胜感怆,谨上告。

观此则皇太极数年经营之结果,可以知其崖略。当努尔哈赤之时,与金有同等之地位者,有朝鲜,有蒙古。努尔哈赤之称汗,亦不过改隶属于明庭之建州卫都督,而为建州女真之主而已,仍不能不以宗主国视明也。此种态度,迄于天聪之未,未尝稍变。及皇太极下朝鲜,降蒙古,塞外列邦,已不克与金有同等之地位,且以内部之组织渐备,军威之发展甚速;实力既臻,拥戴乃上。

三十三　皇太极之称帝

(一) 称帝之原因及事实

大清帝国之成立,为金汗数十年战争之结果。努尔哈赤为创业之雄酋,而皇太极实光大之英主,其有造于女真散漫之际者实深。以武力为统一之手段,乃国家起源之一种,清国之建,殆近似之。皇太极既统一塞外诸民族,而获传国之玺,由迷信之心理言之,所谓天与;遗书议和,明廷耻之,乃不能不使金汗受封之素志,一变而为帝国之雄图,所谓时势;而汉人之归附,蒙民之拥戴,二王之黜死,群僚之尊畏,亦可谓之人归矣。故大清帝国之成立,一方固由于武力征服之结果,而环境之造成,亦诚不可漠视也。皇太极既有为帝之野心,则所谓诸臣之劝进者,特不过表面文章耳。天聪十年三月,外藩蒙古十六部四十九贝勒,都元师孔有德等,并以请称尊号来朝。四月八日己卯,大贝勒代善及内外诸贝勒文武群臣共上表,以满、汉、蒙文书之,凡三通:贝勒多尔衮捧满字表文,土谢图济农巴达哩捧蒙字表文,都元师孔有德捧汉字表文,率各官跪进之,文曰:

> 诸贝勒大臣文武各官,及外藩诸贝勒,恭维皇上承天眷佑,应运而兴,当天下混乱之时,修德礼天,逆者威之以兵,顺者抚之以德,宽温之誉,施及万方。征服朝鲜,混一蒙古,更获玉玺,内外化成,上合天意,下协舆情。以是臣等仰体天心,敬上尊号,一切仪物,俱已完备,伏愿俯赐俞允,勿虚众望!

读毕,皇太极曰:"尔等合辞劝进,至再至三,朕恐上无以当天心,下无以孚民志,故未俞允。今重违尔等意,坚辞不获,勉从众议,既受尊号,当益加惕厉,惟天佑助之!"诸贝勒大臣皆欢忭而退。十四日己酉,皇太极率诸贝勒大臣,祭告天地,乃受"宽温仁圣皇帝"尊号,建国号曰大清,改元为崇德元年。于盛京城东营建太庙,遣官祭告。上太祖努尔哈赤尊谥曰:"承天广运圣德神功肇纪立极仁孝武皇帝。"皇太极亲率贝勒大臣诣太庙祭告,祝文有"臣以明人尚为敌国,不可遽称尊号,固辞不获,勉徇群请,践天子位"语。追封功臣费英东为直义公,额亦都为宏毅公,配享太庙。费英东姓瓜尔佳氏,随其父索尔果于天命二年帅所部来归,受一等大臣,尚主,从征三十余年,每战身先攻坚突阵,当之者辄糜烂,屡立功,日见亲幸。性戆直,见国事小有缺失,即强谏,克抒谋略,佐成大业,列议政五大臣中。天命五年卒。额亦都姓钮祜禄氏,世居长白山,父母为仇家所害,年十三,手刃仇人,鼓勇尽力,凡攻城略地,均奋身先登,四十余年,未尝挫衄。每受赐,分给有功将士,不以自私,浑河之役,被五十余创,战愈厉,卒拔之。天命六年卒。十六日丁亥,颁诏大赦,群臣上表称贺,内院官奏定御用仪仗品数。二十六日丁酉,叙功册封大贝勒代善为和硕礼亲王,济尔哈朗为和硕郑亲王,多尔衮为和硕睿亲王,多铎为和硕豫亲王,豪格为和硕肃亲王,岳托为和硕成亲王,阿济格以下,为郡王贝勒有差。蒙古诸贝勒,亦有亲王、郡王、贝勒等爵。封孔有德为恭顺王,耿仲明为怀顺王,尚可喜为智顺王,部下各官,亦论功升赏。

(二) 大清之意义

大清改号,史书不详其所由,据当时之情形推测之,可知由于对明关系,且涂改建州之称而曰满洲,亦不过一种权宜之计。前于第九节中,已详言之矣。大清之意义,据乾隆帝所言,有大东之意。盖以五色配五方,而东为青色,音转为清。或曰:清者,廓清天下之义也。而稻叶君山以金天氏解释此意,有曰:“去金而称清,吾人欲解此问题,有二要件:一新旧两号之间,当有联络之意;二选择国号,当有一种普通之表象。就此推究,从中国古代少昊金天氏之传说,可以证明其义。少昊金天氏父曰清,有曰‘胙土于清。’据罗泌所说,少昊氏以金为宝,历色尚白,故又曰金天氏。就史事征之,起于朝鲜南端之新罗,亦曰金天氏之后,起于长白山东之渤海,亦感受五行说之影响,自称震国。毕竟彼等接受汉种之文化,因义定名,则吾人解说,不得谓为附会之言也。观太宗即位,以翌日公表宫殿之名,称中宫曰清宁宫,东宫曰关雎,西宫曰麟趾。或择翔凤楼、飞云阁等佳名,以饰帝王之观瞻,则彼等殆以金国拟少昊金天氏,因金天氏,胙土于清,故采用清字以命名也。”稻叶以意为说,官书未载,故亦不免有附会之嫌。盖当其改号之时,未必若是精审,以曲及金天“胙土于清”之义。或言女真尚白,白为清净意,改金为清,实简单而易识。近日孟森所撰《清代史》讲义,则云:“太祖时已定国号为金,亦称后金,或称大金,是犹以女真先世帝号为荣,欲为绍述而已。至太宗乃辟而去之,直以金之半壁天下为未足,易一号以自标帜焉。顾其金之改为清,意义何在?余谓清即金之谐音,盖女真语未变,特改书音近之汉字耳。金梁《光宣小纪》亦称清即金之谐音,并举沈阳抚近门额,汉人称大金天聪年,其满文即大清字样。是可知金之为清,改汉不改满,有确证矣。”按金梁于满文并不精通,观其译《满洲老档秘录》可知,金清谐音之说,虽不无理由,然改汉不改满之说,尚待考。因抚近门额系天聪年立,其时尚未改大清也。以上诸说,各具一面之理由,然皆未有明确之史证,吾人既不能起死者于地下,则惟有罗陈佥述,以俟将来之发现而已。

三十四　朝鲜之征服

(一) 开衅之因缘

自江都誓盟后,朝鲜对清之态度,虽一时趋于软化,然实未肯服清而绝明也。毛文龙既诛,诸岛无主,天聪五年,皇太极将乘虚攻诸岛,使使征兵船于朝鲜。李倧留其使,三日乃见,谓之曰:"明之于吾国,犹父也;助他人以攻吾父,可乎?曩之盟约,特私行之耳。"七年夏,孔有德等以舟师二万人,自登州渡海来降,清又征粮于朝鲜曰:"尔国视明犹父,故输粟且十倍;我今亦尔兄矣,仅输一次,宁尚不可?"倧不从,复于京畿三道,筑十二城,意在防敌。又若义州互市之无利,放还逃人之交涉,岁币之减少,越境之不法(见第六章),皆为二次开衅之远因,即清人所谓朝鲜败盟之罪也。至于近因,则在朝鲜之不尊清号。初,两国成兄弟之约,来书曰奉书,彼此称贵国、敝国,或曰不谷,乃邻国通聘之礼。及清平插汉,得传国玺,于是诸臣请上尊号;又遣使朝鲜,吊其王妃之丧,兼致书李倧曰:

> 今岁春正,蒙古各部贝勒,俱来朝贺,合词劝进。上曰:"尔等皆吾子弟,朝鲜国王,亦吾弟,宜令知之。"我等仰体上拳拳友邦之谊,故遣使相告。以我等度之,王亦念上恩德浃于人心,兵威临于绝域,各国归顺,兼获玉玺,来来朝贺,固其理也;劝进尊号,不更宜乎?古人有言:"天下者,非一人之天下,乃天下人之天下也,惟有德者居之。"今上宽仁厚德,博施济众,国中就绪,外藩倾心,是皆合天意、顺人心所致也。我等仰承帝命,俯合人情,欲推戴主上而进尊号,王以为何如?

清国之意,欲朝鲜拥戴,以变更从来之平等而为君臣关系。其使英固尔岱至朝鲜,儒生多疏请焚虏书、斩虏使。当时郑蕴请李倧进兵开城,振作士气。而洪翼汉疏言:"臣自堕地之初,只闻有大明天子,今虏此言,奚为而至也?曩者贼臣引寇猝至,乘舆播越,乞和为好。苟于其时先枭弘立之首,我堂堂大义,昭揭如日星,戎狄豺狼,岂能不感耸钦艳于我之礼义乎?计不出此,惟以得弘立为幸,倚以为安危之机。彼欲左衽我,臣妾我,实由于是。臣自闻僭帝之说,胆欲裂,气欲断,宁为鲁连而死,不忍此言之污口也。请亟执虏使,责其背约僭号而戮之;然后函其首,奏闻皇朝(明),则义益伸而气益张。"主战派之言论,颇足动政府之听闻,故清使至,亦不接见,璧还其书。诡令英固尔岱等至议政府议事,而导之于禁川桥,空帏设兵,昼夜防守。英固尔岱等于城中夺马乘之,突门而出,途中朝鲜遣人持报书追付之。当时又下与八道通谕,其致平安道观察使之文,适为英固尔岱所夺,乃还奏。兹录通谕之文如下:

> 国家值丁卯之变,不得已权许羁縻,十年之间,谿壑无厌,恐喝日甚,此诚我国前所未有之羞耻!上自圣明,下至臣庶,含垢忍痛,所以欲一奋以湔此辱者,岂有极哉?今此虏益肆猖獗,敢托僭号之说,以与我商,此岂我国臣民所忍闻乎?不量强弱存亡之势,一以大义决断,却书不受,严斥其言,虽胡使邀请,终不接其辞,至发怒辞而遁去;都人士女,咸共闻睹。虽知兵革之祸,迫在旦夕,反以为快。何则?四方若闻朝廷有此正义之举,必闻风激发,誓死同仇,岂以贵贱远近而有间乎?前因遭逢变故,必有告谕之文,今以此意,下谕诸道,使忠义之士,各效策略,勇敢之人,自愿从征;务期共济艰难!

朝鲜不承认皇太极之称帝,纯粹为对明关系。朝鲜历代受明廷册封,附属于中国,若一旦拥戴虏酋,亦犹臣子改节,是以义不忍为也。惟在清国方面,征服满蒙,通聘朝鲜,为敌者只有明国。明素以大国自居,不愿与夷酋谋和;故不得不建设帝国,以相抵抗。然朝鲜不服,则清之基础,未能稳固;此皇太极所以于二次之役,势在必行也。

(二) 主和之论与清国通牒

清使之来朝鲜也,国论沸腾,佥议严拒,惟府尹崔鸣吉主和议,以为:

“国家军备不充,徒主斥和,甚为危险。不决战守之计,不为缓祸之谋,一朝虏骑长驱,生灵鱼肉,宗社播越;及至此时,咎将谁任耶?”更上封事,历述成浑之言,谓重宗社,相时度力,因时制宜之义。时尹集反对极烈,其言曰:“近有一种邪妄怪慝之言,上蔽天聪,下绝人望,将天地晦塞,义理斁绝,国不得国,人不得人。和议之亡国,非自今日始,然未有甚于今日者也!天朝之于我国,父母也;奴贼即父母之仇也,人臣岂有与父母之仇,约为兄弟,而置父母于相忘之域,恬然不以为耻者?鸣吉之札子,荧惑天听,胁持台阁,阻绝公议;吁,巧且惨矣!外挟强寇之势,内劫其主,是宁可忍乎?”盖朝鲜之大臣,亦染中朝儒臣之风,讲义理而不度时势;崔鸣吉之见,亦可谓独出群侪矣。天聪十年四月,皇太极称帝改元,群臣行三跪九叩礼,时朝鲜之使者罗德宪、李廓,以供春季礼币至,独不拜。皇太极以不欲为戎首,置不问,遣之归,予书李倧曰:

我使臣归,知尔国变易成例,令我所遣大臣赴尔宰臣衙门议事,且将贝勒等所致书置之不答。此虽出诸贝勒之意,亦曾奏闻遣使,若云诸贝勒原无通问之例,则曩者兵临尔境,王遁岛中,不尝书使往来,对天盟誓乎?吾两国本无仇怨,尔无故发兵助明,加害我国,幸蒙天鉴,尔之将士尽为我擒。我不忘旧好,故不忍加诛,仍以客礼优养。天以辽东赐我,尔复容留明人于尔地,助给粮饷,诱纳叛亡,我是以有声罪之讨。比及班师,尔以同姓之人,诡称亲弟,遣质我国。先年,我将阵获之将,遣还尔国,尔诉戮之;其所遣随从汉人,尽执以付明国,尔见我国逃附明国之人,必引而致之,明国归附我国之人,必迫而执之。我严戢边民,不许越境侵犯;尔纵国人狩猎采参,常扰我地,我是以始令增纳所进岁额。今又听书生不达时务之言,背弃十年盟誓之好,一旦戎马临郊,将令书生搦管前驱乎?抑令军士荷戈以战乎?背盟构怨,自取覆亡,恐两国交兵,王之臣民,皆敌国矣。……尔王若自知获罪,即送子弟为质,不然,即于某月某日,举大军以临尔境。尔时虽悔何及!

此清国最后之通牒,即对于朝鲜之宣战书也。罗、李行至通远堡,弃之而去。其为朝鲜之指使可知。十一月,复遣使至清国,侦察实情,皇太极曰:“尔国宜于十一月二十五日以前,送王子大臣及斥和主战者来,不然,则我大举东伐矣。”复以前夺通谕八道之文示之曰:“渝盟之端,明在此书,何故破我先盟?若谓贵国为筑山城,则我当自大路直向京城,其以山城可捍我乎?贵国之所恃者,江都也;我若蹂躏八道,其以一小岛可为国乎?贵国之持议论者,儒臣也;其挥笔可以战乎?”遂逐其使。

(三) 南汉山城之围

崇德元年十一月,将征朝鲜,祭告天地,整理甲兵,颁布军令。十二月朔,蒙古诸部之兵来会,乃命郑亲王济尔哈郎留守,又命武英郡王阿济格,多罗饶余贝勒阿巴泰等,分屯牛庄、噶海以备明。次日启行,至沙河堡,命睿王多尔衮,肃亲王豪格统兵入长山口。九日,驻营镇江,命贝勒杜度,及孔有德、尚可喜、耿精忠,往攻皮岛、云从岛、大花岛、铁山一带。十日,渡镇江而抵义洲,十一月至定州,命蒙古兵沿海略地。十四日,清先锋军至朝鲜京城。先是三日,皇太极命玛福塔等率兵三百,伪装商人,星夜赴王京;又遣豫王多铎贝子硕托等率护军千人继之。越六日,命管兵部贝勒岳托,额驸扬古利,率兵二千,往援多铎军。十四日,玛福塔等抵朝鲜王京,遇崔鸣吉等于城内,鸣吉问曰:“尔等之来为何?”玛福塔曰:“我等奉皇上命,与尔国王有事相议。”鸣吉曰:“既为议事而来,俟启王以礼相迎。”遂设宴迎待,以为缓兵计,李倧即乘间遁往南汉山城。玛福塔等追之,多铎等亦相继至,合兵围南汉山城。二十七日,皇太极渡临津江。江在都北百余里,与都南之汉江,夹拱王城者也。先是,天气晴暖,两岸冰泮,徒步亦不可行;二十四日,天雨骤寒,冰坚甚。是日,清军毕济。命谭泰等率骑兵入朝鲜王京,而亲率军径渡汉江,抵南汉山城。次日,谭泰入王京,尽收其财物牲畜。崇德二年正月朔,皇太极张黄伞,树大旗,巡视形势。次日,败全罗道之援兵。时南汉山城之守兵约万二千人,诸将分守之地点如下:

官名	人名	地名	官名	人名	地名
都监大将	申景祯	东城望月台	抚戎使	贝宏	南将台
御卫提调	李曙	北门	守御使	李时白	西将台
御营大将	元斗杓	北城	水原府使	具仁垕	南门

城中之粮，仅一万四千三百余石，足支二月。李倧以蜡书八道，檄诸道兵勤王，并遣使告急于明。时明方患流寇，未暇出兵；登莱总兵陈洪范，以舟师往救，守风不敢渡。国中东南诸道兵，亦相继败奔；西北诸道，则逗留峡内不进。四日，孔、耿、尚三王，携大炮至。七日，全罗道兵使全俊龙来援，清命多铎、扬古利迎战。时天雪，阴晦不见，扬古利中枪而死。皇太极哀痛不已，后追封为武勋王。十日，多尔衮、豪格率左翼兵来会，杜度亦护送炮火至。清军所至克捷，全境靡然。诸路之援兵，亦多为所败。李倧危城固守，粮糈日竭，主和之论，至此得势矣。

（四）问罪与求成

先是，清于正月二日，遣英固尔岱、玛福塔送问罪之书于南汉城内，兹录于下：

> 我兵前年东征兀良哈之时，尔兵截战一次，后明国来侵伐，尔又助之，然朕犹念邻国之好，竟置不言。及朕方获辽东，尔复招纳辽东之民，献于明国，朕始赫怒兴师。丁卯之年伐尔者，职是之故；岂恃强凌弱，无故加兵耶？丁卯之年，以阳和误我，今竟与我绝好。尔之边臣，聚集智谋之士，激励勇敢之人，抑何为耶？今朕亲统大兵，即陈尔境，尔何不使智谋者效谋，勇敢者效力，以当一战？岂朕恃强侵尔地耶？尔乃孱弱之邦，反敢扰我疆界，采参捕猎者何故？朕之降民，尔辄献于明国，孔、耿二将军自明来归，朕遣兵接应，尔兵以鸟枪击战者又何故？是兵端先由尔启也。……朕既以弟善视尔，尔反行背逆，起衅构戎，陷害生民，遗弃城郭宫室，离别妻子，奔走载道，入此山城，得

延年耶？尔欲湔丁卯之辱，是徒弃安乐而自起祸端于相睦之国。即如今年遁入山城，亦因尔之罪恶所致，坏国殃民，遗笑万世，又何能湔之有？然既欲湔丁卯之辱，何不出战，乃效妇人之遁藏耶？尔遁入此山城之意，虽欲图苟免，朕岂肯舍尔而去耶？朕之弟侄，及在内之文武诸臣，在外归附之诸王贝勒，欲上尊号，尔之君臣，何为而曰不忍？夫尊号之称否，岂任尔之私意耶？尔之此言，亦为太僭矣。天佑之，则尊为天子；天祸之，则降为庶民。尔修整城郭，待朕使臣，顿失常礼者，何故？又使我使臣见尔之宰执，设计欲执之。尔父事明国，专图害我者，曷故？此乃罪之大者。至其小罪，则何可胜数！朕因尔有此大罪之故，率大兵至尔八道，尔所父事之明国如何为尔应援，朕将拭目俟之。宁有子受祸而父不之救者耶？不然，则是自贻其祸于其国与民，万民百姓，岂不尔恨？稍若有辞，不妨明以相告！

次日，朝鲜阁臣洪某等赍书至清营谢罪，置而不答。越十日，李倧复上书云：

曩者小邦之宰臣，奉书为军民陈情，回称未有皇帝复命。小邦君臣，延颈企踵，日候德音，今已浃旬，尚未鉴照。势穷情迫，不能不再鸣，维皇帝垂鉴！小邦昔蒙大国之惠，猥托兄弟，昭告天地，疆域虽分，情意无间；自以为子孙万姓无疆之福。岂意口血未干，疑衅中结，坐陷于危迫之地，重为天下之笑。然溯厥由来，皆缘天性柔弱，为群臣所误，昏迷不察，以致于此；亦惟自责，更有何辞？但念兄之于弟，有过则恕而责之者，理也；然责之太严，反乖兄弟之义，岂非为上天所不喜乎？小邦僻在海隅，惟事诗书，不习兵革，以弱臣强，以小事大，乃理之常；岂敢与大国相较？只世受明国厚恩，名分已定；壬辰之难，小邦旦夕可亡，神宗皇帝动天下之兵，拯济生民于水火之中，小邦之人，至今铭镂心骨；故宁获过于贵邦，不忍有负于明国，无他，其树恩厚者，感人深也！夫加恩之道，原非一途，苟能活其生命，救其国危，则发兵而救难，与释兵而保存，其事虽殊，其恩则一。去年小邦处事皆谬，屡蒙大国之拯救，然犹不自悛，致动大国之兵；君臣父子，久处孤城，其窘已甚。倘于此时，蒙大国之翻然舍过，许其自新，使倧得守宗社，常奉大国，则小邦君臣，矢心感叹，至于子孙永世不忘；天下闻之，亦莫不服大国之威信，是大国一举而结大恩于东土，熙鸿号于无穷也！不然，惟快一朝之怒，务穷兵力，伤兄弟之义，闭自新之路，以绝诸国之望，其在大国，恐亦未为得策！以皇帝之睿智，岂虑不及此乎？夫秋杀春生，天地之道也；矜弱恤凶，霸王之业也；今皇帝以英武之略，抚定诸国而新建大号，首揭宽温仁圣四字，将以天地之道，恢霸王之业；则如小邦之改厥前愆，自托洪庇，宜若不在弃绝之中！兹敢不避尊严，更布区区，以请下命。

皇太极降敕切责之云："今尔有众，欲生耶，亟宜出城归命；欲战耶，亦宜速出一战。毋徒以信口美言，饰非文过为也。"十九日，李倧又遣其阁臣洪某奉书曰：

伏奉明旨，屡赐申谕，秋霜懔烈中，隐寓春生之意，捧读惶悚，措身无地！仰惟皇帝威德远播，诸藩合词，共进尊号，天人所归，景命方新；而小邦以十年兄弟之国，顾反获戾于兴建之初，反求诸心，有噬脐莫及之悔！今之所愿，但有改心易虑，一洗旧过；举国承命，得比诸藩而已。诚蒙典察微悃，许以自新，则奉书礼仪，自有常式；至于出城之命，实仁覆至意。然重围未解，帝怒方盛，恐婴城亦死，出城亦死，是以瞻望龙旌，引分自决，情亦戚矣！古人有城上拜天子者，盖以礼不可缺；而坚城不出，实缘兵威大可惧也。皇帝方以天地生物为心，则小邦亦当与于全活优养之中。伏维帝德如天，必加矜恕。敢吐实情，恭候恩旨！

清帝之意，欲李倧出城归降，不然，则徒为美言饰过而已。李倧以重围未解，兵威可惧，恐出城亦死；恳以古人城上拜天子之意，结盟而退。清帝不允。次日，即命英固尔岱等往复以书，并要求缚送首谋败盟之人，诛之以示儆戒。兹撮录原文如下：

> 今命尔出城见朕者,一则见尔诚心悦服,二则欲加恩于尔,令永主尔国;旋师以后,示仁信于天下耳。若以计诱尔,何以示信天下?朕方承天眷佑,抚定四方,正欲赦尔前愆,以风示南朝。若以诡计取尔,天下之大,能尽谲诈取之乎?是绝人归顺之路也。尔若犹豫不出,则地方蹂躏,刍粮罄竭,生民滨于死亡,祸变日增,诚不容刻缓者也!尔首谋败盟之臣,朕原欲尽诛方已;今尔果出城归命,先缚送首谋三四臣,当正国法,以儆后人。盖陷尔举国阽危,误朕西征大计,咸此人之罪也。若不缚送首谋,俟尔归顺之后,始行索取,朕不为也。尔若不出,纵谆谆祈请,朕不听矣。

清始终以出城为要挟之条件,原欲示信天下。而李倧终不信清人之谲诈耳。故两国之和约,仍须有一番之波折也。

(五) 斥和之论与江华岛之克

围城之内,主战与媾和两派之意见,绝对不能相容。初,崔鸣吉倡主和之论,廷臣非之;及山城被围,以国书致清,表示愿和之意,金尚宪见而裂之,痛哭曰:“君臣上下,同守一城,若蒙在天之鉴,则不可不为一日之图。如此而更无能,即请速就死!”因叱鸣吉曰:“公等忍为此事耶?”鸣吉曰:“不得已耳。公裂之,吾当拾之。”乃举寸裂国书,补缀之。申翌圣进而抚剑曰:“若主和议,则吾不能不以此剑斩之。”而参判郑蕴弹劾鸣吉尤烈曰:“殿下今称臣,是君臣之分已定。夫君臣之分已定,则不可不惟命是从,彼若命之出降,殿下即出降乎?命之北去,殿下即北去乎?命之易服行酒,殿下即易服行酒乎?不从,则彼必以君臣之义,声罪于我,事至于此,殿下将何以处之?鸣吉所云,一经称臣,即可以解围而全君父,此犹如妇寺之忠耳。夫与其屈膝而生,何若守正为社稷而死?我国之与中朝,可忘其父子之恩耶?可背其君臣之义耶?天无二日,而鸣吉欲二其日;民无二王,而鸣吉欲二其王。是可忍,孰不可忍耶!”此种言论,虽系仗义执言,然时势所迫,不容如此耳。李倧颇主和议,惟对于出城一条,不肯自冒危险。清为速其归降计,于是有江华岛之攻克。初,清以李倧及群臣之妻子,多在江华岛,欲造船攻取之,则南汉城内之人,自可归顺矣。乃命劳萨往沈阳,招工匠,复令八旗造小船八十只。命多尔衮等分兵取江华城,用车轮驾所造小船,由陆地曳行,二十二日,至江华岛渡口,乘船渡江。朝鲜之兵船百余,分两翼,清师由中冲入,发红夷大炮,朝鲜兵败。清军登岸,朝鲜驻岛之鸟枪手千人距岸迎战,亦为清军所歼,遂克江华岛城。获朝鲜王妃一、王子二、阁臣一、侍郎一,及宗室共七十六人,群臣家属百有六十六人。多尔衮令一无所扰,使王子及阁臣护侍王妃,清兵随后,颇致恭敬,盖欲以此示惠,以招城降也。二十四日,谕李倧曰:"尔不从城出,始有速攻江华岛之命。若早听朕言,岂至于此!今朕之成命,已明示于庚申(二十日)日诏内,朕获尔家室,谕尔前来,若再迟延,是自弃其家属也。"时皇太极以朝鲜不从,欲委兵事于多铎,而歼灭之,自先回国,使朝鲜欲和不能。此或清人之作势威吓,然亦促倧速降之一原因也。

(六) 李倧之出降

二十八日,清帝向朝鲜提出归降之条件曰:"朕览尔来奏,知尔欲保全宗社,朕诏已出,宁肯食言?将尽释前罪,永定规则,以为子子孙孙君臣世守之信义。尔若获过自新,则当(一)去明国之年号,奉大清之正朔;(二)以长子并再令一子为质,诸大臣亦以子弟为质,尔有不讳,则立尔质子嗣位;(三)一切礼仪,毋违明国旧例;(四)若征明国,调尔步骑舟师,不得误期会;(五)今移师攻皮岛,可发鸟弓箭手,及兵船五十来助;(六)与内外诸臣,当缔结婚媾,以固和好;(七)新旧城垣,毋许擅筑;(八)瓦尔喀人之私自逃窜者,不得复与贸易,当执送前来;(九)许与日本贸易,当导其使者来朝;(十)每年进贡:黄金一百两,白金一千两,水牛角弓面百副,豹皮一百张,鹿皮一百张,茶一千包,水獭四百张,静鼠皮三百张,胡椒十斗,好腰刀二十六把,顺腰刀二十把,苏木二百斤,好大纸一千卷,好小纸一千五百卷,五爪龙席四领,各样花席四十领,白苎布二百匹,各色绵紬二千匹,各色细麻布四百匹,各色细布一万匹,布一千四百匹,米一万包。"

时江华既陷,形势益急,清以前述之条件提出后,复以所获太监及宗室入山城,告倧妻子无恙,而王子亦以手书劝速降。群臣因家属多在岛中,闻之莫不痛哭。李倧不得已,即夜召大臣毕至云:“宗室已陷,吾无能为!”乃定出城降服之议。二十九日,送斥和党魁修撰吴达济、宏文馆校理尹集于清营,将行,李倧引见赐酒,曰:“尔等以予为君,事至此,予复何为!”因泪下。二人对曰:“主已被辱,臣等惟以不死为恨,今得死所矣,夫复何戚!”倧曰:“汝等父母妻子,予将终身顾恤,幸勿为念!”二更始出,既至,皇太极问曰:“尔等何故斥两国之和,既斥和,何不攻我?”对曰:“非斥和,仅斥送使耳。”皇太极大笑,命释之,给以冠帽。后三月,始与台谏洪翼汉就刑于盛京。三十日,李倧弃兵械,服朝服,献上明国所给敕印,出城归降。降坛在汉江东岸三田渡地方,设黄幄,列美女;清帝辰刻出营,旗纛森列,奏乐渡汉江,登坛,御黄幄,设卤薄,如常仪,将士皆擐甲列队。会大雾,日色无光,李倧率群臣由南汉城西门出,满城哭送,声动天地,离五里步行而来。皇太极命英固尔岱迎之,指示礼仪。皇太极离坐,率李倧及其诸子群臣拜天,行三跪九叩礼,礼毕,皇太极还坐,李倧率群臣伏地请罪,清臣为代奏改过自新之意。皇太极谕曰:“朝鲜国王既知罪来降,朕岂有念旧恶苛责之理?今后一心尽忠,不忘恩德可也。”李倧叩谢毕,礼官奏请班次。皇太极曰:“以威慑之,不如以德怀之,朝鲜虽迫于兵势来降,亦一国之主也。”命倧近前,坐于左侧,其长子李溰坐于左班亲王郡王贝勒之末,次子李淏、三子李湇,坐于右班亲王郡王贝勒之末,坐定,大宴毕。还江华所获李倧王妃子妇,又群臣妻子,相见皆痛哭。皇太极命英固尔岱送之入王城,留李溰、李淏为质。二月初一日,以所获人口财帛,分给诸将,次日班师,李倧率群臣出王京十里外跪送。奏请:“积弱以来,所布悬罄,诏谕之贡,或非地产,或力不逮,必须量力禀承为定式,望鉴小邦事大之诚,恢天朝薄来之度。”皇太极遣范文程传谕曰:“尔被围山城时,已有成议,至于尔国穷困,朕已知之,丁丑、戊寅两年,准免贡物,己卯(崇德四年)秋季为始,照例入贡。此后朕自有裁夺。”清军既还,沿途之官民,咸出迎送,或献牛只米粮,以供军食。清军禁止道旁之人与俘获之人接谈款叙,且严守二子,以防脱逸。二十一日还至盛京。

（七）二次战役之结果

是役既终，半岛残破，自不待言。据朝鲜记录所云：京城残荡尤甚，死尸载道，市廛焚毁，鸡鸭绝迹，饿犬狂走，受祸之惨，不堪言状！其余平安、黄海、江原、京畿、忠清诸道，亦皆直接受清兵之蹂躏，而咸镜一道，更摧残于取道北归之蒙古兵。李倧出降，盖亦不得已也。朝鲜既降，东江诸岛，亦失犄角之势。皇太极命阿济格、孔有德、耿仲明、尚可喜等攻皮岛，朝鲜使首将平安兵使柳琳，副将义州府尹林庆业率战舰助之，守将沈世奎战殁，明人死者甚众。获蟒素缎四万余匹，青布十八万余匹，银三万两，红毡五万条，红夷炮七门，法贡炮二门，西洋炮一门，俘虏三千。此朝鲜之役影响及于皮岛者也。至是明国之东藩尽失，而清得专力西攻矣。

〔附〕　大清皇帝功德碑（崇德四年建）

大清崇德元年冬十有二月，宽温仁圣皇帝，以败和自我始，赫然怒，以武临之，直擣而东，莫敢有抗者。时我寡君栖于南汉，凛然若履冰霜而待白日者，始五旬东方诸道兵相继奔溃，西北帅逗挠峡内不能进一步，城中食且尽。当此之时，以大兵薄城，如霜风之卷秋箨，炉火之燎鸿毛；而皇帝以不杀为武，惟布德是先，乃降敕谕之，曰："来，朕全尔；否则屠之！"有若英（英固尔岱）、马（玛福塔）诸大将，承皇命相属于道，由是我寡君集文武诸臣谓曰："予托和好于大邦，十年于兹矣，由予惛惑，自速天讨，万姓鱼肉，罪在予一人；皇帝犹不忍屠戮，谕之如此，予何敢不钦承，上以全我宗社，下以保我生灵乎？"大臣协赞之，遂从数十骑诣军前请罪。皇帝优之以礼，拊之以恩，一见而推心腹，锡赉之恩，遍及从臣。礼罢，即还我寡君于都城，立招兵之南下者，振旅而西。抚民劝农，远近之雉举鸟散者，咸复厥居，讵非大幸欤！小邦之获罪上国久矣。己未之役，都元帅姜弘立助兵明朝，兵败被擒。太祖武皇帝止留弘立等数人，余悉放回，恩莫大焉！而小国迷不知悟。丁卯岁，皇帝命将东征，本国君臣，避入海岛，遣使请成，皇帝允之，视为兄弟国，疆土复完，弘立亦还矣。自兹以往，礼仪不替，冠盖交迹，不幸浮议煽动，构成乱梯，小国申饬边臣，言涉不逊，而其文为使臣所得。皇帝犹宽贷之,不即加兵,乃先降明旨,谕以师期,丁宁反复,不啻耳提面命,而终未免焉;则小邦群臣之罪,益无所逃矣!皇帝既以大兵围南汉,而又命偏师陷江都,宫嫔王子,暨卿士眷属,俱被俘获,皇帝戒诸将不得扰害,令从官及内侍看护。既而大沛恩典,小邦君臣及被获眷属,复归于旧,霜雪变为阳春,枯旱转为时雨,区宇既亡而复存,宗祀已绝而还续。环东土数千里,咸囿于生成之泽,此实古昔简策所希觏也!於戏盛哉!汉水上游,三田渡之南,即皇帝驻跸之所也,坛场在焉,我寡君爰命水部就坛所增而高大之,又伐石以碑之,垂诸永久,以彰夫皇帝之功德,直与造化而同流。岂特我小邦世世永赖,抑亦大朝之仁声武谊,无远不服者,未始不基于此也!顾摹天地之大,日月之明,不足仿佛于万一,谨载其大略。铭曰:天降霜露,载肃载育,惟帝则之,威德并布。皇帝东征,十万其师,殷殷轰轰,如虎如貔;西番穷发,暨夫北貉,执役前驱,厥灵赫濯。皇帝孔仁,诞降恩言,十行昭回,既严且温。始迷不知,伊戚自贻,帝有明命,如寝觉之。我后祗服,相率而归,匪惟惮威,惟德之依。皇帝嘉之,泽洽礼优,载色载笑,爰束干矛。何以锡之,骏马轻裘,都人士女,乃歌乃讴。我后言旋,皇帝之赐,皇帝班师,活我赤子,哀我荡析,劝我穑事。金瓯依旧,翠坛维新,枯骨再肉,寒荄复春。有石巍然,大江之头,万载三韩,皇帝之休!

第九章　明清之防战与太宗之死

三十五　腹地之深入

（一）二次入犯与牵制之师

先是，皇太极累岁用兵辽西，而宁锦诸城，守御甚严，屡攻不能下。天聪六年，移军征察哈尔部，林丹汗率众西遁。自是清军得自由出入长城诸口，往来直隶、山西间，势力且及于黄河沿岸。及天聪九年，内部既归一致，外复收察哈尔部，发得元人所遗之传国玺。次年，乃改号称帝，独朝鲜不乐推戴，且有违言。皇太极欲亲征之，而又恐明兵之议其后。七月，命武英郡王阿济格，饶余贝勒阿巴泰等，分道入边，会于延庆州。遂直入长城，过保定，至安州，克十二城，凡五十六战皆捷。俘获人口牲畜十八万。明督师兵部尚书张凤翼（王家彦以陵寝震惊，劾凤翼，凤翼自请督师，命与中官罗维宁，宣大总督梁廷栋相犄角），宣大总督梁廷栋，皆按兵不敢战，日服大黄药求死。九月，清兵从建昌冷口关而出，明守将崔秉德请以兵扼其归路，总监高起潜不敢进。俟清兵出口二日，始至石门，明亦不之罪也。初，八月，皇太极谓诸王贝勒曰："武英郡王阿济根统师征明，今将出边，宜别遣大臣往山海关进发。明国知我兵至，恐山海关有失，必来救援，武英郡王庶得乘隙从容出边。"议定，命睿亲王多尔衮率右翼兵从中后所入，豫亲王多铎率左翼兵由锦州入。师至锦州驻营。城内有道人崔应时，与其党五十人，为书数千言，言：明国当灭，清朝当兴，宜速进兵，攻取山海关。遣胡有升持献多铎军前，约为内应，多铎许之。定计二十日进攻，为城中所觉，执应时置狱中，有升率同谋数人归降。十月，多尔衮等乃班师。此锦州牵制之师,无与于进攻之大计也。

(二) 三次入犯与卢象昇之战死

朝鲜既降服,崇德三年八月,乃命睿亲王多尔衮为奉命大将军,统左翼军,豪格、阿巴泰副之;贝勒岳托为扬武大将军,统右翼军,杜度副之:分两路侵明。于是右翼军于九月二十二日从密云县东北、墙子岭口,拆毁边墙而进。明蓟辽总督吴阿衡,率兵六千来援,见清兵已入边,遂率数百人退入堡内;分步骑为二队,负岭立寨,俱为清军所败。而左翼多尔衮之师,亦于九月二十八日,自董家口东二十里,青山关西二里许,乘明兵之无备,毁墙而入。时诸口防守之兵,多以清右翼之兵先入,同往救援;是以左翼军至,人民弃城逃走,莫敢撄锋。两翼军约会于通州河西。由北边过燕京至涿州,分兵八道:一沿山下,一沿运河;中六道于山河间,长驱并进。下畿辅城四十有八。前大学士高阳孙承宗,一门殉节死。时明将卢象昇以父丧请守制,不许;诏督山西总兵杨国柱等入援。以所议与兵部尚书杨嗣昌不合,关宁重兵,尽属中官高起潜,象昇名督天下兵,实不及二万。越数日,嗣昌至军,象昇责以阻师。且曰:“公等(指嗣昌与高起潜)坚主和议,独不思城下之盟,《春秋》所耻!长安口舌如锋,恐袁崇焕之祸立见。”嗣昌曰:“毋以长安蜚语陷人!”象昇曰:“周元忠赴边讲和,往来数日,通国共闻,谁可讳也?”嗣昌语塞而去。既而见起潜安定门,象昇大言:非血战,无以尽臣职。起潜曰:“恐野战非我所长耳。”两人始终各持一议。会清兵分三路深入:一由涞水攻易州,一由新城攻雄县,一由定兴攻安肃。象昇闻之,进据保定。会诸将分道出御,大战庆都,互有杀伤;而一时列城,多望风失守。象昇又为嗣昌所扼,兵单饷缺,将士苦饥,自知必死;晨出帐四面拜曰:“吾与将士同受国恩,患不得死,不患不得生。”众皆感泣。旋进至巨麓南贾庄,高起潜拥关宁兵相去五十里;象昇遣杨廷麟往乞援,因与诀曰:“死西市,何如死疆场?吾以一死报君,犹为薄耳。”起潜不应。象昇仅残卒五千,行,遇清兵于嵩水桥,大战移时,乃休兵。夜半被围,明日,骑益大至,围三重。象昇麾兵力战,炮尽矢穷,犹奋斗,身中四矢、三刃,手格杀数十人,乃死,一军尽亡。起潜闻败星遁,惧坐罪,讳象昇死状。

嗣昌疑不死,诏验视,廷麟遣将得其尸,麻衣犹被体。一卒遥见,即号泣曰:"此吾卢公也。"肃拜,众皆拜。畿民皆奔走雨泣曰:"卢公死,谁恤我者?"竞立祠祀之。

(三) 山东之下与关外之侵扰

象昇既败死,畿内无敢言战者。清兵蹂躏真定、广平、顺德、大名,破城四十有八。四年正月,遂自东昌渡运河,直趋济南。先是,山东重兵,皆屯德州,杨嗣昌用员外张若麒(本礼部主事,希嗣昌意,劾黄道周,得调兵部)议,檄巡抚颜继祖毋得离德州一步,皆谓清军无越德州而南之理。至是,清兵渡河直进,济南无备,布政使张秉文与诸官议守城,连章告急于朝,嗣昌无以应。及被围,秉文等分门死守,昼夜不解甲,援兵竟无至者,城遂陷。秉文犹巷战,被箭身死。德王由枢被执。时督师大学士刘宇亮与陈新甲率各镇勤王兵,惟尾后而行。二月,清兵还至天津,值运河水涨,辎重绵亘难渡。或议乘其饱归,袭击半济;明诸将王朴、曹变蛟、刘光祚等相顾不敢动,数日始渡毕北还。是役也,克城五十,降城八,俘人口四十六万有奇,白金百余万。右翼大将军岳托(代善长子)以病殁于军(章炳麟曰:"据杨廷麟所作《卢公事实》〔按卢公即卢象昇〕曾射杀一银盔大将,头大如斗,而《清实录》及《开国方略》皆云:报捷时无岳托名,但以偏将杜度署名,太宗大惊。使者奏言贝勒岳托及辅国公玛瞻俱病卒,太宗痛哭久之。然则二子必为明军所杀。所谓银盔大将,头大如斗者,殆即岳托,明人不知耳。"此盖想象之词,未敢以为确据也)。四月至盛京,殡岳托于城外西南隅,其福晋从死。初,睿亲王多尔衮等师之入明边也,皇太极亦亲略关外,以牵制之,命郑亲王济尔哈朗从前屯卫、宁远中间进发;豫亲王多铎等从宁远、锦州中间进发;而自统大军从义州进渡大凌河。多铎之军至中后所,为祖大寿所败,收军不战。及济尔哈朗与皇太极之师至,大寿收兵入城,皇太极数遣人告之,令出城一见,大寿不答。十一月,乃班师。崇德四年正月,更督降将孔有德、耿仲明、尚可喜等,各携大炮围攻松山,城堞尽毁。明副将金国凤死守,用草木填其颓处,以为捍蔽,复乘夜树栅筑土堵筑甚坚。清兵复攻,不能入,树梯先登者,多陷殁。孔有德乃为穴地攻城之计,分兵三路,仍不能克。三月,乃解围而还。行至沙岭旧边外五里,盛京王贝勒等令达尔汉奏闻岳托疾殁,皇太极哭之,下马,席地坐。礼亲王代善痛哭仆地,良久,复上马,遇接迎诸王贝勒于沙岭堡,以茶酒遥奠岳托。至盛京,追封为克勤郡王。七月,命明德王由枢上书崇祯帝议和,其疏曰:

> 臣等世受国恩,于今七世。奈臣罪恶滔天,失守封疆,百姓涂炭,臣罪何逭!自被掳以来,蒙大清皇上,未尝加害,皆推主上之情面也。臣等日夜翘首,专望施仁慈之恩,念宗派之谊,或两国通好,或赎臣等得归故土;臣六世祖茔,再得奉祀,万世顶戴。

明帝不答。九月,命武英郡王阿济格等征略锦州、宁远。十月,复命肃亲王豪格等继之,与明宁远兵战于北岗,败之,阵杀总兵金国凤及其二子。明蓟辽总督洪承畴言:"国凤始以三千孤军,守杏山,抗劲敌,及擢大将,拥万兵反败殁,此事权专不专,号令一不一之效也。"

三十六　松山及锦州之降

(一)清将之更番出戍

崇德五年,皇太极命郑亲王济尔哈朗为右冀主帅,贝勒多铎为左翼主帅,率兵往修义州城,驻军屯田,使明关外宁、锦诸地,不得耕种。四月,筑城已备,开义州东西四十里内之地。五月,皇太极亲出旧边,巡行至义州,驻跸臧家堡;遣济尔哈朗率护军千五百人,往迎归顺之降明蒙古多罗特部民苏班岱等于杏山,败锦州(游击戴明)、松山(总兵吴三桂)及杏山迎战之兵,约七千人。旋向锦州进发,炮击附近之台,遂尽刈锦州城东隅禾稼,驻军二日,遣八旗士卒,分刈锦州西北之禾稼而归。六月,遣密亲王多尔衮、肃亲王豪格,率其属下将土之半,往义州,代济尔哈朗等还。多尔衮遣人刈锦州城西之禾,明兵突出,枪炮并施,移时乃还。既而锦州明兵,夜袭清营,为哨卒所觉,败走。至是,锦、杏之兵,屡出与清军相接战;然清军以扰耕刈禾为职志,亦不围攻也。八月,明兵夜入义州,于屯田所伤清兵三人,家属八十九名。九月,连击杏山、松山之明军,败之。皇太极复命济尔哈朗,及武英郡王阿济格、贝勒多铎等,往代多尔衮等围锦州、松山。多铎设伏锦州城西桑噶尔斋堡,遇明伏兵,迎击至塔山。十二月,多尔衮、豪格等奉命往代济尔哈朗围锦州,击败明锦州、松山,援兵四百余人;又克收小山城一座。崇德六年二月,因多尔衮等于代驻营时,私遣每牛录三人,还家一次;私遣每旗官一员,每牛录甲士五人,还家一次;又移军过国王碑,离锦州约三十里而营。皇太极闻之,震怒,曰:"原令我军由远渐近,围困锦州,今离城远驻,敌人必多运粮草入城,以此相持,致延日月,何时能速成大功耶?"时适值济尔哈朗等更番往代之期,因命甲喇章京彻尔布诘责之,令至舍利塔候旨。随遣内大臣图尔根,往问遣兵归家及离城远驻之故。多尔衮奏曰:"臣集众议:每旗先遣官一员,率每牛录兵五人还家,修治军械,收养马匹;以锦州敌人,马匹皆在他处牧养,内援之兵,皆退回养马,我等兵力有余,何畏锦州、松杏三城之兵?众以为然。至离营远驻,因旧驻之处,青草已尽,特远移以就刍牧耳。"皇太极曰:"尔等若临城驻营,使粮草不得入锦州,而遣兵归家犹可也。今乃云移营就草,岂专令尔等往彼牧马耶?如不能围城,亦当以不能之故奏明,今乃饰词自解,是贻诸众人罪。"因降睿亲王多尔衮、肃亲王豪格俱为郡王。

(二)锦州之围

清军自天聪三年以来,连年入塞,而所破州县,皆不能守,则以山海关重兵阻隔东西通路之故。皇太极知山海关不下,不能争中原;而宁锦诸城不破,不能得山海关;故于崇德五年,既命亲王大臣更番出师,分扰杏、松、宁、锦间,而相持数岁,未有成功。及明年二月,当郑亲王济尔哈朗往代之期,乃申谕军士,期以必克。先是,祖大寿归自大凌河,督兵任锦州城守,而用蒙古兵分守城外。及清军进攻,每面分立八营围之,绕营俱濬深壕,壕边修筑垛口,近城设逻卒哨探。时明援兵前队已至松山、杏山,锦州城中蒙古兵,见清军严整,呼告逻卒曰:"城中积粟,可支二三年,纵围困,岂可得耶?"逻卒应之曰:"无论二三年,纵有四年之粮,至五年后,复何所食?"蒙古兵闻之,知围城志在必得,皆惊恐,遣人缒城约降,请以二十七日黎明进攻。祖大寿探知其事,遂整兵以待;并遣副将游击各一人,欲以擒蒙古贝勒,为所觉,蒙古兵乃与明兵接战,声闻关外。济尔哈朗、阿济格、多铎等相继至城下策应,关内蒙古兵縋城下,清军陆续接绳而上,于城上吹角夹攻,明兵败入城内,清军遂乘胜入关,将城中蒙古男妇,及一切器物,尽送义州。时祖大寿之弟大弼,以病不能军。三月,命朝鲜总兵柳琳等,率兵千人,往助济尔哈朗围锦州。四月,阿济格、多铎,败杏山、松山之援兵;皇太极更命恭顺王孔有德、智顺王尚可喜,助攻锦州。五月,明总督洪承畴率总兵六员、兵六万来援,屯于松山北冈,为清军所败。六月,以范文程等之言,许多尔衮、豪格等前往锦州效力赎罪,与济尔哈朗合军败明援兵于松山。先是,锦州告急,明蓟辽总督洪承畴、巡抚丘民仰,率王朴、唐通、曹变蛟、吴三桂、白广恩、马科、王廷臣、杨国柱八总兵,军十三万,马四万,集宁远,刍粮可支一岁。祖大寿遣卒自锦州逸出,传语:"毋浪战,但以车营逼敌出境。"承畴亦议以兵护粮饷辎重,由杏山输松山,再由松山输锦州(松山在锦州城南十八里,杏山在锦州城南四十里),步步立营,以守为战。而兵部尚书陈新甲,以师久饷匮,遣职方司郎中张若麒赴军,若麒素狂躁,日夜报捷,并请密敕趣战。承畴遂不敢坚持前议,留粮刍于宁远、杏山及塔山(锦州城西南六十里)外之笔架冈,而以兵六万先进,诸军继之。骑兵环松山三面,而步兵据城北之乳峰冈,距锦州五六里;两山间列七营,卫以长壕,与清军相对抗。

(三) 松山之败

八月,皇太极闻明军之阵松山也(八月初六,遣学士额色赫往谕多尔衮,切勿轻动,额色赫还言:明兵甚众,乞遣郑亲王往助),即檄各路兵马,星夜进京,命济尔哈朗留守,而自统大军赴锦州。时皇太极患鼻衄,因行急,衄益甚,三日,方止。诸王贝勒请徐行,皇太极曰:"行军制胜,利在神速,朕恐敌人闻之,将潜遁耳。如不逃,破之如纵犬逐兽,易于拾取。"于是昼夜遄程,疾驰而进,凡六日,抵松山之戚家堡,欲进至高桥。多尔衮言:"恐明兵夹攻,万一有失,为之奈何?不如待胜负少分之后为愈。"乃陈师松山、杏山之间,自乌忻河南山至海,横截大路,绵亘驻营。因谕众曰："如敌来犯，近则迎击之。傥敌兵尚远，而先往迎战，致累于罪，与败阵无异。"时明兵闻皇太极至，虑饷不继欲退。而皇太极更遣阿济格等击破塔山护饷之兵，遂获笔架冈之积粟，留兵守护之。又浚壕以断杏山、松山之路，使两地隔绝，饷糈难输。明兵既失饷道，又不敢野战，遂彻步兵七营，背松山而阵，屡遣兵突营，清兵击却之。及还，更袭击其后，相距百步；皇太极复令转战，张黄盖，率数人往来指挥，明兵乃遁走。回营谕诸将曰："明兵自宁远所赍行粮，不过五六日，今夜必走。"乃遂夜布诸将，潜伏塔山、杏山、小凌河诸要隘，邀明兵之归路；又增兵守笔架冈之粮，而亲督大军横列以待。次夜初更，吴三桂、王朴、唐通、马科、白广恩、李辅明等六总兵果更番殿后，严阵迭退，而王朴所部先遁，诸军无复行列，争奔杏山。清兵追蹑其后，伏兵邀前，明兵弥山遍野，且战且走，皆溃入杏山。旋命多尔衮克塔山四台，而皇太极亦移营松山，将四面浚壕围之。明总兵曹变蛟撤乳峰山马步兵，弃寨宵遁，欲突围出，凡五次，皆败。复突入皇太极营，为亲军击退，中创而还；乃与洪承畴，邱民仰、王廷臣等困守松山城。皇太极又料杏山之兵必奔宁远，复遣精兵五百，一伏高桥，一伏桑噶尔斋堡，俟杏山军出，扼险掩杀。王朴、吴三桂等仅以身免，张若麒已先匿渔舟，由海道遁还，后降于流贼，复降于清，亦可鄙矣。是役先后杀明兵五万三千七百八十余，获驼马甲胄炮械以数万计，自杏山南至塔山，死伤狼藉，海中浮尸漂荡，多如雁鹜；而昏夜中清军死者，寥无几人，亦皇太极之机谋所致也。《开国方略》谓："太宗神谋勇略，制胜出奇，破明兵十三万，如摧枯拉朽，指顾而定。"洵非过誉。九月，命济尔哈朗率兵掘壕围锦州，命多铎等掘壕围松山，以蒙古兵围守高桥、杏山，启行回京。十月，复命孔有德、尚可喜、耿仲明、沈志祥等往驻锦州。

（四）洪承畴之降

松山被围，饷援俱绝，明侍郎沈廷扬，由天津海运粮饷济师，迁延数月。崇德七年二月，松山副将夏承德遣人密约：于其守御之处，乘夜竖梯登城，彼为内应；且以子为质。十八日，城遂拔。洪承畴被擒，邱民仰、曹变蛟等死之。时锦州粮尽，人相食，祖大寿战守计穷，又闻松山已失，乃率众诣济尔哈朗军乞降。杏山、塔山亦下。于是关外重镇自宁远以外无复有存焉者矣。承畴被俘至盛京,以死自誓,绝粒累日,精神渐萎。皇太极令人百计劝降,终不听;乃问明之降人,有可以饵承畴者否,则以好色对。皇太极大喜,使饰美女数辈,往侍,卒无效。时皇太极妃博尔济吉特氏者,内蒙古科尔沁贝勒塞桑女也,貌美冠一时,乃遣之。妃密贮人参汁于小壶,效婢装,入侍奉承畴,承畴闭目面壁,泣不已;妃强劝之,亦不顾。已而,妃又强劝曰:"将军纵绝粒,独不可稍饮而后就义也?"语次,情态婉嫕,意致凄愁,且以壶承其唇;不得已,少沾饮焉。愈时竟不死,妃又进焉,承畴连饮之,愈不死,精神且加充。如是者数日,妃多方劝慰,迭进美馔,承畴渐甘之,未几,意转,遂饮啖如常。由是益日夜进劝,并反复喻以利害,承畴遂降。此说见诸野史,金梁《光宣小纪》言盛京大内大清门左,旧有三官庙,相传洪承畴曾被拘于此,近在宫门,妃侍或往窥视,遂有大妃说降之说,实不足信。太宗初本无留洪意,后以洪自请降,范文程诸人又奏保,始从其请,旧档有奏稿可证,又何劳说降耶?乾隆年因建太庙,始移三官殿于大南门内,赐名景佑宫,后为青年会所占,碑尚存。孟森以说降必用妃后,则本无理,当时之笼络降臣,已不似天命间动辄为驸马。招驸马犹可,谓以妃惑人则过矣。《清史稿·洪承畴传》,盖取《啸亭杂录》之说,谓承畴至盛京,皇太极命汉军范文程觇之。承畴初谩骂,既而数数拂拭衣尘。文程归报曰:"承畴不死矣,一衣犹爱惜若此,况其身耶?"后皇太极亲至其室,解貂裘而与之服,徐曰:"先生得无冷乎?"洪茫然视良久,叹曰:"真命世主也!"因叩头请降。皇太极大悦,即日赏赍无算,陈百戏作贺。诸将皆不悦曰:"洪承畴仅一羁囚,何待之重乎?"皇太极曰:"吾侪所以栉风沐雨者,究欲何为?"众曰:"欲得中原耳。"皇太极笑曰:"譬之行者,君等皆瞽目,今得一引路者,吾安得不乐?"众乃服。其恩遇之隆,可以想见矣。时松山警报达京师,皆谓承畴已死,由检惊悼甚,设坛都城,赐祭十六次,其子弟在京者,成服受吊,撰行状送诸公卿间,明帝且将亲奠。已而闻其降,乃止。承畴负时誉久,生平疵行,亦少概见,一旦变节,殊出意外。吾人若舍民族国家之观念而论断之,似属人之常情,惟当君主专制时代,则不免遗贰臣之羞耳。

三十七　议和与入塞

(一) 清人乞和之诚意

金族崛起,辽事日亟,以中华之大国,犹不能撼新造之建州,明廷处置之不当,厥为最大原因。长城既摧,奴马频来,竭天下之财力,以事关东,尚难收指臂之效;则不战而和,亦为外交之正当政策。乃狃于自大之恶习,又恐陷于宋人自愚自误之见,故始终不肯言和,前章已略言之矣。袁崇焕既以和议离间死,而大同巡抚沈棨,亦以私缔和约被逮(事在崇祯八年,清军征察哈尔时,道经山西,棨私馈约和)。于是大臣遂无复敢言和议者。皇太极之兴师,亦自知终非大国敌,且其祖宗尝为明国之属臣,更不敢以夷酋而藐视圣主。在彼之意,明能敕封之为属国之王,且岁给币帛足矣。故虽屡次犯边,仍不外以掠夺食粮要挟和议为目的,奈明臣畏受袁、沈之祸不敢上达,故书凡数十上,终未有成议也。天聪八年,皇太极入犯大同,遣代王之母杨氏报书曰:

> 朕曾遣使各处议和,尔皇帝黜戮大臣,大臣畏惧,以致蒙蔽,不能上达。此番进兵内地,以昭愿和不得和之故,已将此意,作书布告各处。诚能主持和议,当速成之!缓一日,则民受一日之祸;早一日,则民受一日之福。和议果成,我兵不终日而出境矣。朕之议和,实出至诚,如稍有越志,独不畏上天乎?惟愿彼此以诚相待!

且与崇祯帝书曰:

> 昨见皇帝书云"满洲,原系属国",此不惟皇帝言之,即予亦未尝以为非也。只因辽东各官,欺凌不堪,屡次抒情往告,又蔽之不通。此种情形,仇怨已深,难以剖白,惟动兵戈,可冀来询其由。孰意皇帝乃惑于各官欺诳,十数年竟无一言问及,以致战事不已。若早遣一信使来,详询事由,判别是非,予岂乐寻兵戈耶?

两书申明动兵之由,与求和之切,且以明之属国自承,其意不可谓虚伪。假使封以国王,使得自主,则其所谓欺凌不堪者,更无从借为兴师之口实矣。明廷之见不及此,而惟以自大为是,终至有"愿和不得和"之日,亦深可慨矣!

(二) 和议之终败

崇祯中,练饷增加,流寇纷起;及松山失陷,明廷大震。兵部尚书陈新甲,屡以国力困敝为言,由检亦知力有不敌,密以和议委之。与敕曰:

> 谕兵部尚书陈新甲:据卿部奏,辽沈有休兵息民之意,中朝未轻信者,以前督抚各官,未尝从实奏明。今卿部屡次陈奏,我国家开诚怀远,似亦不难听从,以仰体上天好生之仁,以复还我祖宗恩义联络之旧。今特谕卿便宜行事,遣官宣布,取有确信回奏。

新甲遂遣使至锦州,以敕谕示清将,言明帝愿和之意。清诸王贝勒等,即以奏报,皇太极览毕,颇疑其诈伪,且言:"藐视我国,实无讲和之真心。"故不报。崇德七年五月,明更遣职方员外马绍愉,主事朱济之,副将周维墉、曾宗孔,游击都司守备八人,天宁寺僧性容及从役九十九名,至宁远议和,皇太极遣人迎之至盛京,复携有明帝之敕谕一通,谕言:"谕兵部尚书陈新甲:据卿部所奏,乃称前日所谕之休兵息民之事,至今未有确报者,因未差官至沈,未得确音。今准该部便宜行事,差官前往,确探实情。"六月,皇太极遣马绍愉等归,向明廷提出之条件如下:

> (一) 吉凶大事,交相庆吊。
>
> (二) 每年明赠黄金万两、白金百万两于清,清赠人参千斤、貂皮千张于明。
>
> (三) 清国之满洲、蒙古、汉人、朝鲜人等,有叛逃至明国者,当遣还;明国有叛逃至清国者,亦遣还。
>
> (四) 明以宁远、双树堡间之土岭为国界,清以塔山为国界。连

山为适中之地，两国互市于此。

（五）自宁远、双树堡土岭界北，至宁远北台，直抵山海关、长城一带，若清人有越入，明人有越出者，按律处死。或两国有人乘船捕鱼，海中往来者，明以宁远、双树堡中间土岭沿海至黄城岛以西为界，清以黄城岛以东为界，有越界妄行者，察出处死。

清之条件，颇不苛求，故当时臣僚，如祖可法辈，多不以为然；谓明朝盗起饷乏，大势已去，若举兵再图，则河（黄河）北不难为清有；且和议一成，则中国得阴修战备，而八旗劲旅，反习逸忘劳，非计之得者。时陈新甲之媾和，内承明帝意旨，其事甚秘，外廷不得闻。马绍愉自盛京还，以密语报新甲，新甲视之，置几上，其家童误以为塘报，付之抄传。于是言路哗然，论劾新甲，帝怒甚，留疏不报；严旨切责，令自陈，新甲不引罪，反诩己功，遂诏下狱，寻弃市。和议至此断绝，明亦不久覆亡矣。

（三）最后之入塞

先是，汉军大臣祖可法等，奏请因天时，顺人事，大军直取北京，控断山海关。皇太极曰："取北京如伐大树，先从两旁斫，则树自仆；不取关外四城，岂能克山海关？今明国精兵已尽，我四围纵略，北京可得矣。"崇德七年十月，皇太极见和议不成，乃命阿巴泰为奉命大将军，统兵内犯。且谕之曰："毋任意妄杀，毋夺人衣服，毋离人妻子，毋焚毁财物，毋暴殄米谷……明或遣使求和，则应之曰：'我等奉命来征，唯君命是听，他无可听；如有言，其向我君言之。'如遇流寇宜云：'尔等见明政紊乱，激而成变，我国来惩，亦正在此。'以善言抚之，戒士卒勿杀彼一二人，致与交恶。"十一月，清左翼军从界岭口毁边墙而入。右翼将至黄崖口，侦知附近之雁门（距黄崖口十四里）、石城（距黄崖口二十里）两关甚隘，遂遣前锋乘夜取之，得其所藏地雷；乃分右翼为两路，夹击关口，克城而入。时明于关内外并建二督，又设二督于昌平、保定，又有宁远、永平、顺天、保定、密云、天津六巡抚，宁远、山海、中协、西协、昌平、通州、天津、保定八总兵，星罗棋布，无地不防，而事权反不一，警报至，急征诸镇入援，而清军已趋蓟州。蓟州总兵白腾蛟赴援桃林关,闻变急回,为清军所败。清军分道南向,河间以南多失守;至山东,连下兖州等府,鲁王以派自杀,乐陵、阳信、平原、安丘等诸郡王皆死。计凡攻克三府,十八州,六十七县,共八十八城,获黄金万二千二百五十两,银百二十万五千二百七十两,珍珠缎帛貂狐豹皮亦数万计;俘人民二十六万九千名,驼马牛羊五十五万有奇。崇德八年三月,入莒州,休养士马,春草满山,解鞍纵牧者月余,南北驿路,无一敌人,遂作东归计。四月,自山东至近畿,车驼亘三十余里,渡芦沟桥,十日犹未毕。时大学士周延儒自请督师,驻通州,敛迹不敢战,惟与幕客饮酒娱乐,而日腾章奏捷。及清兵至怀柔,蓟辽总督赵光忭,合唐通、白广恩八镇兵,邀战于螺山,皆溃,清军凯旋而归。阿巴泰之入边也,复命豫亲王多铎等率兵赴宁远立营,制明援兵,吴三桂出战不利,清兵获人口牲畜各百余而还。此明清对战最后之役,亦即两朝兴替之一阶段也。未几,皇太极崩,福临冲龄嗣位,而明以流寇犯阙,致促其亡。洎吴三桂启关迎降,清遂长驱而入,以奄有九有之业矣。

三十八　皇太极之殂落

(一) 继统问题

崇德七年冬,皇太极已不似素日之健康,乃托为游猎以养病;次年,仍未能复原,八月八日,夜,忽暴崩于清宁宫之南榻。一时未有遗命,故继统问题,遂不免为诸王交争之点。十四日,诸王皆会于大衙门,礼亲王代善议拥戴皇太极长子豪格,豪格曰:“福少德薄,不堪承任。”固辞而退。诸将等皆言“吾等衣食于帝,养育之恩,同于天大!若不立帝之子,则宁从帝于地下”。代善与英王阿济格不欲干朝政,即时辞去,多铎无言。睿亲王多尔衮曰:“诸将之言是也。豪格既退让无续继意,则当立帝之三子福临,若以为年稚,则吾与郑亲王济尔哈朗分掌其半,以左右辅政,年长之后,再当归政。”因誓天而散,福临方六岁云。时代善之族人,别有密谋,代善孙阿达礼与其叔硕托等,欲拥立多尔衮;而代善与多铎不敢赞之。事败,捕送于衙门,露体被缚,由阿达礼之母,与硕托之妻缢杀之。自是刑政拜除，大小国事，均入于多尔衮手，郑亲王济尔哈朗，则专掌兵事。英亲王阿济格心以立稚儿为非，自退出后，称病不朝。多尔衮使人告之曰："汝虽患病，皇帝丧事，不可不来也。"阿济格大恐，翌日扶病入朝。此继统问题之争也。多尔衮既以灵敏之天资，为努尔哈赤所钟爱，临死时，即有授以大位之说，然幼未得立。皇太极以势优嗣位，而莽古尔泰、阿敏、代善等不为之下，皇太极曲意为之联络。后阿敏、莽古尔泰以废死，代善无不臣之迹，得以善终。多尔衮年渐长，颇能善承意旨，得皇太极之欢心，因与同母弟多铎领有两旗，其势力在诸王上。豪格知不敌，故不敢接受代善之拥戴。而多尔衮又何敢冒天下之不韪，以求自立？盖皇太极由汗而帝，树恩深厚，虽八旗联治之规模仍旧，而帝王传嫡之观念已萌。非立其子，不足以服众心，权臣利立幼主，故福临得以继承焉。多尔衮自居辅政地位，掌握实权，此亦善自为谋者也。惟豪格与多尔衮之不相容，于此已露端倪，故不久豪格以诽语罪下狱矣。

（二）皇太极之性格

皇太极上承太祖开国之绪业，下启清代一统之宏图，其父努尔哈赤不过一草创之武夫，有秋霜烈日之威；皇太极则颇具豁达之胸度，饶春风和畅之情。如汉人之优待也，国俗之保存也，皆能为其父之所不能为。且改订官制，纂修《实录》，创设文馆，翻译书籍，满洲社会之组织，至此渐完备矣。禁烟戒酒，其嗜欲之淡泊可见；发号施令，性格之卓越可知。《实录》谓："上幼聪睿，秉性宽宏仁慈，和惠而寡嗜欲，信法令，不杀而有威，善养人。凡于国家有勤劳者，必赐衣物，略无吝色；各国新附之人入见，必询问其谱系，一如其旧相识。天语蔼然，虽桀骜暴戾者，无不驯。"又谓："上自缵承太祖大业以来，励精图治，不耽佚豫，总揽国家之机务，从无倦容，夙兴夜寐，勤求政务。"非尽谀词也。又皇太极好说梦，每以为遇事之征兆。崇德二年六月，皇太极夜梦至兴京，见太祖乘飞骑行，代善追挽之不及。皇太极遂至明国宫中，明皇帝于袱内出一丝绦，穗上饰以珊瑚，意欲相授。皇太极默思明帝欲赠珍宝，何所不有，受此奚为？转顾其人，又非明帝，乃金代神像，出书一册曰："是尔先代金国史书。"皇太极受而读之，文字不能尽辨,欲持以示文臣,梦忽觉。次晨,召诸臣语之,诸臣曰:“先是,皇上梦入朝鲜王宫内,将朝鲜王举之而起,未几果臣服朝鲜。今将告捷太庙,故梦见太祖;至入明宫见明主,及金人授以《金史》,是天意将以明国图箓,授皇上也。”皇太极大喜。四年三月,围攻松山城,告范文程等曰:“朕夜梦皇考圣颜不怿,闻遇此等梦兆,攻取城邑,皆不能得。今虽攻松山,亦必难得。”六年九月,皇太极又梦太祖令四人捧一玉玺授之,以语大学士范文程等,皆曰:“乃上帝授皇上大统也。”总其说梦之事,史书数见不鲜,此虽当时知识未开之现象,亦可见皇太极“利明天下”之雄心矣。《周礼》有占梦之官,不详其术;近世心理学发明,知梦为观念联合之再生。何足征示休咎?愚夫愚妇之所言,明哲帝王亦恒諰諰而不能免,录之以见当时之心理,或亦皇太极用为笼络之手段耳。

(三) 皇太极之事业

皇太极在位十七年,两次建元,其平生之事业,亦可就此而略有分别:前期天聪年间(一六二七年至一六三五年),时谓为开拓疆域,上承先代果实之“汗国创业时期”;后期崇德年间(一六三六至一六四三年),可谓为渐趋统一,下贻后昆规摹之“帝国发展时期”。其生平武功,固不待论,即政治上之施设,亦颇足为清朝二百余年之基础。如六部之设立、三院之改定、道路之修治、丁户之调查;开言路、纳直谏、制律例、戢贪暴,皆善政也。又颇实事求是,不慕虚荣;散财臣下,羁縻其心。观崇德二年谕希福曰:“朕从来不悦以空言致饰,要取虚誉,汉文帝以为百金乃中人十家之产,遂止而不建,朕谓此亦空言要誉,殊不足取。今各国臣服,皆享富贵,若吝惜财物,不肯养人,留之何用?”皇太极以财帛养人,正为利用之唯一手段耳。而汉人之优遇,尤为太宗朝之特色。清国制度之规定,殆无一不出诸汉人之手,故降人之影响于清国者,不特备征战、供向导而已。皇太极灼见及此,殊堪惊叹。其生平之事功,殆得汉人之力不少,亦郅治之最大原因也。皇太极以崇德八年(崇祯六年)八月卒,时五十有二,葬昭陵。顺治元年,上尊谥曰:“应天兴国宏德彰武宽温仁圣睿孝文皇帝。”庙号“太宗”。

第十章　入关前之政典与社会

三十九　军制与军令

（一）八旗大臣之分设

满洲入关前之制度，盖合部族国家为一，而以军法部勒之。清天命时，部落初成，有军法而已，旗者，其行军用兵之标帜，后乃转而为部族之区分，为人民之所隶属。其在政府，亦惟知以军事统其部属；体国经野，设官分职之事，皆视旗为区分；驯至听讼狱、理大政亦然。努尔哈赤创制八旗，设总管大臣（固山额真，顺治十七年改称都统）一，佐管大臣（梅勒额真，亦称梅勒章京，顺治十七年，复改称副都统）各二；又设理政大臣五，札尔固齐十，往往即以总管或佐管等兼之，不皆分授。又有总兵官、副将、参将、游击、备御诸名，论功加授。及天命十一年，皇太极即位，乃召诸贝勒定议，每旗仍各设总管大臣一（正黄旗纳木泰，镶黄旗额驸达尔汉，正红旗额驸和硕图，镶红旗侍卫博尔晋，镶蓝旗额驸固三泰，正蓝旗托博辉，镶白旗彻尔格，正白旗喀克笃哩），是为总管旗务之八大臣。凡议国政，与诸贝勒偕坐共议，出猎行师，各领本旗兵行，一切事务，皆听稽察。如前此之固山额真，兼充议政大臣者也。其佐管大臣每旗各二（正黄旗：拜音图、楞额哩；镶黄旗：伊逊、达珠瑚；正红旗：布尔吉、叶克舒；镶红旗：武善、绰和诺；镶蓝旗：舒赛、康喀赉；正蓝旗：屯布噜、萨璧翰；镶白旗：武拜、萨木什喀；正白旗：蒙阿图、阿山），此十六大臣，察理本旗事务，审断词讼，亦如前此之梅勒章京，兼理事大臣者也。惟不令出征驻防，是在职任上与总管有别之处，然亦非绝对不令出征也。是年十月，正黄旗佐管楞额哩，与正白旗佐管阿山,率兵入巴林境,即此可以知之。又每旗各设调遣大臣二(正黄旗:太祖第九子巴布泰、巴奇兰;镶黄旗:多诺依、扬善;正红旗:太祖第四子汤古岱、察哈喇;镶红旗:哈哈纳、叶臣;镶蓝旗:穆克垣、额孟格;正蓝旗:昂阿喇、觉罗色勒;镶白旗:图尔格、伊尔登;正白旗:康古里、阿达海),此十六大臣,出兵驻防,以时调遣,所属词讼,仍令审理。洎崇德六年,以议政大臣,或出兵,或在家,有事咨商,人员太少,若遇各处差遣,则左右及王贝勒之前,竟无议事之人。乃命固山贝子尼堪、洛托、博洛等,与议国政。每旗各设议政大臣三员,以巩阿岱等充之。盖其时虽已设六部,然国家大事,仍为贵族将领所操纵;故此虽较努尔哈赤时之八旗制度为稍异,然以兵制为官制,军民之政不分,其性质正复相同也。

(二) 兵营之定名及出征军制

天聪八年三月,命降将孔有德、耿仲明以白镶皂为纛,以示采章有别,不与八旗相淆。又命尚可喜纛用皂色,白圆心为识别。五月,复定军士营队之名。先是,各旗所隶兵,止就该管将领称为某将领之兵。至是,始以护军、前锋、守兵、边兵、援兵、炮兵、骑兵、步兵各营伍,分别称之。蒙古兵称左右翼,石廷柱、马光远所管称汉军,孔有德、耿仲明所管称天祐兵,尚可喜所管称天助兵。其初以人名为军名者,盖公私之观念混淆,视兵士为将官之所豢养,不复以国家为重。及两者之区别渐明,而国家之组织,亦渐备矣。天聪五年七月,又集贝勒大臣定出征军制。嗣后出征,每旗总管大臣各一,佐管大臣各二,每一行营,仍以一大臣领之,其随营红夷炮、大将军炮,及挽车牛骡,令总兵佟养性管理。此其大略也。

(三) 蒙汉八旗之增设

八旗初设时,每三百人编一佐领(牛录额真、牛录章京),五佐领设一参领(甲喇额真、甲喇章京),领千五百人;五参领设一都统(固山额真、固山章京),领七千五百人;每都统设左右副都统(梅勒额真、梅勒章京),共八都统。是为八旗六万人。然总合满、蒙、汉军为一也。其时满洲佐领三百有八人,蒙古佐领七十有六人,汉军佐领十有六人,共佐领四百人。及后归附日众,生齿日增,于是天聪九年,又分蒙古为八旗,兵万六千八百四十。崇德二年七月,又分立汉军为二旗,以石廷柱为左翼管旗大臣,马光远为右翼管旗大臣。先是,天聪七年,令满洲各户,有汉人十丁者,授绵甲一副,共一千五百八十户,令旧汉兵之将领官统之,以补各旗之缺额。至是,始分为左右翼二旗,照满洲例编壮丁为牛录。崇德四年六月,分汉军二旗官兵为四旗,每旗设领旗大臣一员、梅勒章京二员、甲喇章京四员、牛录十八员。正黄旗以马光远领之,正白旗以石廷柱领之,正红旗以王世选领之,正蓝旗以巴延领之。初,两旗纛色,皆用元青。至是,改马光远纛色以元青镶黄,石廷柱纛色以元青镶白,王世选纛色以元青镶红,巴延纛纯用元青。崇德七年六月,乃复分汉军为八旗。以祖泽润、刘之源、吴守进、金砺、佟图赖、石廷柱、巴延、李国翰为管旗大臣,祖可法、张大猷等十二人为梅勒章京。寻又设牛录章京,兵二万四千五百人。凡降将孔有德、尚可喜、耿仲明之“天祐”“天助”各兵,均入之。自后,佐领愈增,无定额。又于满、汉、蒙八旗外,设索伦、锡泊等兵、察哈尔兵。顺治以后,军民之政乃始划分,非复草昧旧制矣。

(四) 军律颁布

清国之起源,本于战争,故以军令为大法,视出征为常事。当努尔哈赤之时,每有征伐,与诸贝勒适野而谋,画地而议,上马而传令,其事甚单简。皇太极在位,兵力之发展甚速,政治之思想益启,每届出师;辄以军律颁示军中,盖已不似前代之口头命令矣。兹举二律,以概其余。天聪八年六月辛酉,皇太极率师至锡喇乌苏河,颁军律曰:

> 师行动众,约束宜严,不可不明军律,以肃众志。大军按队安驱,勿使喧哗,勿离其纛。若驮载有一二攲斜,全旗暂止,以俟整顿,然后前行。如三人私出劫掠,为敌所杀者,妻子入官。往取粮草时,若三人擅往被杀者,罪同。经过之处,勿毁庙宇,勿杀行人,抗拒者杀之,归顺者养之,所俘之人,勿夺其衣服,勿离其夫妇,即不堪驱使,亦勿加侵害。勿淫妇女,勿令俘获人看马匹,勿餐熟食,勿饮酒,违者治罪!

崇德三年八月,以多尔衮、岳托统兵伐明,宣示军律曰:

> 尔等临阵,若七旗败走,一旗拒战者,七旗所属之人员,俱给拒战之一旗;一旗败走,而七旗拒战者,以败走一旗人员,分给七旗。如一旗内拒战者半,败走者半,即以败走者所属人员,给本旗拒战者。屯驻他所者,免罪。若七旗未及整伍,而一旗拒战得功者,按其功次大小、俘获多少赏之。野战时,本旗大臣,率兵下马立,王贝勒率护军乘马立于后。当进止以时,如有越队轻敌,妄自冲突者,夺所乘马及俘获人口。两军相对,必整齐队伍,各按汛地,从容前进;若擅离本队,随别队而行,擅离本汛,由他汛而入;及众军已进,而独却立观望者,或处死,或籍没,或鞭责,或黜革,或罚银,分别治罪。如敌人不战而遁,我军追之,当用骁骑,合力驰击。护军将领,止宜领纛整伍,分队以蹑其后,毋得前进。倘进兵遇伏,或另有敌兵旁出,护军将领,乃亲击之。凡大军起营时,务须整肃戎行。若有离队往寻索遗物,及酗酒者,俱贯耳;喧哗者,责惩。下营时,凡采薪汲水,务集众同行,失律者斩。军装器械,俱书姓名,马匹系牌印烙。隐匿他人之箭者,罚之;盗鞍辔者,罪之。马上行装,应整理者,本旗人俱立以待之,整饬乃行。兵入敌境,私掠者,妻子入官,仍治本管章京之罪。……有不遵者,以律治罪。

四十 政治上之建设

(一) 官制之始定

清初以军事立国,故兵制即可谓为官制,前已言之矣。天聪五年,始定议设立六部官,凡吏、户、礼、兵、刑、工,一如明制,每部皆以一贝勒主之。考满洲旧制,努尔哈赤肇基时,即以国语定爵号,其最尊者,称贝勒,故当时贝勒,皆统兵贵族也。六部各设贝勒一人,曰"管某部事",犹后之管部也。其下有承政、参政、启心郎、办事、笔帖式等官。承政满、蒙、汉各一人,承政之下,皆设参政八人,惟工部分满八人,蒙汉各二员。犹后之尚书侍郎也。办事笔帖式,则各酌量事务繁简补授。文臣赐号巴克式、榜式者,仍许旧称,其余并令改称笔帖式。崇德元年五月,设都察院,司谏诤君主,奏劾诸王贝勒大臣之旷职不敬者,及究察六部听断不公之事,其官制与六部同。二年二月,更定部院官制。先是,部院设满、汉承政三四人,其余参政凡二等,至是,范文程等奏请每衙门止设满承政一员,以下酌量设参政、理事、副理事、启心郎、额者库各官,凡五等。启心郎似翻译员,盖仍其旧,而于其上置理事、副理事二职。易笔帖式为额者库,犹后之主事也。三年六月,更定蒙古衙门为理藩院,专治蒙古诸部事,官制亦同六部。合六部两院,是为八衙门。部事以贝勒主之。此事虽未能完全脱离军政民政混合之时期,然于此可见二者渐有分歧之趋向,官制之立,自此始也。至八年,乃谕止诸王贝勒管理部院。是为满洲制度上一大进化。盖其时国事繁殷,非复头脑简单之王贝勒所能胜任矣。

(二) 文馆之设立与内三院之更定

天聪三年四月,皇太极以乐观历代帝王得失之故,且欲记注国家政事,以昭信史;命儒臣达海、库尔禅、刚林、苏开、武巴什、札索、喀古尔、嘉珲、托布斋、瑚球占巴十人分为两直,翻译典籍,记注政事,名曰文馆。及天聪十年三月,乃改文馆为内三院:一名内国史院。记注君主起居、诏令,收藏御制文字;凡用兵行政、六部所办事宜、外国所上章奏,编为史册;并纂修历代实录,撰拟郊天告庙祝文、功臣诰命、诸贝勒册文。一名内秘书院。撰与外国书,及上赐敕书,并谕祭文,录各衙门奏疏及词状。一名内宏文院。注释古今政事得失,进讲御前,侍讲皇子,并教诸亲王,及颁行制度:每院各设大学士一人,其下有学士、举人等。时六部衙门虽已设立,然实权则握于文馆。盖其所司事务,比较接近内廷。当时之王贝勒等,虽掌兵事大权,兼领部务,然文馆之事,则非彼等所能干预者也。文武之歧分,兵民两政之异别,至是乃渐显著焉。

(三) 法律观念之增进与定守官考察例

天聪之初,满洲固无所谓成文法,即命令之制定,与习惯之附有法的性质者,亦鲜能尽人恪守。天聪五年,皇太极谕:"自征明以来,所向必克。彼明屡战屡败,势同枯朽,而我常有惧心者,以彼虽不长于骑射,而战阵晓习法律故也。"又贝勒德格类奏疏有言:"谳狱诸臣,未能明罚敕法,虽奉训谕,罕能恪遵。"多铎亦云:"法司诸臣,实心任事,秉公执法者少。当令明习法律,遵守往者成规。"当时法律观念之幼稚,观此可知矣。及天聪六年二月,礼部议定君驾往来近地仪仗之制:旗三对、伞二柄、校尉六人;大贝勒旗三对、伞一柄、校尉四人;诸贝勒旗一对、伞一柄、校尉二人;在期会处不用旗伞,止许校尉从。凡随驾及赴行在所,概不许用,惟大贝勒许用伞,违者罚羊。越日,礼部以驾出未具仪仗,与定例不符,奏请罚羊。皇太极曰:"朕非忘具仪仗也。以往诸子避痘处,故不用耳。然不传谕礼部,诚朕之过!朕若废法,谁复用法?此羊付尔部收之。今后凡往避痘处,免用仪仗。"以命令而变更律例,君主时代,在所难免。皇太极能守礼部之罚规,虽曰借以率下,然亦可为法律观念进步之明证也。是月又定例:海州、耀州、鞍山、牛庄、东京、萨尔浒、铁岭、甜水站、析木城、威宁营、章义站等处城守官员,三年任满者,赴沈阳考察功罪。有功者赏,有罪革职留任,各遣驻守原地,俟三年再行考察。当时之守官,多系武将,民政之施设,固无可言。故三年考察之例,亦不过注重其兵甲之强弱,恐非谓其施政之优劣也。

(四) 考试之制度

先是,努尔哈赤甚恨明儒生,常拿捕处死。皇太极欲利用汉人,以成大业,故对于儒生,颇为重视。天聪三年九月,举行儒生考试。此事在清初制度上,不仅解放汉人之才具较优者,亦官吏登用之滥觞也。诏谓:"自古国家,文武并用,以武功勘祸乱,以文教佐太平。朕今欲振兴文教,于诸儒中,考取其文艺明通者优奖之,以昭作人之典。诸贝勒及满、汉、蒙古之家,所有儒生,俱令考试。取中者,别以丁偿之。"于是儒生赴试者三百余人,校别优劣,取二百人。凡隶内府(包衣)及贝勒大臣家为奴者,尽可拔出,免二丁差徭。一等赏缎二匹,二等三等赏布二匹,并候录用。天聪八年三月,复校试汉生员,分别取定一等十六人、二等三十一人、三等一百八十一人,赐银有差。四月,乃合满洲、蒙古试之,取中举人十六名。刚林即满洲举人也。盖前此之考试,几纯为汉人而设,至是始不限种界,以所习之文字为定评,中者命曰举人,曰生员,准免其徭役,酌授官阶。其后复改制,不许奴仆考试。崇德二年八月,都察院承政祖可法等,奏请解除,有云:"今各家奴仆,皆东西南北俘获之人,中间岂无真才?金、元俘获儒生,皆令换出,仁声远播。今忽改此制,诚恐多资更张。臣等以各家奴仆,宜准其考试,但定中式额数。若得十名真才,何惜十人换出?伏乞皇上进行!"皇太极谕之曰:"今满洲家人,非先时滥行占取者可比。间有一二生员,皆攻城破敌之际,或经血战而获者有之,或因阵亡而赏给者亦有之。即克皮岛时,满洲官兵,效力死战,尔汉官兵,如同宾客,坐视不救。此行所得之人,皆以死战擒获,及因阵亡而赏给者,乃无故夺之,则彼死战之劳,捐躯之义,何忍弃之乎?若另以人补给,所补者独非人乎?无罪之人,强令为奴,亦属可悯!尔等止知爱惜汉人,不知爱惜满洲有功之人,及补给为奴之人也。"可法等惧,皆叩首谢罪曰:"臣等见不及此。"故自此以后,为奴仆或执贱役之人,皆不准考试,为有清一代之大法焉。

(五)刑赏之制与徭役

入关前之刑罚,可得而考者有死刑、籍没、罚锾、罚牲畜、革职、孥其妻子、贯耳鼻及鞭等。死刑为生命之刑;贯耳鼻及鞭,为身体之刑;籍没、罚金、罚牲畜,为财产之刑;革职为名誉之刑。当时对于自由刑——徒刑——无所规定,盖刑罚观念,尚属幼稚故也。又有大赦之法,其制始于崇德五年七月,大赦,凡死罪以下羁禁者,于大清门释之。十月,以值皇太极诞辰,除十恶外,凡罪概行肆赦。盖亦仿明之制。惟所谓羁禁者,似属拘囚待审之类,与徒刑有异,此入关前刑罚之大略也。至赏赐之制,除袭职免丁外,凡俘获之人口、牲畜、布帛、银两,皆以充赏。袭职者,己身所得之官职,又延及于子孙也。天聪五年六月,定功臣爵职世袭例:凡他国贝勒,当无事时倾心来归者,子孙世袭罔替。其迫祸患,不得已而来归者,阵亡准袭五次,病故准袭三次。凡将士临阵率先,及克城功大者,各照原职世袭罔替;惟有罪,另行酌定。凡告发叛逆,及乱国大罪者,量授爵职,准袭六次。凡自他国孑身来归,当本国无事时者,阵亡准袭四次,病故袭二次。迫于祸患者,阵亡准袭二次,病故袭一次。凡无职之人,当危急时率先战死,或首先登城死者,量授以职,准袭二次。凡擒获奸细授职者,阵亡准袭一次,病故不准袭。六年,定恤奖死伤之例:阵死者副将三等,递减十两,自八百二十两至八百两。参将三等,亦递减十两,自六百二十两至六百两。游击五百两,备御四百两,副备御二百五十两,旗校什长及执大纛人每名二百两,无职者一百五十两,未披甲者一百两。其余之例,不必备述。要之,赏恤不仅以战功为比例,亦且以爵职为差等也。免丁者,本身及亲族徭役减除之谓也。盖旧制计丁派徭,三丁抽一,即力役之征,犹唐之庸法也。当天聪八年正月,汉备御等以徭役繁重,诉于户部,略谓:"每备御帮丁八名,除一身照例赡养新人外,较民例更重。所帮八丁,既与民例一体当差,本身又任部务,差徭何由措办?望上垂怜,所帮八丁,准照官例当差,余丁与民同例。"管户部贝勒德格类奏闻。乃集汉官宣谕,有云:"我国土地未广,民力维艰,若从明国之例,按官给俸,势有不能;故计功给丁,一等功臣应得千丁,其余以次递减。自分拨辽东人丁以来,八九年间,尔汉官人丁,多有溢额者;非朕加恩尔等,宥尔过愆;能任尔等多得乎?满洲出兵,三丁抽一,今若令尔等亦一例三丁抽一为兵,尔以为何如乎?且满洲之偏苦于汉人者,不但三丁抽一也。如守台,陶铁,及一切工匠,烧盐,猎取禽兽,筑修边城,守贝勒门,运送贸易之物,窖冰之役,青草之役,此皆满洲偏苦之处。今满、汉均属一国人民,尔等何竟不知差徭减于满洲耶?"满洲差徭,是否多于汉人,不能据皇太极之言为准。惟徭役之免,确为一种恩荣。此刑赏之可得而考者也。

四十一 文学与教育

(一) 史书之编译

初,满洲未有文字,及万历二十七年,努尔哈赤命儒臣额尔德尼、噶盖等,假蒙古字制十二字头,编写国语,颁行通用。及太宗皇太极时,儒臣达海复加以修正,遂成有圈点之新满洲文字。天聪三年,始设文馆,命儒臣分为两直,榜式达海及刚林等翻译汉字书籍;榜式库尔禅及武巴什等记注本朝得失,以为信史,翻译与编辑之业,至是始分部职掌。天聪五年,皇太极幸文馆,入巴克什、库尔禅直房,问所修何书。对曰:"记上行事。"皇太极曰:"此史臣之事,朕不宜观。"乃取巴什克、达海所译《武经》观之。此种尊重史官职掌之态度,为吾国历代传统之遗风,俾记注之臣,得以据事直书,不稍讳饰。较之后日修改实录者,真不可同日语矣。天聪九年,命文馆纂译宋、辽、金、元史,且谕之曰:"朕观汉文史书,殊多饰词,虽览全无益也。今于宋、辽、金、元四史内,择其勤于求治,而国祚隆昌,或所行悖道,而统绪衰坠;与夫命将兴师之方,及贤奸忠佞之有关政要者,汇纂翻译成书,用备观览。《通鉴》之外,野史所载,语多不经,无知之人,转相流传,信以为实,着禁止翻译。"可知达海等所翻译之四史,亦不过择要纂述,而当时之野史迻译,在社会上流行甚夥,故有"转相流传"之言也。皇太极于汉文之程度,尚不及努尔哈赤了解之深,其所得之智识,亦仅就译成之满文小说野史而读之;且赖儒臣进讲之力,故有"乐闻古今得失"之誉。是年又绘成《太祖实录图》八册,盖出于张伦、张应魁之笔。其《图解》则满、蒙、汉文三体并书,首及长白山三神女之传说,以及太祖努尔哈赤一代之事迹。越二年,即崇德元年十一月,《太祖实录》告成。则当时对于大金之称,当已讳改为满洲矣。

(二) 开国期之史料

清初开国之史料,当以《实录》及档案二者为可凭。惟《实录》以本朝臣子而记本朝之事,亦不免稍有讳饰。档案则案卷文诰,原文之所在,比较《实录》,尤为质实。然二者皆重要之史料也。《实录》有三种:

> (一)崇谟阁藏本。(二)日本传抄本。(三)故宫原藏本。

《实录》修纂,定制缮必五份:每份各具满、汉、蒙文一部,大本红绫面者两份:一贮皇史宬,一贮奉天崇谟阁。小本红绫面者两份:一贮乾清宫,一贮内阁实录库。又有小本黄绫面者一份,亦贮实录库,以为讲筵之用。此崇谟阁藏本乃乾隆以后所重修者。日人强占沈阳后,曾以是本影印行世,合四卷为一册,凡四千三百三十卷。又《满洲战迹图》八卷、《宣统政纪》四十三卷。日本之《三朝(太祖、太宗、世祖)实录》,为自古传写本。文化四年,日人�山芝坞、永根、永斋抄录《三朝实录采要》十六卷行世。其上更有《抄略》二卷,以与阁本相比,则阁本颇有所避讳。盖传抄本系用康熙年间所纂修者,最为质实也。故宫博物院曾印《太祖武皇帝实录》,亦系初纂本,惟排印错字太多,学者病之。后议与《太宗实录》初纂本,合北平图书馆所得之《世祖实录》初纂本,共印为《三朝初纂实录》,书未成而北平沦陷。倘此书印行,当较日本传抄本更为近真也。故宫藏本,尚不只一份。惟该院未印行,吾人所常见者,仅伪满之崇谟阁本而已。阁本与故宫藏本当无甚差异,皆乾隆时改修者。乾隆三十年,蒋良骐充国史馆纂修,据《实录》红本成《东华录》十六卷,至雍正末为止。光绪初,王先谦入史馆,援例绎乾隆以次各朝为续编,又病蒋录简略,复自天命迄雍正而加详焉。然蒋录虽简,而纪事出于王录以外者甚多,以其所据为初纂本,非乾隆以后改订之本也。乾隆因尊祖而为其祖讳,毫无存留信史之念,是以修改之《实录》,与初纂本《实录》迥不同矣。档案之存于崇谟阁者,有汉文旧档、满文老档二种:汉文旧档之写本六册,中重一册,内容分为三种:

(一)各项稿簿一册　搜录天聪二年九月,至五年十二月之往来文书。

(二)朝鲜来书簿三册　第一册,自天聪元年至八年;第二册,自天聪九年至崇德四年;第三册,为崇德五年六月份者。内载二次朝鲜之役颇详。

(三)奏疏一册　自天聪六年正月,至九年三月,凡诸臣奏疏多载之。其中多有《实录》所不采者。

满文之老档,更分为无圈点之档子,及有圈点之档子两种。无圈点者,旧字也;有圈点者,新字也。其内容为太祖、太宗两朝之记录,太祖朝共十套,每套册数自四册至十一册不定,凡八十一册:起丁未年(万历三十五年)至天命十一年,其中颇有脱落,而第十套之年月,全不具备。太宗朝共十六套,凡九十九册:自天聪元年至六年,共十套,六十一册,崇德元年占六套三十八册。老档为编年体之记录,颇为详细,琐屑之事,亦备载之,惜早已残缺不全矣。此外北京内阁库藏之档案,中多清初文书,光绪二年,清查大库档,知其可贵在老档上。盖内阁所藏者,有真正无圈点老档。乾隆四十年,以年久虧旧,令按现行清字,重抄一份。四十三年再办老档一份,发交奉天崇谟阁,并藏《实录圣训》金匮内。据四十五年二月初四日盛京将军福(康安)奏折,当时收到者,即无圈点,加圈点,天命年老档各八十一本,天聪年各六十一本,而崇德年老档三十八本,仅为有圈点者。其数目与今藏正相符。而大库所藏,实较修订本为多,故以后续有发现者,如崇德三年分原档是也。民国以后,大部归教育部历史博物馆。因保藏不善,渐作废纸售出,罗振玉于纸坊购得者,即此内阁大库旧档也。幸辗转以入中央研究院(《明清史料》即该院所选印)。民国十一年国立北京大学呈请将历史博物馆余存档案拨归整理。于是此宝贵史料,始得以供学者之参考焉。

〔附言〕　北京大学整理内阁档案会所整理之结果,具见《北京大学日刊》所载之该会报告。档案计共一千五百零二麻袋,一年中整理出来者,不过三分之一而已。该会整理计划分三步:一分列朝代,二摘由,三整理内容。现第二步手续,大致已完,惟第三步迄未蒇事。徐中舒有《内阁档案之由来及其整理》、《再述内阁大库档案之由来及其整理》,李光涛有《记内阁大库残余档案》,方甦生有《清内阁库贮旧档辑刊》,均可参考。故宫文献馆亦有整理满文老档之计划。最初写满文老档目录者,为日人内藤湖南《清开国期之史料》(见《读史双录》)。最近写老档目录者,为日人今西春秋(今西龙子),在《东方学纪要》发表诸文。可见老档以内阁大库贮藏最丰,现已分而为三处——北京大学、故宫博物院及中央研究院矣。

(三) 教育之概况

满洲自明初以来,与明互市,政教文物,深受影响;故努尔哈赤以酋长而熟悉汉文,幼时即爱读《三国演义》与《水浒传》。及皇太极立,连年与明用兵,益知文学教育之重要。天聪三年,首创文馆,记注政事,翻译汉籍。其后又更定为内三院,分别职司。且考取诸儒,优奖明通,而文化乃蒸蒸日上矣。天聪五年,谕:“自征明以来,所向必克。彼明屡战屡败,势同枯朽,而我常有惧心者,以彼虽不长于骑射,而战时晓习法律故也。”及闰十一月,集贝勒大臣曰:“朕令诸贝勒、大臣子弟读书,所以使之习于学问、讲明义理,忠君亲上,实有赖焉。闻诸贝勒、大臣,有溺爱子弟,不令就学者,殆谓我国虽不读书,亦未尝误事。独不思上年我兵之弃滦州,皆由永平驻守贝勒,失于救援,遂致永平、遵化、迁安等城,相继而弃。岂非未尝学问、不明义理之故欤?今年明国筑大凌河城,我兵围之,经四越月,人皆相食,犹以死守。虽援师尽败,凌河已降,而锦州、松山、杏山犹不忍委弃者,由读书明道理,为朝廷尽忠故也。若为父兄者,溺爱子弟,亦可任意自适,不披甲出征矣!”于是令贝勒大臣子弟八岁以上,十五岁以下,俱就学读书;不愿者启奏。崇德元年,又谕诸王大臣等曰:“昔太祖时,八旗子弟,无论长幼,一闻行师出猎,率皆踊跃争先,秣马厉兵,自爨而食,国势之隆,皆由劳瘁所致。今子弟等每有调遣,或托言妻子有疾,或以家事为辞,国势何由而振乎?”诸王大臣言:“诚如谕,嗣后当加意训饬,不敢怠忽。”由是观之,皇太极对于教育事业,亦颇留意也。

(四) 旧俗之保存

清国之文化,在皇太极时代,已有孟进之象,其原因要不外乎连年用兵,交通频繁,且汉人之降附日众,影响益大故耳。然皇太极深虑满人之仿效汉族,遂使旧日风俗,渐归同化。故崇德元年十一月,集诸王、贝勒、大臣等于翔凤楼,使内宏文院大臣,读《金世宗本纪》,且谕之曰:“尔等宜审听之!世宗者,蒙古、汉人声名显著之贤君也,故当时后世咸称为小尧舜。朕披览此书,悉其梗概,殊觉心往神驰,耳目倍加明快,不胜叹赏!朕思金太祖、太宗,法度详明,可垂永远;至熙宗合喇及完颜亮之世,尽废之,耽于酒色,盘乐无度,效汉人之陋习。世宗即位,奋图法祖,勤求治理,惟恐子孙仍效汉俗,预为禁约,屡以无忘祖宗为训。衣服言语,悉遵旧制,时时练习骑射,以备武功。虽垂训如此,后世之君,渐至懈废,忘其骑射,至于哀宗,社稷倾危,国遂灭亡。乃知凡为君者,耽于酒色,未有不亡者也。先是,儒臣巴克什、达海、库尔禅等,屡劝朕改满洲衣冠效汉人服饰制度,朕不从,辄以为朕不纳谏。朕试设为比喻,如我等于此聚集,宽衣大袖,左佩矢,右挟弓,忽遇硕翁科啰巴图鲁、劳萨挺身突入,我等能御之乎?若废骑射,宽衣大袖,待他人割肉而后食,与尚左手之人,何以异耶?朕发此言,实为子孙万世之计也。在朕身岂有变更之理?恐子孙忘旧制,废骑射,以效汉俗,故常切此虑耳。我国士卒,初有几何?因娴于骑射,所以野战则克,攻城则取,天下人称我兵:'立则不动摇,进则不回顾,威名震慑,莫与争锋。'此番征燕京出边,我军威竟为尔大臣所累矣!"综上以观,则可知皇太极时代之人民,其勇气已不似努尔哈赤时之鼓舞,故八旗子弟,每有托言避役者,皇太极以金世宗自居,不欲濡染汉习,致成陋风,不为无见。惟潮流所趋,恐不能以饬谕而收大效耳。

四十二　社会一般之现象

(一) 人民生计之概况

清自勃兴以来,颇能讲求农事之政,故军士有蹈田禾者,重则射之,轻则鞭之。太宗皇太极尤注重农事,故屡有及时耕种之谕。崇德元年谕:"树艺所宜,各因地利:卑湿者,可种稗稻高粱;高阜者,可种杂粮。勤力培壅,乘地滋润,及时耕种,则秋成刈获,户庆充盈。如失时不耕,粮从何得耶?"二年,又谕户部曰:"昨岁春寒,耕种失时,以致谷贵。今岁虽复春寒,然农时不可违也。宜早勤播种,而加芸治焉。夫耕耘及时,则稼无灾伤,可望有秋;否则,或被虫灾,或逢水涝,谷何登乎?凡播种,必相其土之燥湿,而布其种。该管屯堡各员,有不勤加董率,致废农事者,罪之。"顾太宗虽竭力提倡,然终天聪、崇德年间,难得家给人足,民物蕃息之观。观天聪元年,建州大饥,斗米价银八两,银多无处贸易,故诸物腾贵。良马匹值银三百两,布一匹当银九两,盗贼繁兴,劫杀时闻;乃大发帑金,散饥民。崇德二年谕:“今岁告饥,凡有粟之家,宜与牛录内困乏者,卖则取值,借则取息;如此有无相通,则民气自裕。若私自埋藏,以致朽烂,非我国之人也。至贫民无力耕种,坐使土地荒芜,食何由赖?”盖清虽以农牧立国,然射猎之风,仍未少戢;且连年争战,农牧亦不得不受其影响。天命之时,建州薄瘠,终岁所需,半仰互市。盖以建州饶参貂之利,明人亦借粟帛为交易之品。洎两国失欢,互市遂绝。清占有辽沈,农奴庄田增多,已不似在赫图阿拉时之穷困,惟以招徕太繁,亦终觉不敷耳。皇太极知民食根本之所在,故一面希望与明议和,一面南下朝鲜,资以掠取,且请互市纳饷焉。此种现象,岁丰则用仍不足,岁歉则立蹈饥馑,此一般生活之状况也。而富者囤积居奇,又为农民困苦之一种原因。崇德元年,严禁囤积之令有曰:“谷甚贱伤农,甚贵伤民,有粮之家,辄自居奇,必待市价腾贵,方肯出粜,此何意耶?今当各计尔等家口足用外,有余,即以粜卖,毋得仍前壅积,致有贵谷之虞!先令八家各出粮一百石,交市粜卖,以充民食。”此不仅禁囤积,又兼强令出粜也。然社会现象,仍不能充足均平,故崇德六年,都察院参政祖可法等有言:“今岁禾谷未收,秋霜早陨,恐收获之时,米粮未能充足,价渐腾踊,市籴日稀。”于是奏请豫为筹画,条陈四事。

一、严沽酒之禁　时京城及大小城堡,造酒米数,每日不下数百石。停止一年,可省米数十万石。

二、杜囤积之弊　有粮之家,或卖或借,卖则从市平粜,借则从时起息,并得有无相通,不许居奇长价。

三、疏河渠之路　东土以辽沈为肥饶,夹河六屯,尤为沃壤;年久不浚,故河壅而水不流,雨泽偶多,遂致泛溢,河沿一带,良田委弃。若及时挑修,用力不多,为益最大。

四、开纳粟之例　论罪之大小,限以粮数纳赎;或无罪平人,有急公输粟,量加奖录,秋丰停止。

疏入,得旨称是,着即照办,故岁歉之事,得以稍事补救焉。

(二) 财政经济之一斑

清初财政,颇难稽考,而经济之散见于史籍者,亦多零星散碎,摭拾维艰。仅就观察所及,以示一斑如下:

国库收入,本无定额。盖当时无赋税之征,故各官亦不能按职给俸也。且国家之收入,亦恒为一人之私产,严格而论,即无财政之可言。初成部落,掠夺为食,继建国家,征伐是赖;臣下之收入以此,公共之收入亦以此也。土地所有,分赐群臣,给丁供役,以赏有功。是以俘获不均,垂为例禁;崇德七年,皇太极谕诸王大臣曰:"此次出征,各旗王、贝勒、贝子、公等家人,获财物甚多,而各将士所获甚少。想大臣等各让其本旗王、贝勒、贝子、公等多取,以致将士少获;开报归公之物,反行减少耳。前征燕京、山东,朕皆赐出征之王、贝勒及各官等,即少有所留,不过欲给新附之人,及穷乏之人,以为国家经费之计,故皆寄之外帑,未尝多取以私为已有也。"盖俘获所得,国库所入,供赏赐而已。太宗亦常言:"理财裕国,亦为民而已。"惜其理财裕国之术,仅以"放抢南朝",疯狂掳掠为得策,遂以造成农业为主之社会经济。至人民之赋税,又有征徭一法,即三丁抽一,以供驱使,乃力役之征,犹唐室之庸法也。清初赋税之可考者,惟此一种。盖为兵为工,胥有赖于此耳。人民经济,以农牧为大宗,兼具采参市易之利;行猎所获,亦人民较重要之收入也。初建州与明人互市于开铁之间,以实物相交换,物价之值,略可窥察,及明市大坏,朝鲜市兴,中江之地,遂为商务中心焉。清人之西走者,亦恒市易于长城诸口,惟非特定之市场,故其事不著。清既以人参为出产大宗,其价值若何?天聪七年,曾致朝鲜王倧书,责减参价。盖原议参价每两银十六两,朝鲜止给九两。参价之贱,观此可知。清以银块为交易之媒介,仍因袭中国之制。亦铸铜钱,天命通宝凡二品,一满文,一汉文,天聪通宝亦二品,但皆未必多耳。米谷之价,视年岁之丰歉而定,难知其详。天聪元年大饥之时,诸物腾贵,斗米银八两,马一匹银三百两,牛一匹银百两,蟒缎各一匹银百五十两,布一匹银九两,其数似不确实。盖天聪初之经济,即使国内饥馑,亦不至腾涨如此。

其时人口买卖,每名价银十五六两,与半价相等。亦有强索至二三十两者,此崇德年间之概况也。

(三) 社会之习尚

射猎之风,本为塞外民族所具有,故在位者亦以奖励骑射为能事。皇太极有言:“我国家以勤习骑射为业,今若不时亲弓矢,惟耽逸乐,则田猎行阵之事,必致疏旷。武备何由而得饬乎?”清初之风尚,观此可知矣。射猎之事,既为女真人之习尚,然亦恒为斗争之因。盖当动众行猎之时,每有所中,不易即获。天聪之时,太宗曾令贝勒等约誓:从人勿得争夺。后又令射中之兽,有争论者,付审理官质对;不问贝勒凡人,但验射中伤痕相符,即付之,是知射猎之风,即君王大臣亦然,而质验之令,亦不以贵贱而有所区别也。当时人民之好尚,除讲习武事外,有好杀、贪诈、奸淫、圆滑之风,而窃盗之卑习,则又不待论矣。出师之时,虽常以勿杀降人,勿淫妇女为戒,然风尚所在,禁之无益。阿敏以不得朝鲜之美妇,而在外觖望;多尔衮以肆意贪淫,而获疾致死;慧如文后,不耐居孀之苦;贤若玄烨,犹有纳姑之嫌。墙茨不扫,深宫诲淫,风气所被,不仅帝室为然也。永平之杀降,扬州之屠戮,是为清人好杀之明证;而战阵之被残,劫掠之获伤,又不知凡几矣。宁完我有言:“举国之内,然诺成风,以狡滑为圆活,以容隐为公道,以优柔为雅重,学成装就,便为大僚,即有一二劲草,亦自觉特立孤标之足虑。”而皇太极亦言:“我国贝勒及诸姑格格等皆以贪得为心,宜作何禁止?”满洲风习之不良,于此可见一二。又阶级之习特严,其服式亦视贵贱而有差异。天聪六年,定黑狐帽、五爪龙、明黄、杏黄、金黄等服,非上赐不得用。闲散侍卫、护军,及诸贝勒下护卫以上,许服缎衣,余众俱用布。妇人各随其夫。且谕:“国家服式之制,所以辨等威,定民志,俾朝野各有遵守。我国风俗,素敦淳朴;近者奢靡僭越之风,往往而有,不可不定为法制,昭示国中。”当时之宗室,为一种贵族阶级,凡六祖之子孙,俱系红带,以表等威。如常人与系红带者相诋而詈及祖父者,死;其不系红带,而致人辱詈者,勿罪。亦可见当时贵族之声势矣。各家之奴隶,以俘获之汉人充之。奴隶无借贷应试之权,一任其主之生杀买卖,待遇之苛,不待言也。

(四) 汉人之地位

皇太极之待遇汉人,本为一种政策,前既言之矣。当时汉人之地位,究竟如何,亦不难就当时之情形推知之。蒙古风俗相同之国,且常与皇室为懿亲,其地位在汉人以上,自不待言;即朝鲜之人,亦较汉人为优。盖清人视明如仇,而衣冠习俗迥异之人,更不能不受一班人之陵轹也。宁完我言:“汉官不会满语,常被骂詈辱打,至伤心堕泪。皇上遇汉官,每每温慰恳至,而国人反陵轹作践,将何以成一体,徕远人耶?”汉人之被作践,即此可知矣。又岳托有言:“先年杀辽东汉人,后复杀永平、滦州汉人,纵极暴白,人亦不信。今天与我以大凌河之汉人,正欲使人知我国之善养耳。其法如何?凡官一品,以诸贝勒女妻之;官二品,以贝勒大臣女妻之。若有欺凌其夫者,咎在父母,犯即治罪。如谓彼有原妻,不必与女,此实大谬。盖使其父翁衣食与共,虽故土亦可忘也。若怠于抚养,将操何术以取天下乎?”盖至是始稍稍优待汉人矣。天聪三年,解禁家奴举行考试,其保护汉人之心,惟此事为昭著,然亦不久即废,而祖可法且以奏请许奴隶应试被斥焉。崇德二年,责谕都察院承政张存仁等庇护汉人,有曰:“若礼部承政祝世昌奏请禁阵获良人妇女卖充乐户一疏,祝世昌岂不知乐户一事,朕已禁革?不过徇庇汉人,借此立言要誉耳。朕料祝世昌身虽在此,心之所向,犹在明也。祝世昌果系忠臣,彼明国以大元田、刘、张三姓功臣之裔为娼,即当奏请禁止矣。朕于满、蒙、汉人,视同一体,尔等同心辅政,譬如五味,贵得其和。若各庇其族,是犹咸苦酸辛之不得其和也。”祝世昌竟以庇护汉人,与奸细无异,论死且籍其家。汉人之待遇,至此又转趋刻薄矣。盖皇太极之优待汉人,原为一时之利用,故表面上对于汉官虽怀柔备至,而对于一般之汉人,则不惜竭力压制,以免其势力之膨胀。崇德以后,国基大定,汉人之被虐,乃日益加甚。而汉官亦惟希旨取宠,不敢仗义执言。故俘获之人,除汉军八旗外,供包衣(天聪初,以向俘获汉人之骁健者,分左右两翼,设都统统之,以备折冲之用。后以降人日众,分为八旗。其留以给事宫廷,与分配诸王府供奔走者,皆拨入满洲,而锡之名曰包衣旗,以示区别于汉军。故包衣旗名虽满人,实汉军也。)之贱役与农奴而已。时宫中尚无阉宦,中涓之职,皆包衣充之。《筹辽硕画》熊廷弼务求战守长策疏中云:"往虏间穷馁,又马于冬春草枯时,瘦如柴立,故我犹得一间。近所掠人口,筑板升居之,大酋以数千计,次千计,又次数百计,皆令种地纳粮,人马得食,无日不可图我。"又朝鲜降将李民寏《建州闻见录》云:"自酋奴及诸子,下及卒胡(下级官),皆有奴婢、农庄,奴婢耕作,以输其主。军卒则但砺刀剑,无事于农亩。"此可见建州农业社会之形成,全以所征服及俘虏之汉人为农奴也。

第十一章 明国之覆亡

四十三 明中叶以后之政局

(一) 政权之推移

明太祖朱元璋,以淮右一布衣,奄有天下,鉴于前代帝王大权旁落之弊,废丞相,分设六部,改元代之中书省为内阁,置学士,位不过五品。是时太祖以开国之君,周知民隐,洞悉为治之要,故能乾纲独断,百废俱兴。其后成祖棣连年用兵,不暇亲政,仁宣以后,大学士之位渐崇,然究非成宪所许。皇帝与宰辅之权,互为消长,而阉宦因之弄权。故有明一代,朝廷大政所出,至无定所;时而出自皇帝,时而为权贵所把持。然而阉宦弄柄,佞幸窃权之事,则世有其人,世有其事,所谓"君相独运大权,以理万机"者,不过数见而已。黄梨洲有言:"有明之无善政,自高皇帝罢丞相始也。"明代皇帝最能独揽大权,而与皇帝最接近者,厥为阉宦,皇帝不自用其权,阉宦焉得不弄权以自恣?故太祖虽揭铁牌于宫门,而阉宦之祸,乃更烈也。阉宦之弄权也,在利用朝无重臣;朝无重臣,则皇帝无所顾忌。明中叶以后,皇帝多不见朝臣:宪宗在位二十三年,只成化七年,与大臣朝见一次,其后绝不与群臣相接。孝宗弘治十年,与大臣议政,举朝称庆。自是以后,以至天启,凡百六十七年间,历五六帝,君臣之间,不常接见。阉宦焉得而不专权?朝政焉得而不废弛?群小在位,滥赏淫刑,东林议政,党祸益炽;国欲不乱得乎!

(二) 中叶以后之政略

宪孝之世,为明代小康之时;武宗继立,刘瑾用事,瑾伏诛,而江彬又起,故正德十六年间,虽名臣名儒辈出,固无补于其君之昏庸也。世宗继立,而大礼之议起,盈廷聚讼,致兴大狱,此诚无谓之甚者矣!且崇奉道教,信任严嵩,忠良遭屠戮之惨,已启明代衰颓之兆。穆宗隆庆,享国日浅。神宗初政,张居正当国,慨然有任天下之志:尊主权、课吏职、信赏罚、一号令,十年首辅,海内肃清。用名将戚继光、李成梁委以北边,于是降朵颜、破泰宁,边备整饬,蓟、辽益固;而南蛮之累世负隅者,亦次第遣将削平。又变通漕运时期,尽卖民间种马,而国用充;汰冗员滥费,责豪猾积逋,而帑藏实;减均徭加税,免天下逋赋,而民困舒;立章奏考成法,而吏治起;严讳匿之罪,而盗贼止;裁抑阉党,绳督御史,核省驿递,澄汰庠序,而朝野清肃。不可谓非救时贤相也。然居正死后,继之者皆非其人;而矿税貂珰,苛毒乃遍敷天下。秕政丛起,卒致乱阶。又况东林党议,三案纷争,忠良被弃,国脉大伤,故明不久遂亡矣。兹述其大略如下:

东林党议　先是,无锡有东林书院,为宋杨时讲道之处。顾宪成忤朝旨,削籍归里复修之,与高攀龙、钱一本讲学于此。天下之士,闻风而集,往往讽议时政,裁量人物,朝士慕之,遥相应和。由是东林之名大著,忌者益多。其后,孙丕扬、邹元标、赵南星等,相继讲学,是为东林党议之起。当时廷臣,亦竞立朋党,大致分东林党与非东林党二派。其非东林者,有宣昆党,齐、楚、浙三党,声势相倚,务以攻东林,排异己为事。既而三案起,遂为二派焦争之点,而轧轹亦愈烈矣。

三案之争　明末三案之争,屡兴大狱,正人君子,诛戮无算,而国运伤矣。先是,神宗宠郑贵妃,兼爱其子常洵,久不立太子,群臣疑虑,数以为请,所谓"争国本"是也。帝不得已,二十九年,立长子常洛为太子,遇之颇薄,四十三年,有男子张差者,持梃入东宫,击伤门者,令法司鞫之,以疯癫具狱,提牢侦为郑妃宫监所嗾使。郑妃惧,请于帝及太子,磔张差,其事遂解。是为梃击一案。神宗崩,常洛即位,数日病笃,召见阁臣方从哲等于乾清宫,从哲荐李可灼进红丸,病俄革,翌日遂殂。而方从哲乃称遗旨赏李可灼银五十两,御史王安舜首争之,劾从哲轻荐狂医,又给赏以自掩。给事中等又数从哲十三可杀罪,是为红丸一案。明光宗崩,李选侍(郑贵妃所进)据乾清宫与阉宦魏忠贤及客氏,谋挟皇长子以自重,不听诸臣入临;诸臣乃掖皇长子出,立于文华殿。杨涟、左光斗等遂勒选侍移居哕鸾宫,太子复还乾清正位。是为移宫一案。三案并起,狺狺不休,结托阉宦,亡国之媒。倪元璐有言"主梃击者,力护东宫;争梃击者,计安神祖。主红丸者,仗义之词;争红丸者,原情之论。主移宫者,弭变于几先;争移宫者,持平于事后。"盖两派初争,尚可谓各有其是,其后党见日深,三案遂为争持之焦点矣。然魏阉未用事前,尚无大害;洎魏阉得志,杀人则借三案,群小求进则借三案,名为三案之争,实则东林非东林之争也。

客魏之祸　魏忠贤始姓李,名进忠,熹宗赐以今名。与帝乳母客氏相结,并为帝所宠信。二人忌司礼监王安持正,矫旨杀之。日引帝为内操游乐,益无所忌。忠贤援引群小,入备赞画,凡宫嫔内侍之不如意者,百计谗杀之。时东林势盛,众正盈朝,激扬讽议,忠贤颇惮之,于外事未敢大肆。后用顾秉谦等为相,羽翼爪牙,渐次坚固,遂得肆其毒噬矣。杨涟劾忠贤二十四大罪,语语皆可指实,而帝不悟,中旨切责。诸臣益愤,交章论忠贤不法,帝反温谕数忠贤勤劳,责诸臣附和。忠贤矫杀万燝,借以立威。于是希指者更劾杨、左(光斗)诸人,党同伐异,招权纳贿,东林之祸遂作。先是,王绍徽编东林一百八人,系以宋时梁山泊宋江等名目,为《点将录》,令忠贤按名黜汰。崔呈秀复进《同志天鉴》诸录,分别异道,由此群小登据,善类一空。乃更假三案与封疆事,以逮杨、左等,于是六君子(杨涟、左光斗、魏大中、袁化中、周朝瑞、顾大章)遂毙于狱中。高攀龙畏祸自投于池,而熊廷弼、孙承宗或杀或罢,边事益不可为矣。忠贤复修《三朝要典》,以梃击、红丸、移宫三案事,编辑成书,极意诋諆东林,榜东林党人姓名示天下。进爵上公,潜窃神器。及信王立,忠贤乃伏诛。然七年之间,无恶不作,宦寺之毒,殆无其匹!

明末以矿税酿纷争之局,以东林起党议之端,以三案为交战之点,而其祸成于魏阉之当国。清流摧折,佞幸窃位,名将传首,边功冤抑:内政外交,不堪问矣!

(三) 明末边防概说

明之末造,可以主持边事之人物有四:一曰皇帝,二曰阁臣,三曰本兵,四曰领兵将帅。抑考当时之皇帝,则数十年不视事之神宗,数月而崩之光宗,昏聩无能之熹宗,卞急而多疑之思宗也。当神宗时之阁臣,皆庸愚如方从哲之辈。熹宗时,虽有一叶向高,然无如魏忠贤何。质言之,当国者,魏忠贤也。向高之后,则阉党颜秉谦也。崇祯帝在位,不过十七年,而更易宰辅,至数十次。轻信轻疑,国政何由而理?又其时制阃外将帅之命者,尤在本兵。盖明末本兵之权至重,当其任者二十九人,惟有一二人稍谙边事,其余则阘茸伴食之流也。至于边将,则尚时有其人,虽官爵不同,其为领兵边将则一。杨镐之后,继任者,有熊廷弼、袁应泰、薛国用、王化贞、王在晋、王象乾、高第、孙承宗、袁崇焕、王之臣、杨嗣昌、洪承畴等。此后则山海关内外,有关内、关外、昌平、保定督臣凡四;宁远、永平、顺天、密云、天津、保定巡抚凡六;宁远、山海、中协、西协、昌平、通州、天津、保定总兵凡八;兵权愈分,事权愈乱,大局遂益不支矣。熊廷弼、袁崇焕、孙承宗,皆以盖世之才,治辽事而有余,然或内毁于阉党,外罹于反间,不终其位。而三饷加派,盗贼纷起,虏马频来,东西交哄,明朝之亡,盖有由矣。

〔附录〕梁任公先生作《袁督师传》,叙述明末边事,颇足参考,兹节录于后:

满洲之初起东裔,自其始非必有并吞中原之大志也,而明季之君庸、帅愎、将疲、卒孱实有以启之。故欲知当时明清递嬗之历史,当分三方面观察焉:

一曰北京政府　当时北京政府之权力有四:一曰帝,二曰内监,三曰阁臣,四曰本兵。袁督师时代之政府,其帝则熹宗之昏弱而无能也,怀宗之下急而善疑寡断也。其内监则与魏忠贤相终始也。其阁臣则皆阘冗伴食之辈也。而制阃外将帅之命者,尤在本兵。明末本兵之权至重也,今将天启以来任兵部尚书者列表于下:

万历四十四年至四十八年	黄嘉会
天启元年	王象乾　张鹤鸣
二年	张鹤鸣　孙承宗　董汉儒
三年	董汉儒　赵　彦
四年	赵　彦
五年	赵　彦　高　第　王永光
六年	王永光　冯嘉会
七年	冯嘉会　王之臣　霍维华　崔呈秀　阎鸣泰
崇祯元年	阎鸣泰　王在晋　王　治
二年	王　治　申用懋
三年	梁廷栋
四年	梁廷栋　熊明遇
五年	熊明遇　张凤翼
六年至八年	张凤翼
九年	张凤翼　杨嗣昌
十年至十一年	杨嗣昌
十一年	杨嗣昌　傅宗龙
十三年至十四年	陈新甲
十五年	陈新甲　张国维
十六年	张国维　冯元飚　张缙彦
十七年	张缙彦

二曰东北边将　边将之任免,政府主之,而边将之得人失人,大局系之。岂惟袁督师,即如熊廷弼、孙承宗之流,使能久于其位,东事之败坏,尚不至此极也。今将当时任东北兵之将帅,列一表,次乃论其功罪:

人	官	年	摘　要
杨　镐	巡抚辽东	万历三十八年	旋罢
杨　镐	经略辽东	万历四十六年至四十七年	四十七年三月帅师出塞败逮治罪
熊廷弼	宣慰经略辽东	万历四十七年至天启元年	四十七年三月代杨镐四十八年八月罢
袁应泰	经略辽东	天启元年	代熊廷弼其年三月清兵入辽沈死之
薛国用	经略辽东	同	
王化贞	巡抚广宁	天启元年至二年	化贞以元年五月廷弼以六月受任其明年清兵取西平堡化贞弃广宁廷弼走入关俱被逮
熊廷弼	经略辽东	同	
王在晋	经略辽东	天启二年	其年八月告归孙承宗代之
王象乾	蓟辽总督	同	
孙承宗	经略蓟辽	天启二年至五年	五年十月为魏忠贤所排去高第代之
袁崇焕	监关外军	天启二年至六年	时实官由佥事进按察使
高　第	经略辽东	天启五年至六年	六年七月以不救宁远罢黜
王之臣	经略辽东	天启六年	寻罢经略不置
袁崇焕	巡抚辽东	天启六年至七年	至是罢经略不置以关内外专任崇焕
王之臣	巡抚辽东	天启七年至崇祯元年	
袁崇焕	督师蓟辽	崇祯元年至二年	

三曰满洲之势力　满洲之势力与明边将之贤否为消长，今列一略表，与前表参观而大势可知矣。

万历四十四年	清太祖始改元天命
四十六年	始伐明克抚顺
四十七年	明以兵二十四万伐清不克
天启元年	清攻克沈阳
二年	清攻克西平堡
六年	清兵大举西渡辽河攻击宁远不克其年清太祖崩
七年	明清议和不成清来攻不克
崇祯元年	复议和不成
七年	清大举入寇

四十四　流寇之猖獗

（一）流寇之起源

盗贼之祸，历代恒有。明之世，当永乐时，有唐赛儿等，然皆旋起旋灭。武宗之时，流寇蔓延，而卒以扫除。惟至末造，神宗怠荒弃政，熹宗昵近阉人，元气尽澌，国脉垂绝。天启初年，四川、贵州土司相继叛乱，未几，又有白莲教徐鸿儒倡乱山东，虽不久就灭，而四川、贵州犹未平靖。加以蓟辽日亟，需饷甚多，天灾流行，饥馑洊臻，故至崇祯年间，流寇遂蜂起云涌，一发而不可收拾矣。考流寇所由起，大约有六，曰叛卒、曰逃卒、曰驿卒、曰饥民、曰响马、曰难民，而皆起于陕西。盖秦地山高土厚，民力强悍，好勇斗狠，故六者之乱，亦始于此，而卒以亡天下也。叛卒者，欠饷之饥军，掠官府以合于群盗者也。崇祯元年冬，陕西欠饷至一百三十八万两之巨，守辽之川、湖兵，亦积欠至四个月。故兵士不堪，相率叛乱。而当时清军入塞，四路勤王之师，亦多以饥困而自合于流寇。又有逃卒私自潜投贼夥者，故当时之流寇，因是益炽。驿卒者，多山、陕无赖之徒，借驿站以果其口腹，而不敢为非者也。崇祯二年，明帝从给事中刘懋议，裁驿站冗卒；

于是山、陕游民,仰驿糈者,无所得食,到处煽惑,群聚为盗。饥民者,则百姓之以年荒而罹于冻馁者也。给事中马懋才之疏有曰:“臣见诸臣具疏,有云:‘父弃其子,夫鬻其妻,或掘草根而自食,或掘白石以充饥。’然此犹不足言。臣乡延安府,自去岁至今,一年已不见雨,草木焦枯。八九月间,人民争相采食山间之蓬草,虽曰谷物,实类丁糠,其味苦涩,食之不过免死。至十月蓬尽,则剥树皮而食,诸树皮中,惟榆皮最善,仍杂以他皮而食,亦得稍缓其死。至年终,树皮又尽,则又掘山中之石块而食,石冷而味腥,虽少食,亦易饱,不数日,则腹胀下坠而死。民有不甘食石而死者,始相聚为盗。其一二稍为积贮之民,则被劫不留一物,彼饥,以为死于饥与死于盗,死相等耳;且与其坐以饥死,何不为盗而死,尚得为饱死鬼乎?……总之,秦地光景,庆阳、延安以北,饥荒至十分之极,盗贼次之;西安、汉中以下,则盗贼至十分之极,而饥荒次之。”饥民之迫而为盗,观此盖可知矣。响马者,山林之寇贼;难民者,流离之百姓。盖明末陕北大祲,饥民掠食,山林寇盗,从中鼓动,而叛军逃卒,复群起以应之,于是杂六者而为流寇,以蹂躏中原矣。

〔附注〕 崇祯元年七月,川、湖兵戍宁远者,以缺饷四月,大噪,十三营起应之,缚系巡抚毕自肃、总兵官朱梅、通判张世荣、推官苏涵淳于谯楼上,自肃伤重。兵备副使郭广初至,躬翼自肃,括抚赏及朋桩二万金以散,不厌,贷商民足五万,乃解。自肃疏引罪,走中左所自经死。崇祯十二年八月,关宁总监高起潜题中有云:“准辽东抚臣方一藻会稿贴黄大意内开:‘自三月至八月,额饷分文未解。查关内三月之饷,俱已结完,独置残辽膜外;岂以辽丁向未哗噪,故姑缓视,必待酿变误援,乃坐臣等以治军无状乎?奴势汹汹,旬日内外,必有大举。臣等职专御虏,万不获已,乃敢大声疾呼。’……辽镇三月至八月欠饷,约数十万,事在燃眉,万难稽缓。”当时欠饷之巨,观此可知。“辽丁向未哗噪”,则他处之哗噪,又可知矣。明末财政枯竭,一至于此,故叛卒逃卒,亦为流寇之起源焉。

(二) 群盗之纷起

先是,阉党乔应甲巡抚陕西,米童蒙巡抚延绥,皆贪黩不恤民,又连岁大祲。崇祯元年冬,白水贼王二、府谷贼王嘉胤、宜川(明史作州)贼王左挂等,一时并起,攻城堡,杀官吏。安塞马贼高迎祥,自称闯王,饥民王大梁,自称大梁王,聚众应之。三边饥军,亦群起为盗,大吏恶闻贼,曰:"此饥氓,徐自定耳。"已而,驿卒、叛卒,相率应之,关中寇大炽。不久,王二、大梁被杀,左挂败逃,渠魁多诛灭。总督杨鹤不能抚,起者益众。二年清师入关寇掠,北京有警,山西甘肃勤王兵皆哗变,与寇合。洪承畴任延绥巡抚,左挂降于总兵杜文焕。嘉胤陷据府谷,杨鹤又主抚,匿不报,遣官四出招贼。于是王虎、小红狼、一丈青、掠地虎、混江龙等,并就抚,给免死牌,安置延绥、河曲间,虽不焚杀,而淫掠如故。又有神一元、不沾泥、可天飞、郝临庵、红军友、点灯子、李老柴、混天猴、独行狼诸贼,所在蜂起,官军东西奔击,旋扑旋炽,终莫能尽。而延安张献忠,亦聚众据十八寨,称八大王。已而,左挂以叛诛,献忠为巡抚洪承畴所败。盖自秦寇初起,延绥以北,为逃军、为边盗,延绥以南,为土寇、为饥民。边盗则王嘉胤,土寇则王左挂为群贼魁。及左挂伏诛,嘉胤复败,窜而入晋,久据河曲,总兵曹文诏困之,嘉胤遁犯泽潞,为左右所杀,其党推王自用(号紫金梁)为首。结群贼老狟狟、曹操、八金刚、扫地王、阎正虎、满天星、破甲锥、邢红狼、蝎子块、混世王等,及高迎祥、张献忠皆聚山西,而上天龙、过天星亦来会,共三十六营,二十余万众。米脂李自成,迎祥甥也,偕兄子李过往依之,乌合七十人,号曰"闯将"。崇祯四年,杨鹤主抚误国,以洪承畴代之。承畴督诸将曹文诏等剿贼,关中略尽,悉走山西。六年,以文诏夙著威名,令入晋协剿,贼乃犯畿南河北。文诏复败之于怀庆、济源,与诸将左良玉等会兵,连战皆胜。明帝敕诸将期三月平贼。然文诏为忌者劾去,贼益无所惮矣。时贼尽集河北,高迎祥、李自成、张献忠、罗汝才(即曹操)等俱至,为官军所败,欲逸,阻于河,大困,乃诡辞乞降。会天寒冰合,从毛家寨径渡,河南军无抗之者,遂剽掠于河南一带,直至湖广。始自渑池渡河,高迎祥最强,李自成属焉,及至河南,自成始别为一军。明廷以延绥巡抚陈奇瑜讨贼有功,进兵部侍郎,总督山陕、河南、湖广、四川五省军务,专办流贼。时贼由楚入川,遂陷夔州。自贼起陕西转掠山西、河南、湖广、四川,陷州县数十,未有破大郡者;夔州天险,及是失守,远近震动。贼复以险阻还陨阳,分军为三:一往河南,一趋淅川,一向商南。奇瑜乃驰至均州,檄陕西、陨阳、河南、湖广四巡抚,遏其四面,凡十余战,大破之,死者甚众。贼大惧,献忠奔商雒,高迎祥、李自成悉遁入车箱峡(兴安地)。峡四山巉立,中亘四十里,易入难出,贼误入其中,山上居民,下石击之,或投以炬火;且石塞其口,路绝无所得食;又大雨二旬,弓矢尽脱,马乏刍,死者过半。自成用顾君恩谋,伪请降,奇瑜轻贼,有骄色,遽许之。先后籍三万六千余人,悉遣归农,每百人以一安抚官护之,檄所过州县,具粮糗传送。贼甫出峡,即大噪,尽杀安抚官,屠所过州县,关中大震。至是官军亦稍稍知贼中有李自成矣。

(三) 荥阳之会与剿抚方略

奇瑜既纵贼,诏逮下狱,以洪承畴代之。时贼掠关中,围陇州,承畴大破之。会明廷命豫、楚、晋、蜀兵四道入陕,迎祥自成遂窜入终南山。已而东出,陷灵宝、汜水、荥阳,闻左良玉将至,移壁梅山、溱水间,贼拔下蔡,烧汝宁郛。乃命承畴出关追贼。崇祯八年正月,诸贼闻承畴出,大会于荥阳。老狪狪、曹操、革里眼、左金王、改世王、射塌天、横天王、混十万、过天星、九条龙、顺天王及高迎祥、张献忠共十三家,七十二营。议敌官军,未决,李自成进曰:“匹夫犹奋,况十万众乎?官兵无能为也。宜分定所向,利钝听之天。”乃分五部纵掠,以当官军,所破城邑,子女玉帛均分。始迎祥与献忠并起比肩,而自成乃迎祥支属,及是,遂相颉颃,与俱东掠,犯凤阳皇陵。自成向献忠求小阉善鼓吹者十二人,献忠不与,二人从此有隙。自成与迎祥复谋入关,献忠独东至太湖。初,承畴驰至汝州,命诸将分路剿贼,贼见河南兵盛,分路奔还陕西,献忠亦由麻城会高、李于凤翔。曹文诏请讨贼,过真宁湫头镇以兵寡败死。诸贼复出关东犯,惟高、李留陕西。时贼已蔓延天下,承畴不能兼顾,乃擢卢象昇总理江北、河南、山东、湖广、四川军务,承畴办西北,象昇办东南。寻以承畴督关中,象昇督关外。而迎祥自成亦分兵转掠,为承畴所败,东出朱阳关,与献忠会,连犯河南诸郡县。九年，进围滁州，象昇率兵大败之；乃复犯淮北、山东，至河南，为象昇追战，丧其精骑，迎祥、自成再入陕。七月，陕西巡抚孙传庭击擒迎祥于盩厔黑水峪；献俘阙下，磔死，贼党乃共推自成为闯王。窥蜀中空虚，乘间破宁羌，分三道入蜀，为承畴所逐。时崇祯十年也。献忠纠群贼东下淮扬，掠太湖，入湖广。时诸贼惟献忠最狡黠，冒官军袭南阳，适左良玉至，遂逸去。良玉追及，两马相望，一箭中其眉心，一箭中其中指于弓鞬，良玉举刀劈其面，血流至肩，孙可望（献忠将）力前格之，得免。良玉追之谷城，献忠请降于督师熊文灿，良玉知其诈，谋诱杀之。文灿曰："杀降不祥。"乃止。自成走汉中，为左光先所扼，其党皆降，惟自成东遁。承畴命曹变蛟穷追，设伏潼关之南原，大破之，仅以十八骑遁商洛。时崇祯十一年十一月也。关中略清，献忠已降，惟罗汝才等往来豫楚，不久亦降于熊文灿。时清兵深入，象昇奉诏勤王，承畴、传廷亦入卫，治寇无人，而熊文灿复庸鄙无能，主抚责事，故不久而诸贼复叛，事益不可为矣。

四十五　李自成、张献忠之僭窃

（一）渐不可制之李自成

自成闻献忠复叛于谷城（详下目），甚喜，召其众复集秦。督师郑崇俭提兵围之，自成乘间走入楚，依张献忠。忠欲图之，自成觉，再遁走，贺人龙复以重兵追之，自成大败，困于鱼复（古鱼复县，因山为城，所谓赤岬山也，在奉节县东）。贼多出降，自成欲自裁，养子李双喜止之。有刘宗敏者，蓝田锻工也，最骁勇，亦欲降，自成知之，与坐一祠庙廊下，因太息曰："人言我有天子分，曷若卜之于神，吉则从我，否则杀我以降。"宗敏曰："诺"。纳其刀于腰，三卜皆吉，乃还杀其两妻，谓自成曰："吾今生死从若矣。"军中壮士闻之，亦多有杀其妻子愿从者，自成携轻骑间道奔河南。河南大旱，斗米千钱，人心蚁动。杞县举人李信者，大司马李精白（在逆案中）之子，性倜傥，尝出粟赈济，人德之，争称李公子。会绳妓红娘子反，掳信强委身焉。信逃归，官以为贼，囚狱中，红娘子来救，饥民应之，共出信，往投自成。自成闻其名，重礼之，约为兄弟，改名李岩，授制将军,大用事。先有举人牛金星(卢氏人)者,以磨勘被黜,往见自成,自成优待之。及归里,族人执金星,以通贼首官,拟斩,后减死,论戍。时值自成出河南,复谒见。自成得之大喜,授弘文馆学士。初自成无大志,所至屠戮,民颇怨望,既得李岩,教以据中原,取天下,宜收拾人心为本。令人传诵“迎闯王,不纳粮”之谣,远近煽惑。而牛金星复进卜士宋献策,策身长三尺,上谶语云:“十八子,主神器。”自成大悦,过城不杀,因以所掠发饥民,民多归之,号为李公子仁义兵。十三年,陷南阳,破宜阳,又攻永宁、偃师。十四年,攻洛阳,总兵王绍禹克饷自肥,福王常洵犒士三千金,尽入己橐,兵恨,开门纳贼。常洵缒匿迎恩寺,贼迹而执杀之,勺其血,杂鹿肉以食,曰“福禄酒”。自成从李岩、牛金星策,发库金及富人资,以号召饥民于洛阳。而自成攻开封,周王恭枵出帑金,募死士,与巡按高名衡死守。自成攻七昼夜不克。明廷以傅宗龙为秦督剿贼,与秦抚汪乔年议方略。乔年初抚秦,修烽燧,招残黎,部署未定,而宗龙适至。宗龙欲帅秦兵扫境以出,无如关中闾左调发殆尽,未能招募,仅以贺人龙、李国琦数千人出关。明廷又遣保定总督杨文岳与傅会师,合力进剿。汪送傅出关,涕泣而别。宗龙既与文岳遇,以九月初四至新蔡,令起浮桥,期日过河,值自成亦过河窥汝宁,二督宿龙口,夜召诸将谋邀击,诘朝,报贼过且尽。明师至孟家庄,诸将休息不为备。贼设伏出战,贺、李兵溃,保兵星散走陈州。宗龙慷慨与诸将言曰:“宗龙当死久矣!今被陷,誓捐躯与贼决战,若不效,无若他人走也。”十一日,尽杀马为食,十五日,围溃出走,十九日被执,诡称傅家将,推至城下,大呼曰:“此贼也,身自傅督师,不幸落贼手。汝等速击炮石,毋中其计。”贼怒,杀之。汪乔年闻而叹曰:“傅公死,讨贼无人!吾自知以肉喂虎,然不可不出,以持中原心。”遂往攻贼老砦于襄阳。自成方困左良玉于偃城,闻之释围来战。十五年,乔年兵溃死之。自成复攻开封,开封宋故都,金人加筑,厚十丈,贼攻不以云梯,仿古法,专取瓴甓为功。下令甲士,能取砖者,即归营解甲卧,退者必斩。守者闻取土声,储毒秽以薰灌之,贼触即焦烂。又以火攻不克,大骇而遁,掠陈州、归德一带,复围开封。高名衡谋决朱家寨河口以灌贼,贼觉,移营高阜,驱难民数万,决马家口以灌城,天雨三日,河水骤涨,两口并决,水自北门入,贯东南门出,奔声如雷,城中百万户皆荡尽,贼亦漂没数万人。时孙传庭治军关中,明廷趣之出师,攻贼南阳,败之,至三家镇(郏县),为贼所乘,师溃,传庭走入关。闰十一月,自成陷汝宁,杨文岳死之。乃长驱而南据襄阳,以图根本之业矣。

(二) 复叛后之张献忠

崇祯十一年,献忠既降,熊文灿命驻谷城,拥民索饷,不奉调遣,日肆劫夺,人咸知其必叛。次年,果叛,左良玉追击之,大败。明廷以杨嗣昌代文灿督师,驻襄阳;令良玉专剿献忠。十三年,良玉追之至玛瑙山(太平县境),大捷,获献忠妻子。献忠走白羊山,与罗汝才合,遂入蜀。十四年,东犯,绐陷襄阳。时嗣昌由蜀至沙市,闻败自杀。未几,汝才忤献忠,合李自成去,献忠自拔郧西,蚁附者甚众。良玉引兵击之,献忠败遁,因汝才以奔自成。自成方强,欲屈之,献忠不为下,自成欲杀之,汝才说之曰:不如留之使扰汉南,分官军兵力。乃与献忠五百骑使他往。献忠乃得东驰,复与群贼一斗谷等,合陷亳州、庐州、六合等处,将百姓尽断一臂,男左女右。寻入南京,总兵黄得功,刘良佐连破之,献忠西入楚;沿江而上,破汉阳、武昌,执楚王华奎,掠宫中金数百万,辇载不尽。初,三司佐史,贷王金赡军,王不应,至是,楚人咸恨王之愚也。贼以篗舆笼王,沉之江中,屠戮士民,不下数万,浮尸蔽江而下;逾月,人脂累寸,鱼不可食。献忠遂僭号,改元义武,改武昌曰天授府,据楚王第,铸西王之宝,设六部五府,开科取士,分授府县官。时自成王襄阳,闻之忌且怒,贻书谯责。会左良玉来攻,献忠悉众趋湖南,陷长沙,诸城多下,复犯江西,良玉次第恢复。献忠乃弃长沙入蜀,时崇祯十六年也。次年,献忠陷佛图关,破重庆,而自成已僭号于西安矣。八月,献忠陷成都,定全蜀,僭号大西国王。建元大顺,尊文昌神为始祖高皇帝,(相传献忠《祭文昌文》云:“恁姓张,咱老子也姓张,咱与恁联了宗吧!”)设官分职。又自为一文,历评古帝王,以项羽为最,谓之《御制万言策》。大索蜀绅士至成都,皆磔之。(《甲申朝事小纪》,《张献忠纪》有曰:“献忠恶文人奸盗诈伪,贪污狼籍,及迂腐偏见者,以故杀蜀绅士殆尽。尝一日杀属官二百余人,或言太甚,献忠曰:‘文官怕没人做邪?’朝会拜伏,呼獒数十下殿,獒所嗅者,引出斩之,名曰天杀。”又曰:“禁民间畜马,诡试武生,出厩马最劣者,使骑,既上,发大炮,合营大喊,马惊人堕,践为肉泥,则抚掌欢喜。”)又悬榜试士,远近争赴,至则以兵击之,凡二万二千三百人,皆献策而死,弃笔墨若丘冢。(《怀书》谓逻者获诸生颜天汉等通闯贼书,怒,诡称开科,不就者诛及甲里,既至尽杀之青羊宫。)献忠性嗜杀,屠戮之惨,颇似黄巢,川人至此,几无噍类矣!

(三)李自成之经制

初,自成无远志,所得城邑,辄焚毁弃去。及灌开封,败秦军,群贼咸附,乃胁崇王由樻使从军。崇祯十六年,陷承天,循下旁近州县,自称奉天倡义大将军,寻称大元帅;称罗汝才为代天抚民德威大将军。名其众曰标营,领兵百队,曰左、右、前、后营,各领兵二十余队,俱白帜黑纛(左营白帜纛,右营绯帜纛,前营为黑帜纛,后营黄帜纛)。自成独用白鬃大纛。各营以次巡察,昼夜不怠,人有逃者,谓之落草,登时杀之;且连营百里,竟日不能遍。禁行囊勿藏白金,精兵许带妻妾,生子弃勿育,收男子十五以上,四十以下者,充兵。少者十余人,为之主刍、掌械、司磨、执爨。过城市勿居房舍,寝兴在帐房,制绵甲百层,矢炮不能入。每兵畜马三匹,剖人腹为槽,军止即较射猎,四鼓饮食听令。所过高山峻岭,腾而直上,毋得旁逾;遇水惟黄河难渡,若淮、泗、泾、渭,人皆翘足踞马背呼而前,步兵褰裳径渡。诸营得马骡者,受上赏,获弓矢者次之,币帛者又次之,珠玉为下。自成不好酒色,饮食粗粝,与下同甘苦。罗汝才妻妾锦绣,设女乐,美酒羔羊,自奉最厚,自成尝薄之。汝才统众数十万,倚山西举人吉珪为记室,言听计从。李兵长于攻,罗兵长于战,两人相须,如左右手。所陷中州五十余城,李营得什之六,罗营得什之四。其下每为李兵所欺,汝才颇不能平;虽称李为兄,常以无意中有尔汝之称。自成忧汝才兵强士附,恐难制服,因置酒以语挑之,曰:“吾与汝起草泽,不量至此,今当回关中,割土分王耳。”汝才粗疏,醉中,张目答曰:“吾横行天下为快,何专土为?”自成大忤。有蕲黄贼帅贺一龙等,率众十万归自成于开封,一龙又取彝陵、澧州、德安、黄州一带,招左良玉残兵千余以归。先过汝才营,屏人语,自成知之,怒不遽发。吉珪因谓汝才曰:“吾观李帅,非能容人才,宜早为之计。”汝才长叹,弗为备。有黄州陈生者,少年有志,为自成所识;又因吉珪,得交汝才,思从中从事,使二贼自相吞灭,以清中原。乘间说自成曰:“汝才必为变。”自成不答。又说罗曰:“将军战马,被李营以恶易善,何不烙字,别为一群?不能盗换矣。”汝才大喜,令陈生行之。陈生令前后左右烙马字,而先烙左字为一群,报自成曰:“汝才东通良玉,马用左字为号矣。”自成密令侦之,而信。即盛馔具请,罗辞以疾,贺一龙至,宴笑甚欢,五更缚缢之,罗营不知。侵晨,以二十骑入汝才营,托言事,竟入帐中杀之,提汝才头,示众曰:“汝才反,元帅令诛之”,一营大惊。收二将用之,以安众心。汝才手下将有遁投孙传庭者,有归左良玉者,其余按册分隶各营,得二十余万。又携吉珪慰之,旋因事诛之,陈生之谋,亦为自成所疑,被杀。牛金星教以尊卑节制,恩威并济,自元帅以下,次权将军,次果毅将军,次都尉,掌旅部总哨,各有等第。侄李锦,表弟高必正,皆居帐中,号亲信。田见秀为权将军,提督诸营,见秀为人宽厚,所过不杀。刘宗敏善战,亦为权将军,李岩为中营副将军。计五营,将军二十二人,凡进止视中权所向,各率偏裨从。自成在中州,无意据守,及渡江汉长驱入荆,以为无敌;即议设守,以襄阳为根本。遣将守荆州、彝陵、澧州、汉川(防左良玉)、信阳、禹州。改襄阳为襄京,修旧王宫殿居之。杨永裕劝即位,牛金星以为未可而止。置上相、左辅、右弼、六政府、侍郎、郎中、从事等官,于要地设防御使。府曰尹,州曰牧,县曰令,易印为信,自称新顺王。当时诸贼(十三家七十二营),死降略尽,惟张献忠尚纵横川楚,与自成颉颃耳。

(四)关中之图据

自成既据襄阳,大会文武,议出兵所向。牛金星请先取河北,直走京师;杨永裕谋顺流下金陵。从事顾君恩言曰:“两公所言,皆未善。金陵势居下流,其策失之缓;直入京师,万一不胜,退无所归,其策失之急。不如先定关中,为元帅桑梓之邦,秦都百二山河,建国立业;然后旁掠三边,资其兵力,攻取山西,后向京师,则进可取,退可守,方为万全。”自成从之。时督师孙传庭在关中,招边勇,开屯田,法三家出一壮丁,以五十金资之。又仿古制,造神机车,战则驱之拒马,止则环之自卫。以权宜任白广恩、高杰。广恩在山海尝肆傲不奉诏,明帝不得已,命隶传庭剿贼;杰尤暴戾,特以窃自成之妻邢氏来归,高、李互切齿。传庭知不可速战,欲乘襄阳乏食时进攻。适秦中荒,乏军粮,豪右捐助,有不乐者,哗于朝曰:"督师玩寇糜饷,秦人日在汤火中。"屡上书催战。日传危语曰:"孙督帅不出师,缚者即至矣。"传庭叹曰:"吾固知战未必捷,不过图侥幸于万一耳。然丈夫岂可复对狱卒乎?"乃出关追贼,至龙门,有说传庭者:洛阳虽经残破,四门未堕,下令修筑,半月可成,远近流离,闻洛城复完,不招自集。公持粱糗,开屯田,进战退守,经略中原,系四海之望,此祖逖之镇雍邱,宗泽之复东京也,公早图之!传庭曰:"秦人弃亲戚坟墓以从我,若久持,则阻士气。"乃进至宝丰,自成来援,连战皆败。谣称:唐县老营,为明军所破,辎重俱失,妻子被戳;贼营哭声震天,传庭军声大振。会天大雨,粮车落后,士马乏食,欲破郏县就食,得瘦马百匹,雨不止,住五日,不能进。贼轻骑抄后,绝饷道,军噪于汝州。李自成率众索战,明兵饥且困,传庭不得已,分三队还师,且战且走,为贼所蹑,至南阳大败。初,自成在襄阳,用邱之陶为兵政府,陶故相国邱瑜之子,宜城陷,瑜饮药死,陶为贼所得,隐忍有所图。及为兵政府,自成甚重之,命守襄阳。陶欲以奇计灭贼,阴遣人间道以蜡书,进传庭曰:"我兵进战,吾诡报左兵大至,以摇贼心;贼必反顾,督师追其后,吾从中起,贼可擒也。"传庭喜,答书订约,为自成所得。传庭恃有内应,故进攻益锐,自成佯败,诱之深入。陶果举火,报左兵大至,自成始疑反间,不忍杀陶;今验其诈,怒呼面诘之,出督师书责其负己,支解之,陶大骂曰:"吾隐忍从汝,欲报君父之仇也。今事露,天亡我耳!今当为厉鬼杀汝!"传庭既败,急趋潼关,诸将亦至,仅残卒数千。高杰曰:"三军家在西安,强之关守,必不尽力;宜弃而守西安。"传庭曰:"贼若进关,则全秦沸然,当死守。"已而自成攻关,广恩战败,杰奔西安,诸将亦纷逃,关城陷。传庭跃马入贼阵,战死。(按辑圣秋《边塞吟》曰:"潼关之役,孙公从峡渡河,与总兵牛成虎诀,以幼子托之,遂登山痛饮,投白马于河伯,寻赴洪流而死。"然吴梅村《雁门尚书行》有:"蚁聚蜂屯已入城,持矛瞋目呼狂贼,战马嘶鸣失主归,横尸撑拒无能识"之句,是孙公之死,有二说矣。)贼势如破竹,陷华阴、商州,逼西安。城中止有川兵五千,无兵装,或劝秦王给绵衣,不与,西安守将王根子射书约开东门纳贼。自成纵兵大掠,三日乃下令禁止。刘宗敏追白广恩于固原,广恩降。遣将追高杰,杰渡河,绝蒲津以守。乃大修长安城,比前壮丽,阅兵渭桥,金鼓之声数百里。每三日亲至校场操演,身着蓝布袍,张小黄盖。自成初入关,以为桑梓,戒侵暴;未及一月,拘掳男女,拷勒士民,秦人大失望。都司舍人邱从周,醉入秦府骂曰:"若一小民,妄踞王府称尊,而所施暴戾若是,安能久乎?"自成叱曰:"酗鬼!"命逐出,不介意也。张国绅首创僭号,希冀相位,又因文翔凤夫人邓氏,江南望族,有国色,诱而进之,以图进身。自成怒曰:"太仆有重名,汝不能庇其家,而反来行媚!"叱斩之。自成虽残暴,然就此二事观之,亦可见其性之不尽凶狠也。

(五)顺国之僭号

西安既下,改名长安,称西京。于是屠凤翔,破榆林,降宁夏,又屠庆阳,陷兰州、西宁及甘肃,秦陇之地,大抵略定。崇祯十七年,自成僭号于西安,更名自晟,国号顺。改元永昌,尊李继迁为太祖,设天佑殿大学士,以牛金星为之。增置六政府尚书,设弘文馆以下等官,复五等爵,大封功臣。又草即位诏,传布远近,兹录如下:

> 上帝鉴观,实维求莫,下民归命,祗切来苏。命既靡常,情尤可见,粤稽往代,爰知得失之由;鉴往识今,每知治忽之故。兹尔明朝,久席太宁,浸弛纲纪。君非甚暗,孤立而炀蔽恒多;臣尽行私,比党而公忠绝少。赂通官府,朝端之威福日移;利擅宗绅,闾左之脂膏殆尽。肆昊天聿穷乎人爱,致逃民爰苦于祲灾。朕起布衣,目击憔悴之形,身切痌瘝之痛,念兹普天率土,咸罹困穷,讵忍易水、燕山,未苏汤火!躬于恒、冀,绥靖黔黎,犹虑尔君若臣,未达帝心,未喻朕志,是以质言正告:尔能体天念祖,度德审几,朕将嘉惠前人,不吝异数。如杞如宋,享祀永延,用彰尔之孝;有室有家,民人胥庆,用彰尔之仁。凡兹百工,勉保乃辟,抑商孙之后禄,庆嘉客之休声,克殚厥猷,臣谊靡忒。

惟今诏令,允布腹心,君其念哉!罔怨恫于宗工,勿阽危于臣庶,臣其慎哉!尚效忠于君父,赓诒谷于身家。永昌元年,谨诏。

自成既僭号,明帝闻之,大惊。召廷臣集议,欲亲征决战。李建泰请以私财饷军,率师西讨。建泰以五百人出京,兵饷俱绌,时贼已逼,乃屯驻保定。而自成已进窥山西,连破蒲州、汾州,攻太原矣。二月,太原陷,执晋王求桂,进攻代州,总兵周遇吉,以食尽退守宁武关。贼踵至,遇吉力战死,自成叹曰:“使守将尽如周将军,吾安得至此?”乃集众议曰:“此去历大同、阳和、宣府、居庸,皆有重兵,倘尽如宁武,奈何?不如且还,俟再举。”未几,而大同总兵姜瓖,宣府总兵王承胤,降表相继至。自成大喜,长驱而进,遂入居庸关。先是,自成既破太原,竟可逾太行,蹂真保,直犯京师,乃先攻宣武、雁门者,因宣、大天下劲兵所聚,惧京师急而为之援,则内外受敌,故以偏师行赵地,真定、彰德不守,而南援阻;自由两关,乘瓦解之势,收天下精兵,因此转掠居庸,断北路勤王之师,而后京师坐困,落其掌握矣。

四十六　李自成之陷据京师

(一) 北京之陷与由检殉国

崇祯十七年三月十二日,自成陷昌平,焚十二陵,明兵部发骑侦探,皆被勾去,无一还者。贼游骑已至平则门,都人犹未知也。初,自成欲探京师虚实,常遣人贩贾都市,又令充部院掾吏,探刺机密,朝廷谋议,千里立驰报。时贼已逼近,人心离散,京都数万之师,即据城坚守,犹有饷绌之虞;而况“吾辈富贵固在”之思想,滥溢戎行,焉能为守乎?十七日,明帝由检召问,群臣莫对,有泣者。顷之,贼环攻九门,门外三营尽降,守陴者寥寥,益以内侍。然大势既去,无能为矣。十八日,自成设座彰仪门外,令降贼太监杜勋缒入城内,见帝曰:“李自成并无不臣之心,因满朝误国奸党,欲扫除以扶王室;然今大势已失,请上自裁。”明帝叱之出。及日暮,内监曹化淳,开彰仪门纳贼,外城遂陷。由检登煤山,望见烽火彻天,叹曰:“苦我民耳!”因回宫,命分送太子、永定二王于外戚周田二氏家,后妃多自缢。由检以剑斫长平公主徽娖(时年十五)曰:“汝何为生吾家!”(公主伤臂,绝而复苏,时费宫人侍侧,公主曰:“父皇赐我死,我何敢偷生?且贼至必索宫眷,我终难匿也。”宫人请以易服诳贼,公主乃随尚衣监何新出。顺治二年,上书愿入空门,诏求元配,嫁周世显,以痛念父母,疾殁。)或云:帝此时尚有出走之意,手持三眼枪,杂内监数十人,出东华门,被阻,至齐化门之朱纯臣第,又为阍人所辞,乃太息而走安定门,门坚不能启。(《胜朝遗事》云:“漏下三鼓,上携承恩手,幸其第,脱黄巾,取承恩及韩登贵大帽衣靴着之,手持三眼枪,随太监数百走齐化、崇文二门,欲出不得,至正阳门将夺门出,守城军疑为奸细,弓矢下射,守门太监放炮,门内急答云:‘皇上也。’而炮遂止。上遽还宫,易袍履,与承恩走万寿山巾帽局自缢。”所记与此说小异。)十九日昧爽,内城亦陷,鸣钟集百官,无至者。由检乃复登煤山,自缢于寿皇亭,披发白衣,跣左足,右朱履,衣前书曰:

> 朕自登基十七年,上邀天罪,致虏陷地三次,逆贼直逼京师,皆诸臣误朕也。朕死无颜见先帝于地下,将发覆面,任贼分裂朕尸,可将文官尽皆杀死,勿坏陵寝,勿伤我百姓一人也。

由检既死,内臣王承恩从缢于侧。一时大臣如范景文、倪元璐等之殉难者,凡数百人;而其家属与士民仆从之死者,犹不计其数。观当时史书之记载,亦可知忠义尚在人心,犹未泯也。为一人而殉节,本不足取,然能挺身赴义,视死如归,一视奔走新朝,卑污求荣者,其志气之坚窳,相去何啻霄壤?吾人固不能以有用之身,轻断送于无用之地;亦不当以贪生苟免之心,而反复于利害之间。若陈演、朱纯臣、魏藻德等之劝进自成,指斥由检,岂非良知尽泯,狗彘不如!在甲申事变中,最可称道者,即费宫人刺虎一事。以一弱女子而杀一贼将,真英烈盖世,绝无仅有矣!殉难之士,详见《明史》、明季诸史(如《明季野史》、《明季痛史》、《明季稗史》等)及《明末殉难诸臣录》与徐懋贤《忠贞轶纪》、屈大均《明季殉难录》,不复具陈,特略论如上,以见国变之惨状,与风气人心之大概焉。由检死后,李自成毡笠缥衣,乘乌驳马,入承天门,丞相牛金星等骑而从,登皇极殿,下令大索帝后,期百官三日朝见。已知帝后死,命以宫扉载出,盛柳棺,置东华门外。翌年,始由昌平吏目赵一桂醵钱而葬于山陵云。黄梨洲《原君》有曰:"一人之智力,不能胜天下欲得之者之众,远者数世,近则及身,其血肉之崩溃,在其子孙矣!昔人愿世世勿生帝王家,而毅宗之语公主,亦曰:若何为生吾家?痛哉斯言!回思创业之时,其得天下之心,有不废然摧阻者耶?"吾人观亡国之惨状,忆山亭之凄凉,能无叹息而弗止耶!

(二) 李自成之盘据京师与吴三桂

自成据京师,令百官三日朝见,成国公朱纯臣,大学士魏藻德、陈演等,率百官入贺。演首劝进,自成不许,尽付刘宗敏营中,拷索财物,至灼肉折胫,备极惨苦,金足辄杀之。时宗敏居勋戚府第,日夕杀人;惟李岩于士大夫无拷掠,又常以大义脱懿皇后于厄,使得从容死节,人多称之。宋献策与岩尤厚,说岩曰:"十八子之谶,得毋为公乎?"岩虽不应而心甚喜。牛金星侧目。自成内部之隙,从此起矣。时平西伯吴三桂据守山海关,自成深惮之,欲致之麾下,命其父吴襄作书招之。三桂字长白,高邮人,入辽东籍,以军功袭平西伯。崇祯十七年三月,明以流寇内逼,廷议尽撤关外城守,而召三桂统边兵入卫。三桂徙宁远兵民五十万而西,行至丰润,闻自成已陷京师,乃犹豫不进,还次滦州。得父书,欣然受命。俄一侦者至,询之曰:"吾家无恙耶?"曰:"为闯籍矣。"曰:"吾至当自还也。"又一侦者至,曰:"吾父无恙耶?"曰:"为闯拘絷矣。"曰:"吾至当即释也。"又一侦者至,曰:"陈夫人无恙耶?"曰:"为闯得之矣。"三桂拔剑斫案曰:"果有是,吾从若耶?"因作书答父,略云:

> 儿以父荫,待罪戎行,以为李贼猖狂,不久即当扑灭。不意我国无人,望风而靡,侧闻圣主晏驾,不胜眦裂!犹喜吾父奋椎一击,誓不俱生,不则刎颈以殉国难;何乃隐忍偷生,训以非义?既无孝宽御寇之才,复愧平原骂贼之勇,父既不能为忠臣,儿焉能为孝子乎?儿与父决,不早图贼,虽置父鼎俎旁,以诱三桂,不顾也。

陈夫人者,即三桂妾圆圆(《明史》作陈沅)也。本姓邢,母殁,依其姨陈,因从其姓,长为玉峰歌妓,声色俱绝,为田妃之父所得,进于帝,帝方宵旰忧劳,不纳。时流寇大炽,帝召三桂令守山海关,而京师富贵家胥皇皇,田忧以语圆圆。圆圆曰:“当世乱,而公无所依,祸必至! 曷勿缔交于吴将军,庶缓急有借乎?”田从之。以请观家乐,迓吴至,引莅邃室,出群姬,调丝竹,皆殊秀;一淡妆者统诸美而先众音,情艳意娇。三桂不觉神移心荡,顾谓田曰:“此非所谓圆圆耶?”圆圆至席,吴语曰:“卿乐甚!”圆圆小语曰:“红拂尚不乐越公,矧不逮越公者耶?”吴颔之。俄而警报踵至,田前席曰:“设寇至,将奈何?”三桂遽曰:“能以圆圆见赠,吾保公家,当先于保国。”田勉许之。吴即命圆圆拜辞田,择细马驮之去。帝促三桂出关,三桂父襄(时督理御营)恐帝闻载圆圆事,留府第,勿令往。三桂去,而贼旋据城矣。自成入京,闻圆圆美,时襄已降,自成即向襄索圆圆,且籍其家,而命作书招三桂。自成见圆圆,惊且喜,遽令歌,奏昆曲,自成蹙额曰:“何貌甚佳,而音殊不可耐也?”即命群姬调西乐(即秦腔),己拍掌和之,繁音激楚,热耳酸心。顾圆圆曰:“此乐何如?”圆圆曰:“此曲只应天上有,非南鄙之人,所能及也。”自成甚嬖之,遣使以银四万两,犒三桂军。三桂欲降,闻圆圆为闯所得,大怒,遽易缟素,称先帝恩德,以复仇讨贼之旨,公布军中;遂疾归山海关,部署军事。(以上据陆次云《圆圆传》,钮琇《觚剩》所记,与此小异。其略云:“延陵方为上倚重,奉诏出镇山海,祖道者绵亘青门以外。嘉定伯首置绮筵,饯之甲第,出女乐佐觞,圆圆亦在拥纨之列,轻鬟纤屐,绰约凌云,每至迟声,则歌珠累累,与兰馨并发。延陵停卮流盼,深属意焉。诘朝,使人道情于周,有紫云见惠之请,周将拒之。其昵者说周曰:方今四方多事,寄命干城,严关锁钥,尤称重任,天子尚隆推毂之仪,将军独耑受脤之柄,他日功成奏凯,则二八之赐,降自上方,犹非所悋,君侯以田窦之亲,坐膺绂冕,北地芳脂,南都媚黛,皆得致之下陈,何惜一女子以结其欢耶? 周然其说,乃许诺。延陵陛辞,上赐三千金,分千金为聘,限迫即行,未及娶也。嘉定伯盛具奁幐,择吉送其父襄家。未几,闯贼攻陷京师,宫闱歼荡,贵臣巨室,悉加系累,初索金帛,次录人产,襄亦与焉。闯拥重兵,挟襄以招其子,许以通侯之赏,家人潜至帐前约降。

忽问:'陈娘何在?'使不能隐,以籍入告。延陵遂大怒按剑曰:嗟乎!大丈夫不能自保其室,何以生为?即勒军入关,缟素发丧。"可与陆说参考。)寻遣将乞师于清,致清得坐享渔人之利,其动机故皆由圆圆也。吴伟业《圆圆曲》有:"恸哭六军俱缟素,冲冠一怒为红颜。"谢四新答三桂诗有"丹心已为红颜改,青史难宽白发人"之句,盖诗史微词也。

〔附记〕 三桂以圆圆陷贼,而态度骤变一事,征之明内监王永章所著《甲申日记》而益信。盖三桂惟拳拳于陈妾一人,虽君亲亦有所不顾,真所谓"英雄无奈是多情"者矣。记云:"四月初一日,吴襄缴到三桂二十二书云:'闻京城已陷,未知确否?大约城已被围。如可迁避出城,不可多带银物,埋藏为是。并祈告知陈妾,儿身甚强,嘱伊奈心。'第二书云:'得探报,京城已陷,儿拟即退驻关外。倘已事不可为,飞速谕知。家中俱陷贼中,只能归降,陈妾安否?甚为念。'第三书二十五日发云:'接二十日谕,已知归降,欲保家口,只得降顺;达变通权,方是大丈夫。惟来谕陈妾骑马来营,何曾见有踪迹?如此轻年小女,岂可放令出门,父亲何以失算至此?儿已退兵至关,预备来降,惟此事实不放心。'第四书二十七日发云:'前日探报,陈妾被刘宗敏掠去,呜乎哀哉!今生不能复见!初不料父亲失算至此!昨乘贼不备,攻破山海关一面,已向清国借兵。本拟长驱直入,深恐陈妾或已回家,或刘宗敏知系儿妾,并未奸杀,以招儿降,一经进兵,反无生理,故飞禀问讯。'第五书云:'奉谕:陈妾安养在宫,但未有确实之说。究竟何来?太子既在宫中,曾否见过?父亲既已降顺,亦可面奏,说明此意。但求将陈妾、太子两人送来,立刻降顺。'"就此诸书观之,可知三桂之拳拳于圆圆者深矣。或谓世传三桂家书"父不能为忠臣,儿焉能为孝子"两语,皆矫诬文过之辞,盖即根据于永章《日记》。惟此记所载,与诸书多有不同处,惜脱落不完,难得其详耳。

(三) 明亡之史论

明室覆亡,原因复杂,论者不一,要之,党议开败政之端,主庸酿阉寺之祸,边患为横征之缘,饥馑益流寇之势,而君隔于上,臣慢于下,处置一失,大局全非矣。故有明之天下者清人,而所以亡明者,乃闯贼也,乃群盗也。覆明之天下者闯贼,而使闯贼得以横行无阻者,乃三饷也,乃边寇也。陈奇瑜车箱纵贼,熊文灿谷城纳叛,宣、大之降顺,京城之空虚,皆为闯、献鸱张之枢纽,亦明室存亡之所系也。盖外缘于清兴,内困于流寇,臣逞于私图,民病于征敛,而明卒以亡矣。由检本无失德,一意图强,亡国之君,卒殉社稷,亦已烈矣!奈其性之刚愎自用,卞急多疑何!所谓"君非亡国之君,而臣尽亡国之臣",殊不知用亡国之臣者谁乎?此不能为崇祯帝讳也。吾人读李自成之檄文,有"君非甚暗,孤立而炀蔽恒多;臣尽行私,比党而公忠绝少"与"狱囚累累,士无报礼之心;征敛重重,民有偕亡之痛"诸语,即可以了然于当时之情势矣。崇祯间有民谣曰:"老天爷,你年纪大,耳又聋来眼又花,为非作歹的享尽荣华,持斋行善的,活活饿煞。老天爷,你年纪大,你不会作天,你塌了罢!"此种时日曷丧之心理,非人民痛苦至极者,宁忍出此?以故积弊既深,虽有贤者而莫之挽。由检固非昏庸之君,但图治心急,揠苗助长之作风,适足以促其亡耳。王鸿绪《明史稿》云:"武宗之世,流寇蔓延,几危宗社,而卒以扫除。庄烈帝励精有为,视武宗何啻霄壤?而顾失天下何也?明兴百年,朝廷之纲纪方肃,天下之风俗未浇,孝宗选举贤能,布列中外,与斯民休养生息者,十余年,仁泽深而人心固,元气盛而国脉安;故如武宗之童昏,亟行稗政,而危而不亡。庄烈帝承神、熹二宗之后,神宗晏然养痈,熹宗昵阉僇士,元气尽澌,国脉垂绝。向使熹宗御极,复延数载,则天下之亡,不再传也。幸而庄烈继统,锐意更治,用人行政,焕然一新。然当是时群僚之党局已成,草野之物力已耗,国家之法令已坏,边境之抢攘已甚。庄烈帝虽志勤宵旰,而人才之贤否,议论之是非,政事之得失,军机之成败,未能灼见于中,不摇于外也。且性多疑而任察,好刚而尚气,任察则苛刻寡恩,尚气则急遽失措。譬之一人之身,元气羸然,疽毒并发,厥症固已甚危;而所用之药,良否错进,所服之剂,寒热互陈,病入于膏肓,而无可救。为家督者,复强起自治,则其身虽欲不亡,岂可得哉!是故明之亡,亡于流寇,而其致亡之本,不在于流寇也。"明亡之因,观此可知矣。

第十二章　清人之入据中原

四十七　清人之入关

(一) 福临之即位

清自皇太极暴崩,福临即位,以明年为顺治元年,即明崇祯十七年也。福临即位时,年方六岁,御殿谓侍臣曰:"诸伯叔兄朝贺,宜答礼乎?抑坐受乎?"侍臣对曰:"不宜答礼。"礼毕,复诏大赦曰:

> 我太祖武皇帝,受天明命,肇造丕基,懋建鸿功,贻厥孙子。皇考大行皇帝,嗣登大宝,盛德深仁,鸿谟远略,克协天心。不服者武功以戡定,已归者文德以怀柔,拓土兴基,国以滋大。在位十有七年,于崇德八年八月初九日上宾。今诸伯叔兄及文武群臣,咸以国家不可无主,神器不可久虚,谓朕为皇考之子,应承大统,乃于八月二十六日,即皇帝位,以明年为顺治元年。朕年幼冲,尚赖诸伯叔兄大臣,共襄治理,所有应行赦款,开列于后。布告中外,咸使闻知。

福临之所以得位,虽以皇太极之树恩深厚,非此不足以服众心。然亦以多尔衮之实力在握,欲借此以为弄权之地步也。当时诸王之誓有曰:"嗣后有不遵先帝定制,弗殚忠诚,藐视皇上冲幼,明知欺君怀奸之人,互徇情理,不行举发;及修旧怨,倾害无辜,兄弟谗构,私结党羽者,天地谴之。"而辅政之济尔哈朗、多尔衮两亲王,亦誓言:"如不秉公辅理,妄自尊大,漠视兄弟,不从众议,每事行私,以恩仇为轻重,天地谴之。"然诸王果能按其誓言而行事否？换言之，即果能不藐视幼主，徇情修怨，私结党羽，轻重恩仇者乎？此不难就当时与以后之事实推知之。盖当时之清国，已不似皇太极时之纯朴易治，而多尔衮之恩德，又不如皇太极之能统御臣下也。使无明国覆亡之隙，致与清国以坐享渔利之机会，则内部之祸乱，恐亦难免。乃三桂乞援，长驱直入，神京定鼎，九有一尊，不惟为多尔衮所不及料，亦女真民族之最大幸运也。然三桂无包胥之志，而一旦效秦庭之哭，其动机固由于圆圆。故谓圆圆为灭闯之先锋也可，谓为清室入主之原动力，亦无不可。以一弱女子而系二朝（李顺与爱新清）之兴亡，岂仅如梅村所谓"一代红妆照汗青"者乎！

（二）三桂之请援

吴三桂之为宁远总兵也，皇太极尝令其舅祖大寿劝之使降，而三桂不从。及其统师入援，徙宁远兵民五十万众而西，闻贼掠圆圆，乃大怒，疾归山海关。李自成发兵追之，越滦州而东，三桂回军击破其众。自成乃亲将部众十余万，东攻山海关，而遣别军出抚宁东北境长城，绕至关外，夹击之。三桂大惧，用方献廷策，遣其副将杨坤、游击郭云龙，乞师于清摄政王多尔衮，书曰：

> 三桂初蒙先帝拔擢，以蚊负之身，荷辽东总兵重任。王之威望，素所深慕；但《春秋》之义，交不越境，是以未敢通名，人臣之义，谅王亦知之！今我国以宁远右偏孤立之故，令三桂弃宁远而镇山海，思欲坚守东陲，而固京师也。不意流贼逆天犯阙，以彼狗偷乌合之众，何能成事？奈京城人心不固，奸党开门纳款，先帝不幸，九庙灰烬！今贼僭称尊号，虏掠妇女财帛，罪恶已极，诚赤眉、绿林、黄巢、禄山之流！天人共愤，众志已离，其败可立而待也。我国积德累仁，讴思未泯；各省宗室，为晋文公、汉光武之中兴者，容或有之。远近已起义兵，羽檄交驰，山左江北，密如星布。三桂受国厚恩，悯斯民之罹难，拒守边门，欲兴师以慰人心。奈京东地小，兵力未集，特泣血求助。我国与贵朝通好二百余年，今无故而遭国难，贵朝应恻然念之；且乱

> 臣贼子,亦非贵朝所宜容也。夫除暴翦恶,大顺也;拯危扶颠,大义也;出民水火,大仁也;兴灭继绝,大名也;取威定霸,大功也;况流贼所聚,金帛子女,不可胜数;义兵一至,皆为所有。此又大利也。王以盖世英雄,值此摧枯拉朽之会,诚难再得之时也!乞念亡国孤臣忠义之言,速选精兵,直入中协、西协,三桂自率所部,合力以抵都门,灭流寇于宫廷,示大义于中国,则我国之报贵朝者,岂惟财帛?将裂土以酬,决不食言。本应上疏贵朝皇帝,但未悉礼制,不敢轻渎圣聪,乞王转奏。

时多尔衮方以大将军督师,启行西略,师次翁后,得三桂书,召大学士范文程等决策进取。文程曰:“自闯贼猖狂,中原涂炭,近且倾覆京师。戕僇君后,此必讨之贼也。虽拥众百万,横行无忌,然揆其败道有三:逼陨其主,天怒矣;刑僇缙绅,士愤矣;掠民资财,淫人妻女,火人庐舍,民憾矣。备此三败,行之以骄,可一战破也。我国家上下同心,兵甲选练,诚声罪以讨之,兵以义动,何功不成?”先是文程启摄政王,略言:“上帝僭为启佑,正摄政诸王建功立业之会。成丕业以垂庥万祀者此时,失机会而贻悔将来者亦此时。中原荼苦已极,黔首无依,思择令主以图乐业。间有一二婴城固守,自为身家计,非为君效死也。明之受病,已不可治,大河以北,定属他人。其土地人民,不患不得,患得而不为我有耳。我虽与明争天下,实与流寇角也。今日当任贤以抚众,使之近悦远来,蠢兹流孽,亦将臣属于我。彼明之君,知我规模非复往昔,言归于好,亦未可知。倘不此之务,是徒劳我国之力,反为流寇驱民也。举已成之民而置之,后乃与流寇争,非长策矣。往者弃遵化,屠永平,两经深入而返,彼地官民,必以我为无大志,纵来归附,未必抚恤,因怀携贰,盖有之矣。然而有已服者,有未服宜抚者,是当严申纪律,秋毫无犯,复宜谕以昔日不守内地之由,及今进取中原之意。而官仍其职,民复其业,录贤能,恤无告,风声翕然,大河以北,可传檄而定。河北一定,可令各城官吏移其妻子,避患于我军,因以为质,又拔其德贤素著者,置之班行,俾各朝夕献纳。王于众论,择善酌行,闻见广而政事有时措之宜矣。此行,或直趋燕京,或相机进取,要于入边后山海长城以西,择一坚城顿兵而守,以为门户,我师往来,斯为甚便。”此言于清之开国,关系甚巨。盖前此以武力三次入关,意在抄掠,自不能恤人疾苦。自今乃以严申纪律,救民水火为言。而洪承畴亦建议:“此行特扫除逆乱,期于灭贼,抗拒者诛,不屠人民,不焚庐舍,不掠财物,降者官则加升,军民则秋毫无犯。有首倡内应立大功者,破格封赏,法在必行,此要务也。寇遇弱则战,遇强则遁,今得京城,财足志骄,已无固志,一闻我军至,必焚宫殿府库西遁。我兵抵京,财物悉空,亦大可惜。今宜计道里,限时日,辎重在后,精兵在前,出其不意,从蓟州、密云近京处疾行而前,贼走即行追剿。倘坐据京城以拒我,则伐之更易,庶逆贼扑灭,神人之怒可回,更收其财畜以赏士卒,殊有益也。”多尔衮深纳二人之言,有志中原,变抄掠为吊伐,为清有天下之一大关键。适三桂开关引导,则更事半功倍矣。遂即日进兵,以书报三桂曰:

> 向欲与明修好,屡行致书,明国君臣,不计国家丧乱,军民死亡,曾无一言相答。是以我国三次进兵攻略,盖示意于明国官吏军民,欲明国之君,熟筹而通好也。若今日则不复出此,惟有底定国家,与民休息而已。予闻流寇攻陷京师,明帝惨亡,不胜发指!用是率仁义之师,沉舟破釜,誓不返旌,期必灭贼,出民水火。及伯遣使致书,深为嘉悦,遂统兵前进。夫伯思报主恩,与流贼不共戴天,诚忠臣之义也!伯虽向守辽东,与我为敌,今亦勿因前故,尚复怀疑。昔管仲射桓公中钩,后桓公用之为相,以成霸业。今伯若率众来归,必封以故土,晋为藩王;一则国仇得报,一则身家可保,世世子孙,长享富贵,如山河之永矣。

四月十九日,多尔衮至连山,得三桂趣兵之请,其书曰:

> 接王来书,知大军已至宁远,救民伐暴,扶弱除强,义声震天地。其所以相助者,实为我先帝,而三桂之感戴,犹其小也。三桂承王谕,即发精锐于山海以西要处,诱贼速来,今贼亲率党羽,蚁集永平一带,

此乃自投陷阱,而天意可知矣。三桂已悉简精锐,以图相机剿灭,幸王速振虎旅,直入山海,首尾加攻,逆贼可擒,京东西可传檄而定也!再仁义之师,首重安民,所发檄文,最宜严切。更祈令大军秋毫无犯,则民心服而财土亦得,何事不成哉?

三桂之请清军秋毫无犯也,欲以安民服众,而免其"开门揖盗"之丑,初不如多尔衮所言之"率众来归"者也。讵知多尔衮之见,早已注意及此,当进军时,已有令旨,谓:"曩者三次往征明朝,俱为俘掠而行。今此之行,非同昔日,蒙天眷顾,要当定国安民,以成大业。入边之日,凡有归顺,不许杀害,除薙发外,秋毫无犯。其对于乡屯散居之人民,不许妄加杀害,不许擅掠为奴,不许跣剥衣服,不许拆毁房舍,不许妄取民间之器用。其攻取之城,法所不赦者,杀之,其应俘者,留养为奴。其中一切财产,没收之为公用,房屋不许烧毁。"盖非复往日之以攻掠为是,而欲安民定国成大业矣。

(三) 入关之役

多尔衮既次连山,得三桂趣师之书,即星夜进发,逾宁远至沙河,距山海关外十里。时李自成挟崇祯帝太子及宗室诸王,并吴襄、陈圆圆等东击三桂,又遣降将唐通、白广恩出关外夹攻,故关外通路,为李军所梗。三桂发大炮辟路,而自将五百骑,从炮路突出,谒摄政王多尔衮。洪承畴言:"大军即破贼,贼必弃京师席卷西遁,我军徒得空城,且劳追剿,不如乘其出,京师空虚,从关外逾居庸,袭据京师,俟贼回军援,可一战擒,为万全策。"而三桂以贼逼咫尺,关门事急,力请入关讨贼。多尔衮令英王阿济格、豫王多铎各将万骑,由东西水关分道入;而自以大兵继进,败贼前锋于一片石(关名,在抚宁县东北)。四月二十三日,清军至关,三桂开门出迎。多尔衮令三桂兵各以白布系肩为号,使之先驱。时自成兵多历战阵,殊剽悍,阵于关内,自北山亘海。清军布阵,不能横及海,乃令军士鳞次布列,对贼阵尾。虑不可轻敌,戒军士勿越伍躁进,命三桂军先战,冲其中坚,清军蓄锐以待。是日,自成挟明太子诸王于西山,多尔衮率阿济格、多铎、洪承畴、祖大寿、孔有德、尚可喜各立马观战。贼张两翼围三桂数围，三桂军人人血战，冲荡数十合，呼声震海峤。及午，尘沙山起，怒若雷鸣。清军从三桂阵右突出，万马奔腾，飞矢如雨，所向辟易。俄尘开，贼见甲而编发者，惊曰："满洲兵也！"阵遂动。自成策马先走，贼众望之，遂溃；自相践踏，死者无算，自成奔永平。命吴三桂以步骑二万前驱追之，自成使王则尧、张若麒诣三桂军议和，三桂不许，益进兵。自成走还京师，杀吴襄并其家人三十余口，欲杀圆圆，圆圆曰："闻吴将军卷甲来归矣，徒以妾故，又复兴兵；杀妾何足惜！恐其为王死敌，不利也。"自成欲挈圆圆去，圆圆曰："妾既事大王矣，岂不欲从大王行？恐吴将军以妾故而穷追不已也！王图之，度能敌彼，妾即褰裳跨骑从。"自成乃凝思。圆圆曰："妾为大王计，宜留妾缓敌，当说彼不进，以报王之恩遇也。"自成然之。于是弃圆圆而载所熔金饼数万归西安。二十九日，僭帝号于武英殿，被冠冕，列仗受朝，牛金星代行郊天礼。是夕焚宫殿及九门城楼，三十日，率众西走。

四十八　北京之迁都

（一）多尔衮之入京

自成既败逃，多尔衮与诸将誓约，并谕众曰："此次出师，所以除暴救民，灭流寇以安天下也，今入关西征，勿杀无辜，勿掠财物，勿焚庐舍，不如约者罪之。"遂长驱而西，民多逃匿。范文程乃草檄宣言："义兵之来，为尔等复君父仇，非敌百姓也。今所诛者惟闯贼。官来归者，复其官；民来归者，复其业，必不尔害。"于是逃匿者亦各还乡里，所至迎降。五月初一日，清军抵北京，明文武官员出迎五里外。多尔衮进朝阳门，老幼焚香跪迎，内监以明卤簿御辇陈皇城外，多尔衮乘之入宫，升武英殿受朝贺。乃下令："诸将乘城，勿入民舍，百姓安堵，秋毫无犯。"北京既定，遂分遣都统觉罗巴哈纳、石廷柱、叶臣及侍郎王鳌永等，招抚山东、山西、河南。以京城内外经贼蹂躏，鳏寡孤独无生计者，饬所司赡养，乃出示安民曰：

大清国摄政王令旨：谕南朝官绅军民人等知道：曩者我国欲与尔

明和好,永享太平,屡致书不答:以致四次深入,期尔朝悔悟耳。岂意坚执不从!今被流寇所灭,事属既往,不必论也。且天下者非一人之天下,有德者居之,军民者非一人之军民,有德者主之。我今居此,为尔朝雪君父之仇,破釜沉舟,一贼不灭,誓不返辙。所过州县地方有能削发投顺,开诚纳款,即与爵禄,世守富贵。如有抗拒不遵,大兵一到,玉石俱焚,尽行屠僇。有志之士,正干功名立业之秋,如有失信,将何以服天下乎?特谕。

又告官吏军民曰:

养民之道,莫大于省刑罚、薄税敛。自明季祸乱,刁风日竞,以越诉诬告为常;设机构讼,败俗伤财,心窃痛之!自今咸与维新,凡五月初二日昧爽以前,罪无大小,悉行宥免。违谕兴讼,即以所告罪罪之。斗殴婚田细事,就有司告理,重大经巡按结案,非机密重情,毋得入京越诉。讼师诬陷良民,加等反坐。前朝弊政,莫如加派,辽饷外又有剿饷、练饷,数倍正供,远者二十年,近者十余载,天下嗷嗷,朝不及夕。更有召买加科诸名目,巧取殃民。今与民约,额赋外一切加派,尽为删除,各官吏仍混征暗派,察实治罪。

复谕兵部曰:

今本朝抚定燕京,天下罹难军民,皆吾赤子,出之水火而安全之。各处城堡,着遣人持檄招抚,檄文到日,薙发归顺者,地方官各升一级,军民免其迁徙,其为首文武官员,即亲赍钱粮册籍、兵马数目,来京朝见。有虽称归顺而不薙发者,是有狐疑观望之意,宜核地方远近,定为期限,届期至京,酌量加恩。如过期不至,显属抗拒,定行问罪,发兵征剿。至朱姓各王归顺者,亦不夺其王爵,仍加恩养。

又谕军民人等曰:

各衙门官员，俱照旧录用，可速将职名开报。如虚饰假冒者罪之。其避贼回籍，隐居山林者，亦具以闻，仍以原官录用；兵丁愿从军或愿归农者，许该管官送至兵部，分别留遣。凡投诚官吏军民，皆着薙发，衣冠悉遵本朝制度。各官宜痛改故明陋习，共砥忠廉，毋朘民自利。我朝臣工，不纳贿、不徇私、不修怨，违者必置重典。凡新服官民人等，如蹈此等罪犯，治以国法不贷。

越一日，又以大臣议，为明崇祯帝发丧，以慰舆情，令臣民服丧三日。着礼部太常寺以礼改葬，加谥曰"庄烈愍皇帝"，陵曰"思陵"。旋命设长陵以下十四陵司香内使各官，盖所以牢笼人心也。

（二）福临之入京

京师已定，宜捷告天，颁示蒙古、朝鲜，乃定议迁都，遣辅国公屯齐喀、博和托，管旗大臣和洛会等赍奏往迎福临于沈阳。福临得奏，遣官祭告上帝，庆告太祖、太宗于太庙。八月，命和洛会为盛京总管，又派定熊岳、锦州、宁远、凤凰、兴京、义州、新城、牛庄、岫岩之城守官，其余大城俱各设满汉章京，率兵驻防。九月，自沈阳出发，十月乙卯朔抵北京，祭告天地社稷，奉太祖、太宗神主入太庙，御皇极门受朝贺。乃颁诏曰：

我国家受天眷佑，缔造东土，皇祖肇兴鸿业，皇考式廓前猷，遂举旧邦，诞膺新命。迨朕嗣服，越在冲龄，敬念绍庭，永绥厥位。顷缘贼氛洊炽，流祸中原，爰是重属亲贤，救民涂炭。方驰金鼓，旋奏澄清，用解倒悬，非富天下。而王公列辟，文武群臣，及军民耆老，同心拥戴，恳请再三，用是祗告天地宗庙社稷，定鼎京师。缅维峻命不易，创业尤艰，况当改革之初，更属变道之会；爰乃准今酌古，嘉惠臣民，勋贤懿亲，从优封赏。悉除故明加派诸弊政，民间逋赋，概行豁免；故明建言罢谪诸臣，及山林隐逸怀才抱德者，所在以闻。民年七十以上，给之粟帛；吏民人等，从前一切罪犯，咸赦除之，宏敷大赉，式沛新恩，维尔万方，与朕一德！

先是,多尔衮之入关,沿途所至,皆宣布定乱安民,共享太平之意,故明人不拒,到处迎降。盖以为不利明之天下而有之也。及燕京定鼎,福临迁都,虽言"非富天下"、"群臣拥戴"之意,然其取之若迅雷,明人虽悔,亦何及乎?当时东南已有明之宗室继位,即南京政府之福王由崧也,清虽掩有河北,而大难之后,民心未安;况以异族入主,易招反抗,故一方以武力震慑不庭,一方以治术收拾人心。此种一张一弛之两重政策,乃清人入关后所采取运用者,对人对事,无一不以宽严互济之道处之,所谓畏威怀德,质言之,即威胁利诱而已。清人之所以能奄有中国二百六十余年,即此政策所发生之效果,是皆有赖于当时之汉大臣如范文程、洪承畴辈为之营谋者也。

(三) 入关后之大政方略

入关后之政治,自当以收拾民心为第一事,故其所施方略,俱不外乎减轻担负,俯顺舆情之笼络术。前述诏令中,已可见其梗概矣。兹再就当时政令,条其大要如下:

(一) 为明帝后发丧。

(二) 官吏降附者,各与升级,明室诸王,亦仍其爵。

(三) 明之臣属殉难者,并予赠谥世荫,立庙祀之。

(四) 被斥官吏,非犯赃者,及士为清望所归,与隐居山林而才德可称者,皆征辟录用。

(五) 大赦罪囚。

(六) 蹂躏之后,有鳏寡孤独及乞丐街市者,给粮养之。

(七) 地亩钱粮,俱照明朝之《会计录》。从顺治元年五月一日起,按亩征解,大兵经过之地,得减一半,未经过者,免去三分之一。逋欠一律豁免,关津商税普免一年。因兵灾全免钱粮之地方,仍予全免。京师屯扎军人之家,所有田地不拘坐落何处,概免租赋三年。丁银查核,老幼废疾,并予豁免。军民年七十以上,许一丁侍养,免其徭役。

(八) 正额之外,一切加派,如辽饷、练饷、剿饷诸名目,尽行蠲免。明季厂卫之弊政,亦一律除之。禁派近畿军人供内廷柴炭。

(九) 礼俗衣冠,暂从明制。又当时有十不从之纲曰:"男从女不从,生从死不从,阳从阴不从,官从隶不从,老从少不从,儒从而释道不从,娼从而优伶不从,仕宦从而婚姻不从,国号从而官号不从,役税从而言语文字不从。"此可谓两重政策最显著之一例。盖明降臣金之俊等为之,所以体贴人民之心理,以饵其从也。

(十) 薙发自由。先是,入关时,即令人民薙发,及奠定北京,亦以薙发从制,著为诏令。后以抵抗者众,乃不得不假为权宜之计,以俯顺当时一班人之心理。故谕言:"予前因分别顺降之民,故以薙发分顺逆;今闻甚拂民愿,是反乎予以文教定民之本心矣。自兹以后,天下臣民,照旧束发,悉听其便。"

以上对于人民施政之大略也。三饷除而人民有轻负之喜,衣冠从而人民无抵抗之心;升用诱以禄饵,服丧激其恩义;要以示人民有更始之庆,无亡国之惨耳。至内部之组织,一切悉依明制,惟内阁六部都察院衙门官员,俱以原官同满官一体办事,其印信并铸满汉字。凡属旗丁,给与世禄口粮,止许为官为兵,不得为工商,盖以政治武力之大权,归于满族也。近人笔记有谓:"洪承畴建以汉人养旗人,不令旗人营生计之策,从此满汉分居,汉人得安其农工商贾之业,二百七十年免其扰,虽出租税以养之,尤有利焉。此则洪承畴之有功于汉族,抑若善于补过者也。驯至八旗之人,一物不至,仰恃汉人,犹婴儿之于乳母,民军一起,数月而亡矣。"其言不为无见,惟划分满、汉之界太严,卒不能不惹起汉人之反感耳。

(四) 对于南京政府之承认

清之进兵也,固尝以仁义讨贼、吊民伐罪之言,宣示群众。及北京定鼎,所谓非富天下而有之心,将何以解释乎?但如福临即位之诏所言"群臣拥戴",恐犹未足以调服众口,而况当时南京之朝廷,又已名正言顺,自立江左;故清廷对此,更不得不有一种相当之措辞也。当时檄文有曰:

予闻不共戴天者,君父之仇,救灾恤患者,邻国之谊,洪惟尔大明太祖皇帝,逐胡元而翦我国仇,永世宥民,代有哲主;迄至末造,吏偷民穷,群盗满野。然大行皇帝秉恭俭之心,弘仁孝之行,德高势替,终无宁日。蠢兹逆贼李自成,以狗盗之雄,鸱张兽视,忘累世之深恩,逞滔天之大恶,喋血京师,逼殒帝后,焚烧宰室,流毒搢绅,以金银为营窟,视百姓如草菅。皇天震怒,日月无光。大清皇帝,义切同仇,用申吊伐,六师方整,蚁众忽奔,斩馘掳遗,川盈谷量,游魂西遁,指日擒夷。予因息马燕京,抚绥黎庶,为尔大行皇帝缟素三日,丧祭尽哀,谥曰“怀宗端皇帝”,陵曰“思陵”。梓宫聿新,寝园增固,凡诸后妃,各以礼葬,诸陵松柏不采,樵苏有禁,惟尔率土臣民,数致祭于大行皇帝者,我大清无不曲体斯诚,有崇无缺。宗藩失职流离者,为尔抚恤,士绅忠义死难者,为尔表扬,轻徭薄赋,用贤使能,苟济生民,惟力是视。尔明朝嫡胤无遗,势难孤立,用移大清,宅此北土。厉兵秣马,必歼丑类,以靖万邦;非以富有天下为心,实以拯救中国为计。咨尔河北、河南、江淮之间,诸勋旧大臣,节钺将吏,及布衣之怀忠慕义者,或世受国恩,或新膺异眷,此皆怀故国之悲,而具有雪耻之愿者,予皆不吝封爵,特与旌扬。其不忘明室,辅立贤藩,戮力同心,共保江左,理亦宜然,予不汝禁。但当通和讲好,无负本朝,彼怀继绝之思,此敦睦邻之谊。其量力之不敌,而北面归诚者,当拔置显旅,佐我西征;或削平所属,用以自效者,无不开怀延纳,乐共功名。来归之土,蠲复二年,与民休息。凡诸恩典,俱俟后诏举行。若国无成主,人怀二心,或假立愚弱,实肆跋扈之本谋;或阳附本朝,实行草窃之奸宄;此皆民之蟊贼,国之寇仇也。予定三秦,即移师南讨,殪彼鲸鲵,必使无遗种。呜乎!顺逆易判,勉为忠臣义士之心;南北何殊,同为皇天后土之眷。布告天下,咸使闻知。

檄文之意,约有两层:一谓迁都之理由,只以明无嫡胤;一谓藩王之拥立,不妨同邀天眷。盖彼既以仁义之师自诩,则自无阻挠偏安之理由,此不过就当时之大局言之耳。惟时南国之膺命方新,西安之拥据如故,故为清计者,当以先歼闯贼,外符出师之义,而后方能谋一统也。

四十九 流寇之剿灭

(一) 河北之大定与李自成之败逃

自成自京师西遁,多尔衮令吴三桂及阿济格、多铎兼程追之。五月初一日,渡卢沟桥,次日,及庆都,贼尽将辎重先行,以精兵拒战,誓死决胜负。时狂风簸沙,天地晦暗,贼旌旗皆折,人马倒退,清军乘势追击,大败之,自成走山西。会三桂部将得陈圆圆于都城,飞骑传送,三桂大喜。遂于玉帐结五彩楼,备翟茀服,从香舆,列旌旗箫鼓三十里,亲往迎之,携归京师。吴梅村所谓"蜡炬迎来在战场,啼妆满面残红印"者是已。多尔衮入京,京北、京东诸府皆降,惟京南保定、大名、真定等府,溃贼土寇蜂起;而山东、河南闻自成败窜,诸州县并杀其防御使牧令,复为明。六月,遣肃亲王豪格往定山东、河南,遣都统叶臣等往定山西,又令户部侍郎王鳌永招谕之。鳌永言:"重兵萃京畿,需饷不亿,请择畿南及山东、河南要地,分兵控镇,俟秋高进剿闯贼,就近调度,可北扼武关,南扼潼关。"从之。既而直隶巡抚卫国胤、沈文奎先后削平大名、顺德、广平山寨之贼,畿南始定。叶臣等出固关,进平三晋,所至迎降,擒自成将陈永福于太原,败李过于大同。巡抚马国柱进剿汾阳、平阳之贼,于是山西悉平。豪格驻军济南,遣兵破青州,斩赵应元,又平济宁、满家洞。满家洞地界四县,周二三百里,巢窟二百五十有奇,焚掳无虚日,豪格遣尚书尔格等捣之,饶余郡王阿巴泰继攻各穴,随破其寨,尚余二大洞为贼奥巢,重关夹隧,伏火器,峙粮糗,绝其汲道,始破之。于是山东悉平,州郡置官吏。时顺治二年也。先是自成之败也,闻河南全境皆反,与其下谋之,李岩自请率精兵二万,驰复中州,牛金星劝从其言,自成犹豫不决。牛金星曰:"河南天下之中,且李岩故乡,以大兵与之,如蛟龙得云雨,不可制矣。"自成曰:"汝劝我从之何也?"曰:"姑安其心耳。岩叛志已久,前宋军师言谶语,岩在家中,欣然自负。今河南反,岩不候军令,敢自请兵,目中尚有主乎?国兵新败,人心摇动,欲乘机窃柄,若不早除,必有后患。"自成乃令金星与岩饮,杀之。

刘宗敏怒欲杀金星,由是诸将解体。自成亦不敢再战,徙三晋富户乡绅藩王入陕西。清廷议大举讨之,恐其阻关固守,又恐其西窜甘肃,乃分两路出师:

一、以英亲王阿济格为靖远大将军,偕平西王吴三桂、顺义王尚可喜等,由大同边外,会诸蒙古兵赴榆林延安,出陕西之背。

二、以豫亲王多铎为定国大将军,率孔有德等,由河南夹攻潼关。

二军约会于西安,自成至此,势亦穷促不可为矣。

(二) 自成之窜死

先是,自成从众议,诈行仁义,及至陕西,暴虐益甚,大加杀戮,鞭㲨长吏,徭役繁兴,稍不应,非屠即坑。命群臣讲《通鉴》,好用己意。清豫王多铎率师讨之,以十二月渡孟津,走贼将张有声于洛阳,收沿河塞堡,进陕州,袭破贼将张有曾于灵宝,尽收关外地。自成盛兵潼关,遣其将刘宗敏据山为阵,清军大炮未至,遣前锋三千,距关三十里,据堡为营。宗敏围之,三日夜,人马寂然,贼莫测所以,不敢击。顺治二年正月,清军大至,自成亦出关迎战,清之奇兵三千,从围突起,表里夹攻,大败之。会大炮至,遂进逼潼关,自成令掘重濠,发炮遥击。山谷中不容大众,以精骑数百,伏隘横冲。清军又出锐卒绕出其后,袭击之,贼多为清奇兵及殿后兵所破。而是时英王阿济格及吴三桂西北之师,已从保德州结筏渡河,入绥德,走李锦,克延安鄜州,逼西安之背。自成前后受敌,弃关还西安,焚宫室,东南自蓝田,出武关,以入襄阳,弃妇女辎重于七盘坡,不可胜计。比清军克潼关,马世耀以七千人降,斩之。进克西安,而自成已走五日矣。清廷以陕西略定,乃命多铎移师下江南,而以追剿流寇事,专任阿济格及吴三桂。自成兼程至武昌,时左良玉已率兵东下,武昌虚无人。自成众尚三十余万,扬言欲取南京,清军水陆蹑其后,凡七破其众于长江流域间。闰六月,自成南走咸宁蒲圻,过通城,命其下先行,自引二十一骑断后。通城有九宫山,顶有玄帝庙,适山民约以谋御卫闾井,防贼淫掠。自成令二十一骑巡山下,而自单骑上山,入庙拜谒玄帝,伏而不能起。村民私议曰:“此必贼帅,若知吾等保甲,为祸不浅,何不先下手杀之乎?”各以锄碎其首,几死,见其衣金龙衣,悬金印,且瞽一目,知为李自成也,从山后逃去。二十一骑讶久不出,迹而求之,则已破首,血流满殿,大惊,弃尸下山。或曰:“自成窜于九宫山,留李过守寨,而自率二十骑略食山中,为村民所困,不能脱,自缢死。”或言:“村民方筑堡,见贼少,争前击之,人马俱陷泥淖中,自成脑中锄死。清军验其尸,至糜烂不可辨”云。自成既死,其从父及刘宗敏等,俱为清军擒斩,余众悉降于明湖广总督何腾蛟,一时皆诧为异事。惟牛金星降清列卿寺,其子铨任湖广粮储道。给事中常若柱疏请将金星父子,立正国法,以申公义。得旨:“流贼伪官投诚者,多能效力,若柱此奏殊不合理,应议处。”若柱罢归。此盖清廷招纳降人之权术,特以金星父子为雍齿耳。

〔附言〕　诸书皆言自成死于通城九宫山,一名罗公山,案抱阳生辑《甲申朝事小纪·罗公山辨》云:“考唐仙罗公远,虽为武昌通城人,而通城实无罗公山。《楚志》载有罗公山,在辰州黔阳县,为罗公修炼之处,至今山下,世传罗公祈禳术甚广。且验山顶有庙,祀真武非虚。俗传贼(指李自成)为帝阴殛,虽或疑金蛇铁灯,事涉杳渺,而闯贼实殛死,瘗于黔阳无疑。”据此则自成不死于通城,而死于黔阳矣。又内载王怀民言:“阎南玉告予曰:凡载李自成死于通城九宫山谬也。湖广孝廉张琮伯字和汉,于壬寅、癸卯间,赴云南同知任,由常德乘船上镇远,泊舟于清(在辰州西、镇远东,黔楚交界处),因林谷幽胜,乃登高四望,忽闻磬声,即觅径步至禅院,叩门入见,一老僧貌伟,而言辞慷慨,语甚投合,留连数日乃别。后升江西抚州知府,复道经于此,访老僧,已物故矣。其徒悬像:所陈设彝鼎,皆非常物,询何以得此。其徒曰:‘吾师即闯王李自成也。’张惊问:‘当日九宫山死者谁耶?’其徒曰:‘闯王平日原养状貌类己者数人,彼时有孙某者,愿代死,吾师甫得脱耳。’张益奇之,后转甘肃道,以语阎南宫,阎又语予云。”据此则自成非特不死于通城,且更藏修于辰州山林间矣。自成果死与否,兹难决定,惟照两说以观,则自成或不死于通城,而当穷困于辰州一带,或死或逃也。然通城与辰州,相隔悬远,洞庭一湖,尤难飞渡。闯岂另由他道以窜于辰州乎?抑前说不足据,而通城果有九宫山以为自成碎首之地乎?注此待考。

(三) 张献忠之屠戮

献忠既入蜀,僭号大西国王,改元大顺,设六部尚书于殿前,赐袍服,以蜀府门外屋为朝房,朝罢议事,开科取士,以汉川樊某为状元。前攻成都时,以城中有董卜蛮出战,杀贼万人,故衔恨,欲尽杀城中人,安北将军李定国流涕苦谏乃止。又诈其众曰:有天书夜坠大庭中,上帝命剿绝蜀人,违者有重谴。与其婿汪兆麟(桐城人)谋,遣张能奇、马元利分屠郡邑官民,搜岩洞,发窟室,贼党不忍其酷,或自杀。欲屠保宁,有禅僧破山悯之,说以止杀,献忠以犬豕肉进曰:啖此则从汝。破山遽尽数脔。献忠笑曰:吾生平贵信,言杀则必杀,言免则必免,不似朱家以空言诱人也,遂舍之去。献忠性与人殊,恒醉柔而醒暴,一日不杀,如有所失。厌苦礼法,朝会已,掷冠于地,踏之,仍着大帽。《蜀碧》纪献忠在川,先屠儒,次屠民,继屠川民之为兵者,所杀卫军七十五万有奇,家口不计。兵二十三万六千有奇,家口三十二万。自成都绵亘七十余里,尸积如乔岳。又命孙可望等分道出屠川民……杀男女六万七千八百四十八万有奇。其说显系夸大,故又言此数自计之,人不得而知也。惟《甲申剩事》云:“凡献贼剥皮剖腹抽筋剔骨锯解斧斯诸恶毒之刑,皆兆麟导为之,所杀以万计。”或略近事实耳。欲窥陕西,又恶其党过多,尝曰:“吾初起草泽,从者五百人,所至无敌;今日益多,前年出汉中,为贺珍所败,非为将者习富贵,不用命,即为兵者,有所贪恋,怀二心。吾欲止留发难时旧人,即家口多者亦汰之,则人人自轻便,所向无阻。”汪兆麟进曰:“恐兵知而先噪,奈何?不若先立法责之,各将军都督等多置逻者,以伺察营伍,有偶语及微过者,俱置之法,并连坐。如此,则杀之有名,无觉者矣。”密议已定,诸营尚未知,犹习故态,角射酗酒纵博,嬉笑怒骂如平时,逻者至,辄收治,自诬服,并及其家。

是日所杀十余万人。于是人人惴慑,无敢出一言者。逻者无所得,乃于夜逾垣穴壁,入伏霤下,及床第帏幕间窃听,但有笑语,即跃出收系,并及其家。献忠动剥人皮,剥皮者自项至尻,刻一缕裂之,张于前如鸟展翅,率逾日始毙。倘即毙者,行刑之人,坐死。又创立杀人名式:割手足曰匏奴;分夹脊曰边地;枪其背于空中曰雪鳅,置火城以围数百小儿,见奔走呼号,以为乐,曰贯戏;剖孕妇之腹,曰接宝;抽善走之胫,曰起铳;碎人肝以饲马,曰出料;张人皮以悬市,曰极亚;缚少妇百人于马桩,驱兵数千淫之,妇死,则割男子之势曰尺雀;其狂杀真不堪问矣!世传献忠有七杀碑在成都少城公园,谓其言曰:“天生万物以养人,人无一德以报天,杀杀杀杀杀杀杀!”此碑残阙,文字不显。后在广汉发现一万人冢,冢旁有献忠所立之圣谕碑,文曰:“天生万物与人,人无一物与天,鬼神明明,自思自量。”并无七杀字样,今犹存广汉公园,为献忠遗物之仅存者。《怀录》所记,与此碑相同,谓自为圣谕刻诸石云。可见所谓七杀碑者,即圣谕碑之讹传也。

(四)川陕之平定

自李自成败窜,中国西北境虽隶清版图,而献忠仍据守川中,日事系掠。时清廷方以南下为急,无暇西顾。及福王败灭,鲁唐并起,明遗臣孙守法(副总兵)、王光恩(郧阳总兵)、武大定、贺珍(固原副将)等起兵兴安汉中,屡破流贼,遂克凤翔,窥西安,受唐王封爵,关中响应。顺治三年春,诏以川陕军务,任肃亲王豪格及平西王吴三桂,而以浙闽事属诸贝勒博洛(详见下章)分道大举。豪格以三月至西安,总督孟乔芳先已与都统和浴辉复渭南、蒲城、武功、同州。至是豪格遣兵分定邠、庆阳、延安诸城。五月,进军汉中,破贺珍等于鸡头关(南郑附近),汉中围解。七月,分军之半入四川,而留贝子满达海等搜汉中余众。时献忠谋窥西安,尽焚成都宫殿庐舍,率众出川北。又欲尽杀川兵,其将刘进忠故统川兵,闻之,率一军逃。会清兵至汉中,进忠来降,乞为向导。清军追至西充盐亭间之凤凰坡,与献忠遇,发矢射之,献忠中矢坠马,伏积薪下,清兵擒斩之。先是,川中有童谣曰:“吹箫不用竹,一箭贯当胸。”至是始验。盖谓肃王之杀献忠也。贼党以汪兆麟导献忠滥杀,久积恨,至是众生割兆麟,啖之。其党孙可望、李定国、白文选等溃走川南,寻越重庆綦江等城,入贵州境。清军追至遵义,以饷匮旋师。时献忠之妻陈氏,亦招集余众走贵州入遵义,驻桃花洞,为其党所焚死。川陕遂定。时顺治三年十二月也。然顺治五年四川巡抚李国英揭帖云:“发满汉兵丁于十二月二十九日寅时星奔潼川(今三台县),自午围攻潼城……我兵奋勇攻入城内,……所有杀死叛贼,不计其数。”又顺治十六年国英任川陕总督,又奏报攻取渝城(重庆)之情状云:“杀死贼众及逆孽飘落江水者不计其数。”可见川北之平定,在献忠死后二年,而川东则十余年矣。满汉兵丁所杀,殆不下于献贼,如顺治六年刑科给事中陈调元揭云:“不得已而动大兵剿之,民贼相混,玉石难分,或全城俱歼,或杀男留妇。”盖扬州十日、嘉定三屠之事,到处行之,而川人真靡有孑遗矣。清人纪载胥以此归之献忠,殆成王败寇之公例,其实未必然耳。

第十三章　福唐诸王之偏安

五十　南都事略

(一) 福王之立

福王由崧，常洵之子，思宗之从兄也，以流寇北犯，与潞王常淓(神宗弟翊镠子，思宗之从父，国在卫辉)俱避难至淮安。及甲申三月之变，由检殉国，太子陷贼中，南中府部诸大臣，会议监国。福王于伦次当立，而以昏淫闻；潞王贤明可任大事，而世系较疏。于是立亲立贤之问题起。兵部侍郎吕大器以下主立贤，凤阳总督马士英利由崧昏庸，结党主立亲。两党互争，各取决于兵部尚书史可法。可法心善立贤议，而立亲党以握兵柄故，颇占优势。持未决，士英已密与诚意伯刘孔昭，总兵刘泽清、高杰、黄得功、刘良佐拥兵迎福王于江北，可法不得已，卒定议。五月一日，福王至南京，居内守备府，百官入贺，王赧然欲避。可法又议战守曰："王宜素服郊次，发师北征，示天下以寇仇必报之大义！"王唯唯。张慎言曰："王上大位可也。"可法曰："不然，太子存亡未卜，倘南来，将如之何？"四日，由崧上监国之位，十五日，更即帝位，以明年为弘光元年。召史可法、高弘图入阁办事，加马士英东阁大学士，仍督师凤阳。士英怒，阴使刘泽清疏趣可法督师淮阳，可法出，士英遂入阁。当时南京士民哗曰："何乃夺我史公！"大学生陈方策上疏，有"秦桧在内，李纲在外"之语，朝野以为名言。时国都虽破，江南北之地，尚多为明有，使福王稍有志气，未尝不可以偏安江左，徐图恢复也。而乃权奸内恣，秕政交作；诸将外哄，卒不为守。未及一年，扬州陷，清军飞渡长江矣！

(二) 江北四镇

由崧既立,廷议分江北为四镇。兹依其意,表之如下:

镇名	封爵	辖地	驻地	经理地	规制
刘泽清	东平伯	淮海	淮北	山东一路	每镇额兵三万人,银米悉听各属自行征取。所得城池,即归统辖
高杰	兴平伯	徐泗	泗水	开归一路	
刘良佐	广昌伯	凤寿	临淮	陈杞一路	
黄得功	靖南侯	滁和	庐州	光固一路	

四镇分领,以大学士史可法兼督其师,开府扬州。时设镇淮上,诸将争欲驻扬州,而杰先至。杰本李自成将,与其妻邢氏通,窃之归降(崇祯八年),积功至总兵。北京陷,杰南走,至是扬民畏杰淫毒,不纳,杰遂攻城。可法议以瓜州与之,乃止。九月间,始移镇徐泗。得功故守庐州,可法虑杰难制,使移驻仪征,借相牵制,杰死后,乃复驻庐州也。得功微时,为人策蹇,尝路击劫贼,以救杨文骢,为马士英所拔擢。醉后运双刀如飞,每战血渍手腕,以水濡之,久乃得脱,军中呼为黄闯子。建功河北,与左良玉先得封。时东莱总兵黄蜚将之任,蜚与得功称兄弟,闻其将至,率骑三百迎之高邮。杰疑其图己也,潜帅精卒伏道中。得功至土桥,方作食,伏起,得功出不意,跃入颓园中,乃免;所随三百骑,无一存者。乃大愤,归诉于朝,愿与高杰决死战。可法命万元吉疏解之。此黄、高二镇交恶之由也。然四镇中惟得功为忠实;刘泽清日以土木声色自娱,略无所事,又好妄议朝政,忌刻贤臣,故四镇以泽清为奸狡焉。高杰虽跋扈,后亦感于可法之忠义,奉约束,谋进取。尝与可法议恢复,请调黄得功、刘泽清赴邳宿防河(时黄河自开封东南流,经徐州、淮安等境入海。咸丰五年,始移今道),自提兵趋归开,且瞰宛、洛、荆、襄以为根本。可法深壮之,然知得功必不为杰后继,而泽清尤狡横难任,故不调也。杰复具疏言:“目今大势,守江北以保江南,人人言之。然从曹单渡,则黄河无险;自颖归入,则凤泗可虞。犹曰长江天堑在耳。若何而据上游?若何而防海道?岂止瓜、仪、浦、采为江南门户耶?伏乞和盘打算,定期速行,中兴大业,庶有可观!”

遂自移镇徐州。是杰有进取之锐矣，惜早不能与黄得功以协济，后复为许定国所诱杀，武人无术，深可慨已！

(三) 南政府之使节

甲申(崇祯十七年即顺治元年)七月，明欲遣使于清，以谢复仇之义，兼探北京实情；遣兵部侍郎左懋第，太仆寺卿马绍愉，与左都督陈洪范，赍银十万两，金一千两，缎绢一万匹，为酬清之仪；因以祭告帝陵，并册封吴三桂为蓟国公。九月五日至济宁，时济宁已为清有，不许近城栖宿。十八日至德州，清山东巡抚方大猷告示云："奉摄政王令旨：明使经过地方，有司不必敬他。着自备盘费，陈洪范、左懋第、马绍愉止许百人进京朝见，其余俱留置静海。"盖清廷待遇明使，已非初入关时之可比，其骄慢之态，观此可知矣。二十六日至静海，清天津巡抚骆养性，使左、马等带百人进京，余尽置古寺中。养性故明锦衣，以国破降清，与明使言，语际似尚不忘故国。清谍者以报，多尔衮怒疑之，削职逮问。时京城内外，防察甚严，有南人潜通消息者，辄执以闻，故明诸臣之降清者，咸杜门噤舌，不敢接见，以防嫌疑。而甘心事情者，则日言绝通好，杀使臣，下江南，以取容悦。十月十二日，明使至京，清廷馆之鸿胪寺，明廷提出之条件如下：

一、万寿山设园陵厝思宗之梓宫。

二、割山海关以外之地与清。

三、岁币以银十万两为率。

四、国号随意。

明欲以割地为酬之旨，使清复还辽东，不知多尔衮之雄心方兴，明降臣之怂恿正甚，故不以南明政府之要求而介意也。十四日清大学士刚林至鸿胪寺，问明使曰："我国发兵，为你们破贼报仇。江南不发一兵，突立皇帝，这是何说？"明使曰："今上乃神宗皇帝嫡孙，夙有圣德，先帝既丧，伦序相应立之，谁曰不宜？"刚林曰："崇祯帝可有遗诏否？"明使曰："先帝变出不测，安有遗诏？南都闻先帝之变，会今上至淮，天与人归，臣民拥戴，安事遗诏？"刚林曰："崇祯帝死时，你南京臣子不来救援，今日乃忽立新皇帝耶？"明使曰："北京失守，事出不测，南北地隔三千余里，诸臣闻变,整练兵马,正欲北来剿贼,传闻贵国已发兵逐贼,以故不便前来,恐疑与贵国为敌。特令我等来谢,相约杀贼耳。”刚林又曰:“毋多言!我们已发大兵下江南。”左懋第曰:“江南尚大,兵马甚多,莫便小觑!”刚林闻之不悦。陈洪范曰:“我等原为尔摄政王发兵破贼,又为先帝发丧成服,皇帝命我等赍御书银币,数千里远来,原是通好致谢。何得以兵势恐吓?果要用兵,岂能阻尔。但以礼来,反以兵往,恐非摄政王起初发兵之意。况江南水乡,胡骑能保其必胜乎?”刚林不答,径起而出。次日,清内院率户部诸官,来收银币,明使付之,见尚有余鞘,辄起攘夺。明使曰:“银一万两,缎一千匹,是赏吴三桂之物。今既至此,望即转付。”清官抚掌踊跃,负驮而去。当时满官之贪得可知矣。明使拘留于寺,知事不可为,密遣人逾垣驰报史可法、马士英。当时多尔衮问内院以处置明使之策,有主杀者。冯铨(原明臣)曰:“不如薙发拘此。”洪承畴曰:“两国相争,不斩来使,难为他们,下次无人敢来了。”多尔衮称是。遂于二十六日遣明使南返。临行,出檄示之,盖以不救援先帝,擅立皇帝,各镇拥兵虐民,为讨伐南都之罪名也。明使还至沧州,清复将左、马二人追回,或以为洪范密启,欲以已身南往,招致刘泽清。然明使之终归失败,固不待言矣。

(四) 多尔衮与史可法

多尔衮以雄桀之才,总握朝政,加以降臣洪承畴、冯铨诸人之翼辅,虽以草创之初,不足与言政治;然开国之诸种经营,其大致尚不甚差也。南都之继位,在清为心腹之患,名正言顺,人民亦乐予拥戴。当时河北两淮之民,几有闻风而起之势,故清廷处此,初不惜承认其自立,借以缓和人心;及大局粗定,而后乃加武力于长江,施其所谓统一之业已。南都政局,内有马、阮为奸,朝纲败坏;外有刘、高逞暴,事权不一。史可法怀忠义之心,备折冲之任,虽实力不及,而身负盛名,号称督师;清廷之所畏者,惟此一人而已。明使遣归,多尔衮已先托明副将韩拱薇、参将陈万春等致书可法曰:

予向在沈阳，即知燕京物望，咸推司马。后入关破贼，得与都人士相接，识介弟于清班；曾托其手勒平安，拳致衷绪，未审以何时得达？比闻道路纷纷，多谓金陵有自立者。夫君父之仇，不共戴天，《春秋》之义，有贼不讨，则故君不得书葬，新君不得书即位；所以防乱臣贼子，法至严也。闯贼李自成，称兵犯阙，手毒君亲，中国臣民，不闻加遗一矢。平西王吴三桂介在东陲，独效包胥之哭，朝廷感其忠义，念累世之宿好，弃近日之小嫌，爰整貔貅，驱除狗鼠。入京之日，首崇怀宗帝后谥号，卜葬山陵，悉如典礼。亲郡王将军以下，一仍故封，不加改削；勋戚文武诸臣，咸在朝列，恩礼有加。耕市不惊，秋毫无扰。方拟秋高气爽，遣将西征，传檄江南，联兵河朔，陈师鞠旅，戮力同心，报乃君国之仇，彰我朝廷之德。岂意南州诸君子，苟安旦夕，弗审事机，聊慕虚名，顿忘实害，予甚惑之！国家之抚定燕都，乃得之于闯贼，非取之于明朝也。贼毁明朝之庙主，辱及先人，我国家不惮征缮之劳，悉索敝赋，代为雪耻，孝子仁人，当如何感恩图报！兹乃乘逆寇稽诛，王师暂息，遂欲雄据江南，坐享渔人之利，揆诸情理，岂可谓平？将以为天堑不能飞渡，投鞭不足断流耶？夫闯贼但为明朝祟耳，未尝得罪于我国家也。徒以薄海同仇，特申大义，今若拥号称尊，便是天有二日，俨为勍敌。予将简西行之锐，转旆东征，且拟释彼重诛，命为前导。夫以中华全力，受制潢池；而欲以江左一隅，兼支大国，胜负之数，无待蓍龟矣。予闻君子之爱人也以德，细人则以姑息。诸君子果识时知命，笃念故主，厚爱贤王，宜劝令削号归藩，永绥福禄。朝廷当待以虞宾，统承礼物，带砺山河，位在诸王侯上，庶不负朝廷伸义讨贼、兴灭继绝之初心。至南州群彦，翩然来仪，则尔公尔侯，列爵分土，有平西王之典例在，惟执事实图赖之。挽近士大夫好高树名义，而不顾国家之急，每有大事，辄同筑舍。昔宋人议论未定，兵已渡河，可为殷鉴。先生领袖名流，主持至计，必能深维终始，宁忍随俗浮沉？取舍从速，应早审决，兵行在即，可西可东，南国安危，在此一举。愿诸君子同以讨贼为心，毋贪一身瞬息之荣，而重故国无穷之祸，为乱臣贼子所笑，予实有厚望焉。记有之："惟善人能受善言。"

敬布腹心,伫闻明教,江天在望,延跂为劳。书不宣意。(此书传系李雯所草。按雯字舒章,少与陈子龙齐名,仕清授中书舍人,一时草创诏诰均出其手。尝假归过淮,故人万寿祺以僧服见。李望泣曰:“李陵之罪,上通于天矣!”侯朝宗诗:“我今朱颜丑,何以归故乡?郁陶发病死,谁当谅舒章!”是也。)

此书大意,不外以清廷发兵为明雪耻,南中当感恩图报,而不当自立称帝也。其占领北京之理由,谓得之于闯贼,非得之于明朝,南都如能削帝称藩,则位列诸侯王上,不然,简旅南下,遗祸无穷。且以用贼兵为先导以恐吓之。其措辞虽巧,亦终不能掩“利明天下而有”之心也。九月中,可法以书报之曰:

南中向接好音,法随遣使问讯吴大将军,未敢遽通左右;非委隆谊于草莽也,诚以大夫无私交,《春秋》之义。今倥偬之际,忽奉琬琰之章,真不啻从天而降也!循读再三,慇慇至意,若以逆贼尚稽天讨,为贵国忧,法且感且愧。惧左右不察,谓南中臣民,偷安江左,竟忘君父之仇,故为贵国一详陈之。我大行皇帝,敬天法祖,勤政爱民,真尧舜之主也!以庸臣误国,致有三月十九日之事,法待罪南枢,救援无及,师次淮上,凶问遽来,地坼天崩,山枯海竭!嗟乎!人孰无君!虽肆法于市朝,以为泄泄者戒,亦奚足谢先皇帝于地下哉!尔时南中臣民,哀恸如丧考妣,无不抚膺切齿,欲悉东南之甲,立翦凶仇;而二三老臣,谓国破君亡,宗社为重,相与迎立今上,以系中外人心。今上非他,神宗之孙,光宗犹子,而大行皇帝之兄也。名正言顺,天与人归。五月朔日,驾临南都,万姓夹道欢呼,声闻数里。群臣劝进,今上悲不自胜,让再让三,仅允监国。迨臣等伏阙屡请,始于十五日正位南都,从前凤集河清,瑞应非一,即告庙之日,紫云如盖,祝文升霄,万目共瞻,欣传盛事。大江涌出桐梓数十万章,助修宫殿,岂非天意也哉!越数日,即令法视师江北,刻日西征。忽传我大将军吴三桂借兵贵国,破走逆贼,殿下入都,为我先皇帝后发丧成礼,扫清宫阙,抚辑群黎；且罢薙发之令，示不忘本朝。此等举动，振古铄今，凡为大明臣子，无不长跪北面，顶礼加额；岂但如明谕所云"感恩图报"已乎？谨于八月薄治筐篚，遣使犒师，兼欲请命鸿裁，连兵西讨。是以王师既发，复次江淮；乃辱明诲，引《春秋》大义，来相诘责，善哉言乎！然此特为列国君薨，世子应立，有贼未讨，不忍死其君者立说耳。若夫天下共主，身殉社稷，青宫皇子，惨变非常，苟拘牵不即位之文，坐昧大一统之义，中原鼎沸，仓卒出师，将何以维系人心，号召忠义？紫阳《纲目》，踵事《春秋》，其间特书，如莽移汉祚，光武中兴；丕废山阳，昭烈践位；愍、怀亡国，晋元嗣基；徽、钦蒙尘，宋高缵统。是皆于国仇未翦之日，亟正位号，《纲目》未尝斥为自立，率以正统予之。甚至如玄宗幸蜀，太子即位灵武，议者疵之，亦未尝不许以行权，幸其光复旧物也。本朝传世十六，正统相承，继绝存亡，仁恩遐被。贵国昔在先朝，夙膺封号，载在盟府，殿下岂不闻乎？今痛心本朝之难，而驱除乱逆，可谓大义复著于《春秋》矣。昔契丹和宋，止岁输以金缯；回纥助唐，原不利其土地。况贵国笃念世好，兵以义动，万代瞻仰，在此一举；若乃乘我蒙难，弃好崇仇，规此幅员，为德不卒，是以义始而以利终，为贼人所窃笑也！贵国岂其然乎？先帝轸念潢池，不忍尽戮，剿抚互用，贻误至今。今上天纵英明，刻刻以复仇为念，庙堂之上，和衷体国；甲胄之士，饮泣枕戈；忠义民兵，愿为国死。窃以为天亡逆闯，当不越于斯时。语有云："树德务滋，除恶务尽。"今逆贼自成，未服天诛，谍知卷土西秦，方图报复。此不独本朝不共戴天之恨，亦贵国除恶未尽之忧。伏乞坚同仇之谊，全始终之德，合师进讨，问罪秦中；共枭逆贼之头，以泄敷天之愤。则贵国义闻，照耀千秋；本朝图报，维力是视。从此两国世通盟好，传之无穷，不亦休乎？至于牛耳之盟，则本朝使臣，久已在道，不日抵燕，奉盘盂从事矣。法北望陵庙，无泪可挥，身陷大戮，罪应万死。所以不即从先帝者，实为社稷之故。传曰："竭股肱之力，继之以忠贞。"法处今日，鞠躬致命，克尽臣节，所以报也。惟殿下实昭鉴之。（此书原稿创自黄日芳，史公为润删之，故《南疆绎史》、《小腆纪年》皆谓公自具答书，盖纪实也。日芳字蠡源，沔阳人,庚辰进士,时官行军兵部职方郎中,原草辞颇峻,史公删润曰:“不必口角也。”后日芳刻其原草,惟至今未见,不能比较异同耳。说本谈迁《枣林杂俎》。而《啸亭杂录》法式善言,为侯方域之笔。《明季南略》谓系何亮工手笔。彭士望《耻躬堂集》,又以为乐平王纲字乾维者代笔。陈庚焕《黄澂之传》,则又疑为澂之所属笔。纷纷推臆,当以谈说近真。)

可法之言,谓驱贼之义,至当感谢;因而窃据,是则为德不卒也。书意严正,措辞委婉,弱者之声,不过如斯而已!

(五) 江北之防御与清军之南下

可法既督师江北,乃提兵往来,身当要冲,联络诸镇,以图兴复。屡阅泽清、得功军,欲为进取计。及闻李自成败还陕西,高杰即率兵赴徐州,可法进次清江浦,遣官屯田开封,为经略中原根本。时诸将各分汛地,皆择便利者,自王家营而北,至宿迁,诸镇不敢任,可法自任之。顺治元年十一月,清军既定山东,进窥海州,遂入宿迁,可法令刘肇基、李栖凤复之。未几,复围邳州,肇基往援,相持半月而解。可法以闻,马士英大笑不止。坐客杨士聪问故,士英曰:“君以为诚有是事耶?此史公妙用也。岁将暮,防河将吏,应叙功;耗费军资,应稽算。此特为叙功稽算地耳。”时清以偏师南行,虽非进取大计,然亦可为尝试之先锋。及分军拔赣榆,丰、沛皆降。高杰至徐州,清军劝之投顺,不从,乃沿河筑墙,力备守御。又联络河南总兵许定国,以奠定中原,顺治二年(弘光元年)正月,杰抵归德,约定国共事。时定国在睢,已遣使纳款于清,且送二子渡河为质。杰微闻之,招定国不至,因邀巡抚越其杰、巡按陈潜夫同赴睢;定国郊迎,故为屈服。其杰讽勿入,不听。十一日,杰兵已尽发戍开封,且邀定国去睢。是夜,定国置酒享杰,杰饮酣,为定国刻行,并微及送子事。定国怒,夜伏兵传炮大呼,其杰等亟遁走,杰醉卧未起,众拥至定国所杀之。明日,杰部将回军攻城,老弱无孑遗。定国寻降于清。杰部无主,争为雄长。时可法驻白洋河,闻之流涕曰:“中原不可为矣!”遂驰至徐州,招抚其众十余万,为设提督,用左右计退保扬州。徐州孝廉阎尔梅(字用卿,号古古,又号白耷山人,沛人。奔走海内,倡议恢复者数十年,志卒不达,有诗文集行世)苦留之,力陈:"河北士气激昂,潜可为用。且清无多兵,又不齐集,若选兴平之锐,北渡长征,所至之处,不烦血战,必将倒戈矣!"不听。三月,清军既定关陕,移师东征,出虎牢关,分兵自龙关及南阳,三路同趋归德。当时开封、汝宁间列寨百数,刘洪起长之;南阳列寨数十,萧应训长之;洛阳列寨亦数十,李际遇长之;各拥兵四五万,而洪起最忠勇,屡殄流寇。河南巡按御史陈潜夫请予洪起挂印为将军,马士英不许。山东兵部职方主事凌駉,募兵复临清、济宁,与德州诸生谢陞义旅相应。请收辑山东,通好南北,而设水师于胶州对峰之庙湾,援青齐义旅。然马士英方分兵四镇,画淮而守,无遑远略。又使张缙彦总督河南、山东军务,越其杰巡抚河南,诸将皆解体。已则把持朝政,谈笑自若,苛政殃民,排斥异己。重颁《三朝要典》,借妖僧以诛戮东林,国欲不亡,岂可得乎?

(六) 南都之朝政

士英入阁,朝政悉为所把持,奏荐逆案阮大铖以知兵,即赐冠带陛见。诸臣多以为不可,高弘图、姜曰广请下九卿会议。士英言:"魏忠贤之逆,非闯贼可比。弘图、曰广于己所爱者,即曰先帝无成心;于己所恶者,即曰成案不可翻。欺罔莫甚于是!"不听。詹兆恒谓:"先帝异变,百姓莫不洒血搥胸。近闻燕齐之间,士绅皆白衣冠,聚兵以图复仇。一旦忽翻前案,召用大铖,岂不上伤在天之灵,下短忠义之气?"吕大器、熊汝霖皆疏争。士英为疏抗辩,力排群议,授大铖以兵部右侍郎,巡阅江防。于是正人如张慎言、吕大器、姜曰广、刘宗周等,皆先后求罢去,一时政府无善类。又兴建日广,国用匮乏,工科李清有言:"今日天下,秦晋属贼,燕代属清,衮豫已成瓯脱,闽广解京无几。徽宁力殚于安芜二抚,常镇用竭于京口二镇,养兵上供者,仅苏、松、江、浙,乃广建仪器,事事增出,何其支也?"可法亦言:"今日江北有四藩、有督师、有抚按、有总督,不为不多矣。敌寇并至,曾何益毫末?近至扬州城内,有总督师、有提督、有盐科,酬应繁杂,府县皆病。今又添监督,利归豪猾,朝廷自受其害耳。"亦可见南都财政与设施之大略矣。由崧深居禁中,杂宦伶串戏为乐,饮火酒,渔幼女,修兴宁宫,建慈禧殿,大工繁费,宴赏皆不以节。而马士英、刘孔昭等,复相比浊乱国事,开纳捐例,卖官鬻爵,利之所在,搜括殆尽。甚至府县童生应试者,上户纳银六两,中户四两,下户三两,以助军饷。沽酒之家,每斤定税钱一文,故当时有"扫尽江南钱,填塞马家口"之谣。及弘光元年,以大铖为兵部尚书,仍巡阅江防。大铖虽掌中枢,置一切兵事不问,而时时挠六部权,擢其私人二十余为给事御史。江督袁继咸荐邓林奇为总兵,大铖索重贿始给敕印。白丁隶役,贿至立跻大帅。时有"职方贱如狗,都督满街走"之谣。[1]当时政治现象之腐败,可见一斑。江北虽有一史可法,然内无兵饷之实权,外有镇将之悍龃,亦终于无益而已矣。高杰既死,而两案[2]方兴,左良玉亦以太子下狱,与裁其兵饷故,借清君侧为名,引兵东下。上游告警,益假清军以进攻之机会,灭亡之惨,迫在眉睫矣!

〔1〕郑元庆《二十一史约编》以两谣合一,增为八句:"中书随地有,都督满街走,纪监多如羊,职方贱如狗。荫起千年尘,拔贡一呈首,扫尽江南钱,填塞马家口。"虽系增补之辞,亦颇有趣。

〔2〕两案者,即王子明冒认太子,童氏冒认结发是也。童氏之案,多以为真,而福王昧心,无论矣(或言福王原为淮上无赖子,于旧货摊获福王印,因冒充福王,故不敢与童氏晤对,恐被揭穿也)。顾太子之案,史书多言其伪。考弘光元年三月,有称崇祯太子者,朝臣以为诈,下狱治之,中外藉藉。左良玉疏言:"东宫之来,吴三桂实有明验,朝廷诸臣,但知逢君,不顾大体。前者李贼逆乱,尚锡王封,何至一家,视同仇敌?明知穷究,必无别情,必欲展转诛求,遂使陛下忘屋乌之德,臣民绝委求之义。亲亲而仁民,愿陛下省之!"黄得功疏言:"东宫之来,何人定为奸伪?先帝之子,即陛下之子,未有不明不白,付之刑狱。人臣之义谓何?王朝诸臣,谄徇者多,抗颜者少,即使明白识认,谁敢出头取祸乎?"何腾蛟疏言:"太子到京,何人奏闻?何人物色,取召至京?马士英何以独知其伪?既是王昺侄孙,何人举发?内官公侯,多北来之人,何无一人确认,而泛云自供?高梦箕前

后两疏,何不发抄?此事关天下万世,是非何可不慎?"袁继咸亦言:"太子移气移体,必非外间儿童所能假袭。王昺原系巨族,高阳未闻屠,岂无父兄群从,何以只身到南京?望陛下勿信偏辞,使一人免向隅之泣,则宇宙享荡平之福矣!"就以上数疏观之,其疑点正多,即以士英三可疑之言,谓东宫质厚凝重,此人机辨百出,更可见当验认之时,非如今史书所载之简单数语,即自认诈冒者矣。循情而论,太子何人,穆虎敢以子明诈冒,而目为奇货?及由崧西逃,百姓拥太子登极,清军得之,坐于由崧上。多铎问以磨灭太子状,由崧俯首不答。岂清军亦为王子明所蒙蔽欤?然由崧固不愿以位授人,士英亦不愿更立杀宠也。良玉东犯,谓受太子密诏,其无由哉?(《鹿樵纪闻》称:当时有两太子,在北都者投周奎家,被逐,为逻卒执去,遣官辨认,皆以为真。而晋王及谢陞力证其非。京城士庶纷纷上书,为太子辨抑,且痛詈谢陞,疏上辄收系狱,而言者不已。已而东安民作乱,称太子,敕发兵剿灭,并男子"指太子"斩之。南都太子随穆虎至江宁,既送高梦箕侄高成家于杭州,将图入闽,事已太露,不得已密报马士英。福王遣二监迎之金华,翌日,杨维垣倡言驸马王昺有侄之明貌似太子。三月六日,会审于大明门,福王召刘正宗、李景濂至内殿,谕之曰:"太子若真,将何以处朕?卿等皆旧日讲官,宜细认的确。"两人解意,至谳所,少年东向倨坐,随问置对。刘正宗更多设端以诘之,少年怒曰:"汝以为王昺侄即王昺侄耳,且若辈不尝立皇考朝乎?何一旦蒙面至此!"诸臣有赧者,有怒者。士英仍复请召旧讲官方拱乾辨之,少年一见即曰:"方先生尚无恙。"拱乾不敢应,退入众后,亦不言真伪,少年出午门,有旧伴读丘致中跪持痛哭,福王闻之,立收下狱。时有钱某者,密疏请速结案,士英将从之,值左兵东下而止。)

(七)左良玉之东犯

先是,良玉以破贼有功,思宗封为宁南伯,许事成世守武昌。良玉乃条日月进兵状以闻,未得旨,而京城陷。由崧立,诏至,其部下有异议,不欲开读。巡抚何腾蛟急诣良玉所争之,而良玉已开读如礼,诸将尚汹汹,欲引兵东下。良玉恸哭不许,尽出所藏金银彩物散之曰:“此皆先帝所赐也。受国厚恩,祸变至此,良玉何心独有之乎?”于是诸将噭然皆哭。由崧进良玉爵为侯,以长江上游事专任之。时自成败关门,良玉乘间复楚西,而腾蛟及总督袁继咸在江西,皆与良玉善,南都倚为屏蔽。马士英当国,畏东林倚良玉与己为难,谩语修好,而阴忌之。良玉不自安,属巡按御史黄澍人贺,阴伺朝廷动静,澍挟良玉势,面纠士英贪奸不法,且言尝受献贼兵部尚书周文江贿,罪当斩。士英跪乞处分,澍直前举笏击其背曰:“愿与奸臣同死!”士英大号呼,引疾请罢,而阴赂内臣田成、张执中等言:“王非士英不得立,今逐之,是背旧恩也。且士英在阁,主上可以优闲,士英若去,谁复有念主上者?”由崧谕留士英,澍又连上十疏,称:“自古未有奸臣在朝,而将帅能立功于外者。”又言:“自魏珰窃窥神器以来,实酿今祸。附逆之人,与荐逆之人,皆有贼心。乞悬诸日月,以除魍魉!”由崧不听,谕澍还楚。未几,士英以他事夺澍官,又以朱盛浓言逮澍,良玉留澍不遣,乃免。自是,良玉与士英有隙。澍匿良玉军中,与诸将日以清君侧为请,良玉不应。会太子案起,良玉争之不听,心甚不平。澍亦以此激众,召三十六营大将与之盟。良玉又以士英裁其兵饷,益憾之,反意遂决。乃举兵东下,传檄远近,以讨士英为名。时弘光元年四月四日也。良玉复驰疏云:

窃见逆贼马士英,出自苗疆,性本凶顽。臣身在行间,无日不闻其罪状,无人不恨其奸邪。先帝皇太子至京,道路汹传,陛下屡发矜慈,士英以真为伪,必欲置之于死而后快。臣前两疏,望陛下从容审处,犹冀士英夜气稍存,亦当剔肠悔过,以存先帝一线。不意奸谋日甚一日,臣至此不与奸贼共天矣!臣已提兵在途,将士裂目指发,人人思食其肉。臣恐百万之众,发而难收,震惊宫阙,且声其罪状,正告陛下;仰乞刚断,与天下共弃之!自先帝之变,人人号泣,士英利灾擅权,事事与先帝为难。逆案先帝手定者,士英首翻之;《要典》先帝手焚者,士英复修之。思宗改谥,明示先帝不足思,以绝天下报仇雪耻之心。罪不容于死者一也。国家提衡文武,全恃名器鼓舞人心,自贼臣窃柄以来,卖官鬻爵,殆无虚日。都门有"职方贱如狗,都督满街走"之谣。如越其杰以贪罪遣戍,不一年而立升巡抚;张孙振以赃污狡犯,不数月而夤缘少仆。袁洪勋、张道濬皆诏狱论罪者也,借起废竟复原官。如杨文骢、刘沁、王燧、黄鼎、赵书办等,或行同犬彘,或罪等叛逆,皆用之于当路,凡此之类,直以千计。罪不容于死者二也。阁臣司票拟,政事归六部,至于兵柄,尤不得兼握。士英已为首辅,犹复掌枢,是弁髦太祖法度;且又引其腹心阮大铖,为添设尚书,以济其篡弑之谋,两子枭獍,各操重兵,以为呼应。司马昭见于今日。罪不容于死者三也。陛下选立中宫,典礼攸关,士英居为奇货,先择其尤者,以充下陈,罪通于天。而又私买歌女,寄养阮大铖家,希图进选,计乱中宫,阴谋叵测。罪不容于死者四也。陛下即位之初,恭俭神明,士英百计惑诓,进优童艳女,损伤败德。对人言恶则归君。罪不容于死者五也。国家遭此大难,须宽仁慈爱,以收人心,士英自引用阮大铖以来,睚眦杀人;如雷缤祚、周镳等,锻炼周内,株连蔓引。尤其甚者,借题三案,深埋陷阱,将生平不快意之人,一网打尽;令天下士民,重足解体。罪不容于死者六也。九重秘密,岂臣子所敢言?士英遍布私人,凡陛下一言一动,无不窥视。又募死士,窜伏皇城,诡名禁军,以观陛下动静,曰废立由我。罪不容于死者七也。率土碎心号痛者,先帝殉难,皇子独存。前此定王之事,海内至此传疑未已,况今皇太子授受分明,臣前疏已悉。士英乃与阮大铖一手握定,不畏天道神明,不畏二祖列宗,不畏天下公议,不畏万古纲常。忍以先帝已立七年之嗣,为四海讴歌讼狱所归者,付之幽囚。天昏地惨,神人共愤!凡有血气,皆欲寸磔士英、大铖等,以谢先帝。此非臣之私言,诸将士之言也;非独臣标将士之言,天下忠臣义士愚夫愚妇之公言也。伏乞陛下,立将士英等肆诸市朝,传首四方,用抒公愤,臣等束兵计刻以待。不禁大声疾呼,激切以闻!

良玉发武昌,欲何腾蛟同行,不可,劫之,腾蛟将自杀,既而逸去。良玉兵引旌东下,自汉口至蕲州,列舟三百余里。士英大惧,急命阮大铖、刘孔昭率兵会黄得功趋江上堵御;又调刘良佐入卫,刘泽清亦以勤王为名,大掠而东。时清兵既取归德,进逼淮南,可法连疏告急,且曰:"上游之意,欲除君侧之奸,原不敢与君父为难。若北兵一至,宗社可虞。"朝臣如刘洪起、王永吉、姚思孝等,均请速备淮扬。由崧谓士英曰:"良玉虽不该逼南京,然看他本上,原不曾反,如今还该守淮南。"士英厉声曰:"此皆良玉死党,为游说,不可听。今独借口防江,欲纵左逆入犯耶?北兵至,犹可议款,左兵至,则若辈高官,我君臣独死耳。有异议者斩。"由崧默然。于是淮扬益弱矣。良玉至九江,邀袁继咸入舟中,语及太子下狱事,大哭;因袖出密诏。继咸正色曰:"先帝旧德不可忘,今上新恩,亦不可负。"良玉色变。继咸归城,方谋拒守,其部将已引左兵入掠而去。良玉方疾笃,夜观城中火光,太息曰:"吾负临侯(继咸别号)!"呕血数升而卒。其子梦庚秘不发丧,诸将推为帅,留七日而东,兵势尚盛,自彭泽以下皆陷。黄得功驻军荻港,进拒梦庚于铜陵,败之。梦庚遂降清。

(八) 扬州之陷落

顺治二年三月,多铎之师既自陕而东,会于归德,所过三十县,皆望风迎降。清兵分二道并进,一出淮南,一出淮北,如入无人之境。出淮北者,为都统准塔山东之兵,既败明兵于沛县李家楼,遂下徐州,命兵屯守。五月,南下败高雅军于宿迁,师次清河,刘泽清率步兵四万,船千余艘,据黄、淮、清三口以拒,连营十里。准塔遣将渡清河列营,以炮击败其舟,分兵两路,自清河上游进击之。泽清败至淮安,清兵追之,旋遁于海。或云后降清,清恶其反复,磔之。于是云台、通州、如皋、泰兴皆下。出淮南者,即多铎之师,由归德趋泗州,乘夜渡淮,可法方将移军援泗,会左良玉东犯,京师戒严,诏趣可法入援。可法抵浦,而左兵已败,奉旨仍守泗阳。乃驰趋天长,檄诸将救盱眙,俄报盱眙已降。可法一日夜奔还扬州,泣谕士民,为死守计。檄各镇来援,无一至者;独总兵刘肇基以兵四千至自白洋河。请乘清兵未集,背城一战。可法谓:野战不如凭城,乃分陴拒守,上疏告急,不报。四月十五日,清兵环薄城下,多铎五次致书劝降,皆不启封,置之火。北兵攻打益急。二十五日,可法以炮击伤清兵数千,多铎乃身督劲兵,猛力攻城,西北角忽崩。时矢石如雨,尸积如山,清兵借以登城,蜂屯蚁集。可法知大势已去,即持刀自刎,参将许瑾双手抱住,血溅衣夹,未绝。许瑾与可法义子史德威等数十人,拥之下城,至东门,瑾等被乱箭射死。可法问前驱为谁,德威以多铎答之。可法大呼曰:"史可法在此。"清兵惊愕,众前执赴新城南门楼上,多铎相待如宾,口呼先生。曰:"前书再三拜请,俱蒙叱回。今忠义既成,先生为我收拾江南,当不惜重任也。"可法怒曰:"我为天朝重臣,岂肯苟且偷生,作万世罪人哉!头可断,身不可屈!"词色俱厉。多铎曰:"既为忠臣,当杀之以全其名。"可法曰:"城亡与亡,我意已决,即劈尸万段,甘之如饴。但扬州百万生灵,即属于尔,当示宽大,万不可杀!"遂死。刘肇基率所部巷战,力不支,亦死。人民之惨遭兵祸者,兵民莫辨,凡十日间,查《焚尸簿》所载,已有八十余万之多;其被掳与落井投河、闭门焚缢者,不与焉。满兵之淫虐,一至于此!罹祸之酷,具见《扬州十日记》。可法,祥符人,字宪之,号道邻,崇祯进士。为人廉信,与下均劳苦,有儒者之风,无大将之才,此不得不为明室惜也。清初入关,规模未备,明能扼守河淮,一战而胜,淝水采石之功成;再战而胜,则河朔燕代之军起;清之为清,未必然也。惟明人望风奔溃,自隳其气,大势既失,遂不可为矣。可法,左光斗之高弟,光斗为阉党所构,下狱,将死,可法赂狱卒视之。光斗怒曰:"国家之事,糜烂至此,老夫已矣!汝复轻身而昧大义,天下事谁可支持者?"可法趋出,常流涕以语人曰:"吾师肺肝,皆铁石所铸造也。"崇祯末,献贼出没蕲、黄、潜、桐间,可法以凤庐道奉檄守御,每有警,辄数日不就寝,使将士更休,而自坐幄幕外。每寒夜立起,振衣裳,甲上冰霜迸落,铿然有声。或劝以少休,可法曰:"吾上恐负朝廷,下恐负吾师也!"及督师江北,诸镇率跋扈不可制,可法务以忠义感动之,联络其间,以图兴复。行不张盖,食不兼味,寝不解衣,日夜以报仇雪耻为念。每缮疏,循环讽诵,声泪俱下,闻者莫不感泣。然权奸内肆,悍将外哄,凡所经划,百不一就,卒至兵顿饷竭,志决身歼。时人比之文天祥云。可法死后,遗骸以天热蒸变难识,家人具袍笏招魂,葬于扬州梅花岭旁。(乾隆时诗人蒋士铨吊之曰:"号令难安四镇强,甘同马革自沉湘,生无君相兴南国,死有衣冠葬北邙。碧血自封心更赤,梅花人拜土俱香,九原若遇左忠毅,相向留都哭战场。”史公之苦心孤诣,读此八句,可识其大略矣。)

(九) 南都之灭亡

扬州既下,清军乘胜而南,五月八日,抵江浒。明侍郎杨文驄、总兵郑鸿逵合兵守京口,与清兵对岸相峙。清编大筏,置灯火,夜放之中流,以为疑兵。南岸发炮击之,以为获胜,日报章奏捷。会夜雾,清兵乘之而济,且别以数百骑艇小舟潜渡,袭据北固山。及迫岸,明守兵始知,仓皇列阵甘露寺,清以铁骑蹙之,悉奔。文驄奔苏,鸿逵纵掠入闽。时士英在京,尚有“长江天堑”之语,及败报至,由崧尚荒宴至夜半,率宦官宫妾,跨马出通济门,出走芜湖。士英等以黔兵自卫,奉由崧母妃走浙江。(吴梅村《鹿樵纪闻》谓:“士英当江宁之破,欲随众降,恐不免,乃饰其母为太后,以所征黔兵自卫,奔广德,不纳,攻屠之。迂道至吉安,浙抚备法驾迎伪太后至杭州,事渐露,杭人逐之。”)黎明,宫门不守,嫔女乱奔,百姓始知君相已逃,拥入宫中,抢掠殆尽。午刻,百姓千余人,至狱中拥太子出,立之,仓卒无备,衣冠俱取诸戏箱中。登极武英殿,群呼万岁。时清兵已薄城下矣。文武勋戚,如王铎、钱谦益、徐文爵、赵之龙等,皆相率迎降。多铎长驱入城,分兵追由崧于芜湖。时黄得功自铜陵之捷,将兵屯芜湖,由崧潜入其营,得功惊泣曰:“陛下死守京城,臣等犹可尽力。奈何听奸人之言,仓皇至此?”由崧曰:“非卿无可仗者。”得功曰:“愿效死。”既而刘良佐以清兵至(良佐先已降清),得功督将迎战,良佐大呼招降。得功曰:“汝乃降乎?”忽飞矢中喉左偏,得功知不可为,拾所拔箭,刺吭死。总兵田雄拥由崧降清。江左偏安之局,至此终矣。由崧幼名福八,宫女曾豢鹦鹉,呼其名以为谐谑。沈廷柱《宫词》所云“英武金笼唤御名”者,是也。初,清兵南下也,势如破竹,除夕之日,由崧悄然不乐,亟传各官入见。诸臣皆以兵败地蹙,叩头谢罪,由崧沉吟良久曰:“朕未暇虑此,所忧梨园子弟,无一佳者。意欲广选良家,以充掖廷,惟诸卿早行之耳。”或对之曰:“臣以陛下忧敌未宽,或思先帝,岂意思及于此?”遂散出。又尝于内庭悬一联云:

"万事不如杯在手,一年几见月当头!"其昏庸盖可知矣。有君若此,焉得不亡乎?

(十) 杭州之降附

士英入浙,至广德州,州吏以其不奉王为诈,闭门拒守。士英攻破之,至绍兴,绍人犹未知由崧存亡,王思任因上疏言:

> 战斗之气,必发于忠愤之心,必发于廉耻之念。事至今日,人人无耻,在在不愤矣。所以然者,南都定位以来,从不真真实实,讲求报雪。主上宽仁有余,刚断不足,心感奸相马士英援立之功,将天下大计,尽行交付。而士英公窃太阿,肆无忌惮,窥上之微而有以中之:上嗜饮,则进醽醁;上悦色,则献妖淫;上喜音,则进优艳;上好玩,则奉古董;以为君逸臣劳。而以疆场担子,一肩卸与史可法。又心忌其成功,而决不照应之,每一出朝,招集无赖,卖官鬻爵,攫尽金钱。四方狐狗,愿出其门下者,得一望见,费至百金,得一登簿,费至千金。以至文选职方,乘机打劫,巡抚总督,见兑即题。其余编头修脚服锦横行者,不在话下矣!所以然者,士英独掌朝纲,手握枢柄,知利而不知害,知存而不知亡;朝廷笃信之,以至于此也。兹事急矣!政本阁臣,可以走乎?兵部尚书,可以逃乎?不战不守,而身握重兵,口称护太后之驾,则圣驾独不当护耶?一味欺蒙,满口谎说,英雄所以解体,豪杰所以灰心也。及今犹可呼号泣召之际,太后宜速趣上照临出政,断酒绝色,卧薪尝胆,立斩士英之头,传示各省,以为误国欺君之戒。仍下哀痛罪己之诏,以昭悔悟,则四方人心,犹可复鼓。

又上书与士英言:

> 阁下政本自由,兵权独握,只知酒色逢君,门墙固党,从不讲战守之备,以致乘舆播迁。谋国至此,即喙长三尺,何以自解?以愚上计,莫若明水一盂,自刎以谢天下。若仍逍遥湖上,潦倒烟霞,效

> 贾似道之故辙,千古笑齿,已经冷绝!再不然,如伯嚭渡江,则我越乃报仇雪耻之邦,非藏垢纳污之地。职当先赴胥涛,乞素车白马,以拒阁下。

士英至杭州,熊汝霖亦责以当从王,士英无以应。时清军既定南京,以大兵之半属博洛,使进攻浙江,沿途循所过州县,至苏州,留兵二千守之。并分兵下松江太仓等地。马士英与总兵方国安迎战不利,渡钱塘江东遁。清兵营于江岸,杭人见之,谓潮至必没,而潮三日不至,咸骇为神。时潞王常淓方流寓于此,诸臣闻福王被执,请其监国,不受,乃从巡抚张秉贞及陈洪范等计,率众迎降。高宏图、刘宗周等死之。于是浙西略定。

五十一 民兵之起灭

(一) 下薙发之令

南都既破,杭州迎降,时英王阿济格追剿流寇之师,亦所至有功;收左良玉部将金声桓众十余万于九江,使章于天偕之徇江西;又遣兵分守荆州武昌,尽收湖北,遂班师。于是长江流域,西自湖北,东至海,南及浙西,大都降服。多铎奏改南京为江宁府,其郡邑以城降者,即使为守;授江宁安庆巡抚以下官三百七十三人,至七月班师。命多罗贝勒克勒德浑为平南大将军,同都统叶臣等,镇守江南;以大学士洪承畴总督军务,招抚南方。遣八旗兵驰防顺德、济南、德州、临清、徐州、潞安、平阳、蒲州八城,每城各一旗。南北大定,乃下薙发易服之令曰:

> 向来薙发之制,未即划一,而姑听其自便者,因欲待天下大定而始行之也。今中外一家,君犹父,民犹子,天下一体,岂可违异?若不划一,终属异心,不几为异国之人乎?自今布告之后,京城内外,限旬日;直隶各省地方,自部文所到之日,亦限旬日;尽使薙发,遵依者为我国之民,迟疑者同逆命之寇,必置重罪。若巧辞争辩,决不轻贷!该地方文武各官,严行察验,若复为此事渎进奏章,致使已定地方之

人民,仍存明制,不随本朝之制度者,杀毋赦!

是时檄下各县,并有"留头不留发,留发不留头"语。令剃匠负担游行于市,见蓄发者执而剃之,稍一抵抗,即杀而悬其头于担之竿上以示众。嗣后薙发担上,一柱矗立,即其遗制云。时孔子之裔孔文谟者,为其宗家衍圣公孔允植执行孔庙典礼;以新制不便,呈请蓄发,用先王衣冠。奉旨切责,姑念圣裔免死,着革职永不叙用。于是汉人除僧道妇女外,尽为辫发胡服矣。令至江南,士民大愤,群起抗之。盖以既罹故国禾黍之悲,复革多年不易之俗,事变之起,自不待言。马尔地呢(Martin Martini)《鞑靼战争记》云:"强制汉人辫发,于是兵士市民,皆起而执武器以相反抗,其关切较胜于为国家,为皇室。保护一己之发,竟舍身命,以抵抗敌军。"胡蕴玉《发史序》云:"薙发令下,吾民族之不忍受辱而死者,不知凡几。幸而不死,则埋居土室,或遁迹深山,甚且削发披缁,其百折不回之气,腕可折,头可断,肉可脔,身可碎,白刃可蹈,鼎镬可赴,而此星星之发,必不可剃,其意岂在一发哉!盖不忍视上国之衣冠,沦于夷狄耳。"祝廷铮《续三字经》云:"披发左,衣冠更,难华夏,尽为僧。"可知激变之由,大抵缘于辫发胡服之新制也。其无力反抗者,或逃隐山林,或愤而自杀,或建发冢而痛哭致祭。有力者则兴师动众,流血百万,前赴后继,横遭毒戮,江阴嘉定,其最著者也。

(二)民兵之四起

薙发令既下,苏州巡抚土国宝、松江提督吴兆胜、吴淞总兵李成栋,皆以降将乘势骚虐,士民恶之。而是时鲁王已监国于绍兴,唐王已称帝于福州(事详后),于是江南列城,民兵四起,集众自保,效死弗去。或通表唐王,受其拜封,或近受鲁王节制;而鲁唐二藩,亦借以阻清军之南下。然大率起于仓卒,未经训练,又苦于饷械不足,率旬日即败。诸主谋者亦皆先后致死,惜哉!然而不恤屠戮之惨,矢万死不顾一生之计,为故主谋恢复,为人民谋保障;其意较然,不欺其志,事虽不成,其义实有足多者。兹先列表如下,而后择要述其兴灭于次:

所据地	主谋者	所据地	主谋者	所据地	主谋者
松　江	给事中陈子龙 总督沈犹龙 吏部主事夏允彝 水师总兵黄　蜚 吴志葵	昆　山	副总兵王佐才 顾炎武	太　湖	陆世钥 任源邃
		嘉　兴	吏部尚书徐石麒 总兵陈梧	绩　溪	佥都御史金声及 其门人江天一
		宜　兴	行人卢象观奉 瑞昌王盛沥	徽　州	推官温璜 监纪推官吴应箕
吴　江	兵部主事吴易 举人孙兆奎	长　兴	主事王期昇奉 通城王盛征	宁　国	山东巡抚邱祖德 钱龙文
嘉　定	通政使侯峒曾 进士黄淳耀	新　城	李　翱 徐伯昌	余　姚	九江兵部佥事 孙嘉绩 给事中熊汝霖
江　阴	典史阎应元 陈明遇	常　熟	严　栻 项志宁	泰　和	刘士桢 刘樨升
崇　明	主事荆本彻 员外郎沈廷扬	太　仓	王　湛 蔡仲昭	会　稽	郑遵谦 于　颖

诸郡之起,大半由于人民恶新官之暴虐,与辫发令之强行,其中一二志士,痛故国之亡,从而激发之,乃揭竿裂裳,聚众十万,以抗清师。此所谓上下江士民之义兵。是时,金声桓以降将奉命招抚江西,所至屠杀立威。于是明益王朱由本据建昌,夏禹亨、艾南英等奉之,永宁王朱慈炎据抚州;故兵部侍郎杨廷麟据赣州:各招五岭峒蛮数万,以谋恢复。是为江西之师。其兴灭当于五十四节详言之。

(三) 松嘉诸郡之平定

清军之陷金陵,下淮安也,不过数万之兵;后又收明降卒,间择骁悍,薙发入伍,合之约十余万。半屯江宁,经略洪承畴及驻防侍郎巴山将之;半屯杭州,贝勒博洛等将之。又分遣招抚侍郎李延龄驻防苏州,而降将吴兆胜、李成栋分防沿海。及民兵四起,声势中断,故不清江左,则清军未可鼓行而南也。先是,南京既亡,州县多聚众自保,嘉定士民,推左通政侯峒曾,与进士黄淳耀等,誓死固守,江阴松江等处,亦多撄城自保。会吴淞总兵吴志葵自海入江,结水寨于泖湖,黄蜚亦拥千艘自无锡至,与松、嘉联络，遥为声援。闰六月，志葵主海上军，由泖湖进窥苏州，黄蜚以太湖军会之。时苏城骁骑仅千余，李延龄、土国宝聚屯府学宫，登盘门塔以望外兵，使百余骑绕城外，各张帜为江宁援兵状。志葵前锋数百，斩胥门入，长驱四五里，不见一敌，忽劲骑突出，截击歼之，城外军轰然引退。清军闭城令薙发，违者斩，不数日，城中发皆剃，即驱之登陴。内应既绝，外攻遂溃。七月，驻宁贝勒勒克德浑引兵而南，分遣都统马喇希恩格图败黄蜚战舰于常州，败王佐才之兵于昆山，宜兴、常熟悉下。遣刘良佐围江阴，而李成栋亦破崇明围嘉定。峒曾乞师志葵，志葵遣游击蔡祥以七百人赴之，战败而遁，外援遂绝。会天雨城圮，清兵遂入，峒曾率二子沉于池。清兵屠之而东，合吴兆胜军，邀志葵、蜚兵于吴淞江，与苏州、江宁军加攻于春申浦，风熠火烈，明兵舟重胶淖，熠焉。志葵、蜚俱被擒。进围松江，冒蜚军帕首入城，沈犹龙死之。其宜兴、溧阳之兵，卢象观以七月率二万窥江宁，洪承畴先捕诛内应，象观军至，清军佯举火神策门为号，而分军先出太平、朝阳二门。旋启神策门出铁骑冲之，卢军虢败，禽瑞昌王盛沥于茅山。象观收残卒亡入太湖，复与葛麟、王期昇营西山，居民苦期昇军派饷苛虐，潜引清水师提督吴兆胜攻之，火其舟，期昇遁去。象观、葛麟引舟救之，皆熠于火。于是上下江之师，大多皆平。惟吴江吴易一军，江阴阎应元一军，有纪律，犹负固自守，为清劲敌焉。

（四）江阴之攻守

吴易既起义于吴江，七月，败嘉兴总兵李遇春五十四艘于平望；复伏兵芦岸，败提督吴兆胜军，夺舟二十，以与浙东之师相应和。博托至杭州，俘潞王北上，留勒克德浑与浙闽总督张存仁守杭州，自率师略地而北。复嘉兴府，分兵复嘉善、平湖诸邑，振旅至吴江，与兆胜军合。尽断诸港走路，乘大雨蹙吴易军歼之，进围江阴。先是，江阴诸生倡言城守，以典史陈明遇主兵，出战不利。乃公请前典史阎应元入城，应元谓士民曰："尔能从我则可，不然不为若主也。"众曰："敢不唯命是听！"入城时，祝塘少年五十人（一作六百人），执械护送，经七里庙，题诗于壁，以见事万不可为，则有一死而已。应元字丽亨，北通州人，由武生起掾吏，官仓大使，崇祯十四年,为江阴典史,后迁英德主簿,以道阻不赴,寓居江阴。躯干丰硕,双眉卓竖,目细而长曲,面赤有须,每巡城,一人执大刀以随,颇类关羽。清兵望见,以为天神。而号令严肃,凡偷安不法者,必贯耳鞭背示众,虽豪右不少贷。然战士困苦,必手自注汤酌酒,温语慰劳;如遇害,则立具棺衾,哭奠而敛之。接见敢死,则不名,俱称兄弟,每遇事,须询于众曰:“我兄弟谁当此事者?”有人号于路曰:“我欲杀敌,苦无短刀。”即以所佩之刀二三十金者,亲解佩之。守二月余,屡却李成栋、刘良佐之兵。清令黄蜚、吴志葵说之降,迄不应。八月二十一日,清军大至,四面攻之;会大雨,城崩,清兵从祥符寺后城入。应元坐东城敌楼,索笔题门曰:“八十日带发效忠,表太祖十七朝人物。十万人同心杀贼,留大明三百里江山。”题讫,引千人上马格斗,杀敌无算,力尽乃死。士女死者,井池皆满,无降者;清军连屠三日不止。死者城内约九万七千余,城外越七万五千以上,扬州、嘉定而外,屠戮之惨,未有如江阴者矣!时诸城大半平定,惟绩溪、徽州以守备甚密,犹未能破。

(五) 绩徽之诈陷

先是,徽州闻南京破,知府及僚属皆遁,推官温璜(初名以介,字于石,乌程人)叹曰:“城无主,民且自相屠。”乃尽摄其印,召士民慰谕之。故明左佥都御史金声,纠集义勇,保绩溪、黄山,分兵扼六岭;以徽宁四寨天险,各山置十三营,守以十三副将。惟绩溪一面当冲,自守之,而重兵扼丛山关。璜与相犄角,且转饷给其军。前山东巡抚丘祖德、监纪推官吴应箕等,多据兵应之。声乃遣使通表唐王,受右都御史职。洪承畴遣都统叶臣,总兵张天禄攻丛山关,两月不下。乃购土人乡导,由旌德新岭间道入,溃其守兵十余寨,遂薄绩溪城下,金声昼夜拒战。九月,降臣黄澍,未薙发,服故衣冠袍,称援兵入绩溪;金声启城纳之,遂为内应,陷焉。清兵执声至江宁,声语门人江天一(字文石,歙县人)曰:“子有老母,不可死。”曰:“天一从公起兵,可不同公殉义乎?”总督洪承畴谕之降,天一朗诵思宗谕祭承畴文以愧之,与声俱死。而徽州亦以十月为黄澍所诈,陷焉。温璜知事不可为,趋归村舍,呼妻茅氏与诀。茅请先死,璜拔佩刀授之。茅曰:“女宝德在,可同死!”时宝德方寝,茅曳之起,宝德曰:“吾已知矣。”即以帛自缢,未死,璜立杀之。茅乃匿其幼子,遂整衣卧,璜以刀截其喉,少顷,茅呼曰:“未也。”再刃乃绝。璜手刃二人,腕力不振,自刎不殊,仆地,目犹视。居民舁报张天禄,张惊异曰:“渡江以来,所遇州县,不少名进士,皆苟活无耻,未有如温公者。”募良医治之。璜猛跃起,以指破刀痕,深入咽喉,而死。是时,清军骠骑,及降将武夫,乘机煽虐,所至地毛为洗。惟张天禄故史可法部将,尚有承平节制,营徽州山上,严戒军士入城。比至次春,淫雨浃旬,父老固请,天禄恐骚扰,坚不下山;与三军暴露,徽人感泣。事闻朝廷,福临有诏嘉奖。故徽州既未遭屠戮之惨,复未罹骚扰之祸,亦云幸矣!至是,民兵皆平,清乃一意从事于浙闽矣。

五十二　鲁王监国

(一)鲁王之立与浙闽之冲突

鲁王以海,为鲁肃王寿墉之子,明太祖之九世孙也,以避难至台州。南都既破,浙郡亦多归降;时宁波惟一同知治府事,已赍图籍迎附;故明刑部员外郎钱肃乐力议拒守,士民集者数万人。肃乐乃建牙行事郡中,王之仁亦以既降而悔,入城与肃乐缔盟共守。遣举人张煌言(鄞县人)奉表请鲁王监国。会诸生郑遵谦杀招抚使于江上,与兵部尚书张国维等举兵绍兴,给事中熊汝霖九江兵备佥事孙嘉绩等,自余姚应之。国维乃自迎以海于台州,以海即日赴绍兴,用方逢年议,称为鲁监国。以国维督师江上,划钱塘江而守;汝霖、嘉绩、肃乐等,共督师防江。总兵方国安,亦自金华至,与王之仁等皆加封爵,树木城于沿江要害,联合诸营,为持久计,尽驱钱塘西岸之船泊东岸,时顺治二年六月也。闰六月,唐王亦称帝福州;十月,遣给事中刘中藻颁诏浙东,求富贵者,争欲应之。以海不悦,下令返台州。熊汝霖独出檄严拒不纳。张国维闻之,以为:“鲁、唐同宗,无亲疏之别;义同举兵,无先后之分;惟成功者帝耳。若一称臣,则江上诸将,须听命于闽中,其如鲁王号令何?”钱肃乐则谓:“宜权称皇侄报命,大敌在前,不可先仇同姓。”然诸臣率如国维指。时国维已驰疏唐王言:“国当大变,凡为高皇帝子孙,皆宜同心戮力,共复国仇。功成之后,监国退居藩服,礼谊昭然。若以伦序,叔侄定分,在今日原未暇易。且浙东人心涣散,鸠集为劳,一旦南拜正朔,鞭长莫及;猝然有变,唇亡齿寒,悔莫可追!臣老矣,岂敢朝秦暮楚,有所左右于其间哉?”唐王乃召还中藻,自是闽浙如水火矣。既而(顺治三年二月)鲁王以海遣陈谦使闽,启称皇叔父,不称陛下。唐王怒,下谦于狱。次月,鲁王复以柯夏卿等通聘唐王,唐王加夏卿兵部尚书。手书报以海曰:“吾无子,王为皇太侄,同心戮力,共拜孝陵,吾有天下,终致于王。浙东所用职官,尽列朝籍,无分彼此!”且遣陆清源赍银十万两,犒劳浙东军士。时马士英、阮大铖以不敢入朝,而依方国安于严州,鼓国安纵兵尽夺犒银,留清源军中、且出檄数唐王罪。张国维叹曰:“曲在我矣!”至是闽浙冲突,而唇齿之势离矣。

(二) 浙江之平定

国维督师江上,以七月复富阳,以扼上游。八月,复于潜,连战于钱塘江上,皆有功,因欲乘间复浙西。熊汝霖议募民兵,由海宁海盐,直趋芜湖,以梗运道,联络吴中水师之据太湖者,为犄角,以困杭州。而方国安、王之仁以宿将统营卫兵,浙东三府地丁正饷六十余万,给两军;民兵则取诸义饷。国安并义饷擅之,民兵无食,故汝霖之议卒不行。(《南疆逸史》曰:“初浙东起义,熊汝霖、孙嘉绩皆书生,不知调度,乃迎方国安、王之仁授之军政,而孙、熊所自统,不过乌合农丐千百而已。二人兵既盛,复争饷,因建分地分饷之议,谓某地正兵,支某邑正饷,某邑义兵,支某邑义饷,方、王哗争不决。户部主事董守谕驳之曰:‘义饷有名无实,一则难为继,二则无管库,请一切税供,悉归户部,计兵而后授饷。核地之远近,酌给之后先,则兵不绌于食,而争端息。’方、王虽不从,然议正无以难也。”魏默深曰:“案此与史可法四镇分地之失,正同一辙。闽粤兵饷,尽授郑氏,其失亦同。皆可为仓卒举事之鉴。”)十月,清兵至同安,国维率兵御之,战于草桥门,天大风雨,火炮弓矢不得发,急收兵,故不甚败。退守钱塘,诸将无敢复言战者。王之仁上疏,谓:“事起人人有直取黄龙之志,乃一败后,遂欲以钱塘为鸿沟,天下事尚何忍言!臣愿帅所部沉船一战,今日欲死,犹可战而死;他日即死,恐不能战也。”顺治三年正月,清廷命贝勒博洛为征南大将军,偕都统图赖,贝子屯齐,率师专征浙闽。三月,兵临钱塘,开堰入江,国维、之仁统水师袭战。会东南风起,之仁扬帆奋击,国维遂同诸军渡江围杭州,不克而还。四月,博洛以江涸可试马,用大炮击坏南岸方国安营厨灶,国安曰:“此天夺我食也!”遂拥兵数万入绍兴,挟鲁王南走。诸营闻风皆溃,王之仁一军尚在。之仁谓国维曰:“吾兵有舟,可以入海,公宜速自为计。”国维乃振旅追扈鲁王,至黄石岩,以桥断不得进。时王军乘江守,江广十余里,清军难渡。会夏旱,水涸沙涨,有汐无潮,试涉仅及马股。六月一日,清士马数万自上岸浮济,若揭厉然,列戍骇溃。之仁沉家至江宁,见洪承畴称:“余系明朝大帅,不能没身波涛,今来投见,要死得明白。”承畴接以礼,命薙发,不从,杀之。或云:之仁走舟山,为黄斌卿所杀。国维退守东阳,国安谋执献鲁王,遣人守之。会守者病,鲁王得脱,至台州,航海走。命国维防四邑,图后举。国维知势不可为,乃赴水死。先是,有劝国维入山者,国维曰:“误天下事者,文山、叠山也。”乃作绝命诗三章而死。方国安遂降,寻以通闽诛死。阮大铖后从清军攻仙霞关,僵仆山石。士英欲入闽,清兵令斩之,而《野史》载士英遁台州寺为僧,清兵搜获之,后同入闽,得其与大铖通闽疏,斩之延平城下。(《春冰室野乘》云:“相传浙中军败,士英召其妻高夫人至,使自裁。高问:‘汝将何为?’曰:‘吾将披剃入山,栖某寺耳。’高恚曰:‘汝尚不肯死,乃令我死耶?’士英因迫之,高怒,闭门大诟,士英惘惘出门去。俄而大兵至,大索士英不得,高闻之,乃赴军门,自言知士英所在。导官军入山,径趋某寺,士英遂被禽。”)大铖方游山,自触石死,仍戮尸云。绍兴既克,宁波、温、台、金华、衢州、江山亦相继下,余皆迎附,两浙悉平。清兵乃专力以攻闽。

(三) 航海以后之鲁王

自鲁王航海以后,唐王亦不久为清所灭。桂王自立于广东,成偏安割据之势,十余年间,隆替无常,而终亦穷促致死;明祚遂亡。然是时闽浙沿海之军事,则郑成功及鲁王遥与粤黔相应和,并为清室大敌,其运命适与顺治相终始。易言之,即顺治年间,未尝能统一中国本部也。今先述鲁王之事迹,至郑成功之沿海攻略,与明桂王之延绪西南,当另详下章。鲁王之自台州入海也,石浦守将张名振以舟师从,欲于东海沿岸列岛中,求一地利可用者,以为根据,徐图进取。而是时舟山为黄斌卿所据,厦门又为郑成功领地,皆不乐受鲁王命。名振不得已,奉王走南澳,浙中遗臣自钱肃乐、张肯堂、阮骏以下,渡海奔赴者,复十余人。时唐王初平,清兵北旋,以张存仁总督浙闽,佟国鼎巡抚福建。诸郡县闻明兵复至,多骚动。顺治四五年间,鲁王数遣兵下建宁、邵武、兴化、福宁三府一州,及漳浦、海澄、连江、长乐等二十七县,军势颇盛。其克兴化也,以清分巡道乃故明御史,乘清兵出战,登陴尽易明帜,清兵望之遂溃。其克建宁也,城中举火为内应。其克邵武也,明将王祈善战,先踞上游,夜取几案数百,各插香炷,顺流放之,环邵武城而过;守兵矢炮齐发,迟明,审其伪,刁不复备,一夕突至,遂破。其克福宁也,以守将徐登华为唐王旧将,明兵至,欲降未决,曰:"海上岂有天子?舟中岂有国公?"钱肃乐致书曰:"将军独不闻南宋之末,二帝并在海上?张、陆并在舟中乎?今将军死守孤城,以言乎忠义,则非其人也;以言乎保身,则非其策也。依沸鼎以称安,巢危林而自得,计之左矣!"登华遂降。明兵薄福州,清诏总督张存仁移驻衢州,都统辰泰为靖南大将军,与栋柯赖、李率泰等调广浙兵,三路进攻,又以陈锦代存仁督闽浙。时鲁王居海岛,郑彩专横,潜杀大学士熊汝霖,肃乐亦以忧愤呕血,未几而死。内部既溃,外攻遂弱。清军且剿且抚,至顺治五年夏,各郡县相继收复。福州岁饥,被围久,城中人相食。江西金声桓既叛降桂王,其党郭天才伪称援兵,载米麦江上,诱郡民出食。李率泰抵建宁闻之,飞檄巡抚佟国鼎警备。明兵夜焚洪山桥,掠就食居民千余人而去。而明军之据延平将军寨(地势巍峭,俯瞰诸邑)者,亦为陈锦叠土攻破。先是清松江提督吴兆胜谋反正,与明故官陈子龙潜招浙东兵来会师。鲁王遣张名振、沈廷扬赴之,遇飓崇明,尽丧其军,廷扬投海死。兆胜、子龙,事泄被杀。名振遁还,与阮骏合军,由南田至健跳所,迎鲁王入浙。时闽地相继为清军所迫,诸守者皆力战以死,郑彩见事势穷蹙,弃之而去。六年七月,清军围健跳,名振、阮骏合兵拒之,围遂解。鲁王既尽失闽地,复欲图浙东,以舟山扼钱塘门户,不可不争。时张肯堂(字载宁,松江华亭人,原为福建巡抚,唐王立,调吏部尚书,又移都察院。肯堂请出募舟师,倡义旅)以私财募兵海上,鲁王贻书云,将北还舟山,约肯堂共事。于是遂遣名振、阮骏合兵攻舟山。

(四) 舟山之攻据

初,南都陷,江北总兵黄斌卿南遁。及唐王立,斌卿上恢剿事宜,力陈舟山为海外巨镇,北可窥长江,南可取吴越,唐王善之,封斌卿肃虏伯,令屯兵舟山。斌卿于是立制度,籍民田皆入官,民十五以上者籍为兵,聚粮造船,为据守计。顺治三年六月,鲁王败失浙东,张名振护王出海,投斌卿,斌卿不纳。王之仁走舟山,斌卿击杀之,尽收其众,又袭杀荆本彻。四年,有王子浮海来,斌卿沉之外洋,而夺其赀。贺召尧来归,杀其全家,夺船五十号。是时,斌卿势甚张。有标将王大振者,以斌卿取索无厌,乃逃去,与张名振、阮骏共诉斌卿逆迹于鲁王,鲁王亦欲得舟山以为根据,于是六年九月,命诸镇讨之。斌卿将佐皆逃,阮进手斫斌卿,破其脑,而沉之海。鲁王乃入居舟山,以张肯堂为大学士,令阮骏、王朝先分屯桐樵、南田为犄角,先是,闽地之失也,清兵守浙者,大半抽以赴闽。温、台、宁、绍间遗民闻之,争起兵自保,依山为险,列寨以数百计。而四明大兰山王翊之军,上虞东山李长祥之军,上虞平冈张煌言之军,皆最坚整,并约舟山兵,共攻宁、绍,内外合击,清军颇为所疲。闽地既复,闽浙总督陈锦以大兵还浙东,因王朝先部将来降,颇觇舟山虚实。于是奏言:“浙东舟山海寇及各山寨之寇,皆以故国为名,狼狈相倚。海寇登岸,则山寇为之接应;山寇被剿,则入海以避兵锋。交通闽粤,窥伺吴淞,久为东南之患。臣广访进兵道路,由定关出海,距舟山百余里,乘风潮半日可到。攻其不备,决可克复。”名振恃舟山之险,谓清军必不能至,乃以八年(鲁监国六年)秋,留兵六千,属张肯堂等居守,而自与鲁王大举薄吴淞。会清廷诏陈锦与都统金砺、刘之源,提督田雄等,会兵先攻山寨以除内顾。用山民为乡导,分路进讨四明诸山,尽破其众。乘大雾渡海,抵螺头门,明军方觉,阮骏以火舟邀战于横水洋,风反焚之,人舟俱熸。张肯堂率兵勇数千,背城力战,坚守十余日,清兵掘地道攻破之。肯堂衣蟒玉南向坐,令四妾、二子妇、一女孙先死,乃从容赋诗自经。名振闻变,急回军赴援,而城已破。乃与张煌言共奉鲁王赴厦门,依郑成功。时成功纵横海上,以闽中遗臣故,不乐奉鲁王。后乃遥尊永历为帝,受其拜封,于鲁王则修康公之敬而已。久之,名振病殁,以军事付煌言。十年,鲁王亦去监国号。日暮途穷,飘泊渔岛,鲁王之势,至是衰矣。

五十三 闽中纪事

(一) 唐王之立与黄道周之败死

唐王名聿键,端王硕熿孙,父器墭,先死。聿键于崇祯五年嗣立,后率兵勤王,擅离南阳,锢高墙。会赦出,福王命移居广西平乐府,行至杭州,遇郑鸿逵撤师回闽,鸿逵及郑彩、何楷、苏观生等,因奉聿键至福州。在籍礼部尚书黄道周(字幼玄,号石斋,福州漳浦人),与福建巡抚张肯堂、南安伯郑芝龙、巡按御史张春枝等,会议立唐王监国;鸿逵请即帝位,不然无以餍众心。诸臣以监国名正,候出关建号未迟;李长倩有"急出关,缓正位,示监国无富天下心"疏。而拥立者艳推戴功,不数日即定议,称号于福州。时顺治二年闰六月十五日也。改福州为天兴府,建元隆武,进郑氏侯伯有差;兵事机宜,悉芝龙为政。以天兴、建宁、延平、兴化四府为上游,汀州、漳州、邵武、泉州四府为下游,各设巡抚。于是集议战守兵,自仙霞关而外,宜守者一百七十处,计兵十万,战兵如之。合闽浙两粤之饷,不足供兵食,乃令巡抚以下,捐俸助饷。官助之外,有绅助;绅助之外,有大户助;又借征次年钱粮,括府县库贮存积,毫厘皆解。不足,大鬻官爵,部司银五百两,武劄仅数十两,或银数两,然无俸无署,空衔而已。唐王好学,通典故,以郑氏擅国,不能有所为。芝龙、鸿逵屡荐其私人为要官,唐王不从,以是怀怨望。及清遣黄熙允招抚福建,芝龙与黄同里,密使通款。唐王数促之出师,辄以饷绌辞。道周知芝龙终无出关(仙霞关)意,乃自请募兵江西,号召群帅。七月,唐王给以空札百函,赍一月粮,以虚声鼓动,得卒九千人。从广信出衢州,所至抚安遗黎,联络声势,远近颇响应。进至婺源，遇清师，战败，被执。夫人蔡氏闻之，急贻书道周言："忠臣有国无家，勿以内顾为念！"道周至江宁，洪承畴使人谓曰："先生何自苦乃尔？我保先生不死。"道周骂曰："承畴死已久矣，松山之败，先帝曾痛其死，而亲自哭祭。今所云承畴者，乃无赖小人冒名耳。"乃幽别室中，从容著诗文数卷。当刑时，书绝命词衣带间，过东华门，坐不起，曰："此与高皇帝陵寝近，可死矣！"刑者从之，乃见杀。

(二) 湘赣之归附

李自成之败死通城也，其将郝摇旗等以众无主，议归明湖广总督何腾蛟，率四万人骤入湘阴。长沙人不知其归降，惧甚；有请腾蛟出避者。腾蛟曰："死于左，死于贼，一也。何避焉？"长沙知府周二南请往侦之，以千人护行，贼谓其迎敌也，射杀之，城中益惧。腾蛟与章旷谋遣部将万大鹏等往抚致，且手书召之曰："公等归朝，誓永保富贵。"摇旗等大喜，与大鹏至长沙，腾蛟开诚抚慰，宴饮尽欢。摇旗招其党皆归，腾蛟骤增兵十余万。未几，自成兄子锦（李过改名）复拥三十万至抚州乞降。湖南巡抚堵胤锡议抚之，腾蛟亦驰檄至，胤锡乃躬入其营，开诚慰谕，皆踊跃拜谢。唐王大喜告庙，加胤锡兵部右侍郎，总制其军，手书谕劳锦等，赐名授官，号其营曰忠贞。拜何腾蛟东阁大学士，兼兵部尚书，仍督师，令规取江西。腾蛟乃部置降卒，参以旧军，题授张光壁、黄朝选、刘承胤、曹志建、董英（五人腾蛟旧部）、马进忠、王允成（二人左良玉部将，先以众数万，降于岳州）、李锦（赐名赤心）、郝永忠（即摇旗）、袁宗第、王进才、马士秀、卢鼎（六人皆自成部将）并为总兵官，分镇湖南北，与清武昌荆州之军相持，所谓十三镇也。（魏默深曰："闯部亦有十三家营，与此各别。按腾蛟起兵，与浙粤迥不同，兵饷皆在掌握，宜先于各部精简骁锐，百中抽一。计三十万众，可简三千人以为督标，如唐藩镇之牙兵，则可以弹压诸营，指麾节制。腾蛟与式耜之败，皆以无爪牙亲兵也。又兵在精不在众，降贼宜汰冗弱，大半归农，独留三分之一，合计十三镇，每镇万人，则饷不耗而心易齐。此皆受降驭众之法。"）江西自建昌抚州破灭，惟杨廷麟守赣，募民兵二万，峒蛮四万；又留广东入卫兵数千，及中书张同敞调云南胡一清等入援兵五千。广兵跣足跳山谷如飞,镇兵甲械尤犀利,标枪连弩,洞胸穿札,与南昌清兵屡战屡捷,兼攻吉安守之,军颇振。唐王以为兵部尚书,兼大学士,腾蛟、廷麟并翼戴唐王,声震湘赣。至是,唐王领土,自福建、两广、云、贵外,兼有湖南及江西湖北之一部。

(三) 聿键之厄运

腾蛟、廷麟之势振于湖南、江西也,各疏请移幸其地。唐王亦知芝龙不可恃,以十二月移驻建宁,而令苏观生先赴南安募兵,以芝龙守福州,司转饷。时道周已被杀于江宁,而唐王之运命日蹙。芝龙亦知物论不平,乃请以二路出师:以郑鸿逵为大元帅,出浙东;郑彩为副元帅,出江西;各拥众数千,声言数万。既出关,乃借口候饷,逗留不行。时顺治三年正月也。唐王乃决意出汀州,入赣,由赣入湘,依腾蛟,芝龙不欲其行,令军民数万人,遮道呼号。三月,进次延平。先是二月鲁王方监国绍兴,遣都督陈谦使闽,启称皇叔父,不称陛下,唐王怒,下谦于狱。芝龙与谦有旧,谦之敢赴闽,芝龙为书招之也。至是,芝龙力为营救,不听。钱邦芑密奏:“谦为鲁王心腹,与芝龙至交,不急除,恐有内患。”唐王即命诛谦。或以告芝龙,芝龙曰:“刑人于市,必经吾门,吾且命停刑,愿以吾官职赎罪,当不死。”夜半,内传别移谦斩之,芝龙奔赴,伏尸哭极哀,出千金营葬,为文祭之,有“我虽不杀伯仁,伯仁由我而死”之语。由此怏怏,益怀异志。先是,东南民望,渐属鲁王,画钱塘而守,烽火相望。鲁称监国,唐则改元称帝,各不相下。而闽浙诸臣,或欲尊所主,或则冀先成功而称帝,闽浙由此失和。及夺饷杀使之事起,闽浙乃益水火矣。鲁、唐皆有贤名,时当绝续之交,不知风雨同舟,共御外侮,徒以名位萦心,卒致两败,此不得不为二王惜也!时杨廷麟守吉安,闻唐王北行,乃南入赣,谋迎谒;而以吉安之守御,属诸兵部侍郎万元吉。元吉驭下严,诸将不悦,皆内携。三月,江西降将金声桓攻吉安,守兵不战溃,城遂破。元吉退屯皂口,檄谕赣州,极言云南兵弃城罪。清兵进至皂口,元吉退入赣城,清兵乘胜围之。廷麟遣使调广西狼兵,而身往雩都召新军来救,战于海林,再败,乃散其兵入赣,与元吉凭城坚守。

（四）闽中之平定

芝龙因不能救陈谦，愤不入朝，稍怀异志。及清兵渡钱塘，定浙东，大举入闽；芝龙已阴受洪承畴约款，乃托言海寇入犯，须往备御，驰赴安平，尽撤闽隘水陆防兵；仙霞岭二百里间，空无一人。时鸿逵驻关外，闻清兵进攻，疾走浦城，唐王削夺其爵。清兵由衢州、广信两路长驱入，连下建宁、浦城。时赣州被围，不能援闽，何腾蛟遣部将郝永忠迎跸，方抵韶州，而仙霞败报至。唐王仓卒自延平，出走汀州，载书十余簏自随。延平知府王士和，令士民速出，勿使尽膏斧锧，自谓友人曰："吾一介书生，数月而忝二千石，安敢偷生？"其友劝止之，正色曰："君子爱人以德，姑息何为？"乃投缳死。清兵遂克延平。前锋都统努山，冒明旗帜，驰七昼夜，追获唐王于汀州。妃曾氏警敏知书，每群臣奏事，妃于屏后听之，共决进止；唐王颇严惮之。至是，亦被执，至九泷投于水。唐王至福州，不食死。唐王长身丰颐，无须，性俭朴，伤国家多难，敕断酒肉，衣大布衣。郑氏献美女，不欲却，亦弗御；后宫驱使，惟老妪数人。每出谕旨，辞气慷慨，举朝感动。初，七月，唐王视朝，群臣将退，命内侍捧一箧，置殿前，谕曰："吾初无天下之心，赖诸卿拥戴，越在海隅，布袍粝食，晓夜焦劳，有何人君之乐？止是上为祖宗，下为百姓，惟恐负卿等立君之意。昨关上主事，搜得闽中出关迎降书二百多封，今具在此，吾不欲知其姓名，着锦衣卫检明封数，对众焚之。卿等宜无负初衷也！"唐王之才，足以有为，其所以不成者，势使然耳。或言唐王不死，走琼州为僧，钱肃乐请鲁王立史官，有"近者主上遣使访求隆武"（见黄梨洲《钱忠介公传》）之言，盖当时传闻如此，未必确也。故郑成功谓："先帝当日在汀州业已受难，故众散，何能脱身至粤，恐是好事者假此为名，未可深信。"清贝勒博洛既袭驻福州，别遣李成栋、韩固山循各州郡，九月，漳、泉诸郡相继下，闽地大半悉平。惟芝龙屯安平，以前通款之信未回，犹豫不敢迎降。又自以为先撤关兵，无一矢相遗，而两广素属部下，若以投效，两广总督可得。博洛乃遣泉绅郭必昌（或云使芝龙同乡黄某）召之，芝龙曰："我非不欲忠于清，特恐立唐王为罪耳。"会韩固山近逼安平，芝龙怒，博洛乃切责固山，令移军。而贻书芝龙曰："我所以重将军者，以能立唐藩也。人臣事君，必竭其力，力尽不胜，则投明而事,建不世之功,此豪杰事也。今两粤未平,铸闽粤总督印以相待。”芝龙得书大悦,子弟皆力谏,劝之入海,谓鱼不可脱渊。然芝龙自秉政以来,田园遍闽广,增置庄仓五百余所,驽马恋栈,不能听也。遂进降表至福州,见博洛,握手甚欢,痛饮三日。夜半,忽拔营起,拥之北去,从者五百人,皆别营,不得见,亦不许通家信。芝龙谓博洛曰:“北上本龙所愿,但子弟每多不肖,今拥兵海上,倘有不测,奈何?”博洛曰:“此与尔无与,亦非吾所虑。”时芝龙子成功,及郑彩等,已率所部入海,而厦金义师,遂于明末放一异彩焉。

(五) 赣州之攻守

赣州自四月被围以来,至六月,明赣南巡抚李永茂遣广东兵五千至,战于李家山,围渐解;已而复合。万元吉素有才,莅事精敏,及失吉安,士不用命,昏然坐城上,对将吏不交一言。以清兵为空营,民兵从清营至者,言军势甚盛,辄叱为间谍,斩之。恃蛮兵自固,不加裁抑,而独严束云广客军之助守者,客军解体。主事龚芬、黎遂球等,自章水募水师欲以会援,而久屯南安不下。至七月,云南、两广诸道援师毕集,诸将请战,而元吉必欲待水师。主事王其弦谓元吉曰:“水师帅罗明受,海盗也,桀骜难制,芬、遂球若慈母之奉骄子。且今水涸,巨舟难进,岂能如约!”不听。清军闻水师将至,即夜截诸江,焚巨舟八十,死者无算。舟中火药戎器俱失。于是两广、云、贵军皆不战而溃。会闻汀州破,唐王被难,人情震惧,合城气索。十月,清将金声桓用向导夜登城,乡勇犹巷战,黎明兵大至,城遂破。部将拥元吉出城,元吉叹曰:“为我谢赣人,使合城涂炭者,我也。我何可独存!”遂投东门江中,水师救之,至南雄病卒。廷麟亦走西城死之。清兵屠戮数十万人,士女被俘者数万,焚室庐殆尽。于是福建、江西次第平定。清封博洛为端重郡王,自福建班师,留重兵守邵武;遣佟养甲、李成栋自漳进征广东。时腾蛟闻唐王死,大恸,厉兵保境如平时。而广州督抚复拥桂王由榔监国,流离转徙者且十余载,别于下章论述之。

五十四 江西兵事述略

(一) 益王之始末

益王名由本,封建昌。两都继没,郡绅劝王举兵,郡仪宾(明世郡王之婿之称呼)诸生邓思铭言:“王义兼臣子,宗社倾危,岂容坐视?”因首建庠兵之议;以赡财者助饷,负才者参谋,有勇者出战,王大感动。然年少柔仁,不习武事,乃悉以战守机宜,委郡藩永宁王慈炎,及罗川王某主之。于是罗川王与东郡艾命新、艾南英谋,因以书约诸绅士,同仇共义;募集刘琦、杨独龙、僧丹竹等三十六人,就南英家歃血盟誓,得义勇七八千人。王谢二绅各捐资助饷,兵势稍振。时顺治二年六月也。有保宁王者,新自河南来,好谈兵,由本倚信之;而保宁私与清将王体忠通约为内应,由本不知也。云南总兵赵印选以众兵赴援南都,不及而反,路出建昌,由本留之助战。阵初合,保宁王从阵后以火箭伤众兵,师遂溃,王奔旗塘佛舍。已而归唐王于福州,福州破,被执死之。慈炎走宁都,遂入粤,招萧陞、阎总两军,图兴复。先一日,萧、阎梦红日临其门,翌日而慈炎至,以为吉征,遂与同事。提兵出湖东,复建昌,乘胜拔抚州及进贤县。先是慈炎之走宁都也,罗川王与艾命新拔抚州而不能守,退师许湾,招集贵溪、东乡、安仁兵近二万。及慈炎复抚建,罗川王率兵来合,约分道进复江西。会粤兵与罗川王兵争舍,罗川王急出止之,流矢中其喉而卒。慈炎以粮饷不济,弃进贤守抚州,清将王得仁率兵围之,粮复匮,将退保建昌,为得仁追获,死焉。

(二) 揭重熙、傅鼎铨事略

甲申之变,原任福宁州知州揭重熙,同副总兵洪日升起兵勤王,至南京,以艰归。顺治二年,南都破,江省亦为清领。重熙复招集乡勇徐组绶等,起兵湖东。会益王由本兵起,重熙走谒,请急临省会。事不果,清将王体忠围建昌,重熙提兵来援,战于许湾而败。唐王授重熙考功员外郎,从傅冠办湖东兵事;又令傅鼎铨去泰宁出关招募。泸溪告急,冠不能救,重熙劾冠去,兵事专委重熙。永宁王既败,重熙复趋福州,统诸将进克金溪,复抚州,有众十万。以诸将进止不协,退保泸溪,与清兵战于铜浦隘、师姑岭等处,俱捷。顺治三年八月,福州不守,鼎铨往宁都借兵,不得,因集乡勇复宜黄,驻兵乐安。提兵入闽,为清兵掩击大溃,收散卒攻破抚州,退次王洞。五年,金声桓以南昌归明,首迎重熙、鼎铨,两人殊不欲驻省,请任闽事,清军围南昌,鼎铨援之,败三江口。重熙赴粤求援,至肇庆,桂王拜为兵部尚书,总督江西兵。未及归,南昌破,沿途招募,猝遇清兵于程乡,大败。重熙中三矢,仅免。金(声桓)、王(得仁)死,其故将张自盛等闻重熙奉新命出湖东,争来归,兵大集,驻宁都、石城间。鼎铨被内召,不愿往,请再举。随令陈化龙驰檄浙东,徐孝伯引兵来会,同驻徐博。七年,重熙以张自盛驻闽,赴其军,约广信曹大镐并进。甫入闽,清兵围之数重,重熙分策诸将,战数合,佯北,引清兵入伏中,前后夹击,大捷。遂徇诸邑,皆下之。进至抚州,几获清帅。八年,鼎铨为清兵所执,见杀,搜其笥,先置木主,书死年而空其月日。自盛掠邵武,被执。重熙率十人赴大镐于百丈傺,适大镐还军铅山,重熙至,惟空营,清军侦知围之。射重熙中项,执至建宁被杀。未几,大镐亦败亡。时顺治九年五月也。江西之兵,至是遂尽。

第十四章　桂王之偏安与郑氏之伟业

五十五　桂王之播迁

（一）广东之略定

明自福王南渡，而黄河流域，已非其所有，自南都瓦解，而长江流域，复失大半。及鲁、唐继败而后，东海沿岸，亦尽入清朝之版图，三年之间，形见势绌。于时朝野人物，死亡略尽；而尚有崎岖危难之中，折而不挠，穷而益奋者，湖南则何腾蛟，两广则瞿式耜，而沿海则郑成功也。清军既定福建，赣州不久亦破，乃分两路攻广东。时唐王败报至粤中，广西巡抚瞿式耜、两广总督丁魁楚、兵部尚书吕大器，议所当立，乃共迎桂王由榔于梧州，（由榔父常瀛，神宗第五子。天启七年，就国衡州。崇祯十六年，张献忠陷衡州，常瀛走广西，旋薨于梧州。长子亦死，次子由榔当嗣爵。式耜过谒之，见其仪表非常，乃倡议立之，其母王氏曰："诸君何患于无君？吾儿仁柔，愿更择可者！"诸臣请益坚，乃允。）顺治三年十一月，称帝肇庆，改元永历，颁诏湖南、云、贵诸省，以魁楚、式耜、大器等为大学士。何腾蛟闻之，亦与云贵督师堵胤锡连署劝进。先是，赣州受围，唐王遣大学士苏观生至南安募兵助战，及汀州之败，观生撤兵退入广州，会闻魁楚等置君，欲与共事，而魁楚虑其以旧相居已上，拒不与议。吕大器亦以其非进士叱辱之，观生颇不平。俄而唐王弟聿𨮁率诸遗臣自福建至广州，南海关捷先、番禺梁朝钟，首倡兄终弟及之议，观生因与大学士何吾驺、布政使顾元镜等，拥聿𨮁自立，改元绍武。招海上郑、马、石、徐四姓盗授总兵，以与肇庆对抗。会桂王遣彭耀赍谕至,观生怒杀耀,即发兵攻肇庆,败桂王兵于三山口,意颇自得,务粉饰太平为事。观生本乏猷略,兼总内外任,益昏瞀,所招海盗,白日杀人,悬肺肠于贵官之门,以示威,城内外大扰。清署两广总督佟养甲,与总兵李成栋,由福建趋潮惠下之,即用其印,移牒广州,报无警。督军急趋,令前锋以红帕裹头,伪为广州援兵状。十二月十五日至广州,聿键方会观生等视学,或报清兵已逼,观生叱之曰:“潮州昨尚有报,安得遽至此?”如是者三。清兵已入城,观生始召兵搏战,仓卒不能集,观生走缢死。聿键易服逾垣,缒城走,为追骑所获,馈之食,不受,曰:“我若饮汝一勺水,何以见先人于地下?”投缳而死。周、益、辽诸王宗室世子等死者,复二十余人。养甲与成栋议:南雄、韶州两郡,连控江楚,肇庆为粤西咽喉,梧州为粤西门户:宜先抚南韶,以通江右之援;定肇庆,以扼两粤之吭;取梧州,以固肇庆之藩。乃檄总兵叶永恩等进兵南韶,别遣将取雷、琼、高、廉诸府,而成栋进攻肇庆。由榔立未几,宦官王坤复用事,(按王坤于崇祯朝监饷宣府,颇作威福,礼部主事周镳尝论及之。坤又疏劾周延儒,延儒求去。左副都御史王志道言:“内官不宜侵辅臣。”帝切责志道,时放延儒归。弘光立,坤自北而南,改名肇基,命督催闽浙金花银两,以高宏图力谏而止。后入闽,隆武不用。入粤,事永历,使永历播迁无宁宇者,坤启之也。后虽为刘承胤所逐,而病根未除,仍入武冈行在。国势至此,犹听中涓珰乱,以踵败亡之辙,可慨也已!)铨政军务,任意颠倒,诸臣争之,不听。及闻广州破,坤趣由榔出走,式耜请守峡口,勿迁徙,不从。乃越梧州而西,由平乐抵桂林。

(二) 广西之攻守

顺治四年正月,李成栋克肇庆,西下梧州,二月,克平乐,桂林大震。丁魁楚先已弃桂王以辎重四十艘出岑溪,降于成栋,成栋录其家数百人杀之。魁楚乞一子,成栋笑曰:“汝身且莫保,尚求活人耶?”并杀之。会武冈镇将刘承胤引兵至全州,王坤请桂王弃城赴之,式耜极陈桂林形势,请坚守。并言:“半年之内,三四播迁,兵心民心,无不惶惑。我进一步,人亦进一步,我去速一日,人来亦速一日,去而不守,则拱手送矣!”由榔不听。因自请留守，与城存亡，由榔许之，而自走全州，诸臣相继引去。三月，成栋攻桂林，时何腾蛟经略衡湘，宿将重兵，悉屯湖南北，声援不及。式耜独毅然誓众，督参将焦琏拒守，累战皆捷。会积雨城坏，而刘承胤所遣援兵，复与焦琏军龃龉，大掠以去，城几破者屡矣。式耜意气自若，众无叛志，成栋不能拔，乃退屯昆阳。既而明给事中陈邦彦起兵高州，大学士陈子壮起兵端州，兵部尚书张家玉起兵东莞，合约袭广州，以图牵制。先是，清标营将士，调遣四出，广州仅存兵百余人，海贼马元生及白旗贼黄信、林芳等窥省垣兵单，集众数万，突犯广州。总督佟养甲督官兵守陴，躬冒矢石，扼太平门关外桥梁，激励乡勇，击败其众。至是，急檄成栋回军东援。指挥杨可观将翻城为内应，养甲破其谋，擒杀之。子壮、邦彦方以汉威营围广州，不克，乃伏兵邀成栋于禺珠州，乘风潮夜战，以火艇烬清战舰数十。俄风转，成栋回舟撞之，大捷。遂进攻高州，子壮死之。破清远，邦彦率数十人巷战，肩受三刃不死，走朱氏园，旋被执，不食被杀。时家玉走龙门，复募兵万余分为龙、虎、犀、象四营，攻据增城，清兵围之。家玉三分其兵，犄角相救，倚深溪高崖自固。大战十日，力竭而败，被围数重，诸将请溃围出。家玉叹曰："矢尽炮裂，欲战无具；将伤卒弊，欲战无人，焉用徘徊不决，以颈血溅敌人手哉？"因遍拜诸将，自投野塘而死。后人称子壮、邦彦、家玉为"岭表三忠"。于是广东复定。式耜乘成栋之还，遣焦琏连取阳朔及平乐；陈邦溥由宾州取浔，合克梧州，于是广西全省，复为明有，根据略固。初，由榔至全州，承胤奉迎颇如礼，既而跋扈不可制，逐王坤于永州，矫命晋己爵为安国公，总督戎政。四月，以清兵将至，扬言式耜已通款，逼由榔移居武冈，改曰奉天府。由榔见承胤专恣，密召何腾蛟人除之。时腾蛟在白牙，乃走谒由榔于武冈。顾承胤虽以腾蛟荐至大将，而承胤颇忌腾蛟，欲夺其权。且腾蛟无兵，亦无如承胤何也。由榔命以云南援将赵印选、胡一青兵隶之。辞还，承胤伏千骑袭之，为赵印选军所歼。腾蛟还白牙。七月，式耜既复广西，请由榔还全州，又请返桂林，皆不许。

（三）湖南之平定

始唐王之死也，何腾蛟在湘阴，厉兵保境如平时。顺治四年春，清以其为南部劲敌,不可不全力图之,乃召回勒克德浑湖广之兵,而命定南王孔有德为定南大将军,偕尚可喜、耿仲明大举进攻。腾蛟所设十三镇,故皆盗贼之余,不乐受节制。及刘承胤挟桂王作威福,权力远陵腾蛟上,诸将益解体。有德等以三月出岳州,总兵王进才守益阳,闻之,退保长沙;与狼兵将覃遇春哄,扬言乏饷,纵兵四掠而去。腾蛟不能守,单骑走衡州,长沙、湘阴并下。五月,有德进薄之;腾蛟为张光壁兵挟走,脱入白牙市。时桂王为承胤所挟制,式耜方乘间恢复广西;然腾蛟无兵,无能为也。清军克衡州,斩守将黄朝宣,远近颇快。耿仲明复由水路还长沙,败袭城之军,分兵四击。张光壁走宝庆,堵胤锡走永定卫,李锦等溃入归巫,马进忠、王进才遁入五溪。八月,清兵趋祁阳,克宝庆,进攻武冈,马吉翔挟由榔仓卒走靖州,旋奔柳州。刘承胤以城降,明年诛死。腾蛟辗转入桂林,与式耜议遣焦琏、郝永忠、卢鼎、赵印选、胡一青分扼兴安、灵川、永宁、义宁诸州县,使各自为守。由榔之走柳州也,狼兵将覃遇春妻子迎诉式耜杀遇春于桂林,由榔以其子覃鸣珂为总兵,领父部曲。鸣珂乃声言复仇,与柳州守道相攻杀,大掠城中。由榔南走象州,寥寥文武,皆以青衣裹头,胼手胝足,面无生气,欲散去者数矣。尚可喜追拔桂阳,趋道州,败张光壁,遂克靖沅(今芷江)、黎平,降岷王郡王等二十余。十一月,进攻全州。时腾蛟移镇于此,督焦琏、郝永忠等五将分路拒战,连营亘二三百里,式耜馈饷不绝。清师败退,桂王加腾蛟太师。十二月,式耜迎由榔入桂林,腾蛟仍出督师。永历二年(顺治五年),郝永忠在桂,以不得抄掠,恶城外团练兵,尽破水东十八村,杀戮无算,与式耜搆难。式耜力调剂,乃移驻兴安。二月,清兵前驱至,永忠败入桂林,请由榔西走,式耜力持不可,言:“督师警报未至,何须恐惧?播迁不已,国势愈弱,兵气愈难奋振,民心皇皇。”不听。由榔左右皆请速走。式耜又言:“俟督师还,背城借一,胜败未可知。若以走为策,则何地不危?”反复数百言。由榔曰:“卿不过欲予死社稷尔!”式耜为泣下沾衣。大学士严起恒曰:“明日当议之。”甫夜半,由榔已行矣。永忠等皆大掠而去,城内外如洗。式耜息城中余烬,安抚远近,腾蛟、焦琏等相继至,人心粗定。由榔自象州走南宁,清兵侦知桂林兵变,乘虚进袭,直抵北门。腾蛟督将拒守,清兵引退。而金声桓、李成栋之变忽作。于是江西、广东复附于明，形势又一变。清廷命耿仲明、尚可喜移军救广西，孔有德班师回京，留总兵徐勇守长沙。

五十六　金李反正之影响

（一）赣粤诸省之反正

初，声桓之自九江降清也，自请收服江西；英王阿济格命辽沈旧臣章于天偕之。行间之功，多出声桓。及事平，而于天任江西巡抚，授声桓总兵，仍受抚按节制，意不能平。又复恃众骄恣，抚按裁抑之，心益怏怏。于天及巡按董学成颇黩货，尤与声桓有隙，裁抑过当，声桓密与其党副总兵王得仁（辽东人，发五色，俱呼为王杂毛）谋通款桂林。事为学成所觉，惧祸及，拟先发制之。适其妻子自京师至，亦劝声桓为明，痛诋编发胡服之丑，反谋遂决。顺治五年正月二十五日，闭城门，部勒全营，围学成官署杀之，执于天于江中。迎故明大学士姜曰广、佥都御史揭重熙于家，以资号召。桂王封声桓昌国公，得仁新喻侯，统兵破九江，扬言欲窥江宁。或说声桓宜先攻赣，从之，召得仁还，并力围赣。李成栋闻之，亦以四月挟佟养甲以广东叛。初，成栋以徐州总兵降清，随清军下江南，定浙闽，与署两广总督佟养甲徇广东，成栋以总兵署两广提督。顺治四年，粤事略定，养甲实授总督，兼广东巡抚，奏请实授成栋为广东提督。成栋自负功绩，以所授官职，未兼两广，意殊不平。又素与养甲部将郝尚久争功，有隙，迁怒养甲。及声桓诱之，而其爱妾亦以死为言，遂叛。初，成栋收两广印信，凡五十余颗，（此据《四朝成仁录》、《南疆绎史》、《南明野史》及《明季南略》等书。《荆驼逸史·风倒梧桐记》谓文武印信大小不下五千颗，或出《粤事记》。此固无关宏旨，不必究其确数几何也。）于中取两广制台印藏之。其妾揣知其意，因朝夕怂恿，成栋置不理。至是复挑之，成栋抚几曰："怜此云间眷属也。"盖成栋家在松江，仅携爱妾往闽粤也。妾曰："吾敢独享富贵乎？先死尊前，以成君子之志。"遂取刀自刎。成栋抱尸哭曰："女子乎！是矣！"当即取梨园袍裳，腰金吉服，进贤冠，四拜而敛之。（简又文《张玉乔事迹考》谓李妾即玉乔，为粤名妓二乔之妹，陈子壮簉室也。子壮殉国,李成栋强纳之,数月不言笑。偶观剧,见明衣冠,始开口笑。成栋时易冠服以媚之。而张之降志辱身,无非欲报国仇,以成夫志耳。因劝成栋迎桂王于粤西,成栋佯叱之。张以蒙耻偷生,思有所望也,而今不可能,自刎死,以激成栋,亦所以报文忠也。此说据《小腆纪年》及《陈子壮年谱》等书。)因令其兵集校场,声言索饷,请养甲出城抚辑。至,众兵呼噪,劫之而起。传檄各属,拥养甲至肇庆,后使人杀之。桂王闻之大喜,封成栋惠国公。清以赣粤相继叛,令湖南兵退。何腾蛟复乘间克全州,遣焦琏等克永州,王进克宝庆,马进忠克常德。堵胤锡率李锦败清将线国安取衡州,进围长沙。徐勇以兵三千当敌数万,炮沉其舟,毙其渠数人;身中流矢,仆,复裹创力战,日暮收兵,令将士衔枚守陴。明兵潜薄城下,甫树梯,城上炮矢齐发,少却,复掘濠穿城,城几堕。勇增筑木城,别凿地道出,掩杀千余。又造悬楼十余,飞矢石断明兵来往;密遣兵驾小舟布满湘江为援兵状,明兵乃退。然至是湖南大部已复归明有矣。四川自豪格剿定凯旋后,命总兵李国英为巡抚,以成都残破,暂驻保宁;而吴三桂及都统李国翰,镇守汉中,联络川北。及姜瓖叛于大同,秦晋动摇,汉中兵北赴陕。明旧将李占春、谭文、谭洪、谭谊及义勇杨展、于大海、袁韬、武大定等,各以兵万,分据川南川东,附桂王,受封号,请官吏。明以钱邦芑巡抚其地,而命吕大器总制其军。于是桂王有两广、云、贵、江西、湖南、四川七省地,驻跸肇庆。

(二) 肇庆之朝政

先是,成栋之反也,请由榔入广州,式耜请还桂林,疏言:"驾若东幸,将帅谓朝廷乐新复之土,成栋亦有邀驾之嫌。号令既远,人心涣散,臣不能制也。"疏上不报。由榔移至浔州,式耜虑成栋挟由榔自专,如刘承胤事,复上疏力争,由榔乃驻肇庆。以成栋言,召式耜入朝,式耜终不愿弃桂林也。至是,政凡大小,事之行止,群必承成栋旨而后奏。成栋为人,朴讷刚忍,无矜意,无喜容,不脂韦,不多言。文武内外,尊敬而深畏焉。由榔筑坛拜之,坛半就,成栋曰:"事在人之做不做,安在坛之登不登。"盖刎颈爱妾,刻不去怀,必欲得当,以慰泉下也。因奏言:"南雄以下事,诸臣工任之;庾关以外事,臣独肩之。”即提兵驻南雄。桂王既有两广、云、贵、川、赣、湖南七省地,同时姜瓖叛于山陕,郑成功、张名振出入闽浙,皆遥相应和。而回人米喇印、丁国栋亦踞兰州作乱,天津妇人张氏,且自称天启后,与同党王礼、张天保密谋起兵。故中原之扰乱,达于极点。而民心未服,最易响应,是亦明室恢复之曙光也。奈肇庆朝臣,各树朋党,火水相仇,不务大计;清兵一发,终不免于瓦解耳。时左都御史袁彭年,自矜反正功臣。(先降清为广东学道,曾出示云:“金钱鼠尾,乃新朝之雅致;峨冠博带,实亡国之陋规。”)欲别出意见,横制当局;特挟成栋养子李元胤以把持政权。元胤本性贾,颇蠢愚,成栋留之守家,彭年隆其体,以为傀儡。傀儡之笑骂无常,彭年之机权刺骨,政事人心,乖离殊甚。而从桂王之由广西至者,自恃旧臣,各为一派,于是有楚、吴两党之分。楚以彭年为领袖,而吴亦结陈邦傅为外援。元胤势倾朝廷,群小趋之若市。彭年复欲除邦傅以独擅朝权,令金堡疏陈八事,劾邦傅十可斩。邦傅上疏云:“皇上二三年几次奔逃,流离颠沛之极,并无一位两衙门官兵,共尝辛苦。何今日即次稍安,侍御济锵,议论纷纭若是?如以臣为无饷无兵,窃取勋爵,请即遣金堡为臣监军,观臣十年粮草,十万铁骑。”大学士朱天麟,吴党也,即票拟,有“金堡何来,朕亦未悉”之句。而楚党丁时魁闻之,哄闹丹墀,桂王坐穿堂,闻外变,两手震索,茶遂倾衣。皆元胤、彭年之势逼之也。及赣事败闻,议论稍戢;而言者乃谓元胤不足恃,思锹彭年健翮。因具“重朝廷抑奔竞”一疏,申请以事权归帝,隐弹及彭年之把持。彭年怒,答疏有:“倘者惠国以三千铁骑,鼓励而西,今日君臣安在?”桂王持其疏,泣诉臣下,举朝失色。肇庆因有假山之图,五虎之号。假者贾也,绘假山以喻元胤,盖讥之也。五虎者:吏部丁时魁,户部蒙至发,一为虎尾,一为虎脚;兵部金堡为虎牙,少詹事刘湘客为虎皮,而彭年则虎头也。言非虎党不发,事非虎党不成,星岩道上,遂成虎市矣。

(三) 南昌之困守

清廷以军务蔓延,非一二将帅所能兼顾,乃叠命大臣,分地任事:都统谭泰及和洛辉自江宁赴九江,会耿仲明、尚可喜兵攻江西广东;郑亲王济尔哈朗、顺承郡王勒克德浑,会孔有德攻湖南、广西;端重郡王博洛、敬谨郡王尼堪,讨姜瓖于大同;固山贝子屯齐,为平西大将军,与固山额真韩岱,讨叛回于兰州;而吴三桂、李国翰分任陕川之征;洪承畴仍镇江宁,任沿海之经略。时顺治五六年间事也。谭泰、和洛辉自江宁引兵二十万,水陆俱进,声讨声桓,连陷九江南康(今星子县)、饶州(鄱阳县),进薄南昌。而令别将搜麦源、青岚诸道,薄西山,未下营,血刃已数百里,遂围南昌。声桓兄得功密约欲降,守将宋奎光谍知杀之。郭天才善战,屡欲外攻。声桓闻之,急撤兵回救,至南昌,中伏,大败于七里街,乃入城拒守。初,声桓之攻赣也,守将高进库与声桓同为左良玉部将,声桓爱其才勇,欲降之,不用炮攻,进库约百日救不至,当献城。及南昌报警,王得仁欲守秘密,督军急攻城,度三日可下。俟南昌清兵解围攻赣,而后出奇兵绝其饷道,为以逸待劳之计。声桓家在南昌,不谋得仁,即退师;得仁兵见之,亦退走,得仁斩之,不止也。声桓既败于七里街,遂尽撤城外屯兵入城,郭天才争之不得,自领所部川兵屯黄泥洲。宋奎光渡江相地势,请分兵二队,一驻生米渡,一驻市汊河以通饷道,皆不听,专主坚壁,以待粤援。王得仁自赣州退师,引兵二万,直趋九江,仍欲断清兵饷道。姜曰广檄召之,得仁曰:"九江据长江咽喉,转输要路,以数十万众,深入攻城,而饷道已绝,非分兵攻我,即撤兵东下;分则力弱,撤则师劳。九江四面临江,城小而固;而与南昌犄角夹攻,岂等困守孤城,坐以待毙乎?"姜曰广不听,日发九檄召之。得仁恚曰:"不过欲我同死耳。"遂撤兵西上,清舟师扼诸江口,得仁转斗而前,城中亦出兵相应,乃入城共守。江西郡县,又多为清有矣。清军常虑明兵夜袭,每呼"王杂毛来也"。久之,见城中无斗志,乃掘长壕以困之,东自王家渡属灌城,西自鸡笼山属生米渡,起土城,驾飞桥。自是内外耗绝,城中斗米至八十金;清设南昌令于白沙市,设新建令于蛟溪,征收赋税,安坐困之。

(四) 金李之败亡与湖南复定

南昌被困,声桓遣江西巡按吴尊周乞师于桂王,尊周尽匿败状,但夸其强。时揭重熙、傅鼎铨聚兵应声桓,南昌围,鼎铨援之,败三江口;重熙以兵犯汀州,败入粤。而李成栋奉桂王命,出庾岭以攻赣,援南昌之兵。

高进库复约降以缓其师,成栋还军岭上。十月,南昌告急,成栋悉众十余万复攻赣,攻具仗械尽行,多拘人夫舁过岭,士人不免,道死颇众。既抵赣,日暮薄城,将饥士困,而成栋气骄无敢言者。是夜,城中鼓角齐鸣,突出,军士溃窜,弃械山积,成栋走信丰。南昌自被围以来,日望粤军来援,桂王虽命李锦出吉安,成栋出庾岭,然锦逗留不进,成栋亦以败屯信丰,故南昌成孤注矣。得仁败后,亦不复亲督行阵,方娶武都司女为继室,绣旆亲迎,金鼓喧遝,瞭者皆望而骇,莫疑杂毛娶妇也。顺治六年正月,声桓部将汤执中守进贤门(西门),其偏裨潜约内应,清兵因厚集得胜门(南门),炮声闻百里。声桓悉众赴之,而奇兵已从西门登云梯而上,城遂破。声桓中二矢赴池水死,姜曰广投偰家池死,王得仁、宋奎光等皆见杀,揭重熙以肇庆援兵败于程乡(已见前章)。清兵乃鼓行援赣,直趋信丰。成栋兵败,诸将欲拔营归,成栋不可。天久雨,召诸将议事,去者已大半。成栋命酒痛饮,既大醉,左右挽之上马,渡水,水涨,人马俱沉。三日后,见成栋植立水中,始知其死,诸营遂溃。于是江西一省,又复为清有矣。清兵追至南雄而还。桂王以杜永和为两广总督,驻广州,严兵守庾岭;而声桓得仁部下溃卒张、洪、曹、李四营,亦亡入闽粤山林间,出没不测,为清兵进攻之梗;清军队不敢前,屯驻吉安。其郑亲王济尔哈朗与孔有德之师,亦于是春进湖南,会堵胤锡所部李锦,与何腾蛟所部马进忠争常德,进忠驱居民出城,焚庐舍走武冈,诸将亦多焚营溃,湖南州县一空。锦趋长沙,何腾蛟在衡州大骇,乃令胤锡向江西,檄进忠由益阳出长沙,期诸将毕会,而亲诣锦营邀之入衡。将至,闻其军已东,即尾之至湘潭。湘潭,空城也,腾蛟乃入居之。清军谍知,遣徐勇来攻破其城,勇故腾蛟部将,率其众罗拜,劝腾蛟降。腾蛟大叱,遂拥之去,绝食七日杀之。锦等窜走桂林,堵胤锡乃入衡州,与胡一青固守,清兵破之,一青走广西,胤锡走桂阳,旋入肇庆。惟马进忠尚踞武冈,曹志建踞永州,马进才踞靖州。孔有德遣马蛟麟攻道州,志建败,遂出白金二十万置营中,令曰:“斩一级者,赏金二锭。”军士争赴敌,遂大败蛟麟军。十月,有德至衡州,败明军于燕子窝,而自将击永州,破其众数万。志建踞龙虎关,有德分路攻围克之。七年,济尔哈朗亦连破辰宝,分兵下沅靖,于是湖南复定。

(五) 两广之定及瞿式耜之死

尚可喜退屯吉安,将一载,顺治六年(永历三年)十二月,明将郝尚忠等密纳款,导其兵由间道入庾岭,遂克南雄。七年(永历四年)正月下韶州,总兵吴六奇降。桂王走梧州,式耜请留,不听,以李元胤、马吉翔守肇庆。桂王至梧,以舟为家,至是五虎失势;虽彭年以丁艰先去,而四虎则备受严刑,呼"老爷饶命"矣。然二年以来,从无谈兵说饷之疏,亦无正气壮论之臣,伴食戏泄,焉得不坏?二月,清兵围广州,总督杜永和,偏将范承恩拥城固守。时广州城外,密列炮台,城西树木城,浚三濠通海潮,泥淖不能攻,筑长围困之。及夏,暑雨蒸溽,弓弦解胶,士卒蒸疫,清师凡三败欲退。会明援将陈邦傅与高必正自相仇杀,必正怒归清,又遣吴六奇招降潮惠诸镇。李元胤、马吉翔按兵肇庆不进;而江西得胜军,又于十月大至。可喜令军士舍骑,徒步涉淖,冒矢石奋战,毁其木栅,以炮击西北隅,军士乘炮势登城。十一月二日克之,永和走琼州。先是十月十日,为桂王生辰,永和会文武于五层楼,拜牌,呼承恩绰号范草包。盖承恩为淮安皂隶,随成栋入广,目不识丁,故有是号也。承恩以为辱之于众也,潜与可喜通,乘可喜之攻,退入里城,而外城遂失矣。连攻三日,内城崩陷,承恩遂降。而孔有德亦于是月六日破桂林。先是清军既定湖南,式耜使戎政总督张同敞,率胡一青、赵印选、王永祚诸将守全州。同敞兼资文武,每战辄跃马为诸将先,即战败,常危坐不去,诸将复还战,或取胜,军中以是服之。顾广西地小而瘠,正赋所入,不足以供军饷;式耜虽理钱法,行盐政,募屯田,以补助之,而事多掣肘,战守日棘。(《东明见闻录》曰:"式耜以蕞尔广西,抗大兵,其军饷所资,除正赋外,惟钱法、盐政、屯田三事。开钱局每月得二万金,以钱易东盐,以盐招民垦田,事多掣肘。又议三分现兵,以一军守全州,一军冲锋出奇,一军屯田充饷,而印选难之。郝永忠、陈邦傅劫之,以迄于亡。")九月,清军克全州而南,诸将皆退入桂林乞饷,列戍一空。清军益深入。至是,式耜檄诸将出战,皆不应,相率遁去。城中无一兵,式耜危坐府中,家人亦散。总兵戚良勋操二骑至,请式耜速出,再为后图。式耜曰:"尔去则去,我去不过多活几日。自古至今,谁不死者?"适张同敞自灵川回,即过江见式耜曰:"事急矣,将奈何?"式耜曰:"封疆之臣,身将焉往?子无留守责,盍去诸!”同敞曰:“死则俱死耳。”式耜呼酒与共饮,四顾左右,惟一老兵不去。命呼中军徐高,以敕书剑印付之,谕令星驰与桂王。是夕,两人张灯相向,坐至天晓。清军执之,至靖江,见有德。有德举手曰:“谁是瞿阁部先生?”式耜曰:“某是也,城既陷,惟速一死。”有德曰:“吾断不死忠臣,何必求死?阁部勿自苦,我掌兵马,阁部掌钱粮,一如前朝可也。”式耜曰:“天朝大臣,岂为汝供职!”有德曰:“我先圣之裔,势会所迫,以至今日!阁部何太执?”同敞厉声曰:“尔不过毛文龙下走耳,毋辱先圣!”有德怒,叱左右缚之,式耜曰:“此宫詹司马张同敞也,来与吾同死,不可辱!”有德释缚,还其衣冠,命坐。式耜请死。有德遣官护居于别第,命薙发,不可,令为僧,亦不可,曰:“为僧者,薙发之渐也。发短令长,吾不为也。”幽四十余日,两人隔屋赋诗,相倡和,凡百余首。临刑有德谓曰:“吾全二公之节,无怨否?”式耜曰:“善。”直立而死。而由榔复奔南宁。顺治八年,清廷命济尔哈朗班师,而以尚可喜、耿继茂镇守广东,孔有德镇守广西。可喜旋克复高、雷、廉等府,擒李元胤于钦州,有德遣总兵马蛟麟克梧州、柳州,陈邦傅杀焦琏(七年十二月,琏分兵三路入全、永、沅三府,为清顺承郡王勒克德浑所败),以浔州投降。有德复遣提督线国安,总兵马雄、全节三路进取,败赵印选、胡一青,克思恩、南宁、庆远诸府。桂王至此,乃穷窜于土司间矣。

(六) 山陕川之征与桂王穷蹙

姜瓖本明大同总兵,崇祯十七年,李自成陷宁武关,瓖与宣府总兵王承胤首先迎降,故自成得以驰趋京师,致有甲申之变。及多尔衮入关,遣兵追自成于山陕,瓖复降清,坐镇大同。常疏请选立明后。顺治五年,瓖乃叛据大同,遥与东南相应和。清命英亲王阿济格围之,瓖分兵克忻朔,于是山陕遗臣宿将,多起兵响应:万练袭踞偏关,克宁武、岢岚、保德,刘迁略雁门,克代州、繁峙、五台。太原告警。明参将王永强据延安,清将刘登楼叛据榆林,甘肃回回丁国栋等亦连下河西洮岷诸州县以应之。而明故官李虞夔、白璋、张万全等据平阳、蒲、解、潼关,清降臣李建泰亦叛据太平,故山陕一带,同时骚动。顺治六年正月,尼堪督兵至太原,遣兵败姜军石岭关,遂克忻州。博洛复破姜瓖劲骑于大同城北,其势稍衰。同时吴三桂、李国翰亦自汉中北上,败王永强于同官,延绥、榆林先后克复。山西巡抚祝世昌,同副都统洛硕,亦破万练、刘清于太原城外。陕西总督孟乔芳既平甘回丁国栋等,遂与侍郎额包渡河攻蒲州平阳,败白璋、张万全兵,歼其众六千于河。八月,英王阿济格复出督师围攻大同,城中食尽,瓖部下杀之以降。屠其军民,毁大同城垣五尺,恨其叠攻不下故也。是冬,巽亲王满达海,谦郡王瓦克达平潞安泽州诸路,而李建泰亦败死于太平,山陕略定。清晋博洛、尼堪爵为亲王,诏三桂回镇汉中,进复四川。时中原扰攘,人心未定,故国之思,所在多萌,而为之领袖与唱导者,则皆遗臣故老也。清欲广为搜罗,借示笼络,以除乱阶。于是诏:"明故亲王、郡王流落直省者,令督抚资送来京,分别恩养。其镇国将军以下,编籍输税,毋令宵匪假借啸聚。"顺治七年冬,清兵既定两广,而川中诸将,复自相攻杀,为吴三桂所乘。以八年进军四川,复成都、重庆、叙州。初,李占春、谭宏、谭谊、谭文、杨展、袁韬、武大定等之起于川中也,桂王命李乾德入蜀,经略川、湖、云、贵军务,乾德察诸将惟韬最勇悍可用,因说以攻佛图关,取重庆。亡何诸将大会,韬以位高坐占春上,占春怒,袭韬营不克,搜乾德船,取其孥,乾德先避山谷得免;诸将益相猜。韬及大定久驻重庆,乏食,乾德说嘉定杨展与大定结为兄弟资之。已而构韬杀展,孙可望闻之,使王自奇将兵由川南进,而别遣刘文秀渡金沙河出黎州,袭嘉定。韬、大定方拒自奇于川南,撤师还,自奇追击擒之嘉定。韬、乾德赴水死。文秀兵复东,三谭(宏、谊、文)尽降。占春、大海为文秀将卢名臣败于涪州,走降于清。吴三桂乃得乘间规复,败白文选于嘉定。盖是时刘文秀已返云南矣。清朝疆圉,至是复扩有江西、湖南、两广及川北诸地,由榔穷蹙无似,乃不得不乞怜于可望。而孙、李既降,桂王之势力,又复大振矣。

五十七　桂王势力之复振

(一) 孙可望与桂王

先是,张献忠既死,其党孙可望、李定国、刘文秀、艾能奇、白文选、冯双礼拥众川南，各数万，推可望为长，袭重庆，陷遵义，入贵州。会云南土司沙定洲叛逐黔国公沐天波，可望兼程赴之，败定洲于草泥关，遂入云南。可望又并艾能奇之兵，袭贵州镇将皮熊，云南镇将王祥，夺其兵；又胁服马进忠、张光壁之众。定国恶其所为，定国既擒定洲而杀之，文秀亦先已迎天波归云南，两人皆不服可望。可望杖定国于演武场，遣杨畏知求封于桂王，欲借以威众。桂王议封可望景国公，陈邦傅欲结可望以制李赤心，乃矫命封可望秦王，可望大喜。畏知至，可望不受国公封，下畏知于狱。时永历三年而顺治六年四月也。翌年，可望遣使欲真得秦封，桂王始知矫诏事，诸臣多以异姓无封王例，拒之，可望怒甚。八年，桂王既尽失两广，穷窜南宁，见事急，不得已，封可望冀王，可望仍不受。遣贺九仪率劲卒五千，迎桂王，九仪杀大学士严起恒，并杀阻封议者数人；桂王不敢赴云南，乃真封可望秦王，定国西宁王，文秀南康王，趣其出兵。可望移驻贵阳。永历六年（顺治九年），遣兵扈桂王居安隆所，改为安龙府，岁以银八千，米百石为供，从官皆取给焉。宫室卑陋，服御粗恶，守护将承可望意，无复人臣礼，由榔不堪其忧。时清定南王孔有德率轻兵出河池，向贵州，以大军驻柳州接应。可望乃谋进兵，其进兵之方略，表之如下：

（一）李定国、冯双礼由黎平出靖州。
（二）马进忠由镇远出沅州。
}会于武冈，以图桂林。

（三）刘文秀、张光壁由永宁出叙州。
（四）白文选由遵义出重庆。
}会于嘉定，以图成都。

（二）桂林之破与保宁之战

定国进军湖南，有德还驻桂林，以敌势日炽，檄将军续顺公沈永忠重兵扼沅州门户，令钱国安、马雄、全节分守南宁、庆远、梧州。未几，李定国进沅、靖、武冈，永忠自宝庆告急，有德分兵援之，永忠已退保湘潭。定国偃旗卷甲，倍道疾进，败清兵于全州，遂夺严关。关在全州西南，为桂林出入必由之径，有德驰救不及，定国设象阵以待。两军既接，有德令素严，将士殊死战，象奔还。定国斩御象者，严鼓进兵，象复冲突，天大雷雨，明兵呼动天地,乘象阵而入。清军大败,驰入桂林,定国兵薄城下。时人心未固,守陴者皆不力,城遂破。有德谓夫人曰:“不幸少入军中,漂泊铁骑山海、鸭绿间,冀立寸功,垂名竹帛。大将军(指毛文龙)以忠受戮,归命本朝,历被两朝知遇,爵以亲王,锡以藩社,荣宠至矣!我受国厚恩,誓以身殉,若辈亦早自为计!”夫人曰:“君无虑,我必死。”因嘱老妪负子女去,泣而送之曰:“此子苟脱于难,当度为沙弥;无若乃父驰驱南北,下场有今日也!”乃自缢。有德纵火焚府,拔剑自刎。时七月初四日也。刘文秀之入叙州也,吴三桂迎战不利,力战突围走绵州;而白文选亦败清都统白广生、白养贞于重庆,擒之。文秀乘胜犯成都,围吴三桂于保宁,连营十五里,使光壁军其西,王复臣军其南,气骄甚。复臣谏曰:“三桂劲敌,吾军骄矣。以骄军当劲敌,惧败。请勿围城,以分兵势;但严阵城外,而出奇兵断其饷道。”文秀不听。三桂巡城,见其壁不整,出精骑突光壁军,果惊溃。转战而南,入复臣营,营为乱兵所扰,亦不支,复臣死焉。文秀解围去,三桂不敢追,曰:“平生未见如此恶贼,特差一着耳。令如复臣言,吾军休矣。”旋回汉中。时九年十月矣。定国克桂林,又溃马雄、全节之军于梧州,柳州亦响应,乃分兵攻辰州,杀总兵徐勇。于是广西、湘南及川南、川东、川西复为明有。

(三) 湘粤之征与孙李交恶

顺治九年,清廷命敬谨亲王尼堪为定远大将军,偕贝勒屯齐进征楚粤;命洪承畴经略湖、贵、两广,自江宁移赴长沙,以都统卓布泰驻防江宁:命辰泰为宁南靖寇大将军镇荆州,以李率泰总督两广。十一月,尼堪率师南进,败马进忠于湘潭,复败李定国于衡州,尼堪轻骑逐之,遇伏,死于阵。定国退屯武冈,清以屯齐代领尼堪之军。时定国既连下楚粤诸郡,兵力益强,不复禀孙可望约束,可望愤甚,阴欲除之。永历七年,使人召赴沅州议事,定国知其意,辞不行,帅兵犯永州。屯齐进击之,定国已度龙虎关入广西,而尚可喜先已乘定国在湘,发舟师自西江而下,尽复梧州、桂林。定国乃屯驻柳州,可望帅兵追之,次宝庆,屯齐自永州迎击,可望使冯双礼将左,白文选将右,自建龙旗鼓吹居中,清军攻之,败走;惟双礼军不动,屯齐引退。文选复为阿尔津战败于辰州。可望还贵州,尽杀明宗室,而憾定国益甚;然以其将兵在外,不敢轻树敌。定国自湖南败后,威望亦减,惧可望之袭其后,益思拓地自固,乃与马宝率步骑四万攻广东,围肇庆,下平乐、高州、廉州、雷州诸府。十一年冬,猝破高明,进围新会,尚可喜、耿继茂急请满兵会攻。清廷命都统朱玛喇为靖南将军,率江宁驻防兵赴之,可喜结营山巅,伏兵江隘,与朱玛喇合兵败之于珊州。定国复悉众据山峪,列炮象拒战,朱玛喇令索伦劲骑突阵溃之,定国以兵四千自巅驰下,横截清师;清军夹击之,夺其山,定国且战且走。又败之于兴业境,蹙之于横州江,定国焚桥而去,率兵走南宁。广东州邑悉复。时顺治十二年三月也。是夏六月,刘文秀率众六万,战舰千余出川峡,遣卢名臣、冯双礼分进岳州、武昌,为清都统辰泰荆州兵邀截。文秀回舟攻常德,为长沙清兵所夹击,大败,名臣赴水死,文秀、双礼逃回贵阳。可望使文秀守云南。于是刘文秀及李定国两军皆弱,湘粤告平。可望雄视贵阳,益跋扈不可制,擅杀宗室从臣;自设内阁六部等官,立太庙,制朝仪,改印文为八叠,尽易其旧。由榔在安龙,日食脱粟,涂苇薄以自蔽,闻之大惧;密与大学士吴贞毓等议遣林青阳佯乞假归葬,敕召李定国统兵入卫,晋封晋王。定国得敕感泣,许以奉迎,然以兄事可望久,未敢轻发(事在永历六年,即顺治九年)。可望之党马吉翔闻之,启报可望,可望大怒,并疑吉翔预谋,遣其将郑国械之,与诸臣面质,罗织吴贞毓等十八人罪,置以重典。贞毓以大臣得绞,余俱斩。诸臣就刑,神色不变,各赋诗大骂而死。其家人合瘗于安隆北关之马场。时永历八年二月事。后二载,定国奉桂王入云南,追恤诸臣,建庙于马场,勒碑大书曰"十八先生成仁处"。今录当时桂王所下之诏,与可望所上之疏于下,以见当时穷迫之状况焉。

桂王诏书云:"朕以渺躬,续兹危绪,上承祖宗,下临群臣,阅今八载,险阻备尝,朝夕焦劳,罔有攸济!自武、衡、肇、梧,以至邕新,播迁不定,兹冬濑湍,仓卒西巡,苗截于前,敌迫于后;赖秦王严兵迎扈,得以出险,定跸安隆,获有宁宇。数月间捷音叠至,西蜀三湘,以及八桂,荐归版图。忆昔封拜者,累累若若,类皆身图富贵,任事竟无一人。惟秦王力任安攘，毗余一人，两年以来，渐有成绪，朕实赖之！乃有罪臣吴贞毓、张镌、张福禄、全为国、徐极、郑允元、蔡缜、赵赓禹、周允吉、易士佳、杨钟、任斗墟、朱东旦、林青阳、蒋乾昌、朱议㶇、李元开、胡士瑞包藏祸心，内外连结，盗宝矫敕，擅行封赏，贻祸封疆。赖祖宗之灵，奸谋发觉，随命廷臣审鞫；除赐辅臣吴贞毓死外，其余同谋不法，蒙蔽朝廷，无分首从，宜加伏诛。朕以频年患难，扈从无几，故驭下之法，时从宽厚，以至奸回自用，盗出掖庭。朕德不明，深自刻责。凡大小臣工，各宜洗涤肺肝，廉法共守，以待升平。"

孙可望疏云："行在诸奸，矫敕盗宝，擅行封爵，大为骇异；随奉主上赐书，将诸奸正法。仰见乾纲独揽，离照无私！首恶吴贞毓、张镌、张福禄也；为从者，徐极、蔡缜等也。李定国剿虏失律，法难自宽，方责图功，以赎前罪；而敢盗宝行封，是臣议罚，诸奸反以为应赏矣。且臣所部诸将士，比年艰难百战，应赏应罚，惟臣得以专之，故名器宜重，早已具疏付杨畏知奏明。即畏知之服上刑，亦晋中枢，旋晋内阁之故。(顺治八年畏知奉可望命见桂王，痛哭自劾，语侵可望，桂王留为东阁大学士，可望闻之，怒，召至贵阳，面责数之。畏知大愤，除头上冠击可望，遂被杀。)原疏具在，可复阅也。因忆两粤并陷时，驾跸南宁，国步既已穷蹙；加之叛将焚劫于内，强敌弯弓于外，大势岌岌，卒令脱喙潜踪，晏然无恙，不可谓非贺九仪等遵王朝令，星驰入卫之也。又忆濑湍移跸时，危同累卵，诸奸恶力阻幸黔，坚请随元胤败死，使果幸防城，则误主之罪，寸斩遂足赎乎？兹跸安隆三年矣，才获宁宇，又起风波。臣累世力农，未叨一命之荣，升斗之禄，亦非原无位号，不能自荣者也。沙定洲以云南叛臣，灭而有之，又非无屯兵难于进攻退守者也。总缘孤愤激烈，冀留芳名于万古耳。即秦王之宠，臣初意岂能觊之？故杨畏知赍疏有云：'今之奏请，为联合恢剿之意，原非有意以求封爵也。'臣关西布衣，据弹丸以供驻跸，愿主上卧薪尝胆，毋忘濑湍之危。如主上以安隆僻隅，钱粮不敷，欲移幸外，惟听独断。自当备办夫马钱粮，护送驾行，断不敢阻，以蒙妄挟之名。"

（四）桂王之入滇与孙可望之降

顺治十三年春，定国败南宁，将由安隆走滇；可望遣关有才袭之，又使白文选谋劫迁由榔于黔，置诸肘腋之下。事未发，而定国已由田州抵安隆，奉由榔赴云南，与刘文秀等联合。可望大怒，以十四年秋九月，大举攻之，兵十余万。使文选统诸军前行，冯双礼守贵阳，可望率马进忠、贺九仪抵交水、三岔河，与定国、文秀，夹水而阵。使马宝由寻甸袭桂王于滇城，诸将皆不直可望，约阵而不战。文选轻骑归定国，定国悉锐突其中坚，诸军皆解甲大呼迎晋王，可望大败反走。定国使文秀、文选穷追至贵阳，冯双礼亦鼓噪驱可望，截其子女玉帛，以降于滇。可望携千余人走湖南长沙，降于督师洪承畴，清廷封为义王。而马宝之袭滇者，亦败降于定国；捷报至云南，由榔传谕定国曰："王之功非小，至于三军众将，当应犒劳。奈府库空乏，今将宫中一年费用，命携至军，稍备羊酒。王可与大小三军，聊举一觞，以见朕一点远望之心；俟平定之日，叙功升赏。孙可望今虽败去，正计穷力竭之时，须防彼他志。"又谓其臣李国英曰："此贼我朝之祸本也，当日羁我母子于安龙府，欲置朕于死地。今又被他紊乱国政，杀害百姓，势蹙他投，实为心腹之患。"由榔为人，自奉甚约，衣无文绣，食不兼味；宫费有余，以助兵饷。尝遇元日，对后王氏言曰："我夫妇莫言岁旦之乐，当克念二祖列宗在天幽恫含泪之苦！"每遇盛寒午夜，犹与后同观本章。时极冷，袍衣单薄，持絮被拥之。且夙瘿痰疾，遇寒犹甚，由榔若不为意，孜孜以中兴为念。每当朝退，临太祖阁瞻拜，俯伏而泣曰："儿孙弹丸墨守，何能光复旧物也！"逢告太庙，祭毕，顾李定国等挥涕而言曰："朕乃无福之人也。想汝等如此劳力，平定无期，疆场日蹙，世人不古。朕不知将来为何如主乎！"定国虽献忠余党，颇具忠勇，兵柄在握，未尝亏事上之礼。故由榔在滇，足支危局者二年。而清方以四川巡抚李国英驻保宁，守川北；洪承畴驻长沙，守湖南；尚可喜等分驻肇庆、广州，移两广总督驻梧州，守两粤；都统阿尔津、卓罗驻荆州（顺治十二年辰泰卒），守湖北。以孙、李皆百战之余，地险兵强，且虚实未知，不敢进攻。故姑以云贵及川东南为桂王偏安之地。不料孙、李交争，可望降附，而清廷至此，军略复变矣。

五十八　明祀之悲绝

(一) 云贵之略定

孙可望既诣长沙归降,洪承畴俱悉明将内讧状,于是与吴三桂皆奏请乘机大举,朝议是之。乃分三路进取:

(一) 贝子洛托为宁南靖寇大将军,与洪承畴由湖南进;

(二) 平西王吴三桂为平西大将军,同都统墨尔根、李国翰由汉中、四川进;

(三) 都督卓布泰为征南将军,同提督线国安由广西进。

三路同以顺治十五年春向贵州进发。二月,承畴、洛托会师常德。四月,由靖沅、镇远抵贵阳,明守将马进忠弃城去。三桂以是春发汉中,徇重庆,克遵义,败明将刘正国于三坡,获粮三万石,降兵五千。又破杨武于开州,进抵水西蔺州各土司。会文安之复督川东十三家营(李锦所部。顺治七年冬,锦死梧州,堵胤锡亦卒于浔州,其余十余万,走川东,分据川湖间,耕屯自给,与谭洪等联络)。及谭洪、谭谊、谭文等以舟师袭重庆,三桂回军救之。会谭文为谊、洪所杀,谊、洪降清,诸部瓦解。七月,三桂复屯遵义。而广西卓布泰之师,亦历南丹、那地、独山诸州,会于贵阳。于是川黔皆略复。时清廷命多铎子信郡王铎尼为安远大将军,总统三路,以六月率禁旅发荆州,九月抵贵州平越府;乃大会诸路将帅于府属之杨老堡,戒期入滇。议令承畴与洛托留贵阳理饷,而自督诸军三路以进,每路兵五万,各裹半月粮。李定国自败可望返滇后,坦然以为无患。朝官有进谏者,谓:“今内患虽除,外忧方大;而我酣歌漏舟之中,熟寝爇薪之上,能旦夕安耶?”定国愬之于桂王,方欲罪言者以取快;而三路败书并至。定国乃仓皇遣诸将分道迎敌:时刘文秀已死,遂以白文选当西路之军,守七星关,而进攻遵义;冯双礼当中路之军,扼贵阳之鸡公背;张光壁当东路之军,扼南盘江之黄草坝;而自守北盘江铁索桥居中策应。十二月,三桂以七星关峭岸阻江天险,乃由苗疆绕渡,出天生桥之背,文选惊溃,马宝守大渡河亦奔,三桂遂抵霑益。卓布泰得泗城土司岑继禄乡导,由间道入安隆,取下游明所沉船以济。定国闻之,以兵三万,倍道趋战于炎遮河,清兵拒战不利,诘朝大战,风北来,炮火及茅苇,野燎焰天,乘势薄明营,定国走保北盘江,广西军遂由普安州入。而铎尼中路之军,亦溃冯双礼于鸡公背。盖双礼屯师绝顶,饷运甚艰,又闻定国败报故也。清师至北盘江,定国焚铁索桥西走,清搭浮桥以济。三路大军毕会于普安。顺治十六年正月初一日,遂入云南省城,由榔已西走永昌;洪承畴亦自贵阳赴云南。二月朔,铎尼复令诸军进追,败白文选于大理之玉龙关,定国令总兵靳统武以兵四千扈由榔奔腾越,而自伏精兵六千于永昌之磨盘山。山为横岭西支,与怒江相平行,为西南穹岭,自永昌入腾越必由之道也。鸟道窔箐,曲通一骑。定国度清军累胜穷追,必不戒,设栅数重,伏分三处:以窦名望初伏,高文贵二伏,王玺三伏:每伏兵二千,约俟清师至三伏,山巅号炮起,首尾横突截攻,必无一骑返。清军既编筏渡澜沧江、怒江,数百里无一夫守拒,谓定国远去,队伍散乱,上山已万有二千人。适明大理寺卿卢桂生来泄其计,则前驱已入二伏,诸将急退,传令舍骑而步,以大炮击其伏。伏起而鏖战,明兵死者颇众。定国坐山巅,闻信炮失序,惊骇,忽飞炮落其前,击土满面而走。名望、玺皆战死;清军亦亡都统以下十余人,丧精卒数千。使非其计先泄,则精锐之师,必将尽歼于山岩林箐之间。惜明运已终,十余年旋兴旋衰,未能得一胜利！此役在域内为最终之举,而清亦惩于挫折不敢穷追矣。捷奏京师,诏以云、贵、川、广、湖五省荡平,宣示中外。此清人统一中国内部之大纪念也。其时由榔虽幸存他邦,依人篱下,尢复有称号之尊。郑成功虽雄视海外,而小岛崎零,亦鲜有兴复之望。定国、文选虽分据孟艮、木邦,不过强弩之末,皆不足撼其根本,为清劲敌也。女真数十年经营之结果,此时乃大告成功;惟镌功奇石,则汉儿之力居多耳。

(二)入缅后之桂王

缅甸在明时,故为云南诸土司之一,领地约当伊腊瓦底河(Irrawaddy R.)上中流沿岸。其北别为孟养宣慰司,其东别为孟密宣抚司,及木邦宣慰司。木邦东为孟艮土府。嘉靖中,缅酋莽瑞体数侵诸部,明廷不能讨,于是贡使渐绝。及由榔之困于云南也,群臣或请北走四川,或议南人交趾;前黔国公沐天波独谓缅甸粮糗可资,主张西幸。由榔以顺治十六年正月,自腾越出铁壁关,缅人勒从官尽去武器,进次蛮莫(Bhamo)。会莽瑞体曾孙本他格利(Pentagle)王缅,闻桂王至,乃具四舟迎之,浮伊腊瓦底河而南,居诸赭硁(Jagaing),与缅都阿瓦(Ava)隔岸相对。缅王邀大臣过河面议,以册宝视神宗时差小,疑以为假;天波出黔国公印,对同乃信,因请桂王敕关上勿纳汉兵。先是由蛮莫浮江而南,以舟不敷用,从者只六百余人;岷王子以下九百余人,皆陆行,期会于缅。一路为缅人所掠,多自杀,或崎岖流散于他国,惟岷王子八十余人至赭硁,草屋梗房,以竹为城。从臣或短衣跣足,与缅妇相贸易为笑乐,大为缅人嗤。缅王以中秋大会,欲夸示诸国,请天波过河会,椎发跣足(缅俗朝见,以跣足为礼),用臣礼见。天波不得已从之,归泣告众曰:"我所以屈辱者,惧惊忧主上耳。否则彼将无状,我罪亦大。"时定国、文选皆相失,从者多文吏,无威重,故颇为缅人所轻。已而文选入木邦,定国据孟艮,皆治兵,谋假道迎跸,缅人不允。顺治十七年,文选乃移书孟艮,求与定国同盟攻缅,定国悉众而西。两军共至锡箔河上,邀击缅兵,大破之。因议乘胜以舟师薄阿瓦,遣人于上游造船,为缅人所烧;而暑疫复作,乃移军摆古(Pegu),以避瘴疠。未几,文选兵溃,走锡箔,定国亦引还孟艮,时顺治十八年也。时缅人数受定国、文选军之蹂躏,皆不悦其王之纳明遗族;王弟巴哇喇达姆摩(Maha Pawara Dhamma Raja)遂杀王自立。然以定国兵尚强,未敢肆虐。适吴三桂奉命入缅,严檄缅人,令献由榔自效。缅酋乃使人告由榔曰:"吾俗贵诅盟,请与天朝诸公饮咒水。"诸臣往,则杀之,死者凡四十余人,沐天波亦预焉。复以兵围由榔行在,其左右被杀及自缢者,不可胜数。惟留由榔及眷属二十余人,以待三桂之至。明室之悲运,至此极矣!

(三) 桂王之末路

先是,云南既平,清廷命吴三桂移平西藩属镇守之。顺治十七年,铎尼、卓布泰先后班师,留满汉兵数万,以都统伊尔德、卓罗等分屯要镇。时桂王逃缅甸,定国、文选分据孟艮、木邦,数与缅人抵争,无能为患;元江土司那嵩虽起兵叛应,然不久为清军所灭。故清廷议撤兵节饷,不欲复问缅事。而三桂贪擅兵权,冀俘桂王以要功,且欲翦尽明宗,以绝遗民恢复之妄想。遂于四月上"三患二难"之疏,极陈边患,恐吓清廷。略谓:"定国、文选,窥我兵到则退藏,兵撤则进扰。此其患在门户。土司反复,惟利是趋,一被扇惑,遍地蜂起。此其患在肘腋。降人革面,尚未革心,永历在缅,岂无系念?万一入关,若辈生心,此其患在腠理。且滇中米粮腾踊,输挽络绎,耕作荒而逃亡众,养兵难,安民亦难。惟及时进剿,以净根株,乃一劳永逸计也。"因请及时进兵,早收全局。清廷命内大臣爱星阿为定西将军,赴滇会攻,颁敕印于近边各土司。十八年九月,满汉土司兵七万五千,并炊汲余丁共十万,由大理、腾越出边。以五万出南甸、陇川、猛卯,三桂、爱星阿将之;分二万余出姚关,总兵马宁、王辅臣、马宝将之。十一月,会师木邦,闻白文选方扼锡箔江,遣前锋费雅思哈简精锐疾驰三百余里至江滨;文选已毁桥走茶山。清师恐其窥木邦后路,乃令马宁等军,分道追之。而三桂与爱星阿筏渡趋缅,以降人为向导。十二月,次挽波。先是,三桂屡檄缅人,令擒由榔以献。由榔亦自知不免,乃以书贻之曰:

将军新朝之勋臣,亦旧朝之重镇也。世膺爵秩,封藩外疆,烈皇帝于将军,可谓厚矣!国家不造,闯贼肆恶,覆我京城,灭我社稷,逼我先帝,戮我人民!将军志兴楚国,饮泣秦庭,缟素誓师,提兵问罪,当日之本衷,固未泯也。奈何遂凭大国,狐假虎威,外施复仇之名,阴作新朝之佐;逆贼既诛,而南方土宇,非复先朝有矣。诸臣不忍宗社之颠覆,迎立南阳,枕席未安,干戈猝至。弘光殄灭,隆武被诛,仆于此时,几不乐生;犹暇为社稷计乎?诸臣强之再三,谬辱先绪,楚地尽失,粤东偕亡,惊窜流连,不可复数;犹赖李定国迎我贵州,接我南安,自谓与人无患,与世无争矣。而将军忘君父之大德,图开创之丰功,提师入滇,覆我巢穴。由是仆渡荒漠,聊借缅人,固我圉耳。山遥水长,言笑谁欢?只益悲矣!既失山河,苟全微息,亦自息矣。乃将军不避险阻,请命远来,提数十万之众,穷追逆旅,何其视天下之不广哉？岂天覆地载之中，独不容仆一人乎？抑封王锡爵之后，犹欲歼仆以要功乎？既毁我室，又取我子，读《鸱鸮》之章，能不惨然心恻乎？将军犹是世禄之裔，即不为仆怜，独不念先帝乎？即不念先帝，独不念列祖列宗乎？即不念列祖列宗，独不念己之祖若父乎？不知大清何恩何德于将军，仆又何仇何怨于将军也。将军自以为智，适成其愚；自以为厚，适成其薄；千载而下，史有传，书有载，当以将军为何如人也！仆今日兵衰力弱，茕茕之命，悬于将军之手矣。如必欲仆首领，则虽粉身碎骨，所不敢辞。若其转祸为福，或以遐方寸土，仍存三恪，非敢奢望；苟得与太平草木，同沾雨露于圣朝，纵有亿万之众，亦当付于将军矣！

书达，三桂不省，进逼阿瓦；缅人闻清军将薄城，以船载由榔与其亲属，及故从官妻女献军前。三桂凯旋云南，而文选亦为追兵所执，以其余众降。惟定国尚在景线，联诸部兵为邀击计。先是，由榔自蛮莫舟行，从臣有散入他国者，而暹罗、古剌、景迈诸国，皆有明臣踪迹，且与缅甸为世仇。明臣江国泰娶暹罗王室女，数与定国通殷勤；马九功在古剌，亦为募兵三千人，致书定国，愿奉约束。景迈者，即元明以来所谓八百息妇国者也。其居景迈者，曰大八百；居景线者，曰小八百。定国居景线，欲利用诸国，联兵讨缅，而三桂已拥由榔北去，诸国之师，多失望而退。定国谋邀击三桂于途，不遇，竟以愤懑呕血，病死猛猎。初，定国与孙可望并为张献忠党，有蜀人金公趾者，在军中为说《三国演义》，每斥可望为董卓、曹操，而期定国以诸葛，定国大感动，曰："孔明不敢望，关、张、姜伯约，不敢不勉。"自是遂与可望左。及受桂王封爵，自誓努力报国，洗去贼名。百折不回，殉身缅海，为有明三百年忠臣之殿。由榔入滇，百姓观之，无不泣下沾襟。居云南数月，三桂严兵守之。由榔面如满月，须长过脐，日角龙颜，顾眄伟如也。满洲八旗将士见之，以为真天子，遂有密谋推戴，以图中兴者。事泄，三桂大惊，诛四十余人，并出由榔于市绞杀之，且杀其太子，时年仅十二。临难大呼曰："我朝何负于汝？我父子何仇于汝？乃至此耶？"时康熙元年四月也。（桂王被执及殉难年月，据《行在阳秋》、《求野录》、《也是录》、《东华录》、《圣武记》皆如本文所云。惟《鹿樵纪闻》及《行在阳秋》附记李君调之言,谓被执在庚子〔顺治十七年〕,遇害在辛丑。君调且谓在三桂营目击者。按三桂奏"三患二难"之疏,及清廷遣爱星阿为定西将军征李定国,皆在十七年。十八年正月,顺治帝崩,三桂有入临之事,见《东华录》及《四王合传》,征缅当在其后。且《东华录》为官书,必不容有年月讹误之处,故从之。)

五十九　郑成功之光复事业

(一) 成功之忠义与入据厦门

吾国历史上,有振奇人三:一箕子,二耶律达石,三郑成功。皆当故国破灭以后,率志士另辟疆土,建一王国,维持宗社或正朔于不坠。此三人事业相同,而对于后世之影响却不同。箕子之朝鲜,耶律之西辽,远处边陲,与中国关系尚鲜。惟成功开辟台湾,驱逐荷兰夷人,留存革命基地,至今崇誉弗衰。清巡使沈葆桢为请立祠,有"开万古得未曾有之奇,洪荒留此山川,作遗民世界;极一生无可如何之遇,缺憾还诸天地,是创格完人"之联语,可谓确评矣。郑成功者,芝龙之子,而其母故日本平户士人田川氏之女也。初名森,崇祯末,入南京太学,时年二十一。闻钱谦益名,执贽为弟子,谦益字之曰大木。丰采掩映,奕奕耀人,倜傥有大志,读书颖敏,不沾章句。户部侍郎王观光一见,而谓芝龙曰:"此儿英物,非尔所及。"某术士见之,亦惊为命世雄才。唐王立闽中,芝龙使之入朝,唐王奇之,抚其背曰:"惜朕无女配卿,卿可尽忠吾家,勿忘故国!"因赐姓名朱成功,俾统禁旅,以驸马体行事;世谓之"赐姓",而日本则多称为国姓爷(Koksing, Koxiga)。芝龙立唐,常怀贰志,因命成功侍王,以察动静。成功不乐其父所为,一日见唐王闷坐,泣奏曰:"陛下郁郁不乐,得毋以臣父之故欤?臣受厚恩,义不反顾,请以死报陛下。"隆武二年六月,封忠孝伯。八月,清兵入闽,唐王败没,芝龙为清将诱降,成功哭谏不从,清兵遂拥之北去,令作书召成功,成功不从。芝龙曰:"他日为清之患者,必成功也。"芝龙既降,其家以为可免暴掠,颇不设备;清兵至南安,大肆淫掠,成功母自缢死。

(江日昇《台湾外纪》谓:“成功母翁氏拔剑割肚而死。”黄宗羲《赐姓本末》谓:“成功恨母被辱,用夷法剖其母腹,出肠涤秽,重纳之以敛。”其言颇涉滑稽,故《小腆纪年·附考》谓:“宗羲纪鲁事皆得之目睹,其于成功,则本之传闻,不皆可据也。”)成功大愤,诣孔庙,焚儒服,拜曰:“昔为孺子,今为孤臣,向背居留,各行其是。仅谢儒衣,祈先师昭鉴!”长揖而去,偕所善陈辉、张进、施显、洪旭等九十余人,乘二舰入海,收兵南澳,得数千人。顺治四年,成功泊鼓浪屿,设高皇帝神位,定盟恢复。时厦门浯州为郑彩、郑联所据。厦门即中左所也;浯州即金门,隶同安,为两岛。监国鲁王封彩建国公,联定远侯。七月成功攻海澄,不克,八月,与郑鸿逵合军攻泉州,败清提督赵国祚于桃花山,遂围泉州。五年,清副将王进自漳来援,成功解围去。三月,攻同安,守将弃城走,遂入之,复攻泉州。九月,清总督陈锦率佟国器、李率泰援之,成功乃退。清兵下同安屠之。成功遣光禄寺卿陈士卿朝永历帝,帝封为威远侯。六年,遣施琅等攻漳浦,下云霄,抵诏安。七月,桂王遣使封成功为延平公。七年,潮人黄海如、陈斌导成功入潮州,败清师于潮阳,师还,遂入两岛。成功师抵厦门,郑联方醉卧万石岩,报至,不得通,诘朝酒醒出见。成功笑曰:“兄能以一军见假乎?”联曰:“弟何出此言?军旅相助,分所当然。”饮宴终日,酣畅倍常。晚联回居邸,途次为杜烨刺死。成功遽麾军过联船,兵士皆詟服,莫敢动,遂并联军。遣洪政招郑彩。彩曰:“吾年老气衰,能继志者,大木耳,吾愿全师解付。”因往相见,欢爱如初。成功待之甚厚。自是成功遂雄据两岛,纵横海上矣。

(二)闽浙之役

顺治七年十一月,清师克广州,明总督杜永和奔琼州,成功谋往援之,八年,率众而南,二月,次平海卫。清福建巡抚张学圣闻之,急调总兵马得功取厦门,守将郑芝莞遁。四月,成功还自平海,诛芝莞,而得功已为郑鸿逵所纵,逸去数日矣。是月,成功将施琅降清。盖琅有军校犯令,将杀,成功止之不从;成功遂欲杀琅,故琅辗转逃去。五月成功攻南溪,十一月,败清提督杨名高于小营镇。十二月,降漳浦。九年正月,攻海澄,二月,攻长泰。清副将王进勇无敌，号老虎，成功提督甘辉与战于北溪，两马相搏，不相下；已而两家兵至，乃解。进入长泰，辉急攻破之，进走郡城，漳州属邑皆下。三月，成功围漳州，总督陈锦赴援，战于江东桥不利，退屯同安。其内使李进忠等五人刺之帐中，以其首降成功，成功赏而斩以徇。漳州被围，七阅月，城中食尽，人相食，死者枕藉，存者气息仅属，虽悲泣不能下一泪。清逮巡抚张学圣等入京治罪。盖学圣与巡按王应元、巡道黄澍等曾乘成功之出，攫其安平资财，至是成功以索偿为名故也。十月，清都统金砺以援军至，成功令右冲锋镇柯朋接战而败，礼武镇陈凤、右武卫周全斌援之亦败，成功退保海澄。十年，金砺率军围之，城坏十余丈，成功亲当矢石，不退。一日，闻空炮递发，成功曰："此号炮也，将薄城矣。"下令，兵皆挺巨斧以待。清军蚁聚登城，城上众斧迎斫，随斧随坠，濠为之满，清兵解围去。桂王晋封成功漳国公。时鲁王在厦，亦屡遣张名振、张煌言以余军入长江，登金山燕子矶，遥祭孝陵；夺战舰三百于吴淞口。惟成功始终为唐，二张始终为鲁，所奉不同，而其交甚睦。时明遗臣义旅渐亡，独两军犄角海上，而成功尤雄，与黔粤遥相应和也。顺治十一年，清廷下令招抚，欲封成功海澄公，遣芝龙二子世忠(原名焱，又名渡)持芝龙书招之。芝豹偕庶母降，独成功不受。报其父书，有云："儿名闻四海，若使苟且作事，亦贻笑于天下后世矣！且吾父已入彀中，其得全至今者大幸也。万一父不幸，天也！命也！儿只有缟素复仇，以结忠孝之局耳。"与弟书曰："兄之忠贞自待，不特利害不足以动吾心，即斧钺相加，亦不能稍移吾志也。何则？决之已早，而筹之已熟矣。夫凤凰翱翔于千仞之上，悠悠于宇宙之间，任其纵横所之者，超然脱乎世俗之外也。兄名闻四海，用兵老矣，岂有舍凤凰而就虎豹者哉？惟吾弟善事父母，厥尽孝道，勿以兄为念！"清廷怒，置芝龙于高墙，芝豹于宁古塔。十二月成功攻漳州，楼总刘国轩先约为内应，守将皆降，遂略泉州。十二年，遣忠振伯洪旭、北镇陈六御攻舟山，破之，以六御守。六月破安平镇，及惠安、同安、南安三邑，清命郑亲王济尔哈朗子济度为定远大将军，赴闽防剿。以水师提督张天禄守御海口，失海舰，匿不奏闻，褫职。济度以翌年三月自泉州出攻两岛，大败而还。成功亦尝遣使告捷于桂王。张名振卒于舟山，时鲁王已去监国号，闲居南澳,惟煌言尚依成功与军事。六月,海澄守将黄梧降于清,清封梧海澄公,守漳州。盖梧以成功用法严,曾以揭阳之败,斩大将苏茂,遂惧而降也。梧因陈剿寇五策:一屯沿海以堵登岸、二造小舟以图中左、三清叛产以裕招徕、四锄奸商以绝接济、五划伪坟以泄众愤。并荐施琅"水务精熟,韬略兼优,若欲平海,当用此人"。济度与闽抚李率泰合疏保奏施琅为同安副将,旋擢总兵。七月,清复命宁海将军伊尔德率田雄等复克舟山,连战于横水洋,阮思死之。田雄奏言:"舟山不难于复,而难于守,请以满兵驻防,增战舰,补水师,分泛侦剿。"是年,济度班师,成功克闽安、福州,转略温、台,浙东俱震。

(三) 成功之经略与江宁之役

成功连年用兵,皆军律严整,无所侵扰,分所部为七十二镇,使六官分理庶事。改中左所为思明州,奉鲁王及庐溪宁靖诸王于金门,宗室至者,均厚给赡之。永历七年,桂王由椰遣周金汤航海至思明,进封成功延平郡王,招讨大将军,便宜封拜。其册文曰:"克叙彝伦,首重君臣之义,有功世道,在严夷夏之防。盖天地之常经,实邦家之良翰。尔漳国公赐姓,忠猷恺掣,壮略沉雄,方闽、浙之飞尘,痛长汀之鸣镝。登舟洒泣,联袍泽以同仇,嚼背盟心,谢辰昏于异域。而乃戈船浪泊,转战十年,腊表兴元,间行万里。绝燕山之伪款,覆虎穴之名酋,作砥柱于东南,系遗民以弁冕,弘勋有奕,苦节弥贞。惟移孝以作忠,斯为大孝,盖忘家而许国,乃克承家。铭具金石之诚,式重山河之誓。是用锡以册封为延平王。其矢志股肱,砥修矛戟,丕建犁庭之业,永承胙土之庥!尚敬之哉!"成功拜表辞不敢受,翌二年封使再至,始拜受封爵。永历十一年,桂王迁云南,晋封李定国为晋王,刘文秀蜀王,亦以一字封成功为潮王。不过潮仍为郡,与晋、蜀大国不同,仍兼鼓励功勋和郑重名器之意,成功始终谦辞未受。李定国与成功书云:"东事辅车之谊,潮、惠垒奏之勋,上每召问,附髀久之!用特专敕遥颁,冀公于咫尺天颜,枕戈靡懈耳。公其坚帆饬旅,布号宣威,待我于长洋把臂,击楫论心,一偿夙愿,不亦快哉!"成功复书云:"宸居既云巩固,帝业未可偏安,况中原有可乘之机,胡运值将尽之时,宜速乘胜,并力齐举。不佞既提水陆精锐，收复闽、浙，熏风盛发，指日北向。”于是成功益治兵谋大举，戈船之士十七万，以五万习水战，以五万习骑射，五万习步击，以万人来往策应。又有铁人一万，披铁甲，绘朱碧彪文，峙阵前，专斫马足，矢铳不能入。煌言导之抵浙，师次羊山，会飓发，碎巨舰数十，漂流士卒数千，乃还守厦门。已而闻清军三道入贵州，度江南无备，欲乘机进攻，以图牵制。十三年五月，由崇明入江。时清苏松提督驻松江，江宁提督驻福山，分守要害。圌山及谭家洲皆设大炮，金焦二山，皆横铁锁江中。煌言屡却不得前，令人泅水，断铁索，遂乘风潮，以十七舟径进，沿江木城俱溃。六月，破瓜洲，进攻镇江，于是江宁、苏、常诸道援师毕集，以二十二日战于杨篷山。成功兵上陆者二千，诸会援者皆一时宿将，提督管效忠尤以善战闻，所部凡四千人，他镇兵不在此数。而是日激战之终局，清援兵存者，不过什一。镇江既克，成功留五日而西，甘辉请北取扬州，断山东之师；南据京口，断两浙之漕；严扼咽喉，号令各郡，南畿可不战自困。成功不听。七月，直薄江宁，谒孝陵，谓煌言曰：“芜湖上游门户，倘留都（南京）不能旦夕下，则江楚之援兵日至，控扼要害，非公不可。”煌言因自领所部，由芜湖进取徽宁诸路，移檄远近，诸郡多相率归附。凡得四府，三州，二十四县，而下流之维扬、苏、常亦皆待时而为降计。时江宁重兵，大半移征云贵，守备空虚；而松江提督马进宝（改名逢知）拥兵观望，阴通成功。于是东南大震，军报阻绝。清帝福临欲逃关外，其母责之，因激怒幸南苑，集六师议亲征。为西洋人汤若望劝阻。而两江总督郎廷佐，佯使人通款，以缓攻势，成功信之，按兵仪凤门外，依山为营，连亘数里。巡抚蒋国柱，崇明总兵梁化凤皆赴援，化凤登高望敌，见营垒不整，樵苏四出，军士浮后湖而嬉。乃率劲骑五百，夜出神策门，先捣白土山，破余新一营，以作士气。次日大出师，由仪凤、钟阜二门，以三路攻其前，而骑兵绕出山后夹击。成功令甘辉守营，自出江上调舟师，诸营见山上麾盖不动，不敢退，又未奉号令，不暇相救，遂大溃。甘辉被执死，时七月二十四日也。化凤复遣兵烧海艘五百余，成功遂以余舰扬帆出海，攻崇明不下，以十月还厦门。哭甘辉而后入，曰：“我从甘辉言，何至于此！”乃立庙祠之。而煌言亦为清征贵州之凯旋军所败，仓卒由徽宁山中出钱塘，以入海。是役清以化凤为首功,令图像以进。是冬,以都统刘之源为镇海大将军驻镇江,化凤提督江南。复令将军达素,总督李率泰分出漳州、同安,合攻厦门,以粤东降将为向导。清兵不习海战,晕眩不能军,成功手自搴旗督阵,风驱涛浦,清军败还。然成功经营海外十余年,进取之志,卒不能达,乃不得不转而谋台湾之根据地矣。

(四) 清廷对于沿海之政策

成功之攻略沿海也,清廷议坚壁清野之法以困之。下令迁江、浙、闽、粤沿海三十里于界内,不许商舟、渔舟一舠下海。民恋生计,多不愿,胁以严刑,民多失业。此种毁城迁地之策,在清初为一大秕政,人民流离困苦,盖不知凡几矣。清廷又欲散成功之党羽,去其抚佐,乃下诏召其官属曰:

> 奉天承运皇帝诏曰:朕惟自古帝王抚御寰区,乂安中外,凡属血气之伦,咸被生成之德;即有愚迷顽梗,亦不忍绝其自新之路,弃于化外。朕荷天眷,缵承大宝,敉宁率土,嘉与维新。逆贼郑成功盘据海隅有年,罪恶贯盈。至其部下伪官将士人等,虽从逆助恶,但念尔等或属其旧党,归正无由;或遭其迫胁,不能自拔。远违乡里,捐弃坟墓,亲戚暌绝,骨肉仳离;揆诸人情,能无动念!只因陷溺既深,虐焰久锢,自揣罪重,即归正抒诚,恐难邀宽宥,踌躇观望,情所必然。朕洞鉴隐衷,深为悯恻!兹特开一面,赦其既往之辜,予以功名之径。凡伪官将士人等有能将郑成功生擒来献,或斩首来降,必破格论功,锡封公侯,如不能擒斩郑成功,或擒其妻子,或各率所属伪官兵丁投诚,亦从优叙录,不吝高爵重赏。至于马信、李必、王戎、高谦等,虽背恩从逆,念其陷贼之由,有恐无辜被人诬参而从贼者,有力穷被执者,有畏罪苟免偷生者,未必甘心从逆,亦因畏罪不敢来归。果能生擒郑成功,或斩其首,或擒其妻子,或自领部曲,或招贼党羽来归,不惟赦其前罪,仍一体分别封赏。朕奉天子民,布大信于天下,招携怀远,决不食言。尔等亦宜尽释疑畏,乘时建功,勿得坐失事机,致贻后悔!江南、浙江、福建、广东王公将军督抚提镇等官,速行布告,咸使闻知。

禁海之令,清廷派满大臣四人分赴各省,监督执行,尤以闽省为最严急。是岁,福建总督李率泰迁同安之排头,海澄之方田,沿海居民八十八堡,及海澄边境人民,安置内地。皆顺治十八年事也。康熙初,率泰与耿精忠统兵航海攻破厦门,乘胜取浯屿、金门二岛,郑经势穷。清兵进至八尺门,将军翁求多率兵民六万余降。率泰夜半渡海,进拔铜山,永安侯黄廷等降。郑经以数十艘入台湾。康熙四年,率泰以病乞休,清延慰留之。五年,卒于任。遗疏言:"海贼远窜台湾,奉旨撤兵,与民休息,洵为至计!第将众兵繁,若撤之太骤,则易致惊疑,太迟又恐贻患。目下当安反侧之心,日久须防难制之势。至数年以来,令海滨居民,迁移内地,咸苦失其故业。宜略宽界限,俾获耕渔,庶稍苏残喘。"率泰以人民之生计为重,故有展界之遗言;惟清廷沿海政策,并未因此而稍变也。康熙十三年,范承谟督闽,海禁始稍宽。盖闽中以鱼盐为利,自奉旨片版不许下海,不惟地方穷困,小民谋生无路,间有冒险求获,觅食刀锯之下者,沿边兵将,往往以此解功。先是,都察院多诺请弛海禁,部覆:令小民于近港驾筏捕鱼。然从无一人敢采捕者。承谟至,曰:"海禁已宽,尔辈何不入海谋衣食耶?朝廷所许近海者,但非外洋耳。出海数百里,皆近港也。"自此海禁遂弛。又承谟对于清野之计,亦不谓然,移文撤之。先是,清廷恐人民之通海上也,差满官巡海疆,为清野之策,凡沿海二三百里,弃为瓯脱,荒畜牧,焚庐舍,人民尽徙内地,筑台寨为界。有过此者,命为"透越",立斩不赦,百姓摇手犯禁。承谟曰:"拒敌者当守藩篱,今守堂奥非计也。我方志平海外,何以示怯于敌?"移文提督撤之。自是透越之罪始免,而台寨亦渐渐议撤矣。及康熙二十年,福建总督姚启圣、巡抚吴兴祚又奏请开边,俾沿海人民复业。得旨:"厦门、金门诸处,已设官兵防守,应如所题,照旧展界。如有奸民借此通贼者,仍令严行察缉。"至是,沿海人民受二十年之限制,一旦尽撤,始庆更生焉。

〔附录〕　清初苛政娆民,未有过于迁海一役者,当时虑以文字贾祸,故诸家纪载,多未之详。今从清初诸先正文集中,钩稽始末,东南四省民间流离颠沛之苦,读之如在楮墨间也。迁海之策,以防郑氏,而献其策者,则燕人方星焕也。星焕从兄星华官漳州,时延平已据台湾矣,未几命刘国轩率师入闽,克漳州,星华兄弟同被擒,已而纵之,复北依其主京师。(星华故酒家子,少时被虏出关,以从龙功授知府,实满邸家奴也。)其主问以海外形势,星焕乘间进说曰:“海船所用钉铁麻油,枪炮所用焰硝,以及粟帛皆海外所罕有,大都海滨之民,阑出贸易为之接济耳。今宜尽迁其人,移之内地,距海若干里内,皆斥为瓯脱,画地为界,严申禁令,有敢越界者,论殊死无少贷。岛上穷寇,内援既断,来无所掠,如婴儿绝乳,立可饿毙矣。”其主深然之,言诸执政,遂奏行其策。派满大臣四人,分赴海疆诸省,克期督民间迁徙,奉使者仁暴有殊,宽严亦从而异。大抵浙江稍宽,闽较严急,粤东更甚之。初立界去海岸二十里,已犹以为近也,再缩二十里;犹以为近也,又再缩十里,凡三迁而界始定。堕州县城郭以数十计,居民限日迁入,违者辄军法从事,尽燔民间庐舍,积聚什物,重不能致者,悉纵火焚之,著为令。越界外出者,无论远近,皆立斩。地方官知情容隐者,罪如之。其失于觉察者,减死罪一等。功令既严,奉行者惟恐后期,于是四省濒海之民,老弱转死沟壑,少壮者流离四方,盖不知几百万人矣。迁海议虽行,然延平海上之威,曾不为之稍减。执政者久亦悟其说之诞也,始有开界之令,则已至康熙七年矣。开界之举,惟广东办理最速且善。两广总督周有德不待复奏,即巡行界外,使迁民立时自由出界,及期开垦,给以牛种,蠲其租赋。所至皆扶老携幼张乐焚香以迎,欢声雷动,其还也,亦如之。界外所弃,若州县,若卫所,城郭故址,尚有颓垣断础髑髅枯骨隐现于荒草间。粤俗呼乡村曰墟,惟存瓦砾,盐场曰漏,化为沮洳,水绝桥梁,深厉浅揭,行者病之。其山皆丛莽深菁豺虎虺蛇伏焉。滨海田往时皆膏腴,沟塍沮废,一望污莱矣。向时所谓界者,皆掘地为沟,广不盈丈,插竹引绳以为之表。或过山则绕山址为沟,曰此界外山也,甚至有去城未及一里,而已掘沟树表者,民间视同陷阱,侧足不前。妇稚无知,往往近沟樵采,为胥役所见,即絷以赴官,虽百口不能自辨。然奸人大盗,利海滨无人,乃择形便地筑庐舍聚徒而居,公然屯积米粮硝磺,出洋济敌。或百十成群,阑入界内,劫掠居民,胜则呼啸扬帆去,弗胜则遵陆散走,乡民追贼者,至界则逡巡不敢进,贼得悠然远扬,兵吏熟视,莫敢追捕,设界以防盗,乃适旷民居以为盗窟;诚不可解矣!至是有德修复城堡,首尾一载,而开界之事始竣。是役也,四省同时奉命,而粤省独先一岁复业者,有德力也。顾海外岛屿所弃尚多,皆旧时民间耕凿地,使者以惮渡海,竟不往勘,有德时引为遗憾云。然八年之间,粤民因犯界冤死者,已不知数万矣!

(五) 张煌言之被执

煌言字玄著,号苍水,鄞县举人也。清兵下江南,煌言迎监国鲁王于天台,累官兵部尚书。尝招军于天台,与张名振合军入长江,趋丹阳,下丹徒,登金山,遥祭孝陵。既而名振卒,以军事付煌言。顺治十六年,煌言随郑成功至镇江。自引一军下芜湖,及徽宁等属。及成功为清将梁化凤等所败,煌言亦由徽宁出钱塘以入海。两江总督郎廷佐致书劝之降,煌言答书有云:“顾仆将略,原非所长,至以读书知大义,愤痛胡氛,左袒一呼,甲盾山立,区区此志,济则显君之灵,不济则全臣之节。是以不惜凭履风涛之中,纵横锋镝之下,迄今逾一纪矣。同仇渐广,晚节弥坚,练兵海隅,正为乘时。今何时呼?两粤先声,三楚露布,以及八闽羽书,奚啻雷霆飞翰!而岛夷外讧,插虏内攻,近来左支右吾,其消灭可计日而待。仆当起而匡扶帝室,克复神州,此正忠臣义士得志之秋也。万一不遂初心,亦惟矢死靡他,岂浮词曲说,得以动其心哉?虽然,执事亦吾明勋旧之裔,辽左死事之孤也。念祖宗之恩泽,当如何悲伤?痛父母之深仇,宜如何报雪?稍一转移,不失为中兴人物。顾乃陵律自居,主客莫辨,甚为执事不取也!即以执事恩仇之说言之,自辽事起而征调始烦,而催科愈急;催科急,而民卒皆相率为盗,是成寇祸者谁人也?迨中原失守,属国兴师,倘能挈旧物而还天朝,将吐蕃、回纥,不足专美于前。孰料拒虎招狼,既收渔人之利于河北;而长蛇封豕,复肆蜂虿之毒于江南。则谁是恩乎?谁是仇乎?执事亦可憬然悟矣!”廷佐知煌言不可降,乃以高爵厚禄,招致海外,人心渐涣,事不可为矣。及成功据台湾,煌言恐其苟安一隅,无进取之志,因遗书趣之,使内渡;有“弃此十万生灵不收,安用争夷岛?且苟安一隅,恐将来金、厦亦不可守”语。而成功以台湾初定,恐荷兰人来袭,未遑争霸大陆。翌年,成功卒,监国鲁王亦薨,煌言知事不可为,因结茆南田之悬山嶴。清提督张杰,募得煌言故校,侦获之。先是,煌言畜双猿觇动静,船在十里外,猿辄鸣树杪,得为备。故校夜半攀萝入,暗中执之,并执其参军罗自牧(或作子木)、门生王居敬,送宁波。张杰举酒属曰:“迟公久矣。”煌言曰:“父死不能葬,国亡不能救,死有余罪,求速死而已。”杰送入省,出宁波城,再拜曰:“某不肖,孤故乡父老二十年之望。”遂登舟危坐,夜半,篷下唱《苏武牧羊曲》者,煌言起,扣舷和之,酌酒劳曰:“尔亦有心人也。吾志已定,尔无虑!”叩姓名,则防卒史丙也。渡钱塘,舟中拾一笺云:“此行莫作黄冠想,静听先生《正气歌》。”煌言笑曰:“此王炎午后身也。”至杭,总督赵廷臣供张如上宾。及赴市,见凤凰山曰:“大好山色。”赋《绝命诗》三首,挺立受刑,时康熙三年九月七日也。自牧等亦死焉。遗民万斯大,葬之南屏山麓。而《明史》竟不为煌言立传,其用心之谬,取材之疏,亦可想而知矣。

〔附言〕 煌言诗文稿,皆为官司焚毁,存者无几。其《绝命诗》三首云:“揶揄一旅尚图存,吞炭吞毡可共论,敢望臣靡兴夏祀,只凭帝眷答汤孙。衣冠犹带云霞色,旌旆仍悬日月痕,赢得孤臣同硕果,也留正气在乾坤!(此其一)义帜(或作海甸)纵横二十年,讵知闰位在于阗!桐江空系严光艇,震泽难回范蠡船。生比鸿毛还负国,死留碧血欲支天,忠贞自是孤臣事,谁望千秋青史传?(此其二)国破家亡欲何之,西子湖头有我师,日月双悬于氏墓,乾坤半壁岳家祠。惭将赤手分三席,敢向丹心借一枝。他日素车东浙路,怒涛何必尽鸱夷。(此其三)”黄梨洲《行朝录·张玄箸先生事略》,载煌言绝命诗三首,与此稍异,第一首《行朝录》不载,别有第三首云:“何事孤臣竟息机,鲁戈不复挽斜晖,到来晚节惭松柏,此去清风笑蕨薇。双鬓难容五岳往,一帆仍向十洲归,叠山迟死文山早,青史他年任是非!”而钮琇《觚剩·布囊焚余》则云:所著诗词,贮一布囊,悉为逻卒所焚,其遗在僧寺及民家者仅数篇,近体三首云云。案上诗意,似以钮说为近,盖非绝笔也。黄宗羲为煌言所撰墓志铭有云:“语曰:‘慷慨赴死易,从容就义难。’所谓慷慨从容,非以一身较迟速。有扶危定倾之心,吾身一日未死,吾力一丝未尽,终不可已。古今成败利钝有尽,而此不可已者,长留于天地之间。愚公之移山,精卫之填海,常人藐为说铃,圣人指为血路,是故知其不可而不为,即非从容。尝闻有以公与文山相提并论者,皆吹冷焰于灰烬之中,无尺地一民之据,止凭此一线未死之人心,为之鼓荡;而形势昭然,人心不测,一旦昭然者不足制,而不测者亦从之转移,惟两公之心匪石不可转,故百死之余,愈见光彩!文山之《指南录》,公之《北征纪》,虽与日月争光可也。文山从镇江遁后,驰驱不过三载,公丙戌航海,甲辰就执,三渡闽关,四入长江。两遭覆没,首尾十有九年。文山之经营,不过闽广一隅,公提孤军以虚喝中原,是公之所处难也。”